全国高等职业教育药品类专业
国家卫生健康委员会"十三五"规划教材

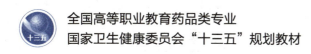

供药物制剂技术、化学制药技术、中药制药技术、
生物制药技术、药学专业用

安全生产知识

第 **3** 版

主　编　张之东

副主编　陈　慧　王秋香

编　者 （按姓氏笔画排序）

王文婷 （长春医学高等专科学校）　　　　陈　慧 （河北化工医药职业技术学院）

王秋香 （长春医学高等专科学校）　　　　夏俊亭 （石药控股集团有限公司）

王睿颖 （河南应用技术职业学院）　　　　高生彬 （石药控股集团有限公司）

李　卿 （湖北中医药高等专科学校）　　　郭　双 （南阳医学高等专科学校）

张之东 （河北化工医药职业技术学院）　　薛灿灿 （山东医学高等专科学校）

人民卫生出版社

图书在版编目（CIP）数据

安全生产知识／张之东主编．—3 版．—北京：

人民卫生出版社，2019

ISBN 978-7-117-28289-5

Ⅰ．①安…　Ⅱ．①张…　Ⅲ．①制药工业－工业企业管

理－安全管理－高等职业教育－教材　Ⅳ．①F407.7

中国版本图书馆 CIP 数据核字（2019）第 063600 号

人卫智网	www.ipmph.com	医学教育、学术、考试、健康，购书智慧智能综合服务平台
人卫官网	www.pmph.com	人卫官方资讯发布平台

安全生产知识
第 3 版

主　　编：张之东
出版发行：人民卫生出版社（中继线 010-59780011）
地　　址：北京市朝阳区潘家园南里 19 号
邮　　编：100021
E - mail：pmph @ pmph.com
购书热线：010-59787592　010-59787584　010-65264830
印　　刷：三河市潮河印业有限公司
经　　销：新华书店
开　　本：850×1168　1/16　印张：20
字　　数：470 千字
版　　次：2009 年 1 月第 1 版　　2019 年 12 月第 3 版
　　　　　2025 年 8 月第 3 版第 12 次印刷（总第 19 次印刷）
标准书号：ISBN 978-7-117-28289-5
定　　价：49.00 元
打击盗版举报电话：010-59787491　E-mail：WQ @ pmph.com
质量问题联系电话：010-59787234　E-mail：zhiliang @ pmph.com

全国高等职业教育药品类专业国家卫生健康委员会"十三五"规划教材出版说明

《国务院关于加快发展现代职业教育的决定》《高等职业教育创新发展行动计划（2015－2018年）》《教育部关于深化职业教育教学改革全面提高人才培养质量的若干意见》等一系列重要指导性文件相继出台，明确了职业教育的战略地位、发展方向。为全面贯彻国家教育方针，将现代职教发展理念融入教材建设全过程，人民卫生出版社组建了全国食品药品职业教育教材建设指导委员会。在该指导委员会的直接指导下，经过广泛调研论证，人卫社启动了全国高等职业教育药品类专业第三轮规划教材的修订出版工作。

本套规划教材首版于2009年，于2013年修订出版了第二轮规划教材，其中部分教材入选了"十二五"职业教育国家规划教材。本轮规划教材主要依据教育部颁布的《普通高等学校高等职业教育（专科）专业目录（2015年）》及2017年增补专业，调整充实了教材品种，涵盖了药品类相关专业的主要课程。全套教材为国家卫生健康委员会"十三五"规划教材，是"十三五"时期人卫社重点教材建设项目。本轮教材继续秉承"五个对接"的职教理念，结合国内药学类专业高等职业教育教学发展趋势，科学合理推进规划教材体系改革，同步进行了数字资源建设，着力打造本领域首套融合教材。

本套教材重点突出如下特点：

1. **适应发展需求，体现高职特色**　本套教材定位于高等职业教育药品类专业，教材的顶层设计既考虑行业创新驱动发展对技术技能型人才的需要，又充分考虑职业人才的全面发展和技术技能型人才的成长规律；既集合了我国职业教育快速发展的实践经验，又充分体现了现代高等职业教育的发展理念，突出高等职业教育特色。

2. **完善课程标准，兼顾接续培养**　本套教材根据各专业对应从业岗位的任职标准优化课程标准，避免重要知识点的遗漏和不必要的交叉重复，以保证教学内容的设计与职业标准精准对接，学校的人才培养与企业的岗位需求精准对接。同时，本套教材顺应接续培养的需要，适当考虑建立各课程的衔接体系，以保证高等职业教育对口招收中职学生的需要和高职学生对口升学至应用型本科专业学习的衔接。

3. **推进产学结合，实现一体化教学**　本套教材的内容编排以技能培养为目标，以技术应用为主线，使学生在逐步了解岗位工作实践，掌握工作技能的过程中获取相应的知识。为此，在编写队伍组建上，特别邀请了一大批具有丰富实践经验的行业专家参加编写工作，与从全国高职院校中遴选出的优秀师资共同合作，确保教材内容贴近一线工作岗位实际，促使一体化教学成为现实。

4. **注重素养教育，打造工匠精神**　在全国"劳动光荣、技能宝贵"的氛围逐渐形成，"工匠精神"在各行各业广为倡导的形势下,医药卫生行业的从业人员更要有崇高的道德和职业素养。教材更加强调要充分体现对学生职业素养的培养,在适当的环节,特别是案例中要体现出药品从业人员的行为准则和道德规范,以及精益求精的工作态度。

5. **培养创新意识,提高创业能力** 为有效地开展大学生创新创业教育,促进学生全面发展和全面成才,本套教材特别注意将创新创业教育融入专业课程中,帮助学生培养创新思维,提高创新能力、实践能力和解决复杂问题的能力,引导学生独立思考、客观判断,以积极的、锲而不舍的精神寻求解决问题的方案。

6. **对接岗位实际,确保课证融通** 按照课程标准与职业标准融通,课程评价方式与职业技能鉴定方式融通,学历教育管理与职业资格管理融通的现代职业教育发展趋势,本套教材中的专业课程,充分考虑学生考取相关职业资格证书的需要,其内容和实训项目的选取尽量涵盖相关的考试内容,使其成为一本既是学历教育的教科书,又是职业岗位证书的培训教材,实现"双证书"培养。

7. **营造真实场景,活化教学模式** 本套教材在继承保持人卫版职业教育教材栏目式编写模式的基础上,进行了进一步系统优化。例如,增加了"导学情景",借助真实工作情景开启知识内容的学习;"复习导图"以思维导图的模式,为学生梳理本章的知识脉络,帮助学生构建知识框架。进而提高教材的可读性,体现教材的职业教育属性,做到学以致用。

8. **全面"纸数"融合,促进多媒体共享** 为了适应新的教学模式的需要,本套教材同步建设以纸质教材内容为核心的多样化的数字教学资源,从广度、深度上拓展纸质教材内容。通过在纸质教材中增加二维码的方式"无缝隙"地链接视频、动画、图片、PPT、音频、文档等富媒体资源,丰富纸质教材的表现形式,补充拓展性的知识内容,为多元化的人才培养提供更多的信息知识支撑。

本套教材的编写过程中,全体编者以高度负责、严谨认真的态度为教材的编写工作付出了诸多心血,各参编院校对编写工作的顺利开展给予了大力支持,从而使本套教材得以高质量如期出版,在此对有关单位和各位专家表示诚挚的感谢! 教材出版后,各位教师、学生在使用过程中,如发现问题请反馈给我们(renweiyaoxue@ 163. com) ,以便及时更正和修订完善。

人民卫生出版社
2018 年 3 月

全国高等职业教育药品类专业国家卫生健康委员会
"十三五"规划教材
教材目录

序号	教材名称	主编	适用专业
1	人体解剖生理学(第3版)	贺 伟 吴金英	药学类、药品制造类、食品药品管理类、食品工业类
2	基础化学(第3版)	傅春华 黄月君	药学类、药品制造类、食品药品管理类、食品工业类
3	无机化学(第3版)	牛秀明 林 珍	药学类、药品制造类、食品药品管理类、食品工业类
4	分析化学(第3版)	李维斌 陈哲洪	药学类、药品制造类、食品药品管理类、医学技术类、生物技术类
5	仪器分析	任玉红 闫冬良	药学类、药品制造类、食品药品管理类、食品工业类
6	有机化学(第3版)*	刘 斌 卫月琴	药学类、药品制造类、食品药品管理类、食品工业类
7	生物化学(第3版)	李清秀	药学类、药品制造类、食品药品管理类、食品工业类
8	微生物与免疫学*	凌庆枝 魏仲香	药学类、药品制造类、食品药品管理类、食品工业类
9	药事管理与法规(第3版)	万仁甫	药学类、药品经营与管理、中药学、药品生产技术、药品质量与安全、食品药品监督管理
10	公共关系基础(第3版)	秦东华 惠 春	药学类、药品制造类、食品药品管理类、食品工业类
11	医药数理统计(第3版)	侯丽英	药学、药物制剂技术、化学制药技术、中药制药技术、生物制药技术、药品经营与管理、药品服务与管理
12	药学英语	林速容 赵 旦	药学、药物制剂技术、化学制药技术、中药制药技术、生物制药技术、药品经营与管理、药品服务与管理
13	医药应用文写作(第3版)	张月亮	药学、药物制剂技术、化学制药技术、中药制药技术、生物制药技术、药品经营与管理、药品服务与管理

序号	教材名称	主编	适用专业
14	医药信息检索（第3版）	陈 燕 李现红	药学、药物制剂技术、化学制药技术、中药制药技术、生物制药技术、药品经营与管理、药品服务与管理
15	药理学（第3版）	罗跃娥 樊一桥	药学、药物制剂技术、化学制药技术、中药制药技术、生物制药技术、药品经营与管理、药品服务与管理
16	药物化学（第3版）	葛淑兰 张彦文	药学、药品经营与管理、药品服务与管理、药物制剂技术、化学制药技术
17	药剂学（第3版）*	李忠文	药学、药品经营与管理、药品服务与管理、药品质量与安全
18	药物分析（第3版）	孙 莹 刘 燕	药学、药品质量与安全、药品经营与管理、药品生产技术
19	天然药物学（第3版）	沈 力 张 辛	药学、药物制剂技术、化学制药技术、生物制药技术、药品经营与管理
20	天然药物化学（第3版）	吴剑峰	药学、药物制剂技术、化学制药技术、生物制药技术、中药制药技术
21	医院药学概要（第3版）	张明淑 于 倩	药学、药品经营与管理、药品服务与管理
22	中医药学概论（第3版）	周少林 吴立明	药学、药物制剂技术、化学制药技术、中药制药技术、生物制药技术、药品经营与管理、药品服务与管理
23	药品营销心理学（第3版）	丛 媛	药学、药品经营与管理
24	基础会计（第3版）	周凤莲	药品经营与管理、药品服务与管理
25	临床医学概要（第3版）*	曾 华	药学、药品经营与管理
26	药品市场营销学（第3版）*	张 丽	药学、药品经营与管理、中药学、药物制剂技术、化学制药技术、生物制药技术、中药制剂技术、药品服务与管理
27	临床药物治疗学（第3版）*	曹 红	药学、药品经营与管理、药品服务与管理
28	医药企业管理	戴 宇 徐茂红	药品经营与管理、药学、药品服务与管理
29	药品储存与养护（第3版）	徐世义 宫淑秋	药品经营与管理、药学、中药学、药品生产技术
30	药品经营管理法律实务（第3版）*	李朝霞	药品经营与管理、药品服务与管理
31	医学基础（第3版）	孙志军 李宏伟	药学、药物制剂技术、生物制药技术、化学制药技术、中药制药技术
32	药学服务实务（第2版）	秦红兵 陈俊荣	药学、中药学、药品经营与管理、药品服务与管理

序号	教材名称	主编	适用专业
33	药品生产质量管理(第3版)*	李洪	药物制剂技术、化学制药技术、中药制药技术、生物制药技术、药品生产技术
34	安全生产知识(第3版)	张之东	药物制剂技术、化学制药技术、中药制药技术、生物制药技术、药学
35	实用药物学基础(第3版)	丁丰 张庆	药学、药物制剂技术、生物制药技术、化学制药技术
36	药物制剂技术(第3版)*	张健泓	药学、药物制剂技术、化学制药技术、生物制药技术
	药物制剂综合实训教程	胡英 张健泓	药学、药物制剂技术、药品生产技术
37	药物检测技术(第3版)	甄会贤	药品质量与安全、药物制剂技术、化学制药技术、药学
38	药物制剂设备(第3版)	王泽	药品生产技术、药物制剂技术、制药设备应用技术、中药生产与加工
39	药物制剂辅料与包装材料(第3版)*	张亚红	药物制剂技术、化学制药技术、中药制药技术、生物制药技术、药学
40	化工制图(第3版)	孙安荣	化学制药技术、生物制药技术、中药制药技术、药物制剂技术、药品生产技术、食品加工技术、化工生物技术、制药设备应用技术、医疗设备应用技术
41	药物分离与纯化技术(第3版)	马娟	化学制药技术、药学、生物制药技术
42	药品生物检定技术(第2版)	杨元娟	药学、生物制药技术、药物制剂技术、药品质量与安全、药品生物技术
43	生物药物检测技术(第2版)	兰作平	生物制药技术、药品质量与安全
44	生物制药设备(第3版)*	罗合春 贺峰	生物制药技术
45	中医基本理论(第3版)*	叶玉枝	中药制药技术、中药学、中药生产与加工、中医养生保健、中医康复技术
46	实用中药(第3版)	马维平 徐智斌	中药制药技术、中药学、中药生产与加工
47	方剂与中成药(第3版)	李建民 马波	中药制药技术、中药学、药品生产技术、药品经营与管理、药品服务与管理
48	中药鉴定技术(第3版)*	李炳生 易东阳	中药制药技术、药品经营与管理、中药学、中草药栽培技术、中药生产与加工、药品质量与安全、药学
49	药用植物识别技术	宋新丽 彭学著	中药制药技术、中药学、中草药栽培技术、中药生产与加工

序号	教材名称	主编	适用专业
50	中药药理学（第3版）	袁先雄	药学、中药学、药品生产技术、药品经营与管理、药品服务与管理
51	中药化学实用技术（第3版）*	杨 红 郭素华	中药制药技术、中药学、中草药栽培技术、中药生产与加工
52	中药炮制技术（第3版）	张中社 龙全江	中药制药技术、中药学、中药生产与加工
53	中药制药设备（第3版）	魏增余	中药制药技术、中药学、药品生产技术、制药设备应用技术
54	中药制剂技术（第3版）	汪小根 刘德军	中药制药技术、中药学、中药生产与加工、药品质量与安全
55	中药制剂检测技术（第3版）	田友清 张钦德	中药制药技术、中药学、药学、药品生产技术、药品质量与安全
56	药品生产技术	李丽娟	药品生产技术、化学制药技术、生物制药技术、药品质量与安全
57	中药生产与加工	庄义修 付绍智	药学、药品生产技术、药品质量与安全、中药学、中药生产与加工

说明：* 为"十二五"职业教育国家规划教材。全套教材均配有数字资源。

全国食品药品职业教育教材建设指导委员会
成员名单

主 任 委 员： 姚文兵　中国药科大学

副主任委员： 刘　斌　天津职业大学　　　　　　马　波　安徽中医药高等专科学校

冯连贵　重庆医药高等专科学校　　　袁　龙　江苏省徐州医药高等职业学校

张彦文　天津医学高等专科学校　　　缪立德　长江职业学院

陶书中　江苏食品药品职业技术学院　张伟群　安庆医药高等专科学校

许莉勇　浙江医药高等专科学校　　　罗晓清　苏州卫生职业技术学院

昝雪峰　楚雄医药高等专科学校　　　葛淑兰　山东医学高等专科学校

陈国忠　江苏医药职业学院　　　　　孙勇民　天津现代职业技术学院

委　　　员（以姓氏笔画为序）：

于文国　河北化工医药职业技术学院　杨元娟　重庆医药高等专科学校

王　宁　江苏医药职业学院　　　　　杨先振　楚雄医药高等专科学校

王玮瑛　黑龙江护理高等专科学校　　邹浩军　无锡卫生高等职业技术学校

王明军　厦门医学高等专科学校　　　张　庆　济南护理职业学院

王峥业　江苏省徐州医药高等职业学校　张　建　天津生物工程职业技术学院

王瑞兰　广东食品药品职业学院　　　张　铎　河北化工医药职业技术学院

牛红云　黑龙江农垦职业学院　　　　张志琴　楚雄医药高等专科学校

毛小明　安庆医药高等专科学校　　　张佳佳　浙江医药高等专科学校

边　江　中国医学装备协会康复医学装　张健泓　广东食品药品职业学院

　　　　备技术专业委员会　　　　　张海涛　辽宁农业职业技术学院

师邱毅　浙江医药高等专科学校　　　陈芳梅　广西卫生职业技术学院

吕　平　天津职业大学　　　　　　　陈海洋　湖南环境生物职业技术学院

朱照静　重庆医药高等专科学校　　　罗兴洪　先声药业集团

刘　燕　肇庆医学高等专科学校　　　罗跃娥　天津医学高等专科学校

刘玉兵　黑龙江农业经济职业学院　　邾枝花　安徽医学高等专科学校

刘德军　江苏省连云港中医药高等职业　金浩宇　广东食品药品职业学院

　　　　技术学校　　　　　　　　　周双林　浙江医药高等专科学校

孙　莹　长春医学高等专科学校　　　郝晶晶　北京卫生职业学院

严　振　广东省药品监督管理局　　　胡雪琴　重庆医药高等专科学校

李　霞　天津职业大学　　　　　　　段如春　楚雄医药高等专科学校

李群力　金华职业技术学院　　　　　袁加程　江苏食品药品职业技术学院

莫国民　上海健康医学院

晨　阳　江苏医药职业学院

顾立众　江苏食品药品职业技术学院

葛　虹　广东食品药品职业学院

倪　峰　福建卫生职业技术学院

蒋长顺　安徽医学高等专科学校

徐一新　上海健康医学院

景维斌　江苏省徐州医药高等职业学校

黄丽萍　安徽中医药高等专科学校

潘志恒　天津现代职业技术学院

黄美娥　湖南食品药品职业学院

前　言

本教材是在 2013 年出版的《安全生产知识》(第 2 版)基础上修订而成,主要适用于高等职业院校药品类专业的教学,也可供医药、化工行业员工培训使用和参考。

本次修订保持了原教材的体系,同时,根据制药企业这几年的安全发展状况,结合国家在安全生产领域的机构调整,对有关内容进行了修改、更新和完善。修订的原则是与企业安全生产的实际情况相一致,适合高职学生的职业发展,紧贴国家安全管理新思路、新理念,并有一定的前瞻性。本次修订增加了制剂常见的安全案例、班组安全管理等相关内容,删掉了理论性强的部分,尽量做到学生爱看、教学好用、企业受益。

安全生产第一位是人的因素,因不具备安全知识、没有安全意识、未进行安全培训、对安全生产不重视而造成的事故比比皆是。纵观各类生产事故,其根本原因是人们安全意识淡漠,因此,在高职教育阶段,与安全生产相关的高等职业院校开设安全类课程是十分有必要的。

本书共包括绪论,危险化学品,燃烧、爆炸与消防,静电的特性及危害,工业防毒技术,电气安全技术,压力容器安全技术,制药单元操作安全技术,职业卫生与劳动保护,重大事故应急救援,安全分析与评价,安全心理学,企业安全生产管理等内容。

在编写过程中,编写人员本着基础丰满、案例丰富的修订原则,大量引用制药企业的安全生产实例,对内容做了精心安排,尽量做到内容全面,深入浅出,便于教学和学生自学。

参加本书修订编写工作的有:郭双(第一章),王睿颖(第二章、第十一章),夏俊亭(第三章),李卿(第四章),王文婷(第五章),张之东(第六章、第七章),高生彬(第八章、第十三章),王秋香(第九章),陈慧(第十章),薛灿灿(第十二章)。

在本书的修订编写过程中,石药集团中润制药有限公司经理刘秦为本书提供了大量资料与有益的建议,并对全书进行了审定。一些制药企业的安全技术人员也提供了无私的帮助,在此表示感谢。

由于编者水平所限,疏漏和不妥之处在所难免,恳请读者批评指正。

张之东

2019 年 10 月

目　录

第一章

绪　论

ER-01章PPT

导学情景 ∨

情景描述：

　　1984 年，美国一家公司在印度博帕尔造成了一场有史以来最严重的工业灾难，直接致死人数 2.5 万，间接致死人数 55 万，永久性残疾人数 20 多万。最终赔偿额达到 4.7 亿美元。

学前导语：

　　人的生命只有一次，世界上没有比生命更宝贵的东西，因此保障个人安全是所有工作的重中之重，是一切工作得以顺利开展的前提，是人生价值得以实现的基石。

　　在企业的生产过程中，安全是一切工作的基础。只有人的生命得到保障，家庭的幸福、企业的发展、社会的安定、国家的富强才能成为现实。

第一节　安全的产生与发展

　　在人类历史的早期，人们对安全的需求只体现在求生的本能。随着经济与社会的发展，在劳动生产过程中，人们开始注意自我保护，防止个体与群体伤害带来对生产力的破坏。早在 1637 年，中国古代科学家宋应星在《天工开物》一书中，就对当时采矿、冶炼等过程中的有害因素和保护办法作了记述。

　　到 18 世纪中叶，发生了工业革命，随着蒸汽机的出现，大量机器应用到工业生产上，使得人畜动力、手工工具逐渐被淘汰，从而进入了所谓的"人+机器"时代。机器大幅度提高了劳动生产率，同时也易造成人的严重伤亡和财产损失。电的应用，进一步推动了工业化进程，同时也带来了电气安全问题。随着工业的发展，安全生产事件不断发生，安全问题日益突出，促使人们对生产的安全化提出了更高的要求。

　　20 世纪后，医药化学工业的迅速发展，环境污染和重大工业事故相继发生。1930 年 12 月发生在比利时的"马斯河谷烟雾事件"，一周内，就有 60 多人死亡。

　　进入 21 世纪，安全生产事故仍然频发，如 2009 年黑龙江龙煤集团瓦斯爆炸事件、2015 年天津港"8·12"瑞海公司危险品仓库特别重大火灾爆炸事故，这些事故都造成了重大的人员伤亡和财产损失。由此可见，安全生产形势相当严峻，提高安全生产水平迫在眉睫。

▶▶ 课堂活动

　　1. 请同学们讨论一下所遇到、听到、见到的安全事故，并说出自己的感想。

　　2. 分析安全事故对国家、社会、企业、家庭、个人可能带来的影响。

点滴积累 ∨

在世界范围内，安全事故给全人类带来了巨大损失，也夺走了很多人的生命。因此，安全为了生产，生产必须安全。

第二节　安全生产的基本概念

安全是人类生存和发展活动永恒的主题,安全生产管理作为生产的重要组成部分,在其长期的发展历程中产生了一些基本概念。

（一）安全生产

安全生产是指为预防生产过程中发生人身、设备事故,形成良好劳动环境和工作秩序而采取的一系列措施和活动。安全生产的目的是保护劳动者在生产过程中安全,要求最大限度地减少劳动者的工伤和职业病,保障劳动者在生产过程中的生命安全和身体健康。

根据现代系统安全工程的观点,安全生产是为了使生产安全有序进行,防止发生人身伤亡和财产损失等生产事故,消除或控制危险有害因素,保障人身安全与健康、设备和设施免受损坏、环境免遭破坏的总称。

搞好安全生产工作是企业发展的根本,是员工安心工作的基石。只有安全生产才能创造出符合企业价值和社会价值的利润。现推行的职业安全健康管理体系与社会责任标准 SA8000 更是将个人责任、企业责任与社会责任进行有机的结合,进一步提升了安全生产的内涵。

我国经过长期的安全生产管理实践与经验总结,并在借鉴国外安全管理的基础上,提出了"安全第一、预防为主、综合治理"的安全生产方针和"生产经营单位负责、职工参与、政府监管、行业自律和社会监督"的安全生产管理机制。

ER-1-1

SA8000 作用

（二）危险、危险源

1. 危险　危险是指系统中存在导致发生不期望后果的可能性超过了人们的承受程度。从危险的概念可以看出,危险是人们对系统运行状况,运用安全分析方法,定性或定量的表示系统的危险程度。在安全生产管理中,一般用危险度来表示危险的程度,也就是生产系统中事故发生的可能性与严重性综合评价,即式(1-1):

$$R=f(F,C) \tag{1-1}$$

式(1-1)中:R 为危险度;F 为发生事故的可能性;C 为发生事故的严重性。

2. 危险源　危险源是指可能导致伤害或疾病、财产损失、工作环境破坏或这些情况组合的根源或状态。

危险源是可能导致事故发生的潜在不安全因素。实际上,生产过程中的危险源种类繁多、来源复杂。根据危险源在事故发生、发展中的作用,把危险源划分为两大类,即第一类危险源和第二类危险源。

根据能量意外释放论,事故是能量或危险物质的意外释放,是发生安全事故的直接原因。因此,把系统中存在的、可能发生意外释放的能量或危险物质称作第一类危险源。

能量可以解释为做功的本领,危险物质意味着对外界物体的破坏。概括来讲,第一类危险源可以理解为系统蕴含的能量与外界环境之间的差值,差值越大,危险性越高,发生事故后果越严重。比如,带电的导体所具有的电能、运动的车辆所具有的动能、高压容器所具有的势能、高温或低温物体所具有的热能、易爆物品所具有的化学能等。

第二类危险源是指在企业的安全生产中,导致能量或危险物质约束、限制措施失效或破坏的各种不安全因素。它包括人、物、环境三个方面的问题。简单来讲,是指人的不安全行为、物的不安全状态或失效、环境的不良因素。

第二类危险源往往是围绕第一类危险源随机发生的现象,也可以说是事故的引发条件,它们出现的情况决定事故发生的可能性。第二类危险源出现得越频繁,发生事故的可能性越大。

(三)安全、本质安全

1. 安全 安全与危险是相对的概念,在生产中是指免除了不可接受的具有损害风险的状态。应当指出的是,世界上没有绝对意义上的安全,任何事物都包含不安全的因素,具有一定的危险。安全只是一个相对概念,在某种意义上是指在设定的安全限定范围内就达到了安全。

2. 本质安全 本质安全是指设备、设施或技术工艺含有内在的能够从根本上防止发生事故的功能。通过设计等手段使生产设备或生产系统本身具有安全性,即使在误操作或发生故障的情况下也不会造成事故。具体包括三方面的内容:

(1)失误—安全功能:指操作者即使操作失误,也不会发生事故或伤害,或者说设备、设施和技术工艺本身具有自动防止人的不安全行为的功能。

(2)故障—安全功能:指设备、设施或技术工艺发生故障或损坏时,还能暂时维持正常工作或自动转变为安全状态。

(3)上述两种安全功能应该是设备、设施和技术工艺本身固有的,即在它们的规划设计阶段就被纳入其中,而不是事后补偿的。

安全是指生产系统中人员免遭不可承受危险的伤害,它要求在生产系统中人员和设备及环境要相互协调,最终达到人员免遭不可承受危险的伤害。而本质安全则是强调设备、设施或技术工艺内在的预防事故的功能,不考虑人和环境因素在维持安全状态下的影响。不管操作者是否有操作失误,设备、设施或技术工艺发生故障或损坏,都能维持正常工作或自动转变为安全状态,并能自动防止人的不安全行为。

(四)事故、事故致因理论与事故隐患

1. 事故 在生产过程中,事故是指造成人员死亡、伤害、职业病、财产损失或其他损失的意外事件。事故有不同的分类方法。按类型分有:人身伤亡事故、生产操作事故、设备事故、火灾、爆炸事故、交通事故等。

2. 事故致因理论 事故致因理论很多,主要有"海因里希事故法则""能量意外释放论"和"轨迹交叉论"。

(1)海因里希(Heinrceh)事故法则:"重伤(死亡)、轻伤和无伤害事故的发生遵循1∶29∶300的

比率。"这是美国工程师海因里希经过 10 多万次事故调查、统计得到的,故称"海因里希事故"法则。

由该理论我们知道,要想避免或减少伤害事故,必须从减少无伤害事故做起,而要想避免减少重伤和死亡,必须减少轻伤事故的发生。

(2)能量意外释放论:伤害(亡)事故都是因为过量能量或干扰人体与外界正常能量交换的危险物质的意外释放引起的,并且这种过量能量或危险物质释放都是由于人的不安全行为或物的不安全状态造成的。

该理论启示我们要有严格的能量控制措施,防止能的意外释放作用于人体,或人体与外界能量交换受到干扰(释放出的意外危险物质)而伤害。

(3)轨迹交叉论:伤害事故都是由于物的不安全状态和人的不安全行为的运动轨迹交叉形成的事件,即伤害事故轨迹交叉论。物的不安全状态、人的不安全行为和管理缺欠都是发生事故的主要原因,而管理缺欠又是发生事故的根本原因。

由该理论得知,要想预防事故发生,必须切断物的不安全状态和人的不安全行为两个链(必要条件)中至少任一条链,或消除触发条件(充分条件),事故就可避免。

3. 事故隐患　事故隐患泛指生产系统中可导致事故发生的人的不安全行为、物的不安全状态和管理上的缺陷。事故隐患是发生安全事故的直接原因,如果对事故隐患不加以正确的管理措施,那么隐患很可能变为事故而发生。因此,加强事故隐患管理是防止或减少事故的根本出路,也是"安全第一、预防为主"的具体体现。

(五) 劳动保护、职业安全卫生

1. 劳动保护　劳动保护是指保护劳动者在生产过程中的安全与健康。具体地来讲,劳动保护是依靠科学技术和管理,采取技术措施和管理措施,消除生产过程中危及人身安全和健康的不良环境、不安全设备和设施、不安全环境、不安全场所和不安全行为,防止伤亡事故和职业危害,保障劳动者在生产过程中的安全与健康的总称。其内容包括三部分:安全技术、工业卫生和劳动保护法规制度。

2. 职业安全卫生　职业安全卫生是安全生产、劳动保护和职业卫生的统称,它是以保障劳动者在劳动过程中的安全和健康为目的的工作领域,以及在法律法规、技术、设备与设施、组织制度、管理机制、宣传教育等方面所有措施、活动和事物。

对于企业,职业安全卫生涉及企业生产、管理的方方面面。如目前很多国家正在推行的职业安全卫生管理体系,包括了企业的安全、卫生和管理,涉及企业内部和进入企业的外部的生产设备、设施、环境和场所以及企业员工和相关方等方面。

(六) 安全投入与产出

安全的实质就是防止事故,消除导致残障、伤害、急性职业危害及各种财产损失发生的条件。安全投入是指对安全活动所做出的一切人力、物力和财力投入的总和,包括危险控制即事故预防的费用和事故发生后导致的经济损失费用。

从安全经济学角度看,事故预防的投入产出比要高于事后惩戒的投入产出比,而且这种事故预防投入增值作用明显,能提高作业人员的工作效率。某一医药企业,在药品粉碎岗位陆续检查出 18

人患上一级至三级的矽肺病,每年工人的医疗费高达 6 万多元。若从预防的角度,在 5 年前增加一台除尘设备,就不会发生这样的情况。

安全生产对社会经济的影响,不仅表现在减少事故造成的经济损失方面,同时,安全对经济具有贡献率,即安全也是生产力。在国家安全生产监督管理局 2003 年鉴定的"安全生产与经济发展关系的研究"研究课题中,得出安全生产对社会经济(国内生产总值 GDP)的综合贡献率是 2.40%,安全生产的投入产出比高达 1∶5.8。

点滴积累 ∨

1. 安全生产方针是安全第一、预防为主、综合治理。
2. 安全是相对的概念,可以通过提高生产系统和生产设备的本质安全性来减少事故的发生。
3. 事故隐患是指人的不安全行为、物的不安全状态和管理上的缺陷。

第三节 医药化工生产的特点与安全

我国的医药化工企业发展较晚,从 20 世纪 40 年代起,国内有东北制药厂、华北制药厂和太原制药厂,主要生产青霉素、磺胺类药、解热药等。之后,随着国民经济的发展与人民生活水平的提高,对医药的需求量不断加大,医药工业蓬勃发展。

化学制药行业属于精细化工领域,其生产具有易燃、易爆、有毒物质多,深冷、负压、压力容器多和有毒有害源点多的特点。生产所涉及的危险化学品,大部分具有易燃、易爆、毒害和腐蚀作用,如管理失控将会导致火灾、爆炸和中毒等事故,乃至造成重大伤亡和财产损失,更为严重者可导致厂毁人亡。随着生产规模日益扩大与自动化水平的提高,装置所蕴含的能量越来越高,一旦发生事故,不但在经济上会造成巨大的损失,而且人员伤亡和对环境的影响均非同小可,因此生产的安全问题日益受到重视。

生物技术是现代生物学发展及其与相关学科交叉融合的产物,是以重组 DNA 技术和细胞融合技术为基础,包括基因工程、细胞工程、酶工程和发酵工程等四大体系组成的现代高新技术。某些生物制品的源头采用的是微生物(包括细菌、病毒)或动植物的活性成分,这些生物活性材料,如不按规定进行特定操作和处理,将会对接触者有一定的感染危险性,甚至危及生命。

微生物给人类带来巨大的利益,如抗生素、疫苗类药物对维护人类的健康起到了重要的作用,但也可能给人类带来灾难性的后果。如 1374 年,一场由跳蚤引发的鼠疫就夺去了大约三分之一(约 2 500万人)欧洲居民的生命。

世界卫生组织(WHO)根据病原微生物对个人和人群的危害程度以及有无有效的治疗和预防措施,将生物危害分为四级。我国卫生部 2002 年 12 月 3 日发布《微生物和生物医学实验室安全通用通则》,并在 2004 年 11 月 12 日由国务院发布了《病原微生物实验室生物安全管理条例》,以强化生物安全方面的法律管理。《实验室生物安全通用要求》(GB 19489—2008)于 2009 年 7 月 1 日正式实施,该标准包括生物安全分级、实验室设施设备的配置、个人防护和实验室安全行为等内容,它立足于解决生物实验室安全管理隐患,防止安全事故的发生。

点滴积累 ∨ ....

医药行业安全情况复杂,一旦发生事故社会影响巨大。

第四节 企业安全生产现状

一、企业安全生产现状分析

随着国民经济的不断发展,我国安全管理水平不断提高,企业安全生产情况总体稳定,安全事故总量不断下降,安全生产形势发展较好,但也存在着诸多的问题。

在 1990 年至 2002 年的 13 年中,我国各类事故总量年均增长率为 6.28%,最高年份增长 22%,国民安全事故 10 万人死亡率每年平均增长近 5%,职业事故 10 万人死亡率是发达国家的 3~5 倍。随着我国近年来对安全生产的重视,全国生产安全事故总量平稳下降,2015 年,工矿商贸就业人员 10 万人生产安全事故死亡率为 1.071,比 2010 年下降 49.7%;亿元国内生产总值安全事故死亡率由 2010 年的 0.201 下降到 2015 年的 0.098,累计下降 51.2%。但是,一些行业领域事故多发态势仍未得到有效遏制,煤矿、化工、建筑施工等行业领域较大事故、重大涉险事故时有发生。

分析出现以上情况的原因,主要有以下因素:

1. 我国安全生产安全投入水平较低 由于我国安全生产工作基础薄弱,企业自我约束机制不完善,安全生产科技水平不够发达,职工安全素质不高,包括企业经营管理者在内的企业员工法律意识和法制观念比较淡薄,造成我国很多企业安全投入水平较低。

2. 从业人员素质普遍偏低 职业安全监察人员在执法过程中存在素质不高、执法不严、执法不规范的情况。按照《中华人民共和国安全生产法》的规定,从业人员在 100 人以上的生产经营单位应当设置安全生产管理机构或配备专职安全生产管理人员。但企业专职安全生产管理人员严重不足,甚至身兼多职,无精力去抓安全生产的现象比较突出;中小企业的从业人员技术水平低、人员素质低;直接从事安全生产的从业人员的安全操作技能较差与安全意识水平较低,决定了我国企业安全生产的较低水平。

3. 全民安全意识有待于进一步提高 长期以来,GDP 作为考核各级政府政绩的重要尺度,致使各级政府未能妥善处理好安全生产与经济发展之间的关系,也未能真正树立起安全生产与社会经济科学协调发展的观念。企业经营者往往关注的是眼前的短期利益,缺乏科学的发展观;从业人员自身的安全意识和防范能力比较低下,安全操作水平也有待提高。

4. 安全法律体系需进一步完善 据统计,自新中国成立以来,我国颁布并实施的有关安全生产、劳动保护方面的主要法律法规 280 余项,法律、法规不断完善。但与工业发达国家相比,我国仍然存在差距:①习惯采用行政手段,而不是法律手段来管理安全生产;②法律法规的可操作性差;职业安全与健康标准不健全;③急需的法规空缺,有些法规还存在着重复和交叉等。

5. 安全保障机制薄弱,与经济发展不相适应 目前,我国的社会保险制度体系包括养老保险、医疗保险、工伤保险、失业保险和生育保险 5 方面项目。但劳动保险制度随着国家经济的发展而不断变化,现只在国有企业及集体企业中实行,而广大的私营企业并未认真执行。20 世纪 80 年代以来,城市经济体制改革发展迅速,养老保险、失业保险、医疗保险三大保险等项改革发展迅速,而工伤保险发展缓慢。现阶段工伤保险的发展严重滞后于经济的快速发展,社会各方面都存在重视不足的情况,一些企业员工甚至从未听说过。

6. 经济全球化带来较为深远的影响 现有的工业体系决定了发达国家占据价格的主导地位,发展中国家因经济发展落后,技术水平低,劳动生产率不高,往往以牺牲资源、环境为代价来促进经济发展,这就使发达国家有了可乘之机。发达国家以发展中国家职业卫生标准不健全为"可乘之机",把对人体和环境有害的产业进行转嫁,把环境污染问题多、人工成本高和职业危害突出的制造业逐渐转移至发展中国家,把本国禁止或限制生产和使用的有毒原材料和产品向发展中国家倾销。

二、提高企业安全管理水平的对策

安全专业理论认为(国际上发达国家的经验也同样证明),保障安全生产、防范安全事故的基本措施有三种,称为"三大对策"("三 E 对策"):即科学技术对策、安全文化对策和安全管理对策。

科学技术对策就是通过安全设施,安全设备,安全装置,安全检测、监测、防护用品等安全工程与技术硬件的投入,实现生产技术系统的本质安全化。长期以来,我国推行的"三同时"审核制、安全预评价等措施和制度都证明是行之有效的方法。

安全文化对策就是通过对全民,包括各级政府官员、企业法人代表、生产管理人员、企业员工,甚至社会大众、学生等人员的安全培训教育,提高全民的素质,包括意识、知识、技能、态度、观念等综合素质。

安全管理对策是指通过立法、监察、监督、检查等管理方式,保障技术的条件和环境达标,以及人员的行为规范,实现安全生产的目的。在现有的经济体制下,我国正在完善"法制"管理的手段,随着国家管理体制变革和创新,以及"入世"后面对的国际和社会经济背景,我国的安全管理应在综合管理方法与手段上得到进一步完善和丰富。对于企业来讲,要建立现代的企业安全生产管理体系,落实科学、全面、有效的管理制度。

点滴积累

我国企业安全形势严峻,原因众多,可通过"三 E 对策"提高企业安全管理水平。

第五节 安全生产立法情况

安全生产,事关人民群众生命财产安全、国民经济持续快速健康发展和社会稳定大局。为了使安全生产能达到持续稳定并不断提高,我国先后制定了一系列涉及安全生产的法律、法规和规章,对各类生产经营单位的安全生产提出了基本要求,如《刑法》《劳动法》《矿山安全法》《职业病防治法》

《消防法》《建筑法》《煤矿安全监察条例》《民用爆炸物品安全管理条例》《锅炉压力容器安全监察暂行条例》《国务院关于特大安全事故行政责任追究的规定》《安全生产许可证条例》《危险化学品安全管理条例》等,这些法律、行政法规,规定了各种生产经营活动所应具备的基本安全条件和要求。

▶▶ 课堂活动

1. 试查阅《中华人民共和国安全生产法》,并分析法律制定背景。

2. 针对专业相关单位,列出所适用的安全法律清单。

为进一步加强我国安全生产,2002 年 6 月 29 日通过的《中华人民共和国安全生产法》可以说是我国安全生产法制进程中新的里程碑,它标志着我国安全生产法制建设进入了一个新阶段,是一部专门涉及安全生产经营领域的法律,改变了以往多部单行法律交叉、重叠的现状,较全面地体现了国家关于加强安全生产管理的基本方针、基本原则及基本制度。2014 年 8 月 31 日通过了《全国人民代表大会常务委员会关于修改〈中华人民共和国安全生产法〉的决定》,并于 2014 年 12 月 1 日起施行。

> **知识链接**
>
> 国外安全生产立法概况
>
> 国外最早颁布《职业安全健康法》的是美国。 1968 年 1 月,时任美国总统的约翰逊提出制定一个统一的、综合的、全面的职业安全和健康计划,但该提案未获通过。 全美统一的《职业安全健康法》,于 1970 年 12 月 29 日由尼克松总统签署后生效。
>
> 继美国之后,1972 年,日本劳动省在中央劳动基准审议会的建议下,提出了单独的《劳动安全卫生法》(草案),经国会通过后生效,1972 年 6 月 8 日颁布《劳动安全卫生法》,在该法中仍然强调需与《劳动基准法》保持一致性。
>
> 英国于 1974 年 10 月 1 日、1975 年 1 月 1 日和 1975 年 4 月 1 日分 3 批颁布了《劳动安全卫生法》的全部条款。 虽然比美国、日本晚了几年,但是这一法规是当时最全面、最严谨的,堪称法中有法,措施有力,规定详细,成为不少国家借鉴的"蓝本"。

一、生产经营单位主要负责人的职责

(一) 生产经营单位的主要负责人

生产经营单位的主要负责人依照企业的组织形式不同而有所不同。通常是指在生产经营单位的日常经营活动中负有生产经营指挥权、决策权的领导人员,即企业的"第一把手"。

(二) 生产经营单位主要负责人的职责

生产经营单位的主要负责人对本单位的安全生产工作主要负有以下责任:

1. 建立、健全安全生产责任制。

2. 组织制定本单位安全生产规章制度和操作规程。

3. 保证本单位安全生产的投入和实施。

4. 督促、检查本单位的安全生产工作,及时消除生产安全事故隐患。

5. 组织制定并实施本单位的生产安全事故应急救援预案。

6. 及时、如实报告生产安全事故。

二、从业人员的权利和义务

(一)从业人员的权利

《中华人民共和国安全生产法》主要规定了各类从业人员必须享有的、有关安全生产和人身安全的最重要、最基本的权利。这些基本安全生产权利,可以概括为以下五项:

1. 事故工伤保险和伤亡求偿权 从业人员享有工伤保险和获得伤亡赔偿的权利,生产经营单位与从业人员订立的劳动合同,应当载明有关保障从业人员劳动安全、防止职业危害的事项,以及依法为从业人员办理工伤社会保险的事项。这两项内容是劳动合同必备的内容。

生产经营单位不得以任何形式与从业人员订立协议,免除或者减轻其对从业人员因生产安全事故伤亡依法应当承担的责任。在劳动合同确立过程中,应本着合法、平等自愿、协商一致三个原则,明确生产过程中的职业危害因素。因生产安全事故受到损害的人员,除依法享有获得工伤社会保险外,依照有关民事法律尚有获得赔偿的权利的,有权向本单位提出赔偿要求。生产经营单位必须依法参加工伤社会保险,为从业人员缴纳保险费。

案例分析

案例

2012年2月,杜某经老乡介绍,来到柳先生的玻璃加工制品公司当搬运工。双方达成口头协议:月工资2 300元,工作时间按照公司作息时间。2012年8月某日中午杜某将一组玻璃装上车,到顾客所在的门市房前卸车时,不小心被杂物绊倒,玻璃一下砸在杜某的左脚前脚趾上。经送医院确诊,杜某左脚3趾全部骨折,住院51天,共进行了两次手术。仅医疗费就花费了17 400余元,其中,老板支付15 000元。出院后,遵医嘱在家休养了5个月。

2013年10月杜某向当地劳动争议仲裁委员会提出工伤待遇仲裁申请。但劳动争议仲裁委员会以原告杜某没有认定工伤,且未经劳动能力鉴定委员会进行劳动能力鉴定为由,决定不予受理。杜某不服该仲裁决定,将柳老板告上法庭,要求其按工伤标准赔偿其医疗费、误工费、护理费、交通费、后续医疗费,以及一次性伤残补助金、一次性伤残就业补助金、一次性工伤医疗补助金、休假期间5个月工资等共计11万元。

人民法院审理认为,原告提供的银行账单及证人(介绍人)张某的证言完全可以证明原、被告之间存在事实劳动关系,且原告是受被告的安排,在工作时间因工作原因受到事故伤害,依法判决:终止原告与被告的劳动关系,被告玻璃制品公司应于判决发生法律效力之日起十日内一次性支付原告杜某67 200元。被告不服此判决,提起上诉后,被市中级人民法院驳回。

> **分析**
>
> 　　劳动部《关于贯彻执行〈劳动法〉若干问题的意见》第二条规定：中国境内的企业、个体经济组织与劳动者之间，只要形成劳动关系，即劳动者事实上已成为企业、个体经济组织的成员，并为其提供有偿劳动的，适用劳动法。《中华人民共和国劳动合同法》（以下简称《劳动合同法》）第七条规定：用人单位自用工之日起即与劳动者建立劳动关系。 杜某入职玻璃制品公司从事搬运装卸工作，一干就是半年，双方之间虽然未签订劳动合同，但经口头约定后，从用工之日起就已经形成事实上的劳动关系。 既然是劳动关系，就适用《劳动合同法》的规定，如果属于工伤，理所当然应享受工伤待遇。《工伤保险条例》第十七条四款规定：用人单位未在本条第一款规定的时限内提交工伤认定申请，在此期间发生符合本条例规定的工伤待遇等有关费用由该用人单位负担。 由于本案被告未能提供有效证据证明其于事故发生后已在法定时限内提出了工伤认定的申请，则相应的工伤保险待遇应由被告依法承担。

　　2. 危险因素和应急措施的知情权　从业人员有权了解其作业场所和工作岗位存在的危险因素、防范措施及事故应急措施。生产经营单位若对从业人员进行隐瞒或欺骗，就侵犯了从业人员的权利，并对由此产生的后果承担相应的法律责任。

　　3. 安全管理的批评检控权　从业人员有权对本单位的安全生产工作提出建议；有权对本单位安全生产工作中存在的问题提出批评、检举、控告。

　　从业人员是生产经营活动的直接承担者，也是生产经营活动中各种危险的直接面对者。在安全生产活动中，从业人员对本单位的安全生产工作有切身的感受和体会，能够提出一些合理化的、切中要害的建议。生产经营单位主要负责人应重视和尊重从业人员的意见和建议，并对他们的建议做出答复。

　　4. 拒绝违章指挥和强令冒险作业权　从业人员有权对本单位安全生产工作中存在的问题提出批评、检举、控告；有权拒绝违章指挥和强令冒险作业。

　　生产经营单位违章指挥、强令冒险作业是严重的违法行为，也是直接导致生产安全事故的重要原因。因此规定从业人员有权拒绝违章指挥和强令冒险作业，对于有效地防止生产安全事故发生，减少生命财产损失，稳定安全生产秩序，都具有十分重要的意义。

　　生产经营单位不得因从业人员对本单位的安全生产工作存在的问题提出批评、检举、控告或者拒绝违章指挥和强令冒险作业，而降低从业人员的工资和福利补贴，也不能降低其他待遇，更不能因此解除劳动合同。否则，依法追究生产经营单位的责任。

　　5. 紧急情况下的停止作业和紧急撤离权　从业人员发现直接危及人身安全的紧急情况时，有权停止作业或者在采取可能的应急措施后撤离作业场所。生产经营单位不得因从业人员在前款紧急情况下停止作业或者采取紧急撤离措施而降低其工资、福利等待遇或者解除与其订立的劳动合同。

　　（二）从业人员义务

　　1. 遵章守规，服从管理的义务　从业人员必须严格依照生产经营单位制定的规章制度和操作规程进行生产经营作业。

2. 佩戴和使用劳保用品的义务

3. 接受培训,掌握安全生产技能的义务 从业人员的安全生产意识和安全技能的高低,直接影响企业生产经营活动的安全性。从业人员应当接受安全生产教育和培训,掌握本职工作所需的安全生产知识,提高安全生产技能,增强事故预防和应急处理能力,进而有效预防安全事故的发生。

4. 发现事故隐患及时报告的义务 从业人员一旦发现事故隐患或者其他不安全因素,应当立即向现场安全管理人员或者本单位负责人报告,不得隐瞒不报或者拖延报告。

三、工会的权利与义务

依照安全生产法和工会法、劳动法等法律的规定,工会在维护职工安全生产方面的权益的主要职责包括:

1. 监督生产经营单位落实职工群众在安全生产方面的知情权。

2. 工会有权就安全设施是否与主体工程同时设计、同时施工、同时投入生产使用进行监督,提出意见。

3. 工会作为从业人员的群众组织,对生产经营单位违反安全生产法律、法规,侵犯从业人员合法权益的行为,有权要求纠正。

4. 发现生产经营单位违章指挥、强令工人冒险作业或者生产过程中发现重大事故隐患,有权提出解决的建议。

5. 参加对生产安全事故的调查处理,向有关部门提出处理意见。

点滴积累 ∨

《中华人民共和国安全生产法》是企业安全生产领域的根本大法,明确了各方的权利与义务。

目标检测

一、单项选择题

1.《中华人民共和国安全生产法》适用于在中华人民共和国领域内从事生产经营活动的单位的（　　）

　　A. 安全生产　　　　　B. 社会治安　　　　C. 国家安全　　　　D. 公共安全

2. 对本单位的安全生产工作全面负责的是（　　）

　　A. 安全管理人员　　　　　　　　B. 工会主席

　　C. 公司经理　　　　　　　　　　D. 生产经营单位的主要负责人

3. 安全生产管理,坚持（　　）的方针

　　A. 安全第一,预防为主,综合治理　　B. 安全第一,人人有责,分工负责

　　C. 安全第一,以人为本,行业为主　　D. 预防为主,持续改进,综合防治

4. 保障安全生产、防范安全事故的基本措施有三,称为"三大对策"("三 E 对策"),全部内容为(　　)

A. 安全投入、安全管理、安全评价　　　B. 科学技术、安全文化、安全管理

C. 三级教育、安全技术、安全管理　　　D. 法规建设、安全文化、安全监管

5. 目前,我国的社会保险制度体系包括(　　)、(　　)、(　　)、失业保险和生育保险 5 方面项目

A. 养老保险、意外伤害、工伤保险　　　B. 医疗保险、安全生产、低收入

C. 养老保险、工伤保险、医疗保险　　　D. 医疗保险、工伤保险、意外伤害

6. 世界卫生组织(WHO)根据病原微生物对个人和人群的危害程度以及有无有效的治疗和预防措施,将生物危害分为(　　)级

A. 2　　　　　　B. 3　　　　　　C. 4　　　　　　D. 5

7. 安全投入是指对安全活动所做出的一切人力、物力和财力投入的总和,包括(　　)

A. 事故预防费用与事故损失费用　　　B. 管理费用与事故损失费用

C. 事故预防费用与管理费用　　　　　D. 培训费用与技术改造费用

8. 建立生产经营单位的(　　),是"安全第一、预防为主、综合治理"方针的具体体现,是生产经营单位最基本的安全管理制度

A. 危险因素和应急措施的知情权　　　B. 安全生产规章制度和操作规程

C. 安全监查与管理制度　　　　　　　D. 安全生产责任制

9. 从业人员发现直接危及人身安全的紧急情况时,有权停止作业或者在采取可能的应急措施后撤离作业场所,称为(　　)

A. 紧急撤离权　　　　　　　　　　　B. 危险因素和应急措施的知情权

C. 批评检控权　　　　　　　　　　　D. 拒绝违章指挥和强令冒险作业权

二、问答题

1. 我国安全管理现状如何?

2. 你所了解的制药企业的安全管理情况如何?

3. 从业人员的权利与义务是如何理解的?

4. 保障安全生产、防范安全事故的基本措施有哪些?

5. 仔细考虑一下,你认为如何才能学好安全生产?

(郭　双)

第二章

危险化学品

ER-02章.PPT

导学情景 ∨

情景描述:

2015 年 8 月 12 日 23:30 左右,位于天津市滨海新区天津港的瑞海公司危险品仓库发生火灾爆炸事故,造成 165 人遇难(其中参与救援处置的公安现役消防人员 24 人、天津港消防人员 75 人、公安民警 11 人,事故企业、周边企业员工和居民 55 人)、8 人失踪(其中天津消防人员 5 人,周边企业员工、天津港消防人员家属 3 人)、798 人受伤(伤情重及较重的伤员 58 人、轻伤员 740 人),304 幢建筑物、12 428 辆商品汽车、7 533 个集装箱受损。

学前导语:

随着人类生产和生活水平的不断发展和提高,人类使用化学品的品种、数量也在迅速增加。目前世界上所发现的化学品已有 700 多万种,日常使用的约有 7 万多种,每年新出现化学品有 1 000 多种。化学品的生产和消费确实极大地改善人们的生活,但是不少化学品因其固有的易燃、易爆、有毒、有害等危险特性也给人们生活带来了一定的威胁。在化学品的生产、经营、储存、运输、使用以及废弃物处置的过程中,由于对危险化学品的管理、防护不当,会损害人体健康,造成财产毁损、生态环境污染。

第一节 危险化学品的分类及特性

危险化学品是具有理化危险性、健康危险性和环境危险性的化学品。危险化学品具有爆炸、易燃、毒害、感染、腐蚀、放射性等危险特性,在生产、储存、运输、使用和处置过程中,容易造成人身伤亡、财产损毁和环境污染,因此,需要特别防护。

一、危险化学品的分类

危险化学品的分类是根据化学品本身的危险特性,依据有关标准,划分可能的危险性类别和项别。危险化学品分类是对化学品进行安全管理的前提,分类的正确与否直接关系到安全标签的内容、危险标志以及安全技术说明书的编制,因此,危险化学品分类也是化学品管理的基础。依据《化学品分类和危险性公示通则》(GB 13690—2009)和《危险货物分类和品名编号》(GB 6944—2012)两个国家标准,按危险化学品具有的危险性或最主要的危险性划分为理化危险、健康危险和环境危险三大种类。

(一)理化危险

1. 爆炸品 本类物品是指固体或液体物质(或物质混合物),其本身能够通过化学反应产生气体,而产生气体的温度、压力和速度高到能对周围造成破坏的物品。包括:爆炸性物品、发火物质和烟火物品。

(1)爆炸性物品是含有一种或多种爆炸性物质或混合物的物品。

(2)发火物质(或发火混合物)是这样一种物质或物质的混合物,它旨在通过非爆炸自持放热化学反应产生的热、光、声、气体、烟或所有这些的组合来产生效应。

(3)烟火物品是包含一种或多种发火物质或混合物的物品。

2. 气体 本类物品是指压缩气体、液化气体、溶解气体和冷冻液化气体、一种或多种气体与一种或多种其他类物质的蒸气混合物、充有气体的物品和气雾剂,或符合下述两种情况之一者。

(1)在50℃时,蒸气压力大于300kPa的物质。

(2)20℃时在101.3kPa标准压力下完全是气态的物质。

本类物品当受热、撞击或强烈震动时,容器内压力会急剧增大,致使容器破裂爆炸,或致使气瓶阀门松动漏气、酿成火灾或中毒事故。

本类物品按其性质分为以下三项:

(1)易燃气体:在20℃和101.3kPa条件下,爆炸下限小于等于13%的气体或爆炸极限(燃烧范围)大于等于12%的气体。如氢气、一氧化碳、甲烷等。

(2)毒性气体:其毒性或腐蚀性对人类健康造成危害的气体及急性半数致死浓度 LC_{50} 值小于等于于5 000ml/m³ 的毒性或腐蚀性气体。如一氧化氮、氯气、氨气等。

(3)非易燃无毒气体:窒息性气体、氧化性气体以及不属于(1)或(2)的气体。如压缩空气、氮气等。

3. 易燃液体 本类物品包括易燃液体和液态退敏爆炸品。

(1)易燃液体:是指易燃的液体或液体混合物,或是在溶液或悬浮液中有固体的液体,其闭杯试验闪点不高于60℃,或开杯试验闪点不高于65.6℃。易燃液体还包括满足下列条件之一的液体:①在温度等于或高于其闪点的条件下提交运输的液体;②以液态在高温条件下运输或提交运输、并在温度等于或低于最高运输温度下放出易燃蒸气的物质。

(2)液态退敏爆炸品:是指为抑制爆炸性物质的爆炸性能,将爆炸性物质溶解或悬浮在水中或其他液态物质后,而形成的均匀液态混合物。

4. 易燃固体、易于自燃的物质、遇水放出易燃气体的物质 本类物品易于引起和促成火灾,按其燃烧特性分为以下三项:

(1)易燃固体、自反应物质和固态退敏爆炸品:易燃固体是指燃点低,对热、撞击、摩擦敏感,易被外部火源点燃,燃烧迅速,并可能散发出有毒烟雾或有毒气体的固体,如红磷、硫黄等;自反应物质是指即使没有氧气(空气)存在,也容易发生激烈放热分解的热不稳定物质;固态退敏爆炸品是指为抑制爆炸性物质的爆炸性能,用水或酒精湿润爆炸性物质,或用其他物质稀释爆炸性物质后,而形成的均匀固态混合物。

(2)易于自燃的物质:本项包括发火物质和自热物质。发火物质是指即使只有少量与空气接触,不到5分钟时间便燃烧的物质,包括混合物和溶液(液体或固体);自热物质是指发火物质以外的与空气接触便能自己发热的物质。

(3)遇水放出易燃气体的物质:本项物质是指遇水放出易燃气体,且该气体与空气混合能够形成爆炸性混合物的物质,如钾、钠等。

5. 氧化性物质和有机过氧化物　本类物品具有强氧化性,易引起燃烧、爆炸,按其组成分为以下两项:

(1)氧化性物:是指本身未必燃烧,但通常因放出氧可能引起或促使其他物质燃烧的物质,如过氧化钠、高氯酸钾等。

(2)有机过氧化物:是指含有二价过氧基(—O—O—)结构的有机物。其本身易燃易爆、极易分解,对热、震动和摩擦极为敏感,如过氧化苯甲酰、过氧化甲乙酮等。

6. 毒性物质和感染性物质

(1)毒性物质:是指经吞食、吸入或与皮肤接触后可能造成死亡或严重损害人类健康的物质。包括满足下列条件之一的毒性物质(固体或液体):

1)急性口服毒性:$LD_{50} \leqslant 300mg/kg$。

2)急性皮肤接触毒性:$LD_{50} \leqslant 1\,000mg/kg$。

3)急性吸入粉尘和烟雾毒性:$LC_{50} \leqslant 4mg/L$。

4)急性吸入蒸气毒性:$LC_{50} \leqslant 5\,000ml/m^3$。

(2)感染性物质:是指已知或有理由认为含有病原体的物质。感染性物质分为A类和B类。

A类:以某种形式运输的感染性物质,在与之发生接触(发生接触是在感染性物质泄漏到保护性包装之外,造成与人或动物的实际接触)时,可造成健康的人或动物永久性失残、生命危险或致命疾病。

B类:A类以外的感染性物质。

7. 放射性物质　放射性物质是指任何含有放射性核素并且其活度浓度和放射性总活度都超过《放射性物质安全运输规程》(GB 11806—2004)规定限值的物质。如金属铀、六氟化铀、金属钍等。

8. 腐蚀性物质　腐蚀性物质是指通过化学作用使生物组织接触时造成严重损伤或在渗漏时会严重损害甚至毁坏其他货物或运载工具的物质。本类包括满足下列条件之一的物质:

(1)使完好皮肤组织在显露超过60分钟、但不超过4小时之后开始的最多14天观察期内全厚度损毁的物质。

(2)被判定不引起完好皮肤全厚度毁损,但在55℃试验温度下,对钢或铝的表面腐蚀率每年超过6.25mm的物质,如硫酸、硝酸、盐酸、氢氧化钾、氢氧化钠、次氯酸钠溶液、氯化铜、氯化锌等。

9. 杂项危险物质和物品(包括危害环境物质)　本类是指存在危险但不能满足其他类别定义的物质和物品,包括:①以微细粉尘吸入可危害健康的物质;②会放出易燃气体的物质;③锂电池;④救生设备;⑤一旦发生火灾可形成二噁英的物质和物品;⑥在高温下运输或提交运输的物质(在液态温度达到或超过100℃,或固态温度达到或超过240℃条件下运输的物质);⑦危害环境物质,包括污染水环境的液体或固体物质,以及这类物质的混合物;⑧不符合毒性物质或感染性物质定义的经基因修改的微生物和生物体;⑨其他,如UN1841、UN1845、UN1941、UN2071等(注:联合国危险货物编号UN可在《关于危险货物运输的建议书》中查询)。

(二) 健康危险

1. **急性毒性** 是指在单剂量或在24小时内多剂量口服或皮肤接触一种物质,或吸入接触4小时之后出现的有害效应。

2. **皮肤腐蚀/刺激** 皮肤腐蚀是对皮肤造成不可逆损伤,其特征是溃疡、出血、有血的结痂;皮肤刺激是施用试验物达到4小时对皮肤造成可逆损伤。

3. **严重眼损伤/眼刺激** 严重眼损伤是在眼前部表面施加试验物质之后,对眼部造成在施用21天内并不完全可逆的组织损伤,或严重的视觉物理衰退;眼刺激是在眼前部表面施加试验物质之后,在眼部产生在施用21天内完全可逆的变化。

4. **呼吸或皮肤过敏** 呼吸过敏物是吸入后会导致气管超过敏反应的物质;皮肤过敏物是皮肤接触后会导致过敏反应的物质。

5. **生殖细胞致突变性** 本危险类别涉及的主要是可能导致人类生殖细胞发生可传播给后代突变的化学品。

6. **致癌性** 致癌物是指可导致癌症或增加癌症发生率的化学物质或化学混合物。

7. **生殖毒性** 是指对成年雄性和雌性性功能和生育能力的有害影响,以及在后代中的发育毒性。

8. **特异性靶器官系统毒性(一次接触)** 特定靶器官/有毒物是指由于单次接触而产生特异性、非致命性靶器官/毒性的物质。

9. **特异性靶器官系统毒性(反复接触)** 特定靶器官/有毒物是指由于反复接触而产生特异性/毒性的物质。

10. **吸入危险** 吸入指液态或固态化学品通过口腔或鼻腔直接进入或者因呕吐间接进入气管和下呼吸系统;吸入毒性包括化学性肺炎、不同程度的肺损伤或吸入后死亡等严重急性效应。

(三) 环境危险

环境危险指的是危害水生环境,其基本要素是急性水生毒性、潜在或实际的生物积累、有机化学品降解(生物或非生物)和慢性水生毒性。

1. **急性水生毒性** 是指质对短期接触它的生物造成伤害的固有性质。

2. **慢性水生毒性** 是指质在与生物体生命周期相关的接触期间对水生生物产生有害影响的潜在性质或实际性质。

3. **生物积累** 是指物质以所有接触途径(即空气、水、沉积物/土壤和食物)在生物体内吸收、转化和排出的净结果。

4. **降解** 是指有机分子分解为更小的分子,并最后分解为二氧化碳、水和盐。

二、影响危险化学品安全的主要因素

影响危险化学品安全的主要因素有温度,明火和电火,机械力,空气、水和杂质等几个方面。

1. **温度**　温度对危险化学品安全有着较大的影响,几乎所有的危险化学品发生危险性变化都对温度有一定的要求。如果温度达不到要求,它们就不会分解、燃烧或自燃、爆炸。一般说来,危险化学品的性质会随着温度的升高而趋向于不稳定,分解速度加快,容易引起化学变化,当温度达到一定程度时,就会发生突变而导致燃烧或爆炸。而在较低的温度下,危险化学品较为稳定,储存运输也较为安全。因此,一般的危险化学品适宜低温储运,温度高时就要采取通风散热和降温等措施。

2. **明火和电火**　明火是指暴露在外的火,包括各种火焰、炽热、火星、燃着物以及烟头、火柴余烬等。电火包括电火花、静电火花和雷电等。明火和电火即便是很小的火星或火花,在局部范围却有很高的温度,足以引起许多危险化学品的燃烧和爆炸。因此,危险化学品作业场所是严禁烟火的,而且使用的工具必须是防爆工具,灯具也应是防爆灯,装有避雷设备,装卸机械和运输车辆设有防火防爆或防静电的装置。

3. **机械力**　机械力主要是指在搬运、装卸和运输等过程中摩擦、振动、碰摔、撞击、挤压等机械力的作用。这些机械力的作用不仅容易造成危险化学品包装的损坏,而且还容易引起危险化学品发生危险性的变化。摩擦、振动、碰摔、撞击、挤压等不仅能产生热量和火花,而且能产生一定的波动。在热、火和波的作用下,危险化学品的性质将会变得不稳定,容易引起燃烧、爆炸、漏撒等危险。在运输过程中应设法使机械力的作用降低到最低限度,以保证运输的安全。在装卸和搬运危险化学品时,应做到轻拿轻放,严禁拖拉、翻滚、甩抛,包装牢固并有适当的衬垫材料,机械作业有防护措施,装运车辆应禁止溜放、限速连挂和避免紧急制动。

4. **空气、水和杂质**　许多危险化学品能在空气中发生危险性变化,也有一些危险化学品长时间在空气的氧化下会变质,变质后的物品有的能进一步增加危险性。水能溶解许多物质,某些危险化学品溶于水时能放出大量的热,短时间产生大量的热能使物体膨胀而爆炸,例如骤然往浓硫酸、氢氧化钠中加水就可能出现爆炸事故;水还能和一些危险化学品作用生成危害性巨大的物品,并且放出热量,从而导致危险。杂质的影响主要指危险化学品和某些其他物质接触后,能发生危险性变化或能促使危险性变化的发生,这种物质称为杂质。总之,空气、水和杂质的存在,对某些危险化学品有促进和激发危险性的作用,因此,必须尽可能地把它们隔离开来,这就要求严密包装、严格配装或采取其他措施。

三、危险化学品造成事故的主要特性

危险化学品事故同其他事故一样,具有其自身的特性或规律,只有掌握了事故的特性或规律,才能采取有效的措施或方法进行预防,减少事故及其造成的损失。一般地说,危险化学品事故的主要特性是:事故的因果性、潜伏性、突发性、灾难性和社会性。

（一）事故的因果性

危险化学事故的发生，是事故各方面原因相互作用的结果，绝对不是无缘无故地发生的。因此，事故发生后，深入剖析事故的根源，研究事故的因果关系，根据事故的因果性制订事故的防范措施，对于防止同类事故发生是非常重要的。

（二）事故的潜伏性

在一般情况下，危险化学品事故都是突然发生的。事故尚未发生之前，似乎一切都处于"正常"状态。但是，这并不意味着不会发生事故。只要事故隐患或潜在的危险因素存在，并且没有被认识或没被重视而进行整改，随着时间的推移，一旦条件成熟，就会发生事故，这就是事故的潜伏性。所以，安全管理中的安全检查、检测与监控，就是寻找事故潜在的危险因素，从而根除事故的发生。

（三）事故的突发性

危险化学品事故不受地形、气象和季节影响，随时随地都可能发生，这就是事故的突发性。因此，在危险化学品的生产、储存、运输、使用过程中，要增强安全意识，遵守操作规程，采取防范措施，防止事故的发生。

（四）事故的灾难性

危险化学事故一旦发生，就会造成化学物质燃烧、爆炸、意外排放或泄漏，造成重大伤亡事故，并给企业财产造成巨大损失，这对家庭和企业来说都是灾难性的。如：2003年12月，某县发生了井喷事件，大量高浓度硫化氢有害气体喷出，造成243人死亡，4万多人转移；2004年4月，某化工总厂氯氢分厂氯气泄漏，随后引发爆炸事故，造成9人死亡，3人受伤，罐区100m范围内建筑物被损坏，大量氯气泄漏致使周围15万居民疏散。

（五）事故的社会性

危险化学品事故的发生，不但会造成大量的人员伤亡及巨大的财产损失，还会对环境造成长久性污染，严重损害当地民众的身体健康，甚至影响到后代，从而给人们的心理造成不安和恐慌，引发社会动荡，所以说危险化学品事故具有社会性的特点。

2005年11月，某石化公司双苯厂苯胺装置发生爆炸着火，直径2km范围内的建筑物玻璃全部震碎，10km范围内有明显震感。事故死亡8人、重伤1人、轻伤59人、疏散群众1万人，泄漏的苯类污染物进入松花江水，引发了特别重大环境污染事件，给下游人民群众的生活造成了严重影响，引起了人们的恐慌和不安。

点滴积累 ╲┈┈

1. 依据《化学品分类和危险性公示通则》（GB13690—2009）和《危险货物分类和品名编号》（GB 6944—2012）两个国家标准，危险化学品按其危险性或最主要危险性划分为理化危险、健康危险和环境危险三大种类。

2. 影响危险化学品安全的主要因素有温度，明火和电火，机械力，空气、水和杂质等方面。

3. 危险化学品事故的主要特性是事故的因果性、潜伏性、突发性、灾难性和社会性。

第二节　制药企业常用危险化学品的储存安全

一、危险化学品储存的安全要求

根据《常用化学危险品贮存通则》(GB 15603—1995)的要求,危险化学品在储存时应必须满足以下几方面的安全要求。

(一)危险化学品储存的基本要求

1. 储存危险化学品必须遵照国家法律、法规和其他有关的规定。

2. 危险化学品必须储存在经公安部门批准设置的专门的危险化学品仓库中,经销部门自管仓库储存危险化学品及储存数量必须经公安部门批准。未经批准不得随意设置危险化学品储存仓库。

3. 危险化学品露天堆放,应符合防火、防爆的安全要求,爆炸物品、一级易燃物品、遇湿燃烧物品、剧毒物品不得露天堆放。

4. 储存危险化学品的仓库必须配备有专业知识的技术人员,其库房及场所应设专人管理,管理人员必须配备可靠的个人安全防护用品。

5. 储存的危险化学品应有明显的标志,标志应符合《危险货物包装标志》(GB 190—2009)的规定。同一区域储存两种或两种以上不同级别的危险品时,应按最高等级危险物品的性能标志。

6. 危险化学品储存方式分为三种①隔离储存:指在同一间房或同一区域内,不同物料之间分开一定的距离,非禁忌物料之间用通道保持空间的储存方式;②隔开储存:指在同一建筑或同一区域内,用隔板或墙,将其与禁忌物料分离开的储存方式;③分离储存:将危险化学品在不同的建筑或远离所有建筑的外部区域内储存的储存方式。

7. 根据危险品性能分区、分类、分库储存。各类危险品不得与禁忌物料混合储存。常用危险化学品储存禁忌物配存参见表2-1。

8. 储存危险化学品的建筑物、区域内严禁吸烟和使用明火。

(二)危险化学品储存量限制及储存安排

危险化学品储存安排取决于危险化学品分类、分项、容器类型、储存方式和消防的要求。其储存量及储存安排要求见表2-2。

表2-1 常用危险化学品储存禁忌物配存表

危险化学品种类和名称		配存序号	1	2	3	4	5	6	7	8	9	10	11	12	13	14	15	16	17	18	19	20	21	22	23	24
爆炸品	点火器材	1	1																								
	起爆器材	2	×	2																							
	炸药及爆炸性药品（不同品名的不得在同一库内配存）	3	×	×	3																						
	其他爆炸品	4	△	×	×	4																					
氧化剂	有机氧化剂	5	×	×	×	×	5																				
	亚硝酸盐、亚氯酸盐、次亚氯酸盐①	6	△	△	△	△	×	6																			
	其他无机氧化剂②	7	△	△	△	△	×	×	7																		
压缩气体和液化气体	剧毒（液氯与液氨不能在同一库内配存）	8	×	×	×	×	×	×	×	8																	
	易燃	9	△	×	×	△	×	△	△		9																
	助燃（氧及氧空钢瓶不得与油脂在同一库内配存）	10	△	×	△	△	×	△	△	△	△	10															
	不燃	11											11														
自燃物品	一级	12	△	×	×	×	×	△	△	×	×	×		12													
	二级	13	△	×	×	△	×	△	△	△	△	△			13												
遇水燃烧物品（不得与含水液体货物在同一库内配存）		14					△	△	△	△	△	△		×		14											

续表

危险化学品种类和名称			配存序号	1	2	3	4	5	6	7	8	9	10	11	12	13	14	15	16	17	18	19	20	21	22	23	24
易燃液体			15	△	×	×	×	×	△	×	×		×		×	△		15									
易燃固体③			16	△	×	×	△	×	△	△	×	×	×		×	×			16									
毒害品	氧化物		17	△	△	△														17								
	其他毒害品		18	△	△	△														×	18							
腐蚀物品	酸性腐蚀物品	溴	19	△	△			×	△			△			×	△	△	△		×	△	19					
		过氧化氢	20	△	×	×	△	△	△	△	△	△		△	△	△	×	△		×	△	△	20				
		硝酸、发烟硝酸、硫酸、发烟硫酸、氯磺酸	21	△	×	×	×	×	×	①	×	×	△	△	×	×	△	△	△	×	△	△	△	21			
		其他酸性腐蚀物品	22	△	△	△	△	△	△	△	△	△			△	△	△			×	△	△	△	△	22		
	碱性及其他腐蚀物品	生石灰、漂白粉	23	△	△	△	△											△					△	×	△	23	
		其他④	24													△								×			24

注：1. 无配存符号表示可配存。

2. △表示可配存，堆放时至少隔离 2m。

3. ×表示不可配存。

4. 有注释符号按注释规定办理。①除硝酸盐（如硝酸钠、硝酸钾、硝酸铵等）与硝酸可以配存外，其他情况均不得配存；②无机氧化剂不得与松软的粉状可燃物（如煤粉、焦粉、糖、淀粉、锯末等）配存；③H 发孔剂不可与酸性腐蚀物品及有毒和易燃脂类危险化学品配存；④无水肼、水合肼、氨水不得与氧化剂配存。

21

表 2-2　危险化学品储存量及储存安排

储存要求 ＼ 储存类别	露天储存	隔离储存	隔开储存	分离储存
平均单位面积储存量/(t/m^2)	1.0~1.5	0.5	0.7	0.7
单一储存区最大贮量/t	2 000~2 400	200~300	200~300	400~600
垛距限制/m	2	0.3~0.5	0.3~0.5	0.3~0.5
通道宽度/m	4~6	1~2	1~2	5
墙距宽度/m	2	0.3~0.5	0.3~0.5	0.3~0.5
与禁忌品距离/m	10	不得同库储存	不得同库储存	7~10

案例分析

案例

2003 年 10 月，某市纺织厂一间仓库里，保管员吴某给挡车工陆某发放化工原料亚氯酸钠。由于铁桶内的原料已结块，吴某就用一根长铁管去捅碎。前面已捅了两回，原料仍不够称量。第三回又捅，这一次刚捅下去，桶里火星一闪引发明火，明火喷出桶口，迅速向四周扩散。吴某和陆某转身刚跑出库外，爆炸猛烈发生了，仓库成了废墟，价值 38 万的财产付之一炬。

分析

在初次调查后，根据消防部门调查结论，法院一审判决确定为由于工人违章，用铁棒敲击亚氯酸钠结块，引起爆炸。但工人并不认同，因长期这样操作并未发生事故，而且工厂的安全操作规程中没有"禁止用铁棒敲击"的规定，亚氯酸钠产品安全使用说明书上也无此要求。于是对此次事故进行了再次调查。

28 日，在工厂一块空地中央的水泥台上摆着一小堆白色粉末亚氯酸钠。它与上次事故中的亚氯酸钠属同一个厂生产、同一品种、同一批进厂。工人用烧红的长铁丝，朝着粉末插去。开始动作很慢，小心翼翼。几次试验，没有任何反应。后来用明火烧烤，也没有发生燃烧。这说明亚氯酸钠本身不具备可燃性。

随即调查事故现场，发现仓库面积狭小，且仓库阴暗、潮湿，根本不具备通风条件。在仓库中放有 2t 多的甲酸及 120 个甲酸空桶，空桶大都没有盖或没盖好。甲酸是一种无色的挥发性液体，具有刺鼻的恶臭，爆炸极限范围在 18%~57%。与甲酸相距 2m 的是约 5t 的亚氯酸钠。它是强氧化剂，虽然本身不燃，却能使通常情况下难燃的物质变得易燃，原来易燃的物质变得更易燃，甚至于爆炸。在危险化学品储存有这样的规定：严禁氧化剂与可燃物质共储混放。

根据当班操作人员反映，他们那天一进仓库就"感到浓浓的刺鼻气味"。这说明积存的甲酸蒸气已达到极高的浓度。他们打开氯酸铁桶盖，甲酸蒸气逐渐进入桶内。当他们第三回捅料时，桶内甲酸蒸气浓度已达到其爆炸极限范围内，在亚氯酸钠的氧化作用下，首先起火爆炸，并扩散到整个空间。假如工人不用铁管捅击，而其他工作行为，如物品摩擦、碰撞，仍可能引起同样的爆炸。

因此，该工厂的化学品管理制度，在化学品分类保管上，特别是对可燃物质管理存在严重的缺陷。导致这次事故直接原因是将强氧化剂与可燃液体等混放储存。在二审判决中，工人被"无罪释放"。

（三）危险化学品废弃物处理要求

1. 禁止在危险化学品储存区域内堆积可燃废弃物品。

2. 泄漏或渗漏危险化学品的包装容器应迅速移至安全区域。

3. 按危险化学品特性，用化学或物理的方法处理废弃物品，不得任意抛弃，污染环境。

二、危险化学品的分类储存原则

危险化学品的安全储存是流通过程中非常重要的一个环节，处理不当就会造成事故。为了避免事故的发生，危险化学品的储存应遵守分类储存的原则，其原则如下：

1. 危险化学品应根据其化学性质分区、分类、分库储存，禁忌物料不能混存，灭火方法不同的危险化学品不能同库储存。

2. 遇火、遇热、遇潮能引起燃烧、爆炸或发生化学反应，产生有毒气体的危险化学品不得在露天或在潮湿、积水的建筑物中储存。

3. 受日光照射能发生化学反应引起燃烧、爆炸、分解、化合或能产生有毒气体的危险化学品应储存在一级建筑物中，其包装应采取避光措施。

4. 爆炸物品不准和其他类物品同贮，必须单独隔离限量储存，仓库不准建在城镇，还应与周围建筑、交通干道、输电线路保持一定安全距离。

5. 压缩气体和液化气体必须与爆炸物品、氧化剂、易燃物品、自燃物品、腐蚀性物品隔离储存。易燃气体不得与助燃气体、剧毒气体同贮；氧气不得与油脂混合储存，盛装液化气体的容器属压力容器的，必须有压力表、安全阀、紧急切断装置，并定期检查，不得超装。

6. 易燃液体、遇湿易燃物品、易燃固体不得与氧化剂混合储存，具有还原性的氧化剂应单独存放。

7. 有毒物品应储存在阴凉、通风、干燥的场所，不要露天存放，不要接近酸类物质。

ER-2-1

耐火等级

8. 腐蚀性物品，包装必须严密，不允许泄漏，严禁与液化气体和其他物品同库储存。

三、危险化学品的火灾危险程度分类及储存设施

（一）危险化学品的火灾危险程度分类

危险化学品中具有火灾危险性的物品包括爆炸品，压缩气体和液化气体，易燃液体，易燃固体、自燃物品、遇湿易燃物品，氧化剂和有机过氧化物。按《建筑设计防火规范》（GB 50016—2014）规定，危险化学品的火灾危险程度应根据储存物品的性质和储存物品中的可燃物数量等因素来确定，共分为五大类，依次是甲类、乙类、丙类、丁类、戊类。

1. 甲类

（1）闪点小于28℃的液体。如二硫化碳、苯、甲苯、甲醇、乙醇、乙醚、乙酸甲酯、硝酸乙酯、丙酮、丙醛、乙醛。

(2)爆炸下限小于10%的气体,以及受到水或空气中水蒸气的作用,能产生爆炸下限小于10%气体的固体物质。如乙炔、甲烷、乙烯、丙烯、丁二烯、环氧乙烷、氯乙烯、电石、碳化铝等。

(3)常温下能自行分解或在空气中氧化能导致迅速自燃或爆炸的物质。如硝化棉、黄磷等。

(4)常温下受到水或空气中水蒸气的作用,能产生可燃气体并引起燃烧或爆炸的物质。如钾、钠、钙等金属元素,以及氢化钾、氢化钠、四氢化锂铝等金属的氢化物。

(5)遇酸、受热、撞击、摩擦以及遇有机物或硫黄等易燃的无机物,极易引起燃烧或爆炸的强氧化剂。如氯酸钾、硝酸钾、过氧化钾、过氧化钠、高锰酸钾等无机氧化剂,硝酸胍、硝酸脲等有机氧化剂,以及过氧化二苯甲酰等有机过氧化物。

(6)受撞击、摩擦或与氧化剂、有机物接触时能引起燃烧或爆炸的物质。如三硫化磷、二硝基萘、重氮氨基苯、偶氮二甲酰胺等。

(7)在密闭设备内操作温度不小于物质本身自燃点的生产。

2. 乙类

(1)闪点大于等于28℃,但小于60℃的液体。如煤油、丁烯醇、异戊醇、丁醚、醋酸丁酯、硝酸戊酯、冰醋酸等。

(2)爆炸下限大于等于10%的气体。如氨气、一氧化碳等。

(3)不属于甲类的氧化剂。如亚硝酸钾、重铬酸钾、硝酸、硝酸汞、漂白粉等。

(4)不属于甲类的易燃固体。如硫黄、镁粉、铝粉、赛璐珞板、樟脑、安全火柴、硝化纤维胶片等。

(5)助燃气体。如氧气、压缩空气等。

(6)常温下与空气接触能缓慢氧化,积热不散引起自燃的物品。如漆布、油纸、油布等。

3. 丙类

(1)闪点大于等于60℃的液体。如动物油、植物油、润滑油、机油等。

(2)可燃固体。如纤维及其织物,纸张、棉、毛、丝、面粉,天然橡胶及其制品,竹、木及其制品等。

4. 丁类 难燃烧物品。如酚醛泡沫塑料及其制品,水泥刨花板等。

5. 戊类 不燃烧物品。如钢材、玻璃及其制品,搪瓷、陶瓷及其制品,不燃气体、玻璃棉、水泥、石材等。

(二)危险化学品的储存设施

危险化学品的主要储存设施是指用于储存危险化学品的仓库、储罐、堆场等。危险化学品主要储存设施的防火间距、耐火等级应符合《建筑设计防火规范》(GB 50016—2014)规定。

不同耐火等级厂房和仓库建筑构件的燃烧性能和耐火极限(h)

点滴积累 ∨ ···

1. 危险化学品储存方式分为露天储存、隔离储存、隔开储存、分离储存四种。

2. 危险化学品的储存应遵守分类储存的原则。

3. 危险化学品按火灾危险程度分为甲类、乙类、丙类、丁类、戊类五大类。

第三节　常用危险化学品的运输安全

一、运输的配装原则

根据《危险化学品经营企业开业条件和技术要求》(GB 18265—2000)的规定,危险化学品在运输时不能混装混运。为了保证运输安全,在运输时必须遵守危险化学品运输的配装原则。详见表2-1常用危险化学品储存禁忌物配存表。

二、运输安全事项

危险化学品具有易燃易爆、有毒有害的理化特性,在运输过程中稍有不慎就可能发生事故,甚至是社会灾难性事故。因此,要高度重视危险化学品的运输安全,在运输时要注意以下事项:

1. 国家对危险化学品的运输实行资质认定制度;未经资质认定,不得运输危险化学品。

2. 直接从事危险化学品运输、装卸、维修作业的管理人员及操作人员,必须接受相应的培训,通过考试,持证上岗。

3. 运输危险化学品的车、船、飞机等交通工具以及容器、装卸机具,必须符合有关规定,经有关部门审验合格,方可使用;经营过程中要保持完好状态,接受定期或不定期的质量检查。

4. 危险化学品的装卸作业必须在装卸管理人员的现场指挥下进行,否则不得进行装卸作业;装卸管理人员不得在装卸过程中脱岗;装卸易燃、易爆、有毒危险品,必须轻装、轻卸,防止撞击、滚动、重压、倾倒和摩擦,不得损坏外包装。

5. 运输、装卸危险化学品应当按照规定要求及危险化学品的特性,采取必要的安全防护措施。

6. 托运人托运危险化学品,应当向承运人说明运输的危险化学品的品名、数量、危害、应急措施等情况,以便承运人在运输时采取相应的安全措施,保证危险货物的安全运输。

7. 剧毒化学品在公路运输途中发生被盗、丢失、流散、泄漏等情况时,承运人及押运人员必须立即向当地公安部门报告,并采取一切可能的警示措施。公安部门接到报告后,应当立即向其他有关部门通报情况,有关部门应当采取必要的安全措施。

点滴积累 ∨

危险化学品在运输时不能混装、混运,为了保证运输安全,在运输时必须遵守危险化学品运输的配装原则。

第四节　安全生产标志

一、危险化学品的包装和运输标志

（一）危险化学品的包装标志

按照《危险货物包装标志》（GB 190—2009）的规定，根据常用危险化学品的危险特性和类别，它们的标志分为标记和标签；标记 4 个，标签 26 个，分别标示了 9 类危险化学品的主要特性。当一种危险化学品具有一种以上的危险性时，除贴主要危险性标签外，还要贴次要危险性标签，每种危险化学品最多可以选两种标签，次要危险性标签的选用办法按《危险货物包装标志》（GB 190—2009）的规定。

1. **标记**　危险化学品的包装标记由图形符号和颜色组成，其图形见图 2-1。

（符号：黑色，底色：白色）

（a）危害环境物质和物品标记

（符号：黑色或正红色，底色：白色）　（符号：黑色或正红色，底色：白色）

（b）方向标记

（符号：正红色，底色：白色）

（c）高温运输标记

图 2-1　危险化学品的包装标记

2. **标签**　危险化学品的标签由图形符号、颜色、文字、类号或项号和适当的装配字母组成，其图形见图 2-2。

底色：橙红色
图形：爆炸弹(黑色)
字体：黑色
标签1 爆炸品

底色：正红色
图形：火焰(黑色或白色)
字体：黑色或白色
标签2 易燃气体

底色：绿色
图形：气瓶(黑色或白色)
字体：黑色或白色
标签3 非易燃无毒气体

底色：白色
图形：骷髅头和交叉骨形(黑色)
字体：黑色
标签4 毒性气体

底色：正红色
图形：火焰(黑色或白色)
字体：黑色或白色
标签5 易燃液体

底色：白色红条
图形：火焰(黑色)
字体：黑色
标签6 易燃固体

底色：上白下红
图形：火焰(黑色)
字体：黑色或白色
标签7 易于自燃的物质

底色：蓝色
图形：火焰(黑色或白色)
字体：黑色或白色
标签8 遇水放出易燃气体物质

底色：柠檬黄色
图形：圆圈上方火焰(黑色)
字体：黑色
标签9 氧化性物质

底色：上红下柠檬黄
图形：火焰(黑色或白色)
字体：黑色或白色
标签10 有机过氧化物

底色：白色
图形：骷髅和交叉骨(黑色)
字体：黑色
标签11 毒性物质

底色：白色
图形：三个新月符号沿一圆重叠
字体和图形：黑色
标签12 感染性物质

底色：白色
图形：上半部三叶形(黑色)下半部一条红色竖条
字体：黑色
标签13 一级放射性物品

底色：上黄下白
图形：上半部三叶形(黑色)下半部二条红色竖条
文字：黑色
标签14 二级放射性物品

底色：上黄下白
图形：上半部三叶形(黑色)下半部三条红色竖条
文字：黑色
标签15 三级放射性物品

底色：上白下黑
图形：上半部两个试管中液体分别向金属板和手上滴落(黑色)
字体：白色
标签16 腐蚀品

底色：白色
图形：上半部有7条竖条(黑色)
字体：黑色
标签17 杂类

图 2-2 危险化学品的包装标签

27

（二）包装储运图示标志

根据《包装储运图示标志》（GB/T 191—2008）规定,包装储运图示标志有共 17 种,其图形和名称规定如图 2-3 所示。

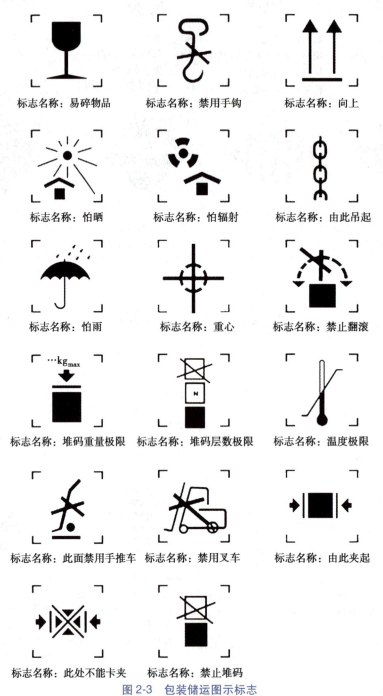

图 2-3　包装储运图示标志

二、安全标签及安全技术说明书

（一）安全标签

国家标准《化学品安全标签编写规定》（GB 15258—2009）明确指出:化学品安全标签是用于标识化学品所具有的危险性和安全注意事项的一组文字、象形图和编码组合;安全标签由生产企业在货物出厂前粘贴、拴挂、喷印在包装或容器的明显位置;若改换包装,则由改换单位重新粘贴、拴挂、喷印。

1. 标签要素 安全标签上用于表示化学品危险性的一类信息,包括化学品标识、象形图、信号词、危险性说明、防范说明、应急咨询电话、供应商标识、资料参阅提示语等。

2. 安全标签的内容

(1)化学品标识:用中文和英文分别标明化学品的化学名称和通用名称。名称要求醒目清晰,位于标签的上方。名称应与化学品安全技术说明书中的名称一致。对于混合物应标出对其危险性分类有贡献的主要组分的化学名称或通用名称、浓度或浓度范围。当需标出的组分较多时,组分个数以不超过 5 个为宜。

(2)象形图:由图形符号及其他图形要素(如边框、背景图案和颜色)组成,表达特定信息的图形组合。采用 GB 20576—2006、GB 20599—2006、GB 20601—2006、GB 20602—2006 规定的象形图。

(3)信号词:标签上用于表明化学品危险性相对严重程度和提醒接触者注意潜在危险的词语。根据化学品的危险程度和类别,用"危险""警告"两个词分别进行危害程度的警示。信号词位于化学品名称的下方,要求醒目、清晰。根据 GB 20576—2006、GB 20599—2006、GB 20601—2006、GB 20602—2006,选择不同类别危险化学品的信号词。

(4)危险性说明:对危险各类和类别的说明,描述某种化学品的固有危险,必要时包括危险程度,居警示词下方。根据 GB 20576—2006、GB 20599—2006、GB 20601—2006、GB 20602—2006,选择不同类别危险化学品的危险说明。

(5)防范说明:用文字或象形图描述的降低或防止与危险化学品接触,确保正确储存和搬运的有关措施。应表述化学品在处置、搬运、储存和使用作业中所必须注意的事项和发生意外时简单有效的救护措施等,要求内容简明扼要、重点突出。

(6)供应商标识:供应商名称、地址、邮编和电话等。

(7)应急咨询电话:填写化学品生产商或生产商委托的 24 小时化学事故应急咨询电话。国外进口化学品安全标签上应至少有一家中国境内的 24 小时化学事故应急咨询电话。

(8)资料参阅提示语:提示化学品用户应参阅化学品安全技术说明书。

(9)危险信息先后排序:当某种化学品具有两种及两种以上的危险性时,安全标签的象形图、信号词、危险说明的先后顺序规定如下:

1)象形图先后顺序:理化危险象形图的先后顺序根据《危险货物品名表》(GB 12268—2012)中的主次危险性确定,未列入《危险货物品名表》(GB 12268—2012)的化学品,以下危险性类别的危险性总是主危险:爆炸物、易燃气体、易燃气溶胶、氧化性气体、高压气体、自反应物质和混合物、发火物质、有机过氧化物。健康危险象形图按以下先后顺序:如果使用了骷髅和交叉骨图形符号,则不应出现感叹号图形符号;如果使用了腐蚀图形符号,则不应出现感叹号来表示皮肤或眼睛刺激;如果使用了呼吸致敏物的健康危害图形符号,则不应出现感叹号来表示皮肤致敏物或者皮肤/眼睛刺激。

2)信号词先后顺序:在多种危险性时,如果在安全标签上选用了信号词"危险",则不应出现信号词"警告"。

3）危险性说明先后顺序：所有危险性说明都应当出现在安全标签上，按理化危险、健康危害、环境危害顺序排列。

3. 简化标签　对于小于等于100ml的化学品小包装，为方便标签使用，安全标签要素可以简化，包括化学品标识、象形图、信号词、危险性说明、应急咨询电话、供应商名称及联系电话、资料参阅提示语即可。

4. 化学品安全标签与简化标签样例　见图2-4、图2-5。

（二）安全技术说明书

1. 安全技术说明书的概念　化学品安全技术说明书，国际上称作化学品安全信息卡，简称MS-DS或SDS，是一份关于危险化学品燃爆、毒性和环境危害以及安全使用、泄漏应急处置、主要理化参数、法律法规等方面信息的综合性文件。作为对用户的一种服务，生产企业应随化学商品向用户提供安全技术说明书，使用户明了化学品的有关危害，使用时能主动进行防护，起到减少职业危险和预防化学事故的作用。

化学品名称　　A组分：40%；B组分：60%

危　险　

极易燃液体和蒸气，食入致死，对水生生物毒性非常大

【预防措施】
· 远离热源、火花、明火、热表面。使用不产生火花的工具作业。
· 保持容器密闭。
· 采取防止静电措施，容器和接收设备接地、连接。
· 使用防爆电器、通风、照明及其他设备。
· 戴防护手套、防护眼镜、防护面罩。
· 操作后彻底清洗身体接触部位。
· 作业场所不得进食、饮水或吸烟。
· 禁止排入环境。
【事故响应】
· 如皮肤（或头发）接触：立即脱掉所有被污染的衣服。用水冲洗皮肤、淋浴。
· 食入：催吐，立即就医。
· 收集泄漏物。
· 火灾时，使用干粉、泡沫、二氧化碳灭火。
【安全储存】
· 在阴凉、通风良好处储存。
· 上锁保管。
【废弃处置】
· 本品或其容器采用焚烧法处置。

请参阅化学品安全技术说明书

供应商：×××××××××××××××××××××　　　　电话：××××××
地　址：×××××××××××××××××××××　　　　邮编：××××××
化学事故应急咨询电话：××××××

图2-4　化学品安全标签样例

化学品名称

极易燃液体和蒸气，食入致死，对水生生物毒性非常大

请参阅化学品安全技术说明书

供应商：×××××××××××××××××××　　　电话：××××××

化学事故应急咨询电话：××××××

图 2-5　化学品简化标签样例

2. 安全技术说明书的内容　《化学品安全技术说明书内容和项目顺序》(GB 16483—2008)规定的安全技术说明书包括 16 个部分的内容,具体内容如下:

(1)化学品及企业标识:主要包括化学品名称、供应商名称、地址、邮编、电话、应急咨询电话、传真和电子邮件等方面的信息。

(2)危险性概述:简要概述本化学品最重要的危害和效应,主要包括危害类别、侵入途径、健康危害、环境危害、燃爆危险等信息。

(3)成分/组成:主要说明该化学品是纯品或是混合物,纯品主要给出化学品名称或商品名称和通用名,并标明主要成分、分子式、相对分子量和重量比例;混合物应给出对安全和健康构成危害的组分和重量比例。无论是纯化学品或混合物,如果包含有害性组分,则应给出化学文摘索引登记号(CAS 号)。

(4)急救措施:作业人员意外受到伤害时,包括眼睛接触、皮肤接触、吸入和食入的急救措施。对急救和自救措施应仔细加以说明。

(5)消防措施:主要表示化学品物理和化学危险性,发生火灾时应采取的措施,包括选用合适的灭火剂和因安全原因禁止使用的灭火剂;消防员的特殊防护用品;还应提供有关火灾时化学品的性能、燃烧分解产物以及应采取的预防措施等资料。

(6)泄漏应急处理:指化学品泄漏后,现场可采用的简单有效的应急求援措施、注意事项和消除方法等,包括个体防护及安全预防措施、环境保护须知、消除方法等。

(7)操作处置与储存:应提供关于安全储存和处置的资料,包括储存室或储存容器的设计和选择;与工作场所和居住建筑的隔离;不能共存材料的名称;储存条件,如温度、湿度和避光,提倡和避免的操作方法,个体防护。

(8)接触控制/个体防护:应提供关于使用化学品过程中个体防护的必要性以及防护用品类型

的资料;提供有关基本工程控制,以及有关最大限度地减少工人接触的有效方法的资料;具体的控制参数,如接触限量。

(9)理化特性:主要描述化学品的外观和理化特性方面的信息,包括外观、性状、沸点、熔点、饱和蒸气压、相对密度、临界压力、临界温度、溶解性、辛醇/水分配系数、闪点、爆炸极限及引燃温度等数据。

(10)稳定性和反应活性:主要叙述化学品的稳定性和反应活性方面的信息,包括稳定性、禁配物、应避免接触的条件、聚合危害和燃烧(分解)产物。

(11)毒理学资料:提供有关对人体造成影响和进入人体途径的资料,应包括急性影响,亚急性和慢性影响,致癌、致突变、致畸和对生殖系统的影响。

(12)生态学资料:对可能造成环境影响的主要特性应予以描述。包括迁移性、生物降解性、生物累积性和生态毒性。并尽可能给出科学实验的结果或数据,信息来源的依据。

(13)废弃处置:应提供化学品和可能装有有害化学品残余的污染包装的安全处置方法及要求。

(14)运输信息:应提供运输过程中的要求和注意事项,主要包括 UN 编号、CN 编号、包装类别、包装标志、包装方法和运输要求。

(15)法规信息:应提供对化学品进行危险性分类和监管的法规信息。

(16)其他信息:填写其他对健康和安全有重要意义的信息,如参考文献、填写人员、安全技术说明书发布日期和审核批准单位。

三、安全标志

安全标志是用以表达特定安全信息的标志,由图形符号、安全色、几何形状(边框)或文字构成。根据《安全标志及其使用导则》(GB 2894—2008)规定,我国安全标志分为禁止标志、警告标志、指令标志和提示标志四大类型。安全色是传递安全信息含义的颜色,包括红、蓝、黄、绿四种颜色。

(一) 禁止标志
禁止标志是由带斜杠的圆边框、位于圆边框中间的黑色图形符号和红色的安全色组成的图形标志,禁止人们不安全行为。见图 2-6。

(二) 警告标志
警告标志是由正三角形边框,位于正三角形边框中间的黑色图形符号和黄色的安全色组成的图形标志,提醒人们对周围环境引起注意,以避免可能发生危险。见图 2-7。

(三) 指令标志
指令标志是由圆形边框、位于圆形边框中的白色图形符号和蓝色安全色组成的图形标志,强制人们必须做出某种动作或采用防范措施。见图 2-8。

(四) 提示标志
提示标志是由正方形边框、位于正方形边框中的白色图形符号和绿色的安全色组成的图形标志,向人们提供某种信息(如标明安全设施或场所)。见图 2-9。

标志名称：禁止吸烟

标志名称：禁止烟火

标志名称：禁止带火种

标志名称：禁止用水
灭火

标志名称：禁止放置
易燃物

标志名称：禁止启动

标志名称：禁止合闸

标志名称：禁止转动

标志名称：禁止触摸

标志名称：禁止跨越

标志名称：禁止攀登

标志名称：禁止跳下

标志名称：禁止入内

标志名称：禁止停留

标志名称：禁止通行

标志名称：禁止靠近

标志名称：禁止乘人

标志名称：禁止堆放

标志名称：禁止抛物

标志名称：禁止戴手套

标志名称：禁止穿化
纤服装

标志名称：禁止穿带
钉鞋

标志名称：禁止游泳

标志名称：禁止饮用

图 2-6　禁止标志

标志名称：注意安全

标志名称：当心火灾

标志名称：当心爆炸

标志名称：当心腐蚀

标志名称：当心中毒

标志名称：当心感染

标志名称：当心触电

标志名称：当心电缆

标志名称：当心自动启动

标志名称：当心机械伤

标志名称：当心塌方

标志名称：当心冒顶

标志名称：当心坑洞

标志名称：当心落物

标志名称：当心吊物

标志名称：当心碰头

标志名称：当心挤压

标志名称：当心烫伤

标志名称：当心伤手

标志名称：当心夹手

标志名称：当心扎脚

标志名称：当心有犬

标志名称：当心弧光

标志名称：当心高温表面

标志名称：当心低温

标志名称：当心磁场

标志名称：当心电离辐射

标志名称：当心电裂变物质

标志名称：当心激光

标志名称：当心微波

标志名称：当心叉车

标志名称：当心车辆

标志名称：当心火车

标志名称：当心坠落

标志名称：当心障碍物

标志名称：当心滑倒

标志名称：当心跌落

标志名称：当心落水

标志名称：当心缝隙

图 2-7 警告标志

标志名称：必须戴防护眼镜

标志名称：必须戴遮光护目镜

标志名称：必须戴防尘口罩

标志名称：必须戴防毒面具

标志名称：必须戴护耳器

标志名称：必须戴安全帽

标志名称：必须戴防护帽

标志名称：必须系安全带

标志名称：必须穿救生衣

标志名称：必须穿防
护服

标志名称：必须戴防护
手套

标志名称：必须穿防
护鞋

标志名称：必须洗手

标志名称：必须加锁

标志名称：必须接地

标志名称：必须拔出
插头

图 2-8　指令标志

标志名称：紧急出口

标志名称：紧急出口

标志名称：避险处

标志名称：避急避险场所

标志名称：可动火区

标志名称：击碎面板

标志名称：急救点

标志名称：应急电话

标志名称：紧急医疗站

图 2-9　提示标志

点滴积累 ∨

1. 按照《危险货物包装标志》（GB 190—2009）的规定，危险化学品标志分为标记和标签；标记 4 个，标签 26 个，分别标示了 9 类危险化学品的主要特性。

2. 危险化学品安全标签上的信号词有危险、警告两种。

3. 根据《安全标志及其使用导则》（GB 2894—2008）规定，我国安全标志分为禁止标志、警告标志、指令标志和提示标志四大类型。

目标检测

一、选择题

（一）单项选择题

1. 危险化学品按其危险性可划分为（　　）大种类
   A. 6　　　　　　　　B. 7　　　　　　　　C. 3　　　　　　　　D. 9

2. 每种危险化学品最多可以选用（　　）标签
   A. 1　　　　　　　　B. 2　　　　　　　　C. 3　　　　　　　　D. 4

3. 下列哪个是化学品安全标签的信号词（　　）
   A. 小心　　　　　　B. 警告　　　　　　C. 警惕　　　　　　D. 注意

4. 我国危险化学品的理化危险性有（　　）种
   A. 3　　　　　　　　B. 6　　　　　　　　C. 8　　　　　　　　D. 9

5. 丙酮的理化危险特性表现为（　　）
   A. 易燃性　　　　　B. 刺激性　　　　　C. 腐蚀性　　　　　D. 助燃性

6. 浓硫酸的理化危险性表现为（　　）
   A. 有毒　　　　　　B. 易爆　　　　　　C. 腐蚀性　　　　　D. 刺激性

7. 《化学品安全技术说明书内容和项目顺序》（GB 16483—2008）规定的安全技术说明书包括
   （　　）个部分的内容,且大项内容在编写时不能随意删除或合并,其顺序不可随便变更
   A. 16　　　　　　　B. 13　　　　　　　C. 10　　　　　　　D. 8

8. 按《建筑设计防火规范》（GB 50016—2006）规定,甲类火灾危险程度的危险化学品其闪点为
   （　　）
   A. 60℃≤闪点　　　　　　　　　　　　　B. 28℃≤闪点
   C. 闪点<28℃　　　　　　　　　　　　　D. 28℃≤闪点<60℃

（二）多项选择题

1. 下列属于我国安全标志的是（　　）
   A. 禁止标志　　　　　　　B. 危险化学品包装标志　　　　　C. 警告标志
   D. 指令标志　　　　　　　E. 危险化学品运输图示标志

2. 下列化学品中属于危险化学品的是（　　）
   A. 氰化钠　　　　　B. 碳酸钠　　　　　C. 乙醇　　　　　D. 硫酸

3. 下列属于危险化学品事故特性的是（　　）
   A. 突发性　　　　　　　　B. 灾难性　　　　　　　　C. 社会性
   D. 预见性　　　　　　　　E. 经济性

二、问答题

1. 按《建筑设计防火规范》（GB 50016—2006）规定,危险化学品的火灾危险程度应根据储存物

品的性质和储存物品中的可燃物数量等因素来确定,共分为哪五大类?

2. 危险化学品事故的主要特性有哪些?

3. 根据《安全标志及其使用导则》(GB 2894—2008)规定,我国安全标志分哪四大类?

4. 影响危险化学品安全的主要因素有几个方面?

三、实例分析

1. 甲醇的闭杯闪点为11℃,试分析甲醇在危险化学品理化危险性分类中属于第几类第几项。

2. 试分析丙酮能否与过氧乙酸配装运输。

（王睿颖）

第三章

燃烧、爆炸与消防

ER-03章 PPT

导学情景 ∨

情景描述：

　　2005 年某公司在生产乙二醇二甲醚过程中反应釜发生爆炸，事故造成 6 人死亡、11 人受伤。

学前导语：

　　导致该事故的直接原因是生产过程的醇钠反应阶段，由于乙二醇单甲醚的加料速度过快，导致反应釜内的温度和压力急剧上升。现场人员采取了错误的应急处置方措施，打开了醇钠反应釜固体投料口上的闸阀，导致反应釜内的氢气从闸阀口高速冲出，很快在车间三楼达到爆炸极限，高速流动的氢气在闸阀口产生静电火花，引发了空间气体爆炸。导致该事故的间接原因是员工违章操作，企业安全管理薄弱，现场管理混乱。

　　世界范围内无数次的火灾、爆炸案例说明，企业生产过程中的防火防爆控制是企业安全生产的重要组成部分。员工掌握防火防爆知识与技能，对于企业的安全生产有着极其重要意义。

第一节　燃烧与爆炸的基础知识

　　制药生产中储存、使用的原料、中间体和产品很多都是易燃易爆物质，若发生火灾和爆炸事故，会造成十分严重的后果，不仅会造成操作者伤亡，而且还会危及在场的其他生产人员，甚至会使周围的居民遭受灾难，所以防火防爆是实现安全生产的重要条件。

一、燃烧的基础知识

（一）燃烧本质

　　燃烧的本质是发光放热的化学反应。从化学角度讲，任何燃烧均是氧化还原反应，放热、发光、生成新物质是其特征，也是区分燃烧和非燃烧现象的依据。几乎所有可燃物的燃烧都是由空气（氧）助燃进行的，但燃烧不仅是指可燃物和氧（空气）的化学反应，而是包括能与其他氧化剂所起的具有上述三特征的所有化学反应。

（二）燃烧的条件

　　燃烧是有条件的，可燃物、助燃物和点火源是燃烧必须同时具备的三个必要条件，又称三要素。

1. 可燃物质   我们可以把所有物质分成可燃物质、难燃物质和不可燃物质三类。可燃物质是指在火源作用下能被点燃,并且当火源移去后能维持继续燃烧,直至燃尽;难燃物质为在火源作用下能被点燃,当火源移去后不能维持继续燃烧;不可燃物质在正常情况下不会被点燃。

凡是能与空气、氧气和其他氧化剂发生剧烈氧化反应的物质,都称为可燃物质。按其状态不同可分为气态、液态和固态三类;按其组成不同,可分为无机可燃物质和有机可燃物质两类。

2. 助燃物质   凡是具有较强的氧化性能,能与可燃物质发生化学反应并引起燃烧的物质称为助燃物。例如空气、氧气、氯气、氯酸钾、过氧化氢、氟和溴等。

3. 点火源   能引起可燃物质燃烧的能源称为点火源;常见的点火源有明火、电火花、摩擦或撞击等机械火花、静电火花、化学能或高温物体导致的危险温度和自燃放热等。

三要素是燃烧的三个必要条件,但不是充分条件,三条件具备不一定能燃烧,要使之燃烧还必须使可燃物达到一定数量或浓度,助燃物有足够的数量和点火源具备足够的能量,且这些条件相互结合和相互作用。同时还应当注意到,燃烧三个基本条件的变化,也会使燃烧速度改变甚至停止燃烧。例如氧在空气中的浓度降低到14%~16%时,木材的燃烧即停止。点火源如果不具备一定的温度和足够的热量,燃烧也不会发生。例如飞溅出的火星可以点燃油棉丝或刨花,但溅落在大块木材上,会很快熄灭,主要是这种点火源虽然有超过木材着火的温度,但却缺乏足够热量。

▶ **课堂活动**

请举出几个燃烧的例子,并分析出燃烧的三要素。

(三)燃烧过程

可燃物质由于在燃烧时状态的不同,会发生不同的变化,比如可燃液体的燃烧并不是液相与空气直接反应而燃烧,而是先受热蒸发为蒸气,然后再与空气混合而燃烧。某些可燃性固体(如磷、石蜡、沥青)的燃烧是先受热熔融,再气化为蒸气,而后与空气混合发生燃烧。另一些可燃性固体(如木材、煤)的燃烧,则是先受热分解释放出可燃性气体和蒸气,然后与空气混合而燃烧,并留下若干固体残渣。还有一些固体(如硫)的燃烧是受热升华变为蒸气,与空气混合燃烧。由此可见,绝大多数液态和固态可燃物质的燃烧是在受热后气化或分解成为气态物质进行,并产生火焰。由于绝大多数可燃物质的燃烧都是在气态下进行的,故研究燃烧过程应从气体氧化着手。物质的燃烧过程如图3-1所示。

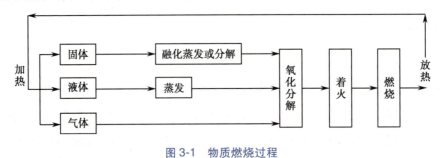

图 3-1 物质燃烧过程

由图可知可燃气体的燃烧比可燃固体和液体要容易得多。但由于化学组成不同,各种可燃气体的燃烧过程也不一样。简单的可燃气燃烧只经过受热和氧化过程,而复杂的可燃气要经过受热分解、氧化过程才能开始燃烧。

▶ 课堂活动

请举出固体、液体、气体燃烧的例子，并分析其燃烧过程。

（四）燃烧的基本类型

闪燃、着火和自燃是燃烧的三大基本类型。

1. 闪燃和闪点　可燃液体的温度越高，蒸发出的蒸气越多。当温度不高时，液面上少量的可燃蒸气与空气混合后，遇点火源而发生一闪即灭（延续时间少于 5 秒）的燃烧现象，称闪燃。可燃液体发生闪燃的最低温度，称为该液体的闪点。一般闪点越低，则火灾危险性越大。如环氧丙烷的闪点为 −37℃，丁醇为 35℃，说明环氧丙烷不仅比丁醇的火灾危险性大，还表明环氧丙烷具有低温火灾危险性。

应当指出，可燃液体发生一闪即灭的闪燃现象，是因为在闪点温度下蒸发速度较慢，所蒸发出来的蒸气仅能维持短时间燃烧，而来不及提供足够的蒸气维持稳定的燃烧。闪燃是可燃液体发生着火的前奏，从消防观点来说，闪燃就是危险的警告。

常见易燃和可燃液体的闪点见表 3-1。

表 3-1　常见易燃和可燃液体的闪点

液体名称	闪点/℃	液体名称	闪点/℃	液体名称	闪点/℃
环氧丙烷	−37	乙醚	−45	苯	−11
正己烷	−2	乙酸丁酯	22	甲苯	4.4
正庚烷	−4	乙酸甲酯	−10	二甲苯	30
正辛烷	13	乙酸乙酯	−4	重油	80~130
甲醇	11	甲酸甲酯	−32	煤油	43~72
乙醇	12.8	醋酸	39	汽油	−43
丙醇	15	醋酸酐	49	二甲胺	−17.8
丁醇	35	丙酮	−20	三乙胺	<0
异丙醇	12	四氢呋喃	−20		

2. 着火和燃点　着火就是可燃物质与点火源接触而燃烧，并且在点火源移去后仍能保持继续燃烧的现象。可燃物质发生着火的最低温度称为着火点或燃点。一般来说，物质的燃点越低，其火灾危险性越大。燃点可从有关书籍表中查得，一些常见物质的燃点见表 3-2。

表 3-2　常见物质的燃点

物质名称	燃点/℃	物质名称	燃点/℃	物质名称	燃点/℃
黄磷	34	石蜡	158~195	有机玻璃	260
樟脑	70	硫黄	255	聚丙烯	400
硝酸纤维素	100	橡胶	120	吡啶	482
纸	130	涤纶	390	醋酸纤维	482
棉花	200	聚乙烯	400	锦纶	415

3. 自燃和自燃点　可燃物质受热升温而不需明火作用就能自行燃烧的现象称为自燃。引起自燃的最低温度称为自燃点。自燃点越低,则火灾危险性越大。

根据促使可燃物质升温的热量来源不同,自燃可分为受热自燃和本身自燃两种。

(1)受热自燃:可燃物质由于外界加热,温度升高至自燃点而发生自行燃烧的现象,称为受热自燃。

(2)本身自燃:可燃物质由于本身的化学反应、物理或生物作用等所产生的热量,使温度升高至自燃点而发生自行燃烧的现象,称为本身自燃。

常见物质的自燃点见表3-3。

表 3-3　常见物质的自燃点

物质名称	自燃点/℃	物质名称	自燃点/℃
一氧化碳	609	苯	580
氨	651	环丙烷	498
二硫化碳	120	甲醇	470
硫化氢	292	乙醇	392
氢氰酸	538	乙醛	275
甲烷	632	乙醚	193
乙烷	472	丙酮	561
乙烯	490	醋酸	550
丁烯	443	二甲醚	350
乙炔	305	二乙醇胺	662

知识链接

链式反应理论

链式反应理论认为,在一定的燃烧反应条件下,反应物产生游离基,也称作自由基。游离基是一种瞬变的不稳定的化学物质,可能是原子、分子碎片或其他中间物。游离基反应活性非常强,在反应中成为活性中心。游离基和反应物在瞬间进行循环连续反应,直至反应物全部消耗完为止。链式反应大致可以分为三步。

第一步,链引发。在外界能量激发下,如热解、光化、放射线照射、催化等方法,反应中的化学键发生断裂,产生自由基。

第二步,链传递。自由基和反应体系中其他参与反应的化合物分子发生作用,产生新的自由基。这个步骤可以反复、循环进行,所以称为链传递,生成的游离基称为连锁载体或作用中心。

第三步,链终止。即自由基消失,使连锁反应终止。造成游离基消失的原因是多方面的,如游离基相互碰撞生成分子,与掺入混合物中的杂质发生副反应,与非活性的同类分子或惰性分子互相碰撞而将能量分散,撞击器壁而被吸附等。

因此,燃烧是一种复杂的物理化学反应。光和热是燃烧过程中发生的物理现象,自由基的连锁反应则说明了燃烧反应的化学实质。按照链式反应理论,燃烧不是两个气态分子之间直接起作用,而是它们的分裂物,即自由基这种中间产物进行的链式反应。

二、爆炸的基础知识

爆炸是物质在瞬间以机械能形式放出大量能量的现象。其特点是具有破坏力,产生爆炸声和冲击波。

(一)爆炸及其分类

1. 按照爆炸能量的来源分类　按照爆炸能量来源的不同,爆炸可分为物理性爆炸和化学性爆炸两类。

物理性爆炸是由物理变化(温度、体积和压力等因素)引起的。在物理性爆炸的前后,物质的性质及化学成分均不改变。锅炉的爆炸是典型的物理性爆炸,其原因是过热的水迅速蒸发出大量水蒸气,使蒸汽压力不断提高,当压力超过锅炉的极限强度时,就会发生爆炸。

化学性爆炸是物质在短时间内完成化学反应,形成其他物质,同时产生大量气体和能量的现象。依照爆炸时所进行的化学变化,化学性爆炸可分为以下几种:

(1)简单分解爆炸:爆炸时不发生燃烧反应,而是爆炸物分解为元素,并在分解反应过程中产生热量。如乙炔银、乙炔铝、碘化氮、三氯化氮、重氮盐、酚铁盐等,这类容易分解的不稳定物质是最危险的,受摩擦、撞击、轻微振动或受热即能引起爆炸。

(2)复分解爆炸:伴有燃烧反应,燃烧所需氧是由本身分解时产生的。各种氮及氯的氧化物、苦味酸、硝化锦、各类含氧炸药等都属于复分解爆炸物。

(3)可燃性混合物爆炸:混合物又分为气体爆炸性混合物和粉尘爆炸性混合物两种。该类爆炸在化工、制药等企业的爆炸事故中占主导地位。可燃气体、可燃液体蒸气或可燃性粉尘与空气或氧、氯气等助燃气体的混合物均属可燃性混合物。当可燃物含量与空气、氧等助燃气体达一定比例范围内,即达爆炸极限范围内时,该可燃性混合物已成为爆炸性混合物。

2. 按照爆炸的瞬时燃烧速度分类　按照爆炸的瞬时燃烧速度的不同,爆炸可分为轻爆、爆炸、爆轰三类。

(1)轻爆:物质爆炸时的燃烧速度为每秒数米,爆炸时无多大破坏力,音响也不太大。

(2)爆炸:物质爆炸时的燃烧速度为每秒十几米至数百米,爆炸时能在爆炸点引起压力激增,有较大的破坏力,有震耳的声响。可燃性气体混合物在多数情况下的爆炸属于此类爆炸。

(3)爆轰:物质爆炸的燃烧速度为每秒 1 000~7 000m。爆轰时的特点是突然引起极高压力,并产生超音速的"冲击波"。

(二)爆炸的破坏作用

爆炸的破坏的作用形式主要有冲击波、震动、碎片冲击、造成火灾及其他破坏作用。

1. 冲击波　随爆炸的出现,冲击波最初出现正压力,而后又出现负压力。由于冲击波产生正负交替的波状气压向四周扩散,从而造成附近建筑物的破坏。建筑物的破坏程度与冲击波的能量大小、本身的坚固性和建筑物与产生冲击波的中心距离有关。

2. 震动　在遍及破坏作用的区域内,有一个能使物体震荡、使之松散的力量。

3. 碎片冲击　机械设备、装置、容器等爆炸以后,变成碎片飞散出去会在相当广的范围内造成危害。碎片飞散一般可达 100~500m。

4. 造成火灾

5. 造成中毒和环境破坏

（三）爆炸极限

可燃气体、液体蒸气或可燃粉尘与助燃物构成的混合物，并不是在任何浓度下都可以爆炸的，只有混合到一定比例范围内，遇激发能源才能爆炸。该比例范围的最低值，即能引起爆炸的最低浓度，称为该可燃物在该助燃物中的爆炸下限；其最高值，即能引起爆炸的最高浓度，称为爆炸上限。上、下限之间的范围，称为该可燃物在该助燃物中的爆炸极限范围即爆炸极限。

各种可燃物的爆炸极限可从有关书籍表中查得。一些气体和液体蒸气的爆炸极限见表 3-4。

表 3-4　一些气体和液体蒸气的爆炸极限

物质名称	爆炸极限（体积分数）/%		物质名称	爆炸极限（体积分数）/%	
	下限	上限		下限	上限
氢气	4.0	75.6	丁醇	1.4	10.0
一氧化碳	12.5	74.0	甲烷	5.0	15.0
二硫化碳	1.0	60.0	乙烷	3.0	16
乙炔	1.5	82.0	丙烷	2.1	9.5
氰化氢	5.6	41.0	丁烷	1.5	8.5
硫化氢	4.3	45.0	甲醛	7.0	73.0
乙烯	2.7	34.0	乙醚	1.7	48.0
苯	1.2	8.0	丙酮	2.5	13.0
甲醇	5.5	36.0	乙酸乙酯	2.1	11.5
乙醇	3.5	19.0	乙酸丁酯	1.2	7.6

（四）影响爆炸极限的因素

爆炸极限不是一个固定值，它受着各种因素的影响，对气态可燃性混合物而言，主要有以下影响因素：

1. 初始温度　混合物的初始温度越高，爆炸范围越大，即下限降低，上限上升，爆炸危险性增加。如丙酮与空气形成的可燃性混合物，0℃时其爆炸范围为 4.2%~8.0%；50℃时，则扩大为 4.0%~9.8%；100℃时，又扩大到 3.2%~10.0%。

2. 初始压力　混合物的原始压力对爆炸极限有很大的影响，一般压力增大，爆炸极限扩大。这是因为系统压力增高，其分子间距更为接近，碰撞概率增高，因此使爆炸更易发生。

3. 惰性气体含量　在可燃性混合物中掺入惰性气体 N_2、CO_2、水蒸气等，随着惰性气体含量的增加，爆炸范围则缩小。惰性气体浓度提高到某一数值时，混合物的上下限重合为一点，此时的惰性气体含量，称为该惰性气体的抑爆峰值。当惰性气体含量超过抑爆峰值时，该混合物则不再有爆炸危险。

4. 容器尺寸和材质　容器的材质、尺寸等，对物质爆炸极限均有影响。实验证明，容器管子直径越小,爆炸极限范围越小。同一可燃物质,管径越小,其火焰蔓延速度亦越小。当管径(或火焰通道)小到一定程度时,火焰即不能通过。这一间距称最大灭火间距,亦称临界直径。当管径小于最大灭火间距,火焰因不能通过而被熄灭。阻火器即利用此项原理,阻止火灾的蔓延。

5. **激发能源**　各种爆炸性混合物都有一个最低引爆能量,激发能源的能量大小、热表面面积大小,以及激发能源与混合物接触时间的长短等,对其爆炸极限都有影响。

容器材质对爆炸极限的影响

6. **氧含量**　同一可燃物在不同的氧含量下的可燃性混合物的爆炸极限也不同。可燃气体在空气中和纯氧中的爆炸极限范围的比较见表 3-5。

表 3-5　可燃气体在空气中和纯氧中的爆炸极限范围的比较

物质名称	爆炸极限（体积分数）/%		物质名称	爆炸极限（体积分数）/%	
	空气中	纯氧中		空气中	纯氧中
甲烷	5.0~15.0	5.0~61.0	乙炔	1.5~82.0	2.8~93.0
乙烷	3.0~1	3.0~66.0	氢	4.0~75.6	4.0~95.0
丙烷	2.1~9.5	2.3~55.0	氨	15.0~28.0	13.5~79.0
丁烷	1.5~8.5	1.8~49.0	一氧化碳	12.5~74.0	1~94.0
乙烯	2.7~34.0	3.0~80.0			

（五）粉尘爆炸

当可燃性固体呈粉体状态,粒度足够细,飞扬悬浮于空气中,并达到一定浓度,在相对密闭的空间内,遇到足够的点火能量,就能发生粉尘爆炸。具有粉尘爆炸危险性的物质较多,常见的有制药过程产生的药物粉尘、金属粉尘(如镁粉、铝粉等)、粮食粉尘等。

影响粉尘可燃性混合物爆炸下限的因素很多,主要因素有:

1. **物理化学性质**　燃烧热越大的物质越易引起爆炸,例如煤尘、碳、硫等;氧化速度大的物质越易引起爆炸,如镁、氧化亚铁、染料等;容易带电的粉尘越易引起爆炸。粉尘爆炸还与其所含挥发物有关,如当煤粉中挥发物低于 10% 时就不会发生爆炸。

2. **颗粒大小**　随着粉尘颗粒的减小,其表面积越大,不仅其化学活性增加,而且还可能形成静电电荷。一般粉尘越细,燃点越低,粉尘的爆炸下限越小。粉尘的粒子越干燥,燃点越低,危险性就越大。

3. **粉尘的浮游性**　粉尘在空气中停留的时间越长,其危险性增加。

4. **粉尘与空气混合的浓度**　粉尘与空气的混合物仅在悬浮于空气中的固体物质的颗粒足够细小且有足够的浓度时,才能发生爆炸。与蒸气或气体爆炸一样,粉尘爆炸同样有上下限。混合物中氧气浓度越高,则燃点越低,最大爆炸压力和压力上升速度越高,因而越易发生爆炸,并且爆炸越激烈。

点滴积累 ∨ ···

1. 燃烧的基础知识包括燃烧的本质、燃烧的条件、燃烧的过程及燃烧的基本类型。

2. 爆炸的基础知识包括爆炸及其分类、爆炸的破坏作用、爆炸极限及影响爆炸极限的因素、粉尘爆炸。

第二节　火灾爆炸危险性分析

一、火灾爆炸危险性分类

为防止火灾和爆炸事故的发生,首先应了解该生产过程和物质贮存的火灾危险是属于哪一类型,存在哪些可能发生着火或爆炸的因素,发生火灾爆炸后火势蔓延扩大的条件等,这些是采取行之有效的防火与防爆措施的重要依据。

生产和贮存物品的火灾危险性分类,是确定建(构)筑物的耐火等级、布置工艺装置、选择电器设备型号以及采取防火防爆措施的重要依据,而且依此确定防爆泄压面积、安全疏散距离、消防用水、采暖通风方式以及灭火器设置数量等。

生产与贮存的火灾危险性分类原则,是在综合考虑全面情况的基础上,确定生产过程和贮存的火灾危险性类别,可分为甲、乙、丙、丁、戊五类,具体见第二章相关内容。

二、爆炸危险场所危险区域划定

在有爆炸危险的环境区域内,由于爆炸性物质出现的频度、持续时间和危险程度的不同,为便于选择合适的防爆电气设备和进行爆炸性环境的电力设计,对气体、粉尘和火灾危险环境按《爆炸危险环境电力装置设计规范》(GB 50058—2014)的规定进行危险区域划分。

(一)爆炸性气体环境危险区域划分

1. 0级区域(简称0区)　在正常情况下,爆炸性气体混合物连续地、短时间频繁地出现或长时间存在的环境。除了封闭的空间,如密闭的气体容器、储罐等内部气体空间外,0区很少存在;高于爆炸上限的混合物环境或有空气进入时可能使其达到爆炸极限的环境,应划为0区。

2. 1级区域(简称1区)　在正常运行时,爆炸性气体混合物,有可能出现的环境。如:油桶、油罐、油槽灌注易燃液体时的开口部位附近区域;泄压阀、排气阀、呼吸阀、阻火器等爆炸性气体排放口附近空间;浮顶储罐的浮顶上空间;无良好通风的室内有可能释放、积聚形成爆炸性混合物的区域;洼坑、沟槽等阻碍通风,爆炸性气体混合物易于积聚的场所。

3. 2级区域(简称2区)　在正常运行时,不可能出现爆炸性气体混合物的环境,或即使出现爆炸性气体混合物,也仅是短时存在的环境。如:有可能由于腐蚀、陈旧等原因致使设备、容器破损而泄漏出危险物料的区域;因误操作或因异常反应形成高温、高压,有可能泄漏出危险物料的区域;由于通风设备发生故障,爆炸性气体有可能积聚形成爆炸性混合物的区域。

"正常情况"包括正常开车、停车和运转(如敞开卸料、装料等),也包括设备和管线允许的正常泄漏在内;"不正常情况"包括装置损坏、误操作、维修不当及装置的拆卸、检修等。

实际上应通过设计或适当的操作方法,也就是采取措施将0区或1区所在的数量上或范围上减至最小,换句话说,工厂设计中大部分场所为2区或非危险区。

（二）爆炸性粉尘环境危险区域划分

1. 20级区域（简称20区） 在正常运行时，空气中的可燃性粉尘会持续地、长期地或频繁地出现于爆炸性环境中的区域。可能产生20区的场所有：粉尘容器内部；贮料槽、旋风除尘器和过滤器；粉料传送系统等，但不包括皮带和链式输送机的某些部分；搅拌机、研磨机、干燥机和装料设备等。

2. 21级区域（简称21区） 在正常运行时，空气中的可燃粉尘一般不可能出现于爆炸性粉尘环境中的区域，即使出现，预计可能周期性地或偶尔释放，持续时间也是短暂的。如粉尘堆积且由于工艺操作，粉尘层可能被扰动而形成爆炸性粉尘混合物时，粉尘容器外部场所。

3. 22级区域（简称22区） 在正常运行条件下，空气中的爆炸性粉尘不太可能形成爆炸性粉尘环境的场所，即使出现，也仅是不经常的并且是短期的释放，持续时间是短暂的。如袋式过滤器通风孔的排气口，一旦出现故障，可能逸散出爆炸性混合物；装有很多粉状产品的存储袋。在操作期间，存储袋可能出现故障，引起粉尘扩散；当采取措施防止爆炸性粉尘/空气混合物形成时，一般划分为21区的场所可以降为22区场所。这类措施包括排气通风。

点滴积累

1. 生产与贮存的火灾危险性可分为甲、乙、丙、丁、戊五类。
2. 爆炸性气体环境危险区域划分为0级区、1级区、2级区。
3. 爆炸性粉尘环境危险区域划分为20级区、21级区、22级区。

第三节 防火防爆的基本措施

安全生产要突出"安全第一、预防为主"的指导方针。一旦发生事故，就要考虑将事故控制在最小范围内，不发生火灾、爆炸的蔓延，将损失最小化。因此，火灾及爆炸蔓延的控制在开始设计时就应重点考虑。安全设计对制药、化工生产的安全有着决定性的影响。要从厂址选择、平面设计、厂房结构、消防设施、人员配备等角度，充分考虑安全操作、安全控制、安全管理等要素，从根本上保证企业安全生产的发展。

一、厂房布置与安全间距

（一）制药企业厂址定位的安全措施

确定工厂的厂址不仅仅是技术方面的工作，也关系到企业本质安全性。从安全角度应着重考虑如下几个方面的问题：

1. 工程地质条件 厂址处要有良好的工程地质条件，避开断层、塌方、洪水地域。

2. 气象条件 制药企业的生产区宜位于邻近城镇或居住区全年最小频率风向的上风侧。把火源置于易燃物质可能释放点的上风侧。

3. 用水方便、有利交通 工厂靠近水源时，要防止易燃液体、有毒物质污染水源，应设在江河的下游。制药企业的生产区沿江河岸布置时，宜位于邻近江河的城镇、重要桥梁、大型锚地、船厂等重要建筑物或构筑物的下游，并应采取防止泄漏的可燃液体流入水域的措施。

案例分析

案例

2005 年 11 月 13 日，某公司双苯厂发生爆炸，泄漏的苯造成松花江严重污染，不但导致了地方的社会恐慌和水危机，而且在国际上产生了一系列不良后果和影响。

分析

双苯厂发生爆炸的车间于 2003 年扩建，距离松花江不过 500m，违反了国家相关规定。

（二）总体平面布置的基本原则

在厂址确定之后，就应该根据具体情况，在划定的工厂用地范围内，依据相关的设计规范，有计划地、合理地进行建筑物及其他工程设施的平面布置、物料运输线路的布置、管线综合布置、绿化布置和环境保护措施的布置等。

从生产安全角度考虑，在总平面布置中应遵循以下的基本原则：

1. 统筹考虑工厂总体布置，既要考虑生产、安全、适用、先进、经济合理和美观等因素，又要兼顾生产与安全、局部与整体、重点和一般、近期与远期的关系。

2. 充分体现预防为主的方针，工厂总体平面布置不仅要符合防火、防爆的基本要求，还要有疏散和灭火的设施。

3. 按照相应设计规范、规定和标准中有关安全、防火、卫生等的要求，合理布置建构筑物的间距、朝向及方位。

4. 合理布置物流输送和管网线路。

5. 在条件允许的前提下，要合理考虑企业发展和改建、扩建的要求，否则安全距离难以保证。

（三）总体平面布置的基本要求

1. 工厂总平面布置，应根据工厂的生产流程及各组成部分的生产特点和火灾危险性，结合地形、风向等条件，按功能分区集中布置。对于危险性较大的车间，应与其他车间保持一定的间距。对个别危险性大的设备，可采用隔离操作与远距离操纵。

2. 为了便于易燃气体的散发，减少泄漏造成易燃气体在厂房内积聚的危险性，易将可燃气体罐组或可燃液体罐组及设备露天布置，并做好夜间照明、防晒、防潮、防冻等措施；且此类装置不应毗邻布置在高于工艺装置、全厂性重要设施或人员集中场所，防止液体流淌到这些场所。

3. 当厂区采用阶梯式布置时，阶梯间应有防止泄漏的可燃液体漫流的措施。

4. 空气分离装置，应布置在空气清洁地段并位于散发乙炔、其他烃类气体、粉尘等场所的全年最小频率风向的下风侧，尽量减少吸入气体中可燃气体，防止液化的可燃气体的积累，其与高浓度氧气接触时易发生爆炸。

5. 汽车装卸站、甲类物品仓库等机动车辆频繁进出的设施，应布置在厂区边缘或厂区外，并宜设围墙独立成区。

6. 采用架空电力线路进出厂区的总变配电所，应布置在厂区边缘。

7. 生产区不应种植含油脂较多的树木,宜选择含水分较多的树种;工艺装置或可燃气体、可燃液体的罐组与周围消防车道之间,不宜种植绿篱或茂密的灌木丛;在可燃液体罐组防火堤内,可种植生长高度不超过 15cm,含水分多的四季常青的草皮;厂区的绿化不应妨碍消防操作。

(四)工艺装置间的安全距离——防火间距

在制药企业平面设计中,工艺装置之间设置足够的防火间距,其目的是在一套装置发生火灾时,不会使火灾蔓延到相邻的装置,限制火灾的范围。

防火间距是指建筑物或构筑物之间空出的最小水平距离。在防火间距之内,不得再搭建任何建筑物和堆放大量可燃易燃材料,不得设置任何储有可燃物料的装置及设施。

发生火灾时,高温的火焰辐射热将加热邻近装置及设施,使其承受高温,甚至被点燃;喷射或飞散出来的燃烧着的物体、液体、火星,以及流淌的着火液体都能点燃邻近的易燃液体或可燃气体;事故时,高温辐射和浓烟阻碍灭火和人员疏散。所有这些都需要设置足够的防火间距来缓冲与防范。安全距离越大越利于阻止火灾事故蔓延,但在保证安全的前提下,还要考虑节省土地,因此不能无限地增大。

防火间距的另一个重要作用是为消防灭火活动提供场所,使消防设施免受危害,使消防车辆能够通行。

案例分析

案例

1993 年 8 月 5 日 13 时 15 分,深圳市某仓库 4 号仓发生火灾爆炸事故。 死亡 15 人,受伤 873 人,其中重伤 136 人,直接经济损失约 2.5 亿元。

分析

库区建筑物防火间距不符合要求。 更有甚者,该公司在防火间距中私自搭建了 3 号仓和 6 号仓,使单体仓变成了连体仓,成为违章建筑。

二、点火源的控制

在制药生产中,引起火灾爆炸的点火源有明火、摩擦与撞击、高热物及高温表面、电气火花、静电火花、绝热压缩、自然发热、化学反应热以及光线和射线等。

(一)明火

在有易燃易爆物质存在的场所,防范明火是最基本也是最重要的安全措施。

1. 加热操作　在生产过程中,加热操作是采用最多的操作步骤之一。对易燃液体进行加热,应尽量避免采用明火,一般可采用过热水或蒸气加热;当采用矿物油、联苯醚等载热体时,必须在安全使用温度范围内使用,还要保持良好的循环,并留有载热体膨胀的余地,防止传热管路产生局部高温出现结焦现象,要定期检查载热体的成分,及时处理或更换变质的载热体。

2. 爆炸性气体存在场所动火　在积存有可燃气体、蒸气的管沟、深坑、下水道及其附近,没有消除危险之前,不得明火作业。在进入可能存在燃爆气体的设备内工作之前,必须首先确认(检测)可燃气体在安全浓度以内,否则不能进入,进入设备内所用的照明灯具必须是防爆灯具,且要使用安全电压。维修储存过可燃液体的储罐时,应首先检查是否还有残存的液体,是否有泥土、沙子等脏物存在,防止泥土、沙子内存在大量的易燃液体。

在动火前必须进行动火分析,一般不要早于动火前半小时。如动火中断半小时以上,应重新做分析。虽然可燃物浓度只要小于爆炸下限即不致发生燃烧爆炸事故,但实际取样不一定能具有足够的代表性,测定也可能有误差,因此必须留有一定安全裕度。

3. 飞火和移动火　烟囱飞火,汽车、拖拉机、柴油机等的排气管喷火等都可能引起可燃气体或蒸气的爆炸事故,故此类运输工具在未采取防火措施时不得进入危险场所。烟囱应有足够的高度,必要时装火星熄灭器,在一定范围内不得堆放易燃易爆物品。

(二) 摩擦与撞击

制药生产中,摩擦与撞击往往成为火灾、爆炸的起因,如金属零件、铁钉等落入粉碎机、反应器、提升机等设备内,由于铁器和机件撞击起火;铁器工具相撞击或与混凝土地坪撞击发生火花;在某种条件下产生简单的分解爆炸物如乙炔铜、过氧化醚,一经摩擦和撞击即起爆。

机器上的轴承缺油、润滑不均会摩擦发热,能引起附着的可燃物着火。因此,对轴承要及时添油,保持良好润滑,并经常清除附着的可燃污垢。

为避免撞击打火,工具应用防爆工具。

为了防止金属零件落入机器、设备发生撞击产生火花,应在设备上安装磁力离析器。不宜使用磁力离析器的,如特别危险的物质(硫、碳化钙等)的破碎,应采用惰性气体保护。

有时由于铁制容器和铁盖之间摩擦,在倾倒可燃液体或者在抽取可燃液体时,设备与金属容器壁相碰撞而发生火花,引起易燃蒸气的爆炸。为了避免这类事故发生,应采用不产生火花的材料将设备可能撞击的部位覆盖起来。搬运盛装有可燃气体和易燃液体的金属容器时,不要抛掷、拖拉、震动,防止互相撞击,以免产生火花。

防爆生产厂房应禁止穿带钉子的鞋,地面应铺设不发生火花的软质材料或不发火地面。当高压气体通过管道时,管道中的铁锈因随气流流动与管壁摩擦变成高温粒子,成为可燃气的点火源。

(三) 高温热表面

加热装置、高温物料输送管道的表面温度都比较高,应防止可燃物落于其上而着火;高温物料的输送管线不应与可燃物、可燃建筑构件等接触;可燃物的排放口应远离高温表面,如果接近,则应有隔热措施。加热温度高于物料自燃点的工艺过程,应严防物料外泄或空气进入系统。

(四) 电火花与电弧

电极之间或带电体与导体之间被电压击穿,空气被电离形成短暂的电流通路,即为放电并产生电火花;电弧是由大量密集的电火花汇集而成。电火花的温度都很高,特别是电弧,其温度可高达 3 000~6 000℃,可熔化金属。所以,在有爆炸危险的场所内,电火花的产生将会引起可燃物燃烧或爆炸,易燃易爆物质存在的场所,一个电火花即可造成事故。

电火花可分为工作电火花和事故电火花两类。工作电火花是指电气设备正常运行时产生的火花,如开关或接触器开合时的火花、插头拔出或插入插座时的火花等。事故电火花是指线路或设备故障时出现的火花,如短路、绝缘损坏和导电连接松脱时的火花、过电压放电火花、保险丝熔断时的火花、静电火花、感应电火花等。

一般的电气设备很难完全避免电火花的产生,因此在有火灾爆炸危险的场所必须根据物质的危险特性正确选用不同的防爆电气设备。这些电气设备能在有爆炸危险的场所中使用,达到安全生产的目的。具体内容请见电气安全章节。

(五)静电

虽然静电电荷积累的能量不大,但静电电荷的电位却能达到几千伏、几万伏甚至更高。由于电位高,所以很容易发生静电放电现象。

三、火灾爆炸危险物质的控制

(一)取代或控制用量

在化学品的生产、使用、加工过程中,经常使用有机溶剂,多数有机溶剂属于易燃易爆化学品,其中还有一部分对人体有毒。用燃烧性能较差的溶剂代替易燃溶剂,会显著改善操作的安全性。选择燃烧危险性较小的液体溶剂,沸点和蒸气压数据是重要依据。对于沸点高于110℃的液体溶剂,常温(约20℃)时蒸气压较低,其蒸气不足以达到爆炸浓度。

在生产过程中不用或少用可燃可爆物质,这是一个"釜底抽薪"的办法,是为创造生产安全条件值得考虑的方法,但是这只有在工艺上可行的条件下才能实现。

(二)防止泄漏

磁浮式液位计

为保证设备的密闭性,对处理危险物料的设备及管路系统,在保证安装检修方便的前提下,应尽量少用法兰连接,而尽量采用焊接;输送危险气体、液体的管道应采用无缝钢管;盛装具有腐蚀性介质的容器,底部尽可能不装阀门,腐蚀性液体应从顶部抽吸排出。尽量使用磁浮式液位计,如用计液玻璃管,要装设结实的保护,以免打碎玻璃,漏出易燃液体。必要时,在可燃性液体可能泄漏的地点,设置测爆仪,并与加料装置联锁。当发生泄漏时,自动报警并切断加料。

案例分析

案例

1997年6月27日21时许,北京某化工厂罐区发生特大火灾和爆炸事故。事故造成9人死亡,39人受伤,直接经济损失1.17亿元。

分析

由于操作工开错阀门,使轻柴油进入了满载的石脑油A罐,导致石脑油从罐顶气窗大量溢出,溢出的石脑油及其油气在扩散过程中遇到明火,产生第一次爆炸和燃烧,继而引起罐区内乙烯罐等其他罐的爆炸和燃烧。

（三）通风排气

某些无法密闭且向生产场所泄漏或散发可燃气体、有毒气体、粉尘的场所，要设置良好的通风排气设备，降低作业场所空气中可燃气体、有毒气体及粉尘的浓度，防止形成爆炸性混合物和有害物质超过限值。

通风排气的效果要满足两个要求，一是防火防爆，二是避免人员中毒。当仅是易燃易爆物质存在时，车间内的容许浓度可控制在爆炸极限下限的1/4，燃气检测报警探测装置的报警值一般也设定在此浓度；对于存在既易燃易爆又具有毒性的物质，应考虑到在有人操作的场所，其容许浓度应由毒物在车间内的最高容许浓度来决定，因为在通常情况下毒物的最高容许浓度比爆炸下限要低得多。

自然通风不能满足要求时，就必须采用机械通风，强制换气。不管是采用排风还是采用送风方式，都要避免气体循环使用，保证进入车间的是纯净的空气。

（四）惰性化处理

用惰性气体部分取代空气，在通入可燃性气体时就不能形成爆炸性混合气体，从而消除爆炸危险和阻止火焰的传播，这就是惰性化的含义。用惰性气体置换容器、管道内的空气或可燃物，使系统内氧气的浓度低于最小氧气浓度，或使可燃气降至可燃下限以下。

制药生产中常用的惰性介质除氮、水蒸气外，还有二氧化碳、烟道气等。制药生产中惰性气体需用量取决于系统中氧浓度的下降值。

但是，由于惰性气体，没有颜色，没有气味，泄漏时不易发现，易造成人员窒息。所以，在其惰性化处理防爆时，要采取控制措施，防止泄漏造成人员窒息。

（五）负压操作

爆炸极限随原始压力增大而增大，反之亦然，因此在真空中能避免爆炸，即当压力减低至"着火的临界压力"时则不发生爆炸。例如从湿物料中蒸发出可燃溶剂，一般都应该在真空干燥条件下进行，这时应知道溶剂蒸气爆炸的临界压力，可是这一类数据文献中并不很多，只有通过实验确定。

（六）根据物质的危险特性采取措施

对本身具有自燃能力的油脂以及遇空气自燃、遇水燃烧爆炸的物质等，应采取隔绝空气、防水、防潮或通风、散热、降温等措施，以防止物质自燃和爆炸。

相互接触能引起燃烧爆炸的物质不能混存，遇酸、碱有分解爆炸的物质应防止与酸碱接触，对机械作用比较敏感的物质要轻拿轻放。

易燃、可燃气体和液体蒸气要根据它们的比重采取相应的排污方法和防火防爆措施。根据物质的沸点、饱和蒸气压考虑设备的耐压强度、储存温度、保温降温措施等。根据它们的闪点、爆炸范围、扩散性等采取相应的防火防爆措施。

四、工艺参数的控制

温度、压力、流量、投料比等工艺参数，是实现制药生产过程中的主要参数，也是进行工艺设计和设备设计的基础参数。在生产过程中,实际的参数可以有一定的波动范围,在此范围内不仅可以顺利完成生产,而且是安全的,如果超出安全范围则可能发生事故。因此按照工艺要求严格控制工艺参数在安全操作限度以内,是实现制药安全生产的基本条件。

(一)温度控制

温度是制药生产中主要的控制参数之一。不同的化学反应都有各自最适宜的反应温度,不同物料也有各自的适宜处理温度。温度过高可能导致的后果是:反应物及产物分解,液体大量气化压力升高,导致物理或化学爆炸;加速副反应,生成杂质或新的危险产物。升温过快会可能导致失控,引起剧烈反应而发生冲料和爆炸。温度过低,有时会造成反应速度减慢或停滞,为反应的物料积聚,而一旦反应速度恢复正常时,则往往会因为反应物料过多而发生剧烈反应,引起爆炸。温度过低也会导致物料凝结或冻结、堵塞管道,物料输送停止,甚至常压设备承受高压而破裂,致使易燃物料泄漏而发生火灾爆炸事故。储存或使用液化气体或低沸点介质的设备,也可能因为温度过高而汽化升压,发生超压爆炸。干燥过程,可能因温度过高而使物料分解,有机溶剂蒸气着火爆炸。根据以上叙述,可充分说明制药过程中控制温度的重要性。

1. 移出反应热 移出反应热就是通常说的冷却。制药过程中,许多反应过程是放热反应。为了保持反应在一定温度下稳定进行,通常需要移去一定比例的反应热。移出反应热的方法主要是通过传热把反应器内的热量由流动介质带走,常用的方式有夹套冷却、蛇管冷却等。

2. 防止搅拌中断 搅拌能加速物料的扩散混合,使反应均匀进行,反应器内温度也均匀,有利于温度控制和反应的进行。如中途停止搅拌,物料不能充分混匀,反应和传热不良,未反应物料大量积聚,局部反应温度骤升,或当搅拌恢复时则大量反应物迅速反应,往往造成冲料,甚至酿成燃烧爆炸事故。一般情况下,搅拌停止则立即停止加料,在恢复搅拌后,应待反应温度趋于平稳时再继续加料。如果必要,可以在设计时应考虑双路供电。

3. 正确选用传热介质 传热介质就是热载体,常用热载体有水蒸气、热水、联苯醚、熔盐等。选用热载体应注意三个方面的问题:热载体不能与反应物、溶剂、产物发生化学反应;热载体不能在传热面上发生聚合、缩合、凝聚、炭化(结焦)等结垢现象;高沸点热载体中不能混入低沸点液体。换热器内传热流体宜采用较高流速,这样既可以提高传热效率,又可以减少污垢在传热表面的沉积。

(二)控制投料速度和料比

对于放热反应,投料速度过快,放热速率也快,放热速率超过设备移出热量的速率,热量急剧积累,可能出现"飞温"和冲料危险。因此投料时必须严格控制,不得过量,且投料速度要均匀,不得突然增大。

在制药生产中,物料配比极为重要,这不仅决定着反应进程和产品质量,而且对安全也有着重要影响。

对于危险性较大的化学反应,应该特别注意物料配比关系。一旦加料或反应失控,则反应物浓度就会发生变化,有可能进入爆炸范围,从而引起爆炸,因此必须严格控制料速和料比。

案例分析

案例

1996 年 3 月，某乡镇化工厂的硫醇车间发生一起硫酸二甲酯泄漏事故，致使 4 名工人和附近居民发生中毒，1 人死亡。

分析

经调查是由于操作工人违章操作，将本应在 10 小时左右滴加完毕的 250kg 硫酸二甲酯在 10 分钟内全部加入了反应釜，致使反应异常剧烈，釜内压力急剧上升，将安全阀冲开，大量毒气泄漏引发事故。

（三）投料顺序

制药生产中必须按照一定的投料顺序投料，否则，容易出现事故。如在配制稀硫酸时，必须先加水，然后在搅拌状态下再加浓硫酸，以免造成爆沸。

（四）原料纯度

许多化学反应，在原材料纯度不够，含有过量禁忌杂质的情况下，会引起燃烧爆炸。如生产乙炔的电石，其含磷量不得超过 0.08%，因为磷化钙与水作用产生磷化氢，磷化氢二聚体遇空气能自燃，可导致乙炔-空气混合气体爆炸。

（五）投料量

制药反应中反应罐和设备都有一定的安全容积，特别是带搅拌的反应罐，如果不能控制合适的投料量，就会在开启搅拌时液面升高，导致料液溢出、设备超压等。投料量过少时，有可能造成温度计无法准确测量液温，而仅仅测出上面气体的含量，从而导致假温度现象，造成操作人员判断失误，引发各类事故。

案例分析

案例

2006 年 3 月 31 日，浙江一化学有限公司在新产品中试过程中，反应釜爆炸，5 人死亡，2 人受伤。

分析

在新产品中试过程中，扩大投料量，导致反应釜氧含量超标，压力异常引发爆炸。

五、限制火灾爆炸扩散与蔓延的安全设施

一旦发生事故，如何把事故影响控制在最小的范围内，使损失最小化，是从设计到事故应急都要考虑的重点内容，前面从厂址选择、厂房布局、防火间距等方面已做了介绍，现主要介绍报警装置、安全防火设施等方面。

（一）火灾报警装置

火灾报警装置是发现火灾苗头的设备。在火灾酝酿期和发展期陆续出现的火灾信息，有异味、烟、热流、火光、辐射热等，这些都是报警装置的探测对象。

1. **感温报警器**　感温报警器可分为定温式和差动式两种。定温式感温报警器是在安装检测器的场所温度上升至预定的温度时,在感温元件的作用下发出警报。自动报警的动作温度一般采用65~100℃。

2. **感烟报警器**　感烟报警器能在事故地点刚发生阴燃冒烟还没有出现火焰时,即发出警报,所以它具有报警早的优点。根据敏感元件的不同,感烟报警器分为离子感烟报警器和光电感烟报警器两种。

3. **感光报警器**　利用物质燃烧时火焰辐射的红外线和紫外线,制成红外检测器和紫外检测器。光电报警器不适于在明火作业的场所中使用,在安装检测器的场所也不应划火柴、烧纸张,报警系统未切断时也不能动火,否则易发生误报;在安装紫外线光电报警器的场所,还应避免使用氖气灯和紫外线灯,以防误报。

4. **测爆仪**　可燃气的泄漏和积聚程度,是现场爆炸危险性的主要监测指标,相应的测爆仪和报警器便是监测现场爆炸性气体泄漏危险程度的重要工具。厂矿常用的可燃气测量仪表的原理有热催化、热导、气敏和光干涉等四种。

▶▶ 课堂活动

　　请同学在建筑物中找出相关的火灾报警装置,并确定其类型、工作原理。

(二) 阻火装置

阻火装置的作用是防止火焰窜入设备、容器与管道内,或阻止火焰在设备和管道内扩展。其工作原理是在可燃气体进出口两侧之间设置阻火介质,当任一侧着火时,火焰的传播被阻而不会烧向另一侧。常用的阻火装置有阻火器和单向阀等。

1. **阻火器**　这类阻火装置的工作原理是:火焰在管中蔓延的速度随着管径的减小而减小,最后可以达到一个火焰不蔓延的临界直径。这一现象按照链式反应理论的解释是,管子直径减小,器壁对自由基的吸附作用的程度增加。一般有金属网阻火器、砾石阻火器、波纹型阻火器、泡沫金属型阻火器、多孔板型阻火器、复合型阻火器、星型旋转阀阻火器。

2. **单向阀**　单向阀是利用阀前后介质的压力差而自动启闭,控制介质单向流动的阀门。防止物料泄漏并引起安全事故,特别是当下游发生火灾和超压时,由于压力作用,就会使单向阀关闭,阻止火灾蔓延。

3. **防爆墙、防爆门**　厂房内设置防爆墙,将爆炸危险性高的区域与其他区域分隔,可在发生爆炸事故时最大限度地减少受害范围,使人员伤亡和财产损失减少到最低。

防爆墙应具有耐爆炸压力的强度和耐火性能,钢筋混凝土、钢板及型钢等都是建筑防爆墙的材料。按材料可分为防爆钢筋混凝土墙、防爆单层和双层钢板墙、防爆双层钢板中间夹填混凝土墙等。通常防爆墙上不应开通气孔道,不宜开普通门、窗、洞口,必要时应采用防爆门窗。

防爆门,同样应具有很高的抗爆强度,防爆门的骨架一般采用角钢和槽钢拼装焊接,门板选用抗爆强度高的锅炉钢板或装甲钢板,故防爆门又称装甲门。门的铰链装配时,应衬有青铜套轴和垫圈,门扇四周边衬贴橡皮带软垫,以防止防爆门启闭时因摩擦撞击而产生火花。

4. 防火卷帘门　防火卷帘门是现代高层建筑中不可缺少的防火设施,防火门除具备普通门的作用外,具有防火、隔烟、抑制火灾蔓延、保护人员疏散的特殊功能,广泛应用于高层建筑、大型商场等人员密集的场合。

当火警发生时,防火卷帘门在消防中央控制系统的控制下,按预先设定的程序自动放下(下行),从而达到阻止火焰向其他范围蔓延的作用。

(三) 泄压装置

泄压装置包括安全阀和爆破片。

1. 安全阀　安全阀的作用是为了防止设备和容器内压力过高而爆炸。当容器和设备内的压力升高超过安全规定的限度时,安全阀即自动开启,泄出部分介质,降低压力至安全范围内再自动关闭,从而实现设备和容器内压力的自动控制,防止设备和容器的破裂爆炸。安全阀按其结构和作用原理分为静重式、杠杆式和弹簧式等。图3-2为弹簧式安全阀的结构图。

2. 爆破片　爆破片又称防爆膜、泄压膜。是一种断裂型的安全泄压装置。它的一个重要作用是当设备发生化学性爆炸时,保护设备免遭破坏。其工作原理是在设备或容器的适当部位设置一定大小面积的脆性材料,构成薄弱环节。当爆炸刚发生时,这些薄弱环节在较小的爆炸压力作用下,首先遭受破坏,立即将大量气体和热量释放出去,爆炸压力也就很难再继续升

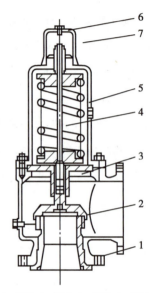

1. 阀体;2. 阀座;3. 阀芯;4. 阀杆;
5. 弹簧;6. 螺帽;7. 阀盖。

图3-2　弹簧式安全阀

高,从而保护设备或容器的主体免遭更大损坏,使在场的生产人员不致遭受致命的伤亡。

(四) 指示装置

用于指示系统的压力、温度和水位的装置为指示装置。它使操作者能随时观察了解系统的状态,以便及时加以控制和妥善处理。常用的指示装置有压力表、温度计和水位计。

(五) 安全联锁

安全联锁就是利用机械或电气控制依次接通各个仪器和设备,使之彼此发生联系,达到安全运行的目的。例如硫酸与水的混合操作,必须先把水加入设备,再注入硫酸,否则将会发生喷溅和灼伤事故。把注水阀门和注酸阀门依次联锁起来,就可以达到此目的。某些需要经常打开孔盖的带压反应容器,在开盖之前必须卸压。频繁的操作容易疏忽出现差错,如果把卸掉罐内压力和打开孔盖联锁起来,就可以安全无误。

点滴积累　∨

1. 防火防爆的主要措施有厂房布置与安全间距、点火源的控制、火灾爆炸危险物质的控制、工艺参数控制、限制火灾的扩散与蔓延等。

2. 点火源有明火、摩擦与撞击、高热物及高温表面、电气火花、静电火花、绝热压缩、自然发热、化学反应热以及光线和射线等。

第四节　消防安全

一、灭火的基本原理与方法

遵照"预防为主,防消结合"的消防方针,在做好防火工作的同时,还必须掌握灭火和火灾扑救知识,以便及时有效扑灭各种初火和火灾。

企业员工最基本的技能就是要掌握"四懂四会",这是消防安全基本常识。"四懂"就是:懂火灾的危险性,懂火灾的预防措施,懂火灾的扑救方法,懂火灾的逃生知识。"四会"就是:会报火警,会使用消防器材,会扑灭初起火灾,会组织逃生。

四个能力是指①检查消除火灾隐患能力:即查用火用电,禁违章操作;查通道出口,禁堵塞封闭;查设施器材,禁损坏挪用;查重点部位,禁失控漏管。②扑救初级火灾能力:即发现火灾后,起火部位员工一分钟内形成第一灭火力量;火灾确认后,单位3分钟内形成第二灭火力量。③组织疏散逃生能力:即熟悉疏散通道,熟悉安全出口,掌握疏散程序,掌握逃生技能。④消防宣传教育能力:即有消防宣传人员,有消防宣传标识,有全员培训机制,掌握消防安全常识。

基本的灭火方法有隔离法、冷却法、窒息法和化学抑制灭火法。

消防安全四个能力

1. 隔离法　隔离法就是将着火的区域与周围可燃物质隔开,中断可燃物的供给,使火灾不能蔓延。用隔离法灭火的具体措施如下:①迅速移去火源附近的可燃、易燃、易爆、助燃等物品;②封闭建筑物上的孔洞,改变或堵塞火灾蔓延途径;③关闭可燃气体、液体管道的阀门,切断可燃物进入燃烧区域;④围堵、阻拦燃烧着的液体流淌,如大型油罐周围的防火堤,就是用以围堵油品流淌的预防措施;⑤迅速关闭通排风设施,防止火灾顺着风道蔓延;⑥在火势严重的情况下,及时拆除与火源毗连的易燃建筑物。

2. 冷却法　可燃物质需要达到一定的温度才能够燃烧,即必须达到最小着火温度(燃点)。冷却法就是将灭火剂直接喷撒在燃烧物体上,使燃烧物质的温度降低至燃点以下,燃烧过程停滞或减缓,或者将邻近着火场的可燃物温度降低,避免扩大形成新的燃烧条件。

▶▶ **课堂活动**

请大家分析一下为什么在灭火时,没有燃烧的贮罐也要喷水降温?

3. 窒息法　窒息法就是消除助燃物(空气、氧气或其他氧化剂),使燃烧因缺少助燃物质而停止。主要是采取措施阻止助燃物进入燃烧区,或者用惰性介质和阻燃性物质冲淡稀释助燃物,使燃烧得不到足够的氧化剂而熄灭。如黄砂、干土、石粉、湿麻袋等直接覆盖在燃烧物的表面上,以隔绝空气,使燃烧停止;将不燃性气体或水蒸气灌入燃烧着的容器内,稀释空气中的氧,使燃烧停止;封闭正在燃烧的建筑物、容器或船舱的孔洞,使内部氧气在燃烧中消耗后得不到新鲜空气的补充而熄灭。

▶ **课堂活动**

油锅着火时，大家如何处理？

4. 化学抑制灭火法　根据燃烧的链式反应理论,在燃烧三要素都具备的条件下,燃烧过程中燃烧物质和助燃物质还必须先转化成自由基,自由基是燃烧持续所必需的一个锁链(环节),自由基增加则燃烧持续,增加越多则燃烧越旺;反之,自由基减少则燃烧速度减慢甚至熄灭。化学反应中断法又称抑制法,就是将抑制剂掺入燃烧区域,消除自由基,以抑制燃烧连锁反应进行,使燃烧中断而灭火。

二、灭火剂

常用的灭火剂有水、水蒸气、泡沫、二氧化碳、干粉等。现将这几类灭火剂的性能与应用范围分述如下。

（一）水及水蒸气

水是消防上最普遍应用的灭火剂,因为水取用方便,成本低廉,对人体及物体基本无害,水有很好的灭火效能,主要有下列几方面。

1. 热容量大　水是一种吸热性很强的物质,具有很大的热容量。1kg 水温度升高 1℃,需要 1 千卡的热量;而当 1kg 水蒸发汽化时,又需要吸收 539 千卡的热量。因此,水就可以从燃烧物上吸收掉很多的热量,使燃烧物的温度迅速降低以致熄灭。

2. 隔离空气　当水喷入燃烧区以后,便立即受热汽化成为水蒸气。1kg 水全部蒸发时,能够形成 1 700L 体积的水蒸气,当大量的水蒸气笼罩于燃烧物周围时,可以阻止空气进入燃烧区,从而大大减少了空气中氧的百分比含量,使燃烧因缺氧窒息而熄灭。

3. 机械冲击作用　密集水流能喷射到较远的地方,具有机械冲击作用,能冲进燃烧表面而进入内部,破坏燃烧分解的产物,使未着火的部分隔离燃烧区,防止燃烧物质继续分解而熄灭。

水适用于扑救初起之火,又常用来扑救大面积的火灾。水作为灭火剂是以水、水柱、雾状水和水蒸气四种形态出现,由于形态不同,灭火效果也不同,且都各有特点,因此需要根据燃烧物的性质和燃烧时的实际情况采用不同形态。

凡具有下列性质的物品不能用水扑救:

(1)遇水燃烧物品不能用水及含水的泡沫灭火,如金属钾、钠等。有的遇水产生可燃的碳氢化合物同时放出热量引起燃烧、爆炸,如电石、三丁基硼等。

(2)比水轻且不溶于水的易燃液体,如苯、甲苯等,如用水扑救,因水会沉在液体下面能形成喷溅、漂流而扩大火灾。某些芳香族烃类以及溶解或稍溶于水的液体,如醇类(甲醇、乙醇等)、醚类(乙醚等)、酮类(丙酮等)、酯类(乙酸乙酯、乙酸丁酯等)以及丙烯腈等大容量贮罐也不能用水补救。

(3)硫酸、硝酸等如遇加压水流,会立刻沸腾,使酸液四处飞溅,故不能用密集水流扑救,少量时可用雾状水扑救。

(4)有些化学物品遇水能产生有毒或腐蚀性的气体,如磷化锌、磷化铝、硒化镉等也不能用水扑救。

(5)电气火灾未切断电源前不能用水扑救。

（6）高温状态的设备不能用水扑救，因为水的突然冷却会使设备爆裂，只能用水蒸气灭火或让其自然冷却。

（7）精密仪器设备、贵重文物档案、图书着火，不宜用水扑救。

（二）泡沫灭火剂

灭火用的泡沫是一种体积细小、表面被液体围成的气泡群，比重小于最轻的易燃液体，能覆盖在液面上，主要用于扑救易燃液体火灾。泡沫之所以能灭火主要是在液体表面生成凝聚的泡沫漂浮层，起窒息和冷却作用。

泡沫灭火剂主要用于扑救各种可燃、易燃液体的火灾，也可用来扑救木材、纤维、橡胶等固体的火灾。由于泡沫灭火剂中含一定量的水，所以不能用来扑救带电设备及遇水燃烧物质引起的火灾。

（三）二氧化碳及惰性气体灭火剂

通常二氧化碳是以液态灌进钢瓶内作灭火剂用，喷射在燃烧区内的二氧化碳能稀释空气而使氧或可燃气体的含量降低，当空气中二氧化碳浓度达到29.2%时，燃烧着的火焰就会熄灭。因喷射出来的干冰温度可达-78.5℃，除了具有窒息作用外，还有一定的冷却作用。

由于二氧化碳不含水分、不导电，可用来扑灭精密仪器及一般电气火灾，以及不能用水扑灭的火灾。但不能扑灭金属钾、钠、镁、铝等的火灾。

（四）干粉灭火剂

干粉灭火剂是一种干燥的、易于流动的微细固体粉末，由能灭火的基料（90%以上）和防潮剂、流动促进剂、结块防止剂等添加剂组成。一般用干燥的二氧化碳或氮气作动力，将干粉从容器中喷出形成粉雾，喷射到燃烧区灭火。

1. 干粉灭火剂的分类

（1）以碳酸氢钠或碳酸氢钾为基料的干粉，用于扑灭易燃液体、气体和带电设备火灾。

（2）以磷酸三铵、磷酸氢二铵、磷酸二氢铵及其混合物为基料的干粉，用于扑救可燃固体、液体、气体及带电设备的火灾。

（3）其他以氯化钠、氯化钾、氯化钡、碳酸钠等为基料的干粉用于扑灭轻金属火灾。

2. 干粉灭火剂的优缺点 干粉灭火剂综合了泡沫、二氧化碳、卤代烷等灭火剂的特点，灭火效率高。此外干粉灭火剂还具有以下优点：

（1）化学干粉的物理化学性质稳定，无毒性、不腐蚀、不导电、易于长期储存。

（2）干粉适用温度范围广，能在-50~60℃的温度条件下储存与使用。

（3）干粉雾能防止热辐射，因而在大型火灾中，即使不穿隔热服也能进行灭火。

（4）干粉可用管道进行输送。

干粉灭火剂也有如下缺点：

（1）在密闭房间中，使用干粉时会形成强烈的粉雾，且灭火后留有残渣，因而不适于扑救精密仪器设备、旋转电机等的火灾；精密仪器内残存的干粉，在夏季潮湿季节，有可能导致短路。

（2）干粉的冷却作用较弱，不能扑救阴燃火灾，不能迅速降低燃烧物品表面温度，容易发生复燃。因此，干粉若与泡沫或喷雾水配合使用，效果更佳。

（五）其他

用砂、土覆盖物来灭火也很广泛。它们覆盖在燃烧物上,主要起到与空气隔绝的作用,其次砂、土也可从燃烧物吸收热量,起到一定的冷却作用。

三、消防器材及使用方法

按照燃烧物的不同性质,火灾可分为六类:

A类火灾:固体物质火灾。这种物质通常具有有机物性质,一般在燃烧时能产生灼热的余烬。如木材、棉、毛、麻、纸等。

B类火灾:液体或可熔化固体物质火灾。如汽油、煤油、甲醇、乙醇、沥青、石蜡火灾等。

C类火灾:气体火灾。如煤气、天然气、甲烷、乙烷、氢气、乙炔等。

D类火灾:金属火灾。如钾、钠、镁、钛、锆、锂等。

E类火灾:带电火灾。物体带电燃烧的火灾,如插座、变压器等设备的电气火灾等。

F类火灾:烹饪器具内的烹饪物火灾。如动植物油脂、厨房管道油垢等。

（一）灭火器

灭火器是指在其压力作用下,将所装填的灭火剂喷出,以扑救初起火灾的小型灭火器具。

制药厂房、库房、露天设备、生产装置区、贮罐区,除应设置固定灭火设施外,还应设置灭火器,用来扑救初起火灾。

1. 常用灭火器　常用的灭火器类型及其性能、用途如表3-6。

表3-6　灭火器性能及用途

灭火器类型	泡沫灭火器	二氧化碳灭火器	干粉灭火器
规格	10L 65~130L	2kg 以下 2~3kg 5~7kg	8kg 50kg
药剂	筒内装有碳酸氢钠、发沫剂和硫酸铝溶液	瓶内装有压缩成液体的二氧化碳	钢筒内装有钾盐（或钠盐）干粉。并备有盛装压缩气体的小钢瓶
用途	扑救固体物质或其他易燃液体火灾。不能扑救忌水和带电设备火灾	扑救电气、精密仪器、油类和酸类火灾。不能扑救钾、钠、镁、铝等物质火灾	扑救石油、石油产品、油漆、有机溶剂、天然气设备火灾
性能	10L 喷射时间 60 秒,射程 8m。65L 喷射时间 170 秒,射程 13.5m	接近着火地点,保持 3m 远	8kg 喷射时间 14~18 秒,射程 4.5m。50kg 喷射时间 50~55 秒,射程 6~8m
保养和检查	(1)放在使用方便的地方 (2)注意使用期限 (3)防止喷嘴堵塞 (4)冬季防冻、夏季防晒 (5)一年一检查,泡沫低于 4 倍时应换药	每月测量一次,当小于原量 1/10 时,应充气	置于干燥通风处,防潮防晒。一年检查一次气压,若重量减少 1/10 应先充气

2. 新型水基型灭火器　灭火剂主要由碳氢表面活性剂、氟碳表面活性剂、阻燃剂和助剂组成。水基型(水雾)灭火器在喷射后,成水雾状,瞬间蒸发火场大量的热量,迅速降低火场温度,抑制热辐射,表面活性剂在可燃物表面迅速形成一层水膜,隔离氧气,降温、隔离双重作用,同时参与灭火,从而达到快速灭火的目的。

灭火剂对 A 类火灾(固体物质火灾)具有渗透的作用,如木材、布匹等,灭火剂可以渗透可燃物内部,即便火势较大未能全部扑灭,其药剂喷射的部位也可以有效地阻断火源,控制火灾的蔓延速度;对 B 类火灾(液体或可熔化固体物质火灾)具有隔离的作用,如汽油及挥发性化学液体,药剂可在其表面形成长时间的水膜,即便水膜受外界因素遭到破坏,其独特的流动性可以迅速愈合,使火焰窒息。故水基型(水雾)灭火器具备其他灭火器无法媲美的阻燃性。水基型灭火器不受室内、室外、大风等环境的影响,灭火剂可以最大限度地作用于燃烧物表面。

水基型(水雾)灭火器具有绿色环保,灭火后药剂可 100% 生物降解,不会对周围设备、空间造成污染;高效阻燃、抗复燃性强;灭火速度快,渗透性极强等特点,是之前的灭火器所无法相比的。能扑救 A、B、C、E、F 类火灾,即除可燃金属起火外全部可以扑救,并可绝缘 36kV 电,是扑救电器火灾的最佳选择。

水基型(水雾)灭火器除了灭火之外,还可以用于火场自救。在起火时,将水基型(水雾)灭火器中的药剂喷在身上,并涂抹于头上,可以使自己在普通火灾中完全免除火焰伤害,在高温火场中最大限度地减轻烧伤。

灭火器的种类及数量,应根据保护部位的燃烧物料性质、火灾危险性、可燃物的数量、厂房和库房的占地面积,以及固定灭火设施对扑救初起火灾的可能性等因素,综合考虑决定。具体见《建筑灭火器配置设计规范》(GB 50140—2005)。

▶ **边学边练**

　　使用灭火器扑灭初起火灾,请见实训项目一　灭火器的使用。

(二) 消防用水

消防用水设施主要有消防给水管道和消防栓两种。

1. 消防给水管道　简称消防管道。是一种能够保障消防所需用水量的给水管道,一般要求独立供水。消防管道有高压和低压两种。室外消防管道应环状供水,输水管路不少于两条,环状管道应用阀门分为若干独立管段,每个管段消火栓数量不宜超过 5 个。

2. 消火栓　消火栓可供消防车取水,也可直接连接水带进行灭火,是消防供水的基本设施。消火栓分为室外和室内两类。室外消防栓分为地下式和地上式两种,一般在北方易冻区域必须设置为地下式,以防止水结冰。

四、几种常用初起火灾的扑救方法

火灾通常都有一个从小到大、逐步发展,直至熄灭的过程。室内火灾的发展过程,是从可燃物被点燃开始,由燃烧温度的变化速度所测定的温度-时间曲线来划分火灾的初起、发展和熄灭三阶段的。火灾在初起阶段较易控制,也是扑灭火灾减少损失的理想时段,否则将极大地增加灭火难度。

因此掌握常见的初起火灾的扑救方法对扑救火灾显得尤为重要。

知识链接

火灾升温曲线

火灾初起时，随着火苗的发展，燃烧产物中有水蒸气、二氧化碳产生，还产生少量的一氧化碳和其他气体，并有热量散发；火焰温度可增至 500℃以上，室温略有增加，这一阶段火势发展的快慢由于引起火灾的火源、可燃物的特性不同而呈现不同的趋势。一般固体可燃物燃烧时，在 10~15 分钟内，火势不大且蔓延的速度比较慢。可燃液体特别是可燃气体燃烧速度很快，火灾的阶段性不太明显。火灾处于初起阶段，是扑救的最好时机，只要发现及时，用很少的人力和灭火器材就能将火灾扑灭。初期火灾的最佳扑救时间根据物质的不同会有所不同，主要是根据燃烧物质的温度-时间曲线来确定。

近年来，国际上进行了大量的火灾研究，取得了不同火灾类型的火灾温度-时间曲线（图3-3）。如图所示：①、②曲线是在开放环境下普通可燃物燃烧的特征曲线；曲线③是在封闭环境内可燃物质燃烧时的特征：燃烧初期升温迅速，而待其燃烧完毕后，温度回降；曲线④是大量碳氢化合物（如油罐车）在封闭的环境中燃烧，在极短时间内升温 1 200℃以上，1 小时后升温至 1 350℃。

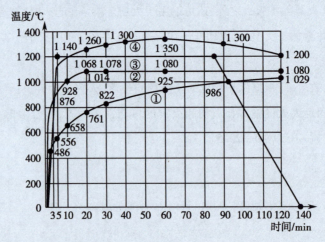

图3-3 火灾温度-时间曲线

从图3-3中火灾升温曲线可以看出，几乎所有的曲线在 3~5 分钟内出现拐点，此时可燃物在高温的炙烤下下开始迅速分解，大量可燃性气体产生，火势不断扩大；在 10~20 分钟之间，火势逐渐蔓延扩张，温度较快升高；在 20 分钟以后火势达到最大。

1. 扑救火灾的一般原则

（1）早报警，以减少损失：当发现初起火时，在积极组织扑救的同时，尽快使用火警报警装置、电话等向消防队报警和领导汇报，使消防人员、车辆及时赶到现场，缩短灭火时间，减少损失。报警时要沉着冷静，及时准确，说清起火部门（单位）、岗位和位置、燃烧的物质、火势大小。如向 110 或 119 火警电话报警，同时指派人员到消防车可能来到的路口接应，并主动及时向消防人员介绍燃烧物的性质和火场内情况，以便迅速组织扑救。

（2）边报警，边扑救：在火灾的初起阶段，由于燃烧面积小，燃烧强度弱，放出的辐射热量少，是扑救的最有利时机。故在报警的同时,要利用灭火器材和方法,及时扑灭初期火灾。

（3）先控制,后灭火:在扑救可燃气体、液体火灾时,首先要切断可燃气和液体来源。在未切断其来源前,扑救应以冷却保护为主;在切断可燃物来源后,集中力量把火灾扑灭。

（4）先救人,后救物:应贯彻执行救人重于灭火的原则,先救人后疏散物质。灭火的首要任务就是要把被火围困的人员抢救出来。在灭火力量较强时,灭火和救人可同时进行,但决不能因灭火而贻误救人时机。人未救出前,灭火往往是为了打开救人通道或减弱火势对人的威胁程度,从而更好地救人脱险,及时为扑灭火灾创造条件。在救人时,应先把受到火灾威胁最严重的人员抢救出来,抢救时要做到稳妥、准确、果断、勇敢,务必要稳妥,以保抢救的安全。

（5）防中毒,防窒息:许多化学物品燃烧时会产生有毒烟雾。一些有毒物品燃烧时,如使用的灭火剂不当,也会产生有毒或剧毒气体。另外,因使用二氧化碳等窒息灭火方法,使火场附近空气中氧含量降低可能引起窒息。因此,在扑救火灾时还要特别主要防中毒、防窒息。在扑救有毒物品时要正确选用灭火剂,以避免产生有毒或剧毒气体,在扑救时人尽可能站在上风向,必要时要佩戴面具,以防发生中毒或窒息。

（6）听指挥,莫惊慌:发生火灾时一定要保持镇静,不要惊慌,迅速采取正确措施扑灭初火。在消防队赶到后,必须听从火场指挥人员的指挥,互相配合,积极主动扑救火灾。

（7）火势大,要逃生:当火势进一步变大,无法控制时,要组织逃生。企事业单位要定期进行火场逃生演练,提高人员火场逃生技能,不能走过场。要掌握火场逃生自救基本技能,熟悉逃生路线和引导人员疏散程序。单位建筑物的每个楼层、疏散通道、安全出口要明确疏散引导人员,确保一旦发生火灾,能够及时组织在场人员安全疏散。

总之,要按照积极抢救人命、及时控制火势、迅速扑灭火灾的基本要求,及时、正确、有效地扑救火灾。

知识链接

火场逃生十二口诀

一：熟悉环境,暗记出口　　　七：善用通道,莫入电梯

二：通道出口,畅通无阻　　　八：缓降逃生,滑绳自救

三：扑灭小火,惠及他人　　　九：避难场所,固守待援

四：明辨方向,迅速撤离　　　十：缓晃轻抛,寻求援助

五：不入险地,不贪财物　　　十一：火已及身,切勿惊跑

六：简易防护,蒙鼻匍匐　　　十二：跳楼有术,虽损求生

▶ **边学边练**

实战演练消防安全疏散,学会逃生技能,请见实训项目二　消防逃生演练。

2. 化学危险物品火灾扑救 扑救化学危险物品火灾,如果灭火方法不当,就有可能使火灾扩大,甚至导致爆炸、中毒事故发生。

(1)易燃和可燃液体火灾扑救:这些液体特别是易燃液体火灾发生迅速而猛烈,有时甚至会发生爆炸。这类物品发生的火灾主要根据它们的比重大小,能否溶于水和哪一种方法对灭火有利来确定。

一般说,对比水轻不溶于水的有机化合物,如乙醚、苯、汽油等的火灾,可用泡沫或干粉扑救。当初起火时,燃烧面积不大或燃烧物不多时,也可用二氧化碳扑救。但不能用水扑救,因当用水灭火时,因液体比水轻,会浮在水面上随水流淌而扩大火灾。

能溶于或部分溶于水的液体,如甲醇、乙醇等醇类,醋酸乙酯、醋酸丁酯等酯类,丙酮、丁酮等酮类发生火灾时,应用雾状水或抗溶性泡沫、干粉等灭火器扑救。初火或可燃物不多时,也可用二氧化碳扑救。如用化学泡沫灭火,泡沫强度必须比扑救不溶于水的易燃液体大 3~5 倍。

不溶于水,比重大于水的液体,如二硫化碳等着火时,可用水扑救,但覆盖在液体表面的水层必须有一定厚度,方能压住火焰。

敞口容器内易燃、可燃液体着火,不能用砂土扑救。因砂土非但不能覆盖液体表面,反而会沉积于容器底部,造成液面上升以致溢出,使火灾蔓延扩展。

(2)易燃固体火灾扑救:这类物质发生火灾时,一般都能用水、砂土、石棉毯,泡沫、二氧化碳、干粉等灭火器材扑救。但粉状固体如铝粉、镁粉、闪光粉等,不能直接用水、二氧化碳扑救,以免粉尘被冲散在空气中形成爆炸性混合物而可能发生爆炸。如用水扑救,则必须先用砂土、石棉毯覆盖后才能进行。

磷的化合物、硝基化合物和硫黄等易燃固体着火,有有毒和刺激性气体,扑救时人要站在上风向,以防中毒。

(3)遇水燃烧物品和自燃物品火灾扑救:遇水燃烧物品如金属钠等的共同特点是遇水能发生剧烈化学反应,放出可燃性气体而引起燃烧或爆炸。该类火灾应用干砂土、干粉等扑救,严禁用水、酸碱等泡沫灭火器扑救。

自燃物品起火时,除三乙基铝和铝铁溶剂不能用水救外,一般可用大量水进行灭火,也可用砂土、二氧化碳和干粉灭火器灭火。由于三乙基铝遇水产生乙烷,铝铁溶剂燃烧时温度极高,能使水分解产生氢气,故不能用水灭火。

(4)毒害物品和腐蚀性物品火灾扑救:一般毒害物品着火可用水及其他灭火器灭,但毒害物品中氰化物、硒化物、磷化物着火如遇酸能产生剧毒或易燃气体,故不能用酸碱灭火器扑救,只能用雾状水或二氧化碳等灭火。

腐蚀性物品着火时,可用雾状水、干砂土、泡沫、干粉等扑救。硫酸、硝酸等酸类腐蚀品不能用加压密集水流扑救,因水会使酸液发热甚至沸腾,四处飞溅而伤害扑救人员。

3. 电气火灾扑救 电气设备发生火灾时,为防止触电事故,一般都在切断电源后才能扑救。

(1)断电灭火:电气设备发生火灾或引燃附近可燃物时,首先要切断电源。切断电源时除要防止触电和电弧灼伤外,还应注意:切断电源的位置要选择适当,防止切断电源后影响扑救工作进行。

电源切断后,扑救方法与一般火灾扑救相同。

（2）带电灭火：有时在危险的情况下，如等切断电源后再进行扑救，就会有火势蔓延扩大危险，或者断电后会严重影响生产。这时为了取得扑救的主动权，扑救就需要在带电的情况下进行。

带电灭火时应注意以下几点：①必须在确保安全的前提下进行，应用不导电的灭火剂如二氧化碳、干粉等进行灭火，不得直接用导电的灭火剂和直射水流、泡沫等进行喷射，否则会造成触电事故；②使用小型二氧化碳、干粉灭火器时，由于其射程较近，要注意保持一定的安全距离，在灭火人员穿戴绝缘手套和绝缘靴，水枪喷嘴安装接地情况下，可以采用喷雾状灭火；③如遇带电导线落于地面，则要防止跨步电压触电，扑救人员需要进行灭火时，必须穿上绝缘鞋（靴）。

此外，对有油的电气设备如变压器、油开关着火时，也可用干燥的黄沙盖住火焰，使火熄灭。

4. 生产装置初期火灾的扑救　制药企业生产用的原料，中间产品和成品，大部分是易燃易爆物品。在生产过程中往往经过许多工艺过程，在连续高温和压力变化及多次的化学反应的过程中，容易造成物料的跑、冒、滴、漏，极易起火或形成爆炸混合物。因此，当生产装置发生火灾爆炸事故时，现场操作人员应立即使用灭火器材，进行初起火灾的扑救，将火灾消灭在初起阶段，最大限度地减少灾害损失；如火势较大不能及时扑灭，应积极采取有效措施控制其发展，等待专职消防力量扑救火灾。扑救生产装置初起火灾的基本措施有：

（1）迅速查清着火部位，燃烧物质及物料的来源，在灭火的同时，及时关闭阀门，切断物料：这是扑救生产装置初起火灾的关键措施。

（2）采取多种方法，消除爆炸危险：带压设备泄漏着火时，应根据具体情况，及时采取防爆措施。如关闭管道或设备上的阀门；疏散或冷却设备容器；打开反应器上的放空阀或驱散可燃蒸气或气体等。

（3）准确使用灭火剂：根据不同的燃烧对象，燃烧状态选用相应的灭火剂，防止由于灭火剂使用不当，与燃烧物质发生化学反应，使火势扩大，甚至发生爆炸。对反应器、釜等设备的火灾除从外部喷射灭火剂外，还可以采取向设备、管道、容器内部输入蒸气、氮气等灭火措施。

（4）生产装置发生火灾时，当班负责人除立即组织岗位人员积极扑救外，同时指派专人打火警电话报警，以便消防队及时赶赴火场扑救。报警时要讲清起火单位、部位和着火物质，以及报警人姓名和报警的电话号码。消防队到场后，生产装置负责人或岗位人员，应主动向消防指挥员介绍情况，讲明着火部位、燃烧介质、温度、压力等生产装置的危险状况，人员伤亡情况和已经采取的灭火措施，供专职消防队迅速做出灭火对策。

（5）消灭外围火焰，控制火势发展：扑救生产装置火灾时，一般是首先扑灭外围或附近建筑的燃烧，保护受火势威胁的设备、车间。对重点设备加强保护，防止火势扩大蔓延。然后逐步缩小燃烧范围，最后扑灭火灾。

（6）根据生产装置的火灾危险性及火灾危害程度，及时采取必要的工艺灭火措施在某些情况下，对扑救制药火灾是非常重要的和有效的。对火势较大，关键设备破坏严重，一时难以扑灭的火灾，当班负责人应及时请示；同时组织在岗人员进行火灾扑救。可采取局部停止进料、开阀导罐、紧急放空、紧急停车等工艺紧急措施，为有效扑灭火灾，最大限度降低灾害创造条件。

5. 人身起火的扑救　制药企业生产环境中，由于工作场所作业客观条件限制，人身着火事故往往因火灾爆炸事故或在火灾扑救过程中引起；也有的因违章操作或意外事故所造成。人身起火燃烧,轻者留有伤残,重者直至危及生命。因此,及时正确地扑救人身着火,可大大降低伤害程度。

(1)人身着火的自救:人身着火时,一般应采取就地打滚的方法,用身体将着火部分压灭。此时,受害人应保持清醒头脑,切不可跑动,否则风助火势,会造成更严重的后果;衣服局部着火,可采取脱衣,局部裹压的方法灭火。明火扑灭后,应进一步采取措施清理棉毛织品的阴火,防止复燃。

(2)纤织品比棉布织品有更大的火灾危险性,这类织品燃烧速度快,容易粘在皮肤上。扑救化纤织品人身火灾,应注意扑救中或扑灭后,不能轻易撕扯受害人的烧残衣物。否则容易造成皮肤大面积创伤,使裸露的创伤表面加重感染。

(3)易燃可燃液体大面积泄漏引起人身着火,这种情况一般发生突然,燃烧面积大,受害人不能进行自救。此时,在场人员应迅速采取措施灭火。如将受害人拖离现场,用湿衣服、毛毡等物品压盖灭火;或使用灭火器压制火势,转移受害人后,再采取人身灭火方法。使用灭火器灭人身火灾,应特别注意不能将干粉、CO_2 等灭火剂直接对受害人面部喷射,防止造成窒息。也不能用 CO_2 灭火器对人身进行灭火,以免造成冻伤。

(4)火灾扑灭后,应特别注意烧伤患者的保护,对烧伤部位应用绷带或干净的床单进行简单的包扎后,尽快送医院治疗。

案例分析

案例

2007 年 5 月,沧州某一公司 TDI 车间硝化装置发生爆炸事故,造成 5 人死亡,80 人受伤,其中 14 人重伤,厂区内供电系统严重损坏,附近村庄几千名群众疏散转移。

2007 年 5 月 10 日 16 时许,由于蒸气系统压力不足,氢化和光气化装置相继停车。 20 时许,硝化装置由于二硝基甲苯储罐液位过高而停车,由于甲苯供料管线手阀没有关闭,调节阀内漏,导致甲苯漏入硝化系统。 22 时许,氢化和光气化装置正常后,硝化装置准备开车时发现硝化反应深度不够,生成黑色的络合物,遂采取酸置换操作。 该处置过程持续到 5 月 11 日 10 时 54 分,历时约 12 小时。 此间,装置出现明显的异常现象:一是一硝基甲苯输送泵多次跳车;二是一硝基甲苯储槽温度高(有关人员误认为仪表不准)。 期间,由于二硝基甲苯储罐液位降低,导致氢化装置两次降负荷。

5 月 11 日 10 时 54 分,硝化装置开车,负荷逐渐提到 42%。 13 时 02 分,厂区消防队接到报警:一硝基甲苯输送泵出口管线着火,13 时 07 分厂内消防车到达现场,与现场人员一起将火迅速扑灭。 13 时 08 分系统停止投料,现场开始准备排料。 13 时 27 分,一硝化系统中的静态分离器、一硝基甲苯储槽和废酸罐发生爆炸,并引发甲苯储罐起火爆炸。

分析

这次爆炸事故的直接原因是一硝化系统在处理系统异常时,酸置换操作使系统硝酸过量,甲苯投料后,导致一硝化系统发生过硝化反应,生成本应在二硝化系统生成的二硝基甲苯和不应产生的三硝基甲苯(TNT)。 因一硝化静态分离器内无降温功能,过硝化反应放出大量的热无法移出,静态分离器温度升高后,失去正常的分离作用,有机相和无机相发生混料。 混料流入一硝基甲苯储槽和废酸储罐,并在此继续反应,致使一硝化静态分离器和一硝基甲苯储槽温度快速上升,硝化物在高温下发生爆炸。

点滴积累　∨

1. 基本的灭火方法有隔离法、冷却法、窒息法和化学抑制灭火法。
2. 常用的灭火剂有水、水蒸气、泡沫、二氧化碳、干粉等。
3. 扑救火灾的七条原则。

第五节　制药企业动火作业

动火作业一般是指制药企业动用明火或可能产生火种的作业,如电焊、气焊、气割、切割、熬沥青、喷灯等明火作业,凿水泥、打墙眼、做电气设备的耐压实验、电烙铁焊锡、凿键槽、开坡等使用电动工具易产生火花或高温的临时作业。

一、动火作业的分级

根据火灾爆炸环境危险区域分类和火灾爆炸危险性分类原则,划分为:特殊动火作业区域、一级动火区域、二级动火区域三种类别,在相应区域内从事动火作业应申请办理相应等级《动火证》。

动火区域划分为标准:

1. 特殊动火作业区域　在生产运行状态下的易燃易爆生产装置、输送管道、储罐、容器等部位上及其他特殊危险场所进行的动火作业。带压不置换动火、雨雪天气室外高空动火、五级以上大风室外动火作业等特殊情况下进行的不符合标准要求的动火作业按照特殊动火作业管理。

2. 一级动火区域　包括生产、使用、储存易燃品和有毒品作业场所及有易燃气体排放场所周围半径15m空间。

3. 二级动火区域　包括除特殊动火作业区域及一级动火区域外,其他可能发生易燃物质泄漏的区域。

二、动火作业的实施程序

(一)职责

1. 职安部职责

(1)负责建立健全动火作业相关管理要求和流程。

(2)负责动火作业的审批、监督、检查、考核等管理工作。

2. 动火岗位职责　负责《动火证》的申请、动火作业的检查、可燃性气体的检测、安全措施的落实、现场监护、余火检查、清场与恢复生产等工作。

3. 机修部门的职责　负责动火执行人资质的有效性、作业工具的安全性、作业现场安全措施的落实。

4. 动火负责人的职责　动火负责人由区域负责人或项目负责人担任,负责动火现场的危险性分析,制订并落实相应的安全措施。

5. 动火监护人员职责

(1)负责动火作业现场监护工作。

(2)确认动火安全措施落实到位。

(3)负责配备灭火器材,并能正确使用。

(4)负责动火现场防火、灭火和应急救援工作。

(5)负责检查、消除余火、清理动火现场。

6. 动火执行人职责

(1)负责执行动火作业。

(2)持证作业。

(3)执行动火安全措施和个人防护措施。

(4)有权拒绝违章指挥和不具备动火条件的动火作业。

7. 动火申请部门安全员职责

(1)负责动火安全工作,组织协调动火有关事项。

(2)负责制订动火方案。

(3)负责落实动火安全措施。

(4)负责一级动火现场监护工作。

(5)负责对异常情况的组织处理。

(二)《动火证》审批程序

1. 一级动火作业由所属部门提前一天向职安部提出申请,落实各项动火措施并报职安部备案。动火所在部门安全员在动火前30分钟内,检查、检测和落实动火安全措施后,将《一级动火作业许可证》和《动火作业安全交底记录》交职安部批准。

2. 二级动火作业由部门安全管理人员进行审核,部门负责人审批后执行。夜间及周六、日二级动火作业由部门当班值班人员签署,作业审批时间不得超过值班时间。

3. 易燃易爆的设备、管道、可燃物料容器、带压储罐的动火作业属于特殊危险动火,按照一级动火作业要求审批外,还应由申请部门附《动火作业安全交底记录》,根据化验室分析化验数据作为检测合格判定依据,职安部现场确认签字后,报安全副总批准。

4. 办证人须按《动火证》的项目逐项填写,不得空项;填写错误处按照记录填写标准进行更改,但批准签字后不得再进行改动。

5. 办理好《动火证》后,动火作业负责人应到现场检查动火作业安全措施落实情况,确认安全措施可靠并向动火人和监护人交代安全注意事项后,方可批准开始作业。

6.《动火证》实行一个动火点、一张动火证的动火作业管理。

7.《动火证》不得随意涂改和转让,不得异地使用或扩大使用范围。

(三)动火作业的条件与要求

1. 容器清洗与置换

(1)凡申请在储存、输送易燃液体、可燃气体的设备、管道和容器上动火时,必须填写《动火作业安全交底记录》。

（2）必须采取清洗、置换、吹除、通风、加盲板隔绝等措施（盲板厚度不应小于管壁厚度），具体清洗可根据存在物料的不同性质采取水洗、水煮、蒸气冲、碱洗、酸洗、溶剂洗等方法，清洗时间应在 4 小时以上。

（3）凡盛（用）过化学危险物品的容器、设备、槽桶、管道等生产、储存装置，都必须在动火作业前进行清洗置换。清洗置换的方法主要有以下几种：

1）清水置换：能适用于水或易被水洗涤的介质，可用清水一次或多次清洗置换。

2）蒸气置换：一般清水难以洗涤的物料及介质可以用蒸气冲洗，如遇冷凝固、结块或油状类的物料、残渣、污垢等。

3）空气置换：用鼓风机、排风扇或其他空气置换设备，置换掉可燃气体。

4）惰性气体置换：根据需要，有条件的也可用氮气、二氧化碳等惰性气体置换。可用惰性气体（氮气、水蒸气）进行置换，将容器内可燃物和有毒物质置换排出，必要时应清除其中的沉积物，要仔细检查以免遗漏，置换结果应现场检测，合格后方可动火作业。

（4）动火作业时不得用氮气等窒息气体直接吹除，防止造成人员窒息。

2. 动火分析

（1）动火作业前应进行动火分析。

（2）动火分析的检测取样点要有代表性，应多处测点进行检测分析。

（3）受限空间动火，用惰性气体（氮气、水蒸气）进行置换，将容器内可燃物和有毒物质置换排出，要仔细检查以免遗漏，置换结果应现场检测可燃物和有毒物质合格后，再次检测容器内氧气含量，氧气含量在 19.5%～22% 时方可动火作业。

（4）在动火前半小时内应对管道、容器设备的内部、外部多处测点进行检测分析，均合格后方可动火作业。如中断动火作业 30 分钟以上，必须重新对检测内容进行检测。

（5）进入设备、容器动火，要严格定时轮换（最多作业二十分钟）休息。不得使用氧气对设备内空气进行吹扫、置换。

（6）动火中有可能产生有毒或可燃气体时，应设排风换气装置，对储存易燃易爆物料设备容器表面的动火，要清除设备容器内物料，清洗干净，充满水或惰性气体，如有特殊情况，可按实际情况采取有效措施。

3. 动火监护

（1）动火作业应设专人监护，不得在无监护人的情况下作业。动火监护人应由动火点所在部门与动火执行单位双方各指派一名责任心强、有经验、熟悉现场、掌握消防知识的人员担任。

（2）动火监护人必须认真负责，坚守岗位，动火监护人和作业人必须明确联络方式并始终保持有效的沟通。

（3）动火监护人在作业人员开始动火作业前，负责对安全措施落实情况进行检查，发现安全措施未落实或安全措施不完善时，须阻止作业或向职安部举报。

（4）动火监护人所在位置应便于观察动火和火花溅落，必要时可增设动火监护人。

（5）负责动火现场的监护与检查,灭火器在监护人伸手可及的地方,随时扑灭动火飞溅的火花。

（6）动火现场如遇异常情况（可燃气体排放、易燃物料泄漏等）,动火监护人应及时通知动火作业人员立即停止动火,待情况恢复正常,经动火审批者检测检查同意后方可继续动火作业。

（7）动火监护人在作业期间,应坚守岗位,不得离开现场或做与监护无关的事。

（8）在动火过程中如发生火灾,在场人员应立即停止动火,利用现场灭火器材进行扑救,同时报火警,向相关部门报告,采取相应措施,组织灭火、应急疏散和救援工作。

（四）动火作业具体要求

1. 动火前应认真检查动火所用工具、设备及电气线路等必须符合安全、绝缘良好的要求。

2. 动火现场必须清除易燃物品,将动火附近的下水井、地沟、电缆沟等予以有效隔离保护。

3. 动火现场必须设专人监护,并配备足量、有效、适用的灭火器材和安全防护救援器材,保持通道畅通。做好相应的抢救后备措施。如在缺氧、有毒的环境中作业时,有防毒面具、空气呼吸器（氧气呼吸器）、安全带（绳）、梯子等救生器材。在易燃易爆的环境中作业时,应备有灭火器、水带等消防器材。在酸碱等腐蚀性较强的环境中作业时,有大量的清水。此外,还应备有相应的急救用品,以便急时备用。

4. 在生产区域内的动火作业,现场要用坚固不燃的隔板或者阻燃毡布与周围隔开,防止火花飞溅。

5. 动火现场如遇异常情况（可燃气体排放、易燃物料泄漏等）,应立即停止动火,待情况恢复正常,经动火审批者检查同意后方可继续动火作业。

6. 焊接场所10m内不得存有易燃易爆物品,在人员密集场所或多人交叉作业场所进行电弧焊接时,必须设置有效的活动遮光板。

7. 任何设备不可带压焊割,如为受压容器,除开排气阀使其压力降低至常压外,仍需按要求彻底清洗,敞口焊割。

8. 动火执行人焊接动火作业时需另有一名懂得电气焊作业的人员现场协助作业,严禁脱岗。

9. 动火现场如遇异常情况（可燃气体排放、易燃物料泄漏等）,现场及岗位人员应及时通知动火作业人员立即停止动火,待情况恢复正常,经动火审批者检查同意后方可继续动火作业。

（五）动火作业终结

1. 动火结束后60分钟内进行不间断余火检查,确认无残留火种、安全隐患。

2.《动火作业证》使用完毕后,交由职安部保存,保存期限至少为1年。

点滴积累 ∨

1. 根据火灾爆炸环境危险区域分类和火灾爆炸危险性分类原则,动火作业划分为特殊动火作业区域、一级动火区域,二级动火区域。

2.《动火证》实行一个动火点、一张动火证的动火作业管理。

3. 动火作业的条件与要求包括容器清洗与置换、动火分析、动火监护。

实训项目一　灭火器的使用

【实训目的】

1. 掌握灭火器的分类、作用及使用条件。

2. 学会灭火器正确选择、使用、维护和保养的方法。

3. 能够扑灭初起火灾。

【实训内容】

一、灭火器的分类及使用方法

1. 泡沫灭火器

(1)灭火机制:冷却灭火法、隔离灭火法(化学反应后生成灭火泡沫)。

(2)使用方法:开启铅封—喷口对准火焰根部—上下倒置—拔出保险栓—摇动。

(3)适用范围:固体物质和可燃液体火灾。

(4)禁忌:带电设备、水溶性液体(醇、醛、脂类)、轻金属火灾。

2. 二氧化碳灭火器

(1)灭火机制:冷却灭火法、隔离灭火法。

(2)使用方法:开启铅封—拔出保险栓—喷口对准火焰根部—压下压把。

(3)适用范围:易燃可燃液体、可燃气体、低压电器设备、仪器仪表、图书档案工艺品、陈列品等初起为灾(不污染损物件、不留痕迹)。

(4)禁忌:高压电源(600V以上)、轻金属火灾。

(5)注意:棉麻纺织品要防止复燃,要戴手套,以免皮肤接触喷筒和喷射胶管,防止冻伤,600V以上电器火灾,先断电后灭火。

3. 干粉灭火器

(1)灭火机制:隔离灭火法。

(2)使用方法:开启铅封—拔出保险栓—喷口对准火焰最猛处—压下压把—左右扫射(使干粉均匀喷洒)。

(3)适用范围:易燃、可燃液体、气体、带电设备、固体物质。

(4)禁忌:轻金属火灾。

(5)注意:防止复燃。

二、实训步骤（以干粉灭火器为例）

(一)教师讲解及演示

1. 讲解手提式干粉灭火器结构　手提式干粉灭火器有内装式、外置式和贮压式三种结构。

(1)内装式干粉灭火器由筒体、筒盖、贮气钢瓶、喷射系统和开启机构等部件组成。

(2)外置式干粉灭火器装有出粉管、进气管。钢瓶悬挂在筒身外部,用紧固螺母连接。二氧化碳钢瓶上装有提环。

(3)贮压式干粉灭火器由筒体、筒盖、喷射系统和开启机构等部件组成。贮压式干粉灭火器的结构简单,压缩氮气与干粉共贮于灭火器筒体内,无贮气瓶和出气管。为了显示压力,筒盖上设有一块压力表。

2. 干粉灭火器的应用范围 干粉灭火器是指内部充装干粉灭火剂的灭火器。主要适用于扑救易燃液体、可燃气体和电气设备的初起火灾,还可扑救固体类物质的初起火灾。但不能扑救金属燃烧火灾。常用于加油站、汽车库、实验室、变配电室、煤气站、液化气站、油库、船舶、车辆、工矿企业及公共建筑等场所。

3. 检查灭火器,确保完好可用

(1)检查灭火器的标志:合格的灭火器要求必须有产品合格证;外包装上应有制造厂名、厂址、产品名称、级别、出厂日期、货号、使用注意事项、生产许可证编号。

(2)按照《GB/T 4351—2005 手提式灭火器》,检查的灭火器的质量:确保灭火器各部件完好,压力在正常范围内。

4. 教师演示干粉灭火器的使用方法

(1)灭火时,可手提或肩扛灭火器快速奔赴火场,在距燃烧处 3~5m 左右,放下灭火器。如在室外,应选择在上风方向喷射。使用的干粉灭火器若是外挂式储压式的,操作者应一手紧握喷枪、另一手提起储气瓶上的开启提环。如果储气瓶的开启是手轮式的,则向逆时针方向旋开,并旋到最高位置,随即提起灭火器。当干粉喷出后,迅速对准火焰的根部扫射。使用的干粉灭火器若是内置式储气瓶的或者是储压式的,操作者应先将开启把上的保险销拔下,然后握住喷射软管前端喷嘴部,另一只手将开启压把压下,打开灭火器进行灭火。有喷射软管的灭火器或储压式灭火器在使用时,一手应始终压下压把,不能放开,否则会中断喷射。

(2)干粉灭火器扑救可燃、易燃液体火灾时,应对准火焰根部扫射,如果被扑救的液体火灾呈流淌燃烧时,应对准火焰根部由近而远,并左右扫射,直至把火焰全部扑灭。如果可燃液体在容器内燃烧,使用者应对准火焰根部左右晃动扫射,使喷射出的干粉流覆盖整个容器开口表面;当火焰被赶出容器时,使用者仍应继续喷射,直至将火焰全部扑灭。在扑救容器内可燃液体火灾时,应注意不能将喷嘴直接对准液面喷射,防止喷流的冲击力使可燃液体溅出而扩大火势,造成灭火困难。

(3)使用干粉灭火器扑救固体可燃物火灾时,应对准燃烧最猛烈处喷射,并上下、左右扫射。

5. 讲解灭火器的维护与保养

(1)置干燥通风、温度适宜、取用方便之处,忌热源、暴晒。

(2)开启即须充装,不得变换药剂种类。

(3)定期充装并作水压试验,标明厂名、日期(二氧化碳 5 年,干粉、1211 型 3 年)

(4)每半年检查内容压力显示器(绿区可用,红区压力不够),二氧化碳半年检查一次重量(须≥标称 50g)。

（二）学生实战演练（也可作为火灾逃生演练灭火部分）

1. 准备 25kg 铁桶一个、铁油盆二个、木柴 15kg、废油 15kg、废棉布 3kg、手提式干粉灭火器 5~10 个等物资在操场空地预设模拟火场点火。

2. 对所有人员讲清模拟火灾类型、灭火器使用方法，安排专人负责点火。

3. 演练开始

（1）在油盆中点火。

（2）教师首先给学生示范灭火。

（3）组织学生分批实施灭火。在演练过程中，教师及辅导员维持秩序，并对产生的错误进行逐一分析，让学生改正，做到人人会使用灭火器。

（三）清理现场

（四）演练结束

演练结束后，教师进行总结，并布置学生写出演练报告，并布置思考题。

【实训注意】

1. 在实训内容讲解时，要重点讲解各类灭火器的适用范围和使用要求。

2. 在实训操作灭火器时，应注意以下几点：

（1）在携带灭火器奔跑时，泡沫灭火器不能横置，要保持其竖直以免提前混合发生化学反应。

（2）有些灭火器在灭火操作时，要保持竖直不能横置，否则驱动气体短路泄漏，不能将灭火剂喷出。这类灭火器有干粉灭火器、二氧化碳灭火器等。

（3）扑救容器内的可燃液体火灾时，要注意不能直接对着液面喷射，以防止可燃液体飞溅，造成火势扩大，增加扑救难度。

（4）扑救室外火灾时，应站在上风方向。

（5）使用二氧化碳灭火器时，要注意防止对操作者产生冻伤危害，不得直接用手握灭火器的金属部位。

【实训检测】

1. 根据查阅整理的资料，结合所学知识拟定不同火灾灭火器使用的方案。

2. 选择灭火器应注意什么？灭火对象有哪些？

3. 请搜集其他类型的灭火器资料，并掌握其适用范围、使用方法和注意事项。

4. 按照拟定方案进行实训操作，总结手提式干粉灭火器的使用要点。

5. 通过实训操作，学生总结扑灭初级火灾的方法。

【实训报告】

1. 实训结束后，分组进行讨论。

2. 专人负责记录，记录讨论结果。

3. 由老师进行实训总结。

4. 演练结束后，按规定格式编制实训报告，并按规定上交实训老师。

实训项目二 消防逃生演练

【实训目的】

1. 通过对消防安全疏散的实战演练,使学生增强消防安全意识,掌握火灾现场逃生的技能。

2. 通过消防知识的讲解,使学生了解防火的基本知识。

3. 通过演习锻炼脱离危险的能力,使学生学会自我逃生技能。

【实训内容】

一、实训前的准备

为了落实"预防为主,安全第一,综合治理"的安全方针,开展师生安全逃生演练,以防患于未然,提高师生的安全意识和逃生能力。

1. 正确听辨报警声。

2. 进行火灾等正确逃生自救演练。

二、实训步骤

(一)模拟演练组织及职责

1. 演练总指挥

(1)根据火灾情况,确定是否疏散人员。

(2)掌握火势发展情况,及时调整力量,明确布置救人、疏散人员,物资和灭火、供水等任务,并检查执行情况。

(3)消防队到场后,及时向公安消防部门的火场总指挥报告情况。

2. 灭火行动组

(1)接到报警后迅速到指定的地点(操场)集合。

(2)组织人员查看火情,掌握火势发展情况。

(3)及时向指挥部汇报火情。

(4)根据火情,切断电源、可燃气源。

(5)使用灭火器材扑灭初级火灾。

3. 通信联络组

(1)迅速演练总指挥报告失火情况。

(2)模拟拨打119报警电话,报告火灾情况、学校的具体位置、到达学校的最近路线等。

(3)引导消防人员和设施进入火灾现场;联络有关单位、个人、组织调遣消防力量;负责对上、对外联系及报告工作。

4. 抢险组 对重要设备、重要物品的救护和保护,加强巡逻,防止意外发生。

5. 安全防护救护组

(1)携带楼梯及担架抢救被困人员及伤员。

(2)在专业人员的指导下,对受伤人员进行现场救护。

(3)对严重受伤人员在完成简单急救措施后,拨打110或120联系救护车,或立即送医院治疗。

(4)向指挥部汇报人员受伤情况。

6. 疏散引导组 迅速到达指定楼层,指挥并引导火灾现场人员迅速转移到安全地带。

7. 警戒组 对火源附近进行警戒,不让无关人员从警戒区域通过。不让外来车辆进入警戒区。

8. 执行情况检查组 检查各组接到通知后是否迅速到位,检查学生疏散情况,负责全校巡视检查各角落,防止角落遗留学生。

(二)演练前的准备

1. 场地划分 划出安全警戒线、各班安全到达位置。

2. 确保音响系统正常运转,发各种警报信息。

3. 准备横幅 "＊＊学校安全逃生演练"。

4. 物品准备 准备5~10个灭火器(干粉灭火器);木柴;柴油(铁桶装汽油,大锅两只);稻草,麻袋(干、湿);凳子四把,三角绷带若干等,以备演示使用灭火器灭火用。由专人负责。

5. 设立安全演练活动正、副负责人,由负责人作火灾逃生安全知识、各班安全逃生路线、逃生方法介绍。要求学生撤离时不许大声喧哗、吵闹乱跑,不许推攘、拥挤、避免发生踩踏事件。另外有同学摔倒要及时扶起来。

6. 师生事先熟悉校园的安全通道、安全出口,下楼梯的方法、顺序、路线等。

(三)逃生线路

由组织者提前制定并公布,纳入学习应急救援预案中。

(四)消防逃生实战演练

1. 指导教师或负责人宣布"＊＊学校消防安全逃生演练现在开始"。

2. 全体参加演练人员各就各位,做好演练准备工作。由灭火行动组负责点燃火源,制造烟雾。

3. 拉响警铃。

4. 灭火行动组、通信联络组、抢险组、安全防护救护组、警戒组、执行情况检查组等各组人员迅速到位,各负其责,做好各项救护抢险通报警戒检查等工作。

5. 各班负责人立即紧急集合并疏散,组织学生迅速离开教室,有序有条理地下楼。负责人分别在班级队伍前、后位置,带领学生,按指定路线下楼,要稳定学生的情绪,大声地指挥,教育学生撤离时要用手、毛巾或衣服捂住口鼻,弯腰撤离,注意楼梯口行走安全。

6. 疏散引导组成员在楼梯口组织学生迅速、有秩序的撤离,防止踩踏事故的发生。要检查楼层的各教室是否有人员滞留,在确认本楼层没有滞留人员后,立即到达指定安全区。

7. 各班沿安全逃生路线疏散,离开火灾事故发生地点。

8. 疏散时的要求

(1)各班迅速自觉排成2排,沿通道两侧,弯着腰走。

（2）每个同学用湿毛巾或湿布类东西捂着鼻子。

（3）逃生疏散时不抢道、不惊慌，有秩序、有条理地快速离开火灾现场，注意分两侧，迅速撤离。退到安全警戒线外。

（4）教师组织学生有序撤离。班级人员分工明确（队伍前、中、后位置安排到位）。

（5）各楼层疏散时要听从指挥。

（6）所有参与演练工作人员不得脱离岗位。

9. 重点危险地带由专人把守　即各楼层设两人为疏散引导人员，楼梯口、楼道转弯处分别站1人。

10. 集中场地　要求：各班级紧急疏散到指定的安全区，按队列排好并清点人数，向指导教师或负责人汇报人数和疏散情况。

11. 全体人员到达安全区域后，各组确定无意外情况，火势被扑灭后，演练结束。

【实训注意】

1. 演练前一天，相关指导教师或负责人集中会议，把这次消防演练的目的和具体演练要求，具体方案通告全体人员，做到心中有数。各班级对学生进行消防安全知识教育以及紧急逃生的方法、顺序。

2. 听到警报信号后，各班级按指定线路紧张而有序下楼，站在指定的安全区。

3. 下楼梯时一律靠两侧走，不得拥挤。

4. 各楼梯口设定疏散引导人员，负责各班级疏散安全。演练开始，迅速到达指定地点对学生进行疏散，学生疏散结束时，疏散引导人员要检查楼层的各教室是否有未疏散人员。

5. 高度重视，严格防范，精心组织，确保万无一失。

6. 负责灭火人员，要有一定的灭火经验，并要注意自身安全。

7. 各组事先要召开协调会议，做好准备工作。

8. 各组密切配合，要保证学生在5分钟内撤离教学楼。

【实训检测】

1. 提出提高企业安全管理水平的对策，查阅常见火灾逃生知识。

2. 学习掌握本校应急救援预案，并熟知逃生路线及应急启动程序。

3. 掌握常见火灾的灭火方法和逃生办法。

4. 总结实训项目的关键点，树立学生现场逃生的正确观念。

5. 总结此次火灾逃生演练，并根据实训情况，书写自己的实训体会。

【实训报告】

1. 实训结束后，分组进行讨论。

2. 专人负责记录，记录讨论结果。

3. 由老师进行实训总结。

目标检测

一、选择题

（一）单项选择题

1. 火灾发生的必要条件是（　　）

    A. 三要素　　　　　　B. 助燃剂　　　　　　C. 可燃物　　　　　　D. 点火源

2. 燃烧的基本类型是（　　）

    A. 闪燃、着火

    B. 闪燃、着火和自燃

    C. 闪燃、着火和爆燃

    D. 闪燃、自燃和爆燃

3. 火灾的初期阶段，（　　）是反映火灾特征的主要方面

    A. 烟气

    B. 温度

    C. 烟气浓度

    D. 特殊产物含量

4. 按照爆炸能量来源的不同，爆炸可分为（　　）两类

    A. 物理性爆炸和化学性爆炸

    B. 简单爆炸和复分解爆炸

    C. 均相爆炸和非均相爆炸

    D. 简单爆炸和爆轰

5. 非接触式探测器可以在离起火点较远的位置进行探测，其探测速度较快，适宜探测（　　）的火灾

    A. 发生阴燃

    B. 发展较慢

    C. 发生回燃

    D. 发展较快

6. 感光（火焰）式探测器利用光电效应探测火灾，一般可依据火焰发出的（　　）来探测火灾

    A. 红外光　　　B. 可见光　　　C. β 射线　　　D. γ 射线

7. （　　）系列灭火器适用于扑灭油类、易燃液体、电器和机械设备等的初起火灾，具有结构简单、容量大、移动灵活、操作方便的特点

    A. 干粉灭火器

    B. 高倍数泡沫灭火器

    C. 二氧化碳

    D. 低倍数泡沫灭火器

8. （　　）适用于扑灭可燃固体（如木材、棉麻等）、可燃液体（如石油、油脂等）、可燃气体（如液化气、天然气等）以及带电设备的初起火灾

    A. 干粉灭火器　　　B. 二氧化碳灭火器　　　C. 水　　　D. 泡沫灭火器

（二）多项选择题

1. 爆炸的破坏的作用形式主要有（　　）及其他破坏作用

    A. 冲击波　　　　　　B. 震动　　　　　　C. 碎片冲击

    D. 造成火灾　　　　　E. 环境污染

2. 影响爆炸极限的主要因素有（　　）

    A. 初始温度　　　　　B. 初始压力　　　　　C. 容器体积

    D. 激发能源　　　　　E. 氧含量

3. 影响粉尘可燃烧性混合物爆炸的因素有(　　)

    A. 空间体积大小　　　　　B. 空间粉尘含量　　　　　C. 惰性物质含量

    D. 粉尘分散度　　　　　　E. 粉尘的粒度

4. 在有易燃易爆物质存在的场所,防范明火是最基本也是最重要的安全措施,产生明火的主要原因有(　　)

    A. 加热操作　　　　　　　B. 高温化学反应　　　　　C. 动火作业

    D. 飞火和移动火花　　　　E. 摩擦

5. 火灾爆炸危险物质的控制措施主要有(　　)

    A. 取代和降低用量　　　　B. 高压操作　　　　　　　C. 惰性气体保护

    D. 通风操作　　　　　　　E. 防止泄漏

6. 基本的灭火方法有(　　)

    A. 隔离法　　　　　　　　B. 冷却法　　　　　　　　C. 窒息法

    D. 抑制法　　　　　　　　E. 人工灭火法

二、问答题

1. 什么是闪点、燃点和自燃点?

2. 燃烧的三要素是什么? 如何进行控制?

3. 火灾爆炸危险物质的控制主要有哪几方面?

4. 企业员工的"四懂四会"与"四个能力"有哪些内容?

5. 扑救火灾的一般原则是什么?

6. 如何扑救电气火灾和化学危险物品火灾?

(夏俊亭)

第四章

静电的特性及危害

导学情景 ∨

情景描述：

  2002 年 12 月某厂浆料车间，工人用真空泵吸醋酸乙烯到反应釜，桶中醋酸乙烯约剩下 30kg 时，突然发生爆炸，工人自行扑灭大火，1 名工人被烧伤。经现场查看，未发现任何曾发生事故的痕迹，电器开关、照明灯具都是全新的防爆电器，吸料的塑料管悬在半空，管子上及附近无接地装置，有一只底部被炸裂的铁桶。此次爆炸原因为醋酸乙烯在快速流经塑料管道时产生静电积聚，当塑料管接触到零电位桶时，形成放电，产生火花引爆了空气中的醋酸乙烯蒸气。

学前导语：

  静电现象在生产和生活中都很常见，积聚严重会成为点火源，导致火灾或爆炸事故，因此，需要特别注意防范。

  静电现象是一种在日常生活和工业生产中常见的带电现象。静电并不是静止的电，是宏观上暂时停留在某处的电。静电电量虽然不大，但电压很高，容易发生火花放电，从而引起火灾、爆炸或电击。

第一节　静电的产生

▶▶ 课堂活动

  1. 静电是怎样产生的？日常生活中哪些活动可能会产生静电？

  2. 静电又是如何消失的？有哪些因素会影响到它？

为防止静电危害，必须懂得静电产生的原理和静电的危害，掌握防止静电危害的基本措施。

一、静电产生的原理

  实验证明，只要两种物质接触后再分离，就可能产生静电。静电的产生是同接触面上形成的双电层和接触电位差直接相关的。

  1. **双电层和接触电位差**　物质是由分子组成的。分子是由原子组成的，而原子是由原子核和其外围的若干电子组成的。电子带负电荷,在不同的轨道绕原子核旋转。原子核带正电荷,且和它的外围电子所带负电荷的总和相等。因此,物质在一般情况下并不呈现电性。物质获得或失去电子便带电,获得电子的带负电,失去电子的带正电。

原子核对其周围的电子有束缚力,而且不同的物质原子核束缚电子的能力(逸出功)不同。两种物质紧密接触时,电子从束缚小的一方转移偏向于束缚大的一方,这时,在接触的界面两侧会出现数量相等、极性相反的两层电荷,这两层电荷就叫双电层,它们之间的电位差称为接触电位差。当这两种物质分离时,由于存在电位差,电子就不能完全复原,从而产生了电荷的滞留,形成了静电。

金属与金属、金属与半导体、金属与电介质、电介质与电介质等固体物质的界面上都会出现双电层;固体与液体、液体与液体、固体或液体与气体的界面上,也会出现双电层。在特定情况下,同物质之间也会出现双电层。

按照物质得失电子的难易,亦即按物质相互接触时起电性质不同,可把带正电的物质排在前面,把带负电的物质排在后面,依次排列下去,可以排成一个长长的序列。该序列叫做静电起电序列。下面是一种典型的静电起电序列:

(+)玻璃—头发—尼龙—羊毛—人造纤维—绸—醋酸人造丝—人造毛混纺—纸—黑橡胶—维尼纶—莎纶—聚四氟乙烯(-)

在同一静电起电序列中,前后两种物质紧密接触时,前者失去电子带正电,后者获得电子带负电。

用逸出功的概念来解释:逸出功是使物质内的一个自由电子脱离物质表面所需要的功。在两种物质相接触时,在接触界面处形成了双电层。逸出功小的物质将失去电子而带正电,逸出功大的物质将得到电子而带负电。

2. 不同物态的静电

(1)固体静电:一般情况下,固体静电可以用双电层和接触电位差理论来解释,如图4-1所示。

（a）接触前　　　（b）接触时产生双电层　　　（c）分离后静电产生

图4-1　静电产生示意图

两种固体物质接触之前都是中性的,紧密接触时会出现双电层,再分离时则分别带上正电荷和负电荷,即产生静电。两种固体物质相距$25×10^{-8}$cm以下时,即可以认为是紧密接触,分离时即可产生静电。

粉尘实际上是细小颗粒的固体,它产生静电也符合双电层和接触电位差的基本原理。与块状固体相比,粉尘具有分散性和悬浮态的特点。由于分散性,其表面积就大得多,与空气摩擦的机会也多,产生的静电也多。又因处于悬浮态,粉尘颗粒与大地之间始终是绝缘的,因此,金属粉体也容易带有静电。

（2）液体静电：在生产中，液体的管道输送、过滤、搅拌、喷雾、喷射、飞溅、冲刷、灌注以及剧烈晃动等过程中，都可能产生静电。尤其是电阻率高的有机液体，最容易产生静电。

液体的带电现象，同样可用双电层理论解释，图 4-2 所示是有机液体在管道中流动时产生静电的过程。如图所示，在管道内壁与被输运液体相接触的界面上，由于液体迅速流动，与管壁摩擦、冲击，因而管壁界面上是一层正电荷，液体界面上极薄的一层内是负电荷，与其相邻的较厚的一层又是正电荷。正电荷随着液体流动形成所谓液流电流，又称流动电流。如果金属管道是接地的，管道中则不会积累静电；如管道用绝缘材料制成或是对地绝缘，则在管道上就会积累危险的静电。严重者可由静电火花引起爆炸或火灾。

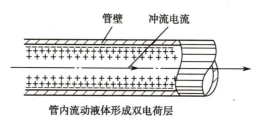

管内流动液体形成双电荷层

图 4-2　液体与管壁形成双电荷层

轻质油料及化学溶剂，如汽油、煤油、乙醇、丙酮、苯等容易挥发与空气形成爆炸性混合物，在其载运、搅拌、注入、排出等工艺过程中，由于产生静电火花引起爆炸和火灾的案例，在国内外屡见不鲜。

（3）气体静电：完全纯净的气体是不会产生静电的。但是，在工艺生产中几乎所有气体都含有少量的固体或液态颗粒的杂质，因此在压缩或排出气体时，由于气体杂质的碰撞、摩擦等作用，都会产生静电。

综上所述，将物料状态和单元操作相结合，列出容易产生静电的单元操作和工作状态见表 4-1。

表 4-1　容易产生静电的单元操作和工作状态

物质状态	容易产生静电的单元操作和工作状态物质状态
固体或粉体	摩擦、混合、搅拌、洗涤、粉碎、切断、研磨、筛选、振动、过滤、剥离、捕集、液压、倒料、输送、开卷、投入、包装、涂布、印刷、穿脱衣服、皮带输送
液体	流送、注入、充填、滴注、过滤、搅拌、吸入、洗涤、取样、飞溅、喷射、摇晃、测温、混入杂物、混入水珠
气体	喷出、泄漏、喷涂、排放、高压洗涤、管内输送

二、影响静电产生和聚散因素

"静电"其实并不是静止不动的，它的电荷总是通过多种途径产生、积累、泄漏以至消失。静电在它产生的同时伴随着泄漏，在这个复杂的过程中积累了静电荷。影响其生产、泄漏和积累的因素很多，主要因素有物质电阻率、物体运动速度、空气湿度和杂质等。

1. 物质电阻率　物体产生的静电荷能不能积聚起来，很大程度上取决于它的电阻率的大小。物质的电阻率是影响其聚散的内在因素。

由电阻率高的物质组成的物体导电性很差,物体上的电荷不易流失,静电荷就能逐渐积聚起来。由电阻率小的物质组成的物体,电荷很容易从接触点返回原处,物体仍表现为中性,因此不容易积聚静电荷。

物质电阻率在 $10^6 \sim 10^8 \Omega \cdot cm$ 以下的,就是积聚了电荷,也可以很快消散,不易带静电。电阻率为 $10^{10} \sim 10^{15} \Omega \cdot cm$ 的物质容易带静电,是防静电的重点。电阻率为 $10^8 \sim 10^{10} \Omega \cdot cm$ 的物质通常所带静电量不大。当电阻率大于 $10^{15} \Omega \cdot cm$ 时,物体就不易产生静电。但是,一旦带有了静电后就难以消除。常见物质电阻率可从有关资料中查得。

2. 物体的运动速度　在静电产生的同时,也存在着静电的消散。一般开始时,静电的产生多于静电的泄漏,静电就逐渐积累,当积累到一定程度后,产生与泄漏的静电量达到了平衡,保持为一动态稳定值,即达到饱和状态。

不同的物体达到静电饱和状态所需要的时间是不同的,一般不超过十几秒或几十秒钟。物体达到静电饱和状态所需的时间与物体运动速度有关,速度加快,时间缩短。因此,在生产过程中往往要控制物料的运动速度。

3. 空气的湿度　物体周围环境的空气湿度,对物质静电的聚散有很大影响。吸湿性越大的物体(特别是绝缘体),受湿度的影响越大。当空气的相对湿度在 50%～70% 以上时,物体表面会形成薄薄一层水膜,使表面电阻率大大降低,从而加速静电泄漏。如周围空气相对湿度低于 40%～50%,则静电不易逸散,而可能形成高电位。

4. 杂质　杂质对物体静电的产生影响很大。一般情况下,物体含有杂质时,会增加静电的产生。如液体中含有高分子材料(如橡胶、沥青)的杂质时,会增加液体静电的产生。液体内含有水分时,在液体流动、搅拌或喷射过程中会产生附电静电。液体流动停止后,液体内水珠沉降过程中也会产生静电。

但也有的"杂质"能减少物体的静电,这些"杂质"有较好的导电性或较强的吸湿性,可加快静电泄漏。抗静电剂就是利用了这个原理。

点滴积累 〴

1. 因双电层和接触电位差产生静电,所以固体间摩擦、液体的管道输送、气体中的固体或液态杂质的碰撞等均可以产生静电。
2. 物质电阻率、物体运动速度、空气湿度和杂质等因素是影响静电产生和聚散的主要因素。

第二节　静电的特性及危害

一、静电的特性

静电与流电不同,从安全角度考虑,静电的特点:一是电量小,但静电电压高。如橡胶带与滚筒摩擦可产生上万伏的静电电压。二是虽静电电压很高,因其电量很小,故它的能量也很小,一般不超过数毫焦耳,少量情况能达十毫焦耳。静电能量越大,发生火花放电时表现的危险性也越大。三是导体表面曲率越大、电荷密度越大。因此,当导体带有静电后,静电荷就集中在导体的尖端,使得尖端电场很强,容易产生电晕放电。尖端放电是静电的一个特点。因电晕放电可能发展成为火花放电,所以导体尖端有较大的危险性。四是静电感应可能发生意外的火花放电。在电场中,由于静电感应和静电放电,可能在导体(包括人体)上产生很高的电压,导致危险的火花放电。这是一个易被人们忽视的危险因素。五是绝缘体上静电泄漏很慢。因绝缘体的介电常数和电阻率都很大,所以它们的静电泄漏很慢。这样就使带电体保留危险性状态的时间也长,危险程度也相应增加。

二、静电的危害

静电对人类社会造成的危害

在生产中,静电的危害主要有三个方面,即引起火灾与爆炸、静电电击和妨碍生产。

1. 引起火灾与爆炸　无论是涉及固体粉尘作业,还是涉及液体、气体作业均存在这种危害。

用槽车装运苯、丙酮、汽油、乙醇等有机溶剂时,由于行驶中的振动,溶剂与槽车罐壁发生强烈的摩擦,会产生大量静电;另外,槽车橡胶轮胎与地面摩擦产生的静电,均可造成槽车静电起火和爆炸事故的发生。

易燃液体与管道摩擦和注入容器时冲击、飞溅产生的静电,均可导致静电火花起火,发生火灾和爆炸事故。故输送易燃液体时,必须严格控制流速。

用对地绝缘的金属取样器,在贮有易燃液体的贮罐、反应釜等容器内取样时,由于取样器与液体的摩擦而产生静电,有时会对容器壁放电产生火花而发生火灾或爆炸事故。

过滤时被过滤物质与过滤器发生摩擦,会产生大量静电而出现放电火花,易导致燃烧爆炸事故。

氢气、氨气等可燃气体或水蒸气在高速喷射时,均能产生相当高的静电电位,有可能与接地金属或大地发生火花放电,造成火灾爆炸事故。

在研磨、搅拌和输送粉体时,粉体与管道或容器强烈碰撞与摩擦,会产生具有危险的静电火花放电,发生火灾爆炸事故。

用胶带传动与输送时,运行中的三角皮带、输送胶带与金属皮带轮、托、平辊或轮子摩擦,产生大量静电,静电电位有时可高达几千、几万伏,产生火花放电,引燃周围易燃溶剂或溶剂蒸气而发生火灾或爆炸事故。

对橡胶和塑料制品等电阻率高的物品进行迅速分离或剥离作业时,会产生较高的静电电位,发生火花放电而导致火灾爆炸事故的发生。如在投料过程中,使用塑料袋投料,极易发生静电电击事故。

在生产中操作人员在活动时,穿的衣服、鞋以及携带的工具与其他物体摩擦时,就可能产生静电。如穿塑料底鞋的人在木地板或塑料地板上行走,人体静电可以达数千伏以上;身穿化纤混纺衣料的衣服,坐在人造革面椅子上的人,在他起立时,人体静电位有时可高达1万V以上;当携带静电荷的人走近金属管道或其他金属物体时,人的手指或脚会释放出电火花。由于人体活动范围较大,而人体静电又容易被人们忽视,所以,由人体静电引起的放电,往往是酿成静电灾害的重要原因之一。

案例分析

案例

2005 年 8 月,某集团有限公司原酒储罐区发生爆炸。 经调查,当日早上,一名女工站在 3 号储酒罐顶,从顶部口子放入软管约 1m 向内灌酒,约 30 分钟后操作女工提起 3 号罐的顶盖观察罐内情况,放回顶盖的瞬间,罐内乙醇气体发生大爆炸,罐体飞出罐区,飞到500m 外的稻田里,现场作业 7 名工人,6 人当场死亡,1 人重伤。

分析

当输酒软管从罐顶向罐内放酒,由于酒在罐内强力喷溅,造成大量乙醇蒸气在罐内积聚,达到爆炸极限,工人在提放顶盖过程中,静电引起火花,引发罐内气体爆炸。

2. 静电电击　橡胶或塑料制品等高分子材料与金属摩擦时,产生的静电荷往往不易泄漏。当人体接近这些带电体时,就会受到意外电击。这种电击是由于从带电体向人体发生放电,电流流向人体而产生的。同样,当人体带有较多静电荷时,电流从人体流向接地体,也会发生电击现象。

静电电击不是电流持续通过人体的电击,而是静电放电造成的瞬间冲击性电击。这种电击不至于直接致命,大多数只是产生痛感或震颤。但在生产现场却可造成指尖负伤;或因屡遭静电电击后产生恐惧心理,从而使工作效率下降;或由于电击而导致高处坠落等二次伤害。人体受到电击时的反应见表4-2。

表4-2　静电电击时人体的反应

静电电压/kV	人体感觉	备注
1.0	没有感觉	
2.0	手指外侧有感觉,但不疼痛	
2.5	有针刺感,但不疼痛	
4.0	有较强针刺感、手微疼痛	光暗时,能见到放电微光
5.0	从手掌到前腕感到疼痛	
6.0	手指感到剧痛后腕部有强烈电击感	
7.0	手指、手掌剧痛,有麻木感	

3. 妨碍生产　静电对生产的影响,主要表现在粉料加工工艺过程中。

在粉体筛分时,由于静电电场力的作用,筛网吸附了细微的粉末,使筛孔变小,降低生产效率。在气流输送工序里,管道的某些部位由于静电作用,积存一些物料,减小管道的流通面积,使运输效率降低。在粉体计量时,由于计量器具吸附粉体,造成计量误差,影响投料或包装重量合格率。粉体装袋时,因为静电斥力的作用,使粉体四处飞扬。

点滴积累　∨

1. 静电具有电量小、电压高的特性。
2. 静电可引起火灾与爆炸、静电电击和妨碍生产。

第三节　静电的消除

防止静电引起火灾爆炸事故是静电安全的主要内容。为防止静电引起火灾爆炸所采取的安全措施,对防止其他静电危害也同样有效。

静电引起燃烧爆炸的基本条件有四个:一是有产生静电来源;二是静电得以积累,并达到足以引起火花放电的静电电位;三是静电放电火花能量达到爆炸性混合物的最小点燃能量;四是静电火花周围有可燃性气体、蒸气和空气形成的可燃性气体混合物。因此,采取措施消除以上四个基本条件的任意一个,就能防止静电引起火灾爆炸事故。

防止静电危害主要有以下七种措施:

1. 场所危险程度的控制　采取减轻或消除场所周围环境火灾、爆炸危险性的间接措施。如用不燃介质代替易燃介质,惰性气体保护,负压操作等;在工艺允许的条件下,采用较大颗粒的粉体代替较小颗粒粉体,也是减轻场所危险性的一个措施。

2. 工艺控制措施

(1)控制流速:输送物料应控制流速,以限制静电的产生。输送液体的物料时允许流速与液体电阻率有着十分密切的关系,当电阻率小于 $10^7 \Omega \cdot cm$ 时,允许流速不超过 10m/s;当电阻率为 $10^7 \sim 10^{11} \Omega \cdot cm$ 时,允许流速不超过 5m/s;当电阻率大于 $10^{11} \Omega \cdot cm$ 时,允许流速取决于液体性质,管道直径和管壁光滑程度等条件。如烃类燃料油在管内输送,管道直径为 50mm 时,流速不得超过 3.6m/s;直径为 100mm 时,流速不得超过 2.5m/s。但当其含有水分时,必须将流速限制在 1m/s 以下。输送物质的管道应尽量减少转弯或变径,操作人员必须严格执行工艺规定的流速,不得擅自提高流速。表 4-3 是用管道输送液时防静电流速的限制值。

表 4-3　用管道输送液时防静电流速的限制值

管内径/mm	10	25	50	100	200	400	600
流速/（m/s）	8	5.01	3.6	2.5	1.8	1.3	1.0

(2)选用合适的材料:可根据静电起电序列,选用适当的材料匹配,使生产过程中产生的静电互相抵消,从而达到减少或消除静电的危险。

(3)增加静止时间:生产中将苯、丙酮、乙醇等液体注入容器、贮罐时,都会产生静电荷。液体内的电荷将向器壁及液面集中并可慢慢消散,完成这个过程需要一定的时间。《液体石油产品静电安全规程》(GB 13348—2009)中规定装油完毕,宜静置不少于 2 分钟后,再进行采样,测温、检尺、拆除接地线等。

在向油罐注油的过程中,静电电压随加入油量的变化而变化。当油量达到油罐容积 90%时,停止注入油品后,再过23.6秒后油面静电位达到最大值,又经过54.4秒静电电荷才衰减掉。停泵后罐内静电电位变化情况见图4-3。静电消散时间见表4-4。

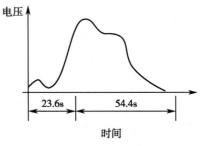

图4-3　停泵后罐内油面静电电位变化情况

由此可知,当输送易燃易爆液体时,停泵后不能立即进行检测或投料等操作,应停留一段时间,等静电消散后,方可进行下一步操作。操作人员懂得这个道理后,就会自觉遵守安全操作规程,不会发生赶时间而引发安全事故。

表4-4　静电消散时间

带电物体的电导率（δ）/（S/m）	静置时间/h			
	带电物体的容积/m^3			
	小于10	10~50	50~5 000	5 000 以上
$\delta \geqslant 10^{-6}$	1	1	1	2
$10^{-12} \leqslant \delta < 10^{-6}$	2	3	10	30
$10^{-14} \leqslant \delta < 10^{-12}$	4	5	60	120
$\delta < 10^{-14}$	10	15	120	240

（4）改进灌注方式:为减少从贮罐顶部灌注液体时的冲击而产生的静电,要改变罐管的形状、改进灌注方式。经验表明,T形、锥形、45°斜口形和人字形注管头,有利于降低贮罐液面的高静电电位。为避免灌注过程中液体的冲击、喷射和溅射,应将进液管延伸到近底部位或有利于减轻贮罐底部积水和沉淀物搅拌的部位。

3. 接地　接地是消除静电危害最常见的措施。以下工艺设备应采取接地措施。

（1）凡用来加工、输送、贮存各种易燃液体、气体和粉体的设备必须接地。如果管道系绝缘材料制成,应在管外或管内绕以金属丝、带或网,并将金属丝等接地。输送可燃物料的管道要连接成一个整体,并予以接地。管道两端和每隔200~300m处,均应接地。平行管道相距10cm以内时,每隔20m应用连接线相互连接起来;管道与管道、管道与其他金属构件交叉时,若间距小于10cm,也应相互连接起来。

（2）倾注溶剂的漏斗、浮动灌顶、工作站台、磅秤等辅助设备,均应接地。

（3）汽车槽车在装卸之前,应与贮存设备跨接并接地;装卸完毕,应先拆除装卸管道,然后拆除跨接线和接地线。

（4）可能产生和积累静电的固体和粉体作业设备,如球磨机、筛分器等,均应接地。

静电接地的连接线应有足够的机械强度和化学稳定性,连接应当可靠,要勤检查接地系统是否良好,不得有中断之处。接地电阻应不超过100Ω。

4. 增湿　提高空气中水蒸气的浓度可在物体表面形成一层导电的液膜,从而提高静电从物体表面消散的能力,有利于把所产生的静电导入大地。通风加湿、地面洒水、喷放水蒸气等是车间增加空气湿度常用的方法。若工艺条件允许,空气相对湿度保持在70%为宜。

5. 加入抗静电剂　抗静电剂具有较好的导电性或较强的吸湿性。因此在易产生静电的高绝缘材料中,加入抗静电剂,使材料的电阻率下降,加快静电泄漏,消除静电危害。抗静电剂的种类很多,有无机盐类,如氯化钾、硝酸钾;有表面活性剂类,如脂肪族磺酸盐、季铵盐、聚乙二醇等;有无机半导体类,如亚铜、银、铝等的卤化物;有高分子聚合物类等。

6. 采用静电消除器　静电消除器是一种能产生电子或离子的装置,借助于产生的电子或离子中和物体上静电,从而达到消除静电危害的目的。它具有不影响产品质量,使用比较方便等优点。静电消除器有感应式消除器、高压静电消除器、高压离子流静电消除器和放射性辐射静电消除器。静电消除器的选择,应根据工艺条件和现场环境等具体情况而定。要做好维护保养工作,保持其有效工作。

7. 人体防静电措施　主要是防带电体向人体放电和人体带电所造成的危害,其措施有:

(1)采用金属网或金属板等导电材料遮蔽带电体,以防带电体向人体放电。操作人员在接触静电带电体时,宜戴用金属线和导电性纤维混纺的手套,穿防静电工作服。

(2)穿着防静电工作鞋。防静电工作鞋的电阻为 $10^5 \sim 10^8 \Omega$,穿着后人体所带的静电荷可通过防静电工作鞋泄掉。

(3)在易燃场所入口处,安装硬铝或铜等导电金属的接地走道,操作人员从走道经过后,可以导除人体静电。同时入口门扶手也可以采用金属结构并接地,当手接触门扶手时,可导除静电;也可采取导电帘导除静电。

(4)采用导电性地面是一种接地措施,不但能导走设备上的静电,而且有利于导除积聚在人体上的静电。导电性地面是指用电阻率 $10^6 \Omega \cdot cm$ 以下的材料制成的地面。表4-5列出了不同地面材料的泄漏电阻。

表 4-5　不同地面材料的泄漏电阻

材料名称	泄漏电阻／Ω	材料名称	泄漏电阻／Ω
导电性水磨石	$10^5 \sim 10^7$	一般涂漆地面	$10^9 \sim 10^{12}$
导电性橡胶	$10^4 \sim 10^8$	橡胶贴面	$10^9 \sim 10^{13}$
石	$10^4 \sim 10^9$	木胶合板	$10^{10} \sim 10^{13}$
混凝土	$10^5 \sim 10^{10}$	沥青	$10^{11} \sim 10^{13}$
导电性聚氯乙烯	$10^7 \sim 10^{11}$	聚氯乙烯贴面	$10^{12} \sim 10^{15}$

点滴积累 ∨

> 可采用工艺控制、接地、增湿、加入抗静电剂、采用静电消除器、人体防静电等措施,减少静电的积累。

第四节　防雷保护

雷击是一种自然灾害,它可以造成建筑物、构筑物、机器设备的损坏,危及人身安全。雷击还可以导致有火灾爆炸危险性的场所发生火灾和爆炸。

ER-4-2

雷电的形成

一、雷电的危害

雷电的形式

伴随雷击出现的极高的电压和极大的电流,具有很大的破坏力。它包括电、热和机械作用等破坏。

1. 电作用的破坏　雷电产生数十万至其数百万伏的冲击电压,可损坏发电机、变压器、电动机、断路器等电气设备的绝缘,造成大面积、长时间停电、停产事故。绝缘损坏所引起的短路火花以及雷电放电火花,还可以引起火灾和爆炸事故。而电气设备的绝缘损坏,还可能因设备漏电及高压窜入低压回路等,造成人体触电事故。巨大的雷电流流入大地时,能够在连接接地极的金属引下线部分,产生极高的对地电压,从而可导致接触电压触电;而在接地极周围,还可能造成跨步电压触电。如果雷云直接对人体放电,将会使人致命。

2. 热作用的破坏　巨大的雷电流流过导体时,在极短的时间内转换成巨大的热能,从而造成发热导体周围的可燃物燃烧,或造成金属熔化飞溅引起火灾和爆炸。如果雷电直接击在易燃物上,便可直接引起火灾。若防雷装置不良,雷电直接击在通有可燃气体生产装置的放空管等处,则会引起可燃气体的爆炸。

3. 机械作用的破坏　巨大的雷电流通过被击物时,瞬间产生大量的热量,如被击物是某种液体的管道或贮罐,则被击物内液体可急剧气化,并剧烈膨胀压力增高,致使被击物破坏或爆炸。

4. 其他作用的破坏　此外,静电、电动作用力以及雷击时的气浪等作用,也都具有很强的破坏作用。

实际上,各种破坏作用都是综合出现的。雷电引起的火灾和爆炸为最严重的,应列为防范的重点。

二、防雷装置

通常说的避雷针、避雷线、避雷带、避雷网、避雷器都是经常采用的防雷装置。一套完整的防雷装置包括接闪器、引下线和接地装置。

1. 接闪器　那些远高于被保护设施的避雷针、线、网、带,其实都是防雷装置的一部分——接闪器。因它们更接近于雷云,在雷电场的影响下,接闪器上感应出大量的异性电荷,这些电荷与雷云之间的电场强度,大大高于被保护设施与雷云之间的电场强度。所以雷云首先对接闪器放电,使强大的雷电流通过接闪器、引下线、接地装置泄入大地,从而使被保护的设施免受直接雷击。

2. 引下线　引下线亦应满足机械强度、耐腐蚀和热稳定的要求。通常多采用圆钢和扁钢制成。绝对不能用铝线作防雷引下线。引下线应取最短途径,尽量避免弯曲,并应每隔 1.5~2m 作一个固定点加以固定。如利用建筑物的金属结构作引下线时,金属物的连接点必须可靠焊接。

引下线在地面以上 2m 至地面以上 0.2m 一般应用钢管、角钢等加以保护,并将其与引下线连接起来,以减少通过雷电流的电抗。

如在建筑物、构筑物设有多支互相连接的避雷针,或是设有避雷线、避雷网、避雷带等,其引下线不得不少于两根,每两根间的距离不得在 18~30m 以上。

3. **接地装置** 接地装置是防雷装置的重要组成部分,担负着向大地泄放雷电流的任务,目的是使雷电流顺利导入大地,以利于降低雷过电压。

接地装置又称接地体或接地极,其材质与接闪器一样具有耐蚀性,一般用镀锌钢管制作,连接两支接地极的圆钢或扁钢要用沥青防腐。

对接地极的接地电阻的要求,按其防雷类别和设施不同而异,其阻值可参见表 4-6 中要求的阻值。

表 4-6　防直击雷的接地电阻

建筑物和构筑物类别	工业第一类	工业第二类	工业第三类	民用第一类	民用第二类
接地电阻/Ω	10	10	20~30	10	10~30

点滴积累 ∨

1. 雷电的形成及其分类。
2. 雷电的危害形式主要包括电作用的破坏、热作用的破坏、机械作用的破坏,及其他作用的破坏。
3. 防雷装置包括接闪器、引下线、接地装置。

目标检测

一、选择题

(一) 单项选择题

1. 在生产过程中,静电产生的主要形式是(　　)

A. 接触　　　　　　B. 撞击　　　　　　C. 摩擦　　　　　　D. 感应

2. 从消除静电的角度来考虑,空气中相对湿度应保持在(　　)以上

A. 50%　　　　　　B. 60%　　　　　　C. 70%　　　　　　D. 80%

3. 处于绝缘状态带有静电电荷的导体,遇上放电对象,静电放电的方式是全部电荷(　　)在放电点放掉

A. 一次　　　　　　B. 两次　　　　　　C. 多次　　　　　　D. 平缓释放

4. 当存在静电点火的危险时,所有金属设备、装置外壳,金属管道、支架、构件、部件等,一般应(　　)

A. 相互连接　　　　　　　　　　B. 静电直接接地

C. 绝缘　　　　　　　　　　　　D. 与零线相接

5. 在可燃粉体工艺流程的进料处,安装气动分离器或筛子,目的是(　　)

A. 减少动力消耗　　　　　　　　B. 改进工艺流程

C. 防止杂物与设备碰撞　　　　　D. 减少物料的损失

6. 采用顶部装油时,装油管应深入到槽罐的(　　)

A. 顶部　　　　　　B. 中部　　　　　　C. 底部　　　　　　D. 进口处

7. 在使用易燃易爆溶剂作业时,通常在打入溶剂后,静止一段时间,其目的主要是(　　)

    A. 减少液面动荡,方便计量　　　　　　　　B. 使积累的静电,得以消散

    C. 进行后序作业的准备工作　　　　　　　　D. 减少溶剂的挥发

8. 控制输送物料流速以限制静电的产生,主要原理是(　　)

    A. 减少物料与管壁的摩擦与撞击　　　　　　B. 增大双电层的厚度

    C. 减少接触电电位差　　　　　　　　　　　D. 增大静电消散时间

9. 在装卸汽油槽车之前,应(　　)

    A. 先接软管,再进行跨接并接地　　　　　　B. 只接软管,不进行跨接并接地

    C. 接软管,进行跨接但不接地　　　　　　　D. 先与贮罐跨接并接地,再接软管

10. 我们可通过消除的四个条件中的(　　),来控制因静电引起火灾爆炸事故的发生。

    A. 全部　　　　　　B. 任何一个　　　　　　C. 两个　　　　　　D. 三个

(二)多项选择题

一套完整的防雷装置由(　　)组成

    A. 接闪器　　　　　　　　B. 引下线　　　　　　　　C. 接地装置

    D. 避雷网　　　　　　　　E. 避雷带

二、问答题

1. 静电是如何产生的? 静电有哪些危害? 静电有哪些特点?

2. 固体、液体和气体都会带电吗? 各自所带的静电是如何产生的?

3. 影响静电产生的聚散的因素有哪些?

4. 静电引起燃烧爆炸的四个基本条件是什么?

5. 防止静电危害的七种措施是什么?

(李　卿)

第五章

工业防毒技术

ER-05章-PPT

导学情景 V ···

情景描述：

　　三年前张某在印刷厂从事浇板工作，即将一大熔铅锅熔的铅水浇进字模当中，当浇板时有大量的铅蒸气逸散到空气中，每天工作 8 小时。熔铅锅上方有一个排毒罩，但经常不开，企业只给工人发放了口罩、手套进行防护。如今，张某因常感头晕、头疼、失眠、记忆力减退、全身乏力、关节酸痛、食欲缺乏，并症状不断加重，出现经常性的下腹部绞痛而就医。随后对患者工作场所进行调查，根据患者的职业接触史、临床表现和化验结果，诊断为慢性铅中毒。于是对该车间 9 人进行体检，发现有 6 人尿铅高于正常值，1 人有中毒性周围神经病。

学前导语：

　　职业中毒是职业病中种类最多的，由于毒物本身的毒性和毒作用特点、接触剂量等各不相同，职业中毒的临床表现各异，可累及全身各个系统，出现多个脏器损害。职业中毒的预防可采取合理有效的措施，使接触毒物的作业人员避免职业中毒。

　　目前，在我国，因工业毒物的危害，有两亿多人罹患各类职业病，且发病率逐年增高，严重职业中毒事故也时有发生，侵害了劳动者生命权益。工业防毒技术是职业安全健康的重要内容。本章主要阐述药品生产中有毒有害物质的类型、危害及防治技术。

第一节　工业毒物的分类及毒性

一、工业毒物的含义及分类

　　1. 工业毒物与职业中毒　一般来说，凡作用于人体并产生有害作用的物质都叫毒物。而在工业生产过程中所使用或产生的毒物，叫工业毒物或生产性毒物。

　　毒物侵入人体后与人体组织发生化学或物理化学作用，并在一定条件下破坏人体的正常生理功能，引起某些器官和系统发生暂时性或永久性的病变，这种病变叫中毒。在劳动过程中由于工业毒物引起的中毒叫职业中毒。

知识链接

毒物的相对性

毒物的含义是相对的，一方面，物质只有在特定条件下作用于人体才具有毒性；另一方面，任何物质只要具备了一定的条件，也就可能出现毒害作用。至于职业中毒的发生，则与毒物本身的性质，毒物侵入人体的途径及浓度，接触时间及身体状况，防护条件等多种因素有关。

2. 工业毒物的分类　工业毒物的分类方法很多。按照分类的依据不同，可以有多种分类方法。

(1) 按毒物的物理形态分类：①在常温下呈气态的物质，如氮氧化物、氯气、硫化氢等；或液体蒸发、固体升华所形成，如甲苯挥发产生的蒸气等；②液体产生的薄雾，即混悬于空气中的液体微滴，如酸雾等；③固体的粉末或烟尘，前者是直径大于 $0.1\mu m$ 的固体颗粒，多为固体物质在机械粉碎、研磨、打砂时形成；后者是悬浮于空气中直径小于 $0.1\mu m$ 的固体微粒，主要是生产过程中产生的金属蒸气等在空气中氧化而成，如金属冶炼时放出的金属蒸气氧化的金属氧化物氧化锌、氧化铬等。

(2) 按化学类属分类：①无机毒物，如汞、铬、铍、锰、铅、砷、氯气、硫化氢、光气等；②有机毒物，如苯、四氯化碳、硝基苯、有机磷、有机氯等。

(3) 按毒物作用性质分类：可分为刺激性毒物、窒息性毒物、麻醉性毒物、全身性毒物等。

(4) 工业毒物的分类：在工业防毒技术中，为使用方便多采用综合性分类，即按毒物的存在形态、作用特点、理化性质等多种因素划分，具体有：①金属、类金属毒物，如汞、铬、铍、锰、铅、砷等；②刺激性或窒息性气体，如氯气、硫化氢、光气等；③有机溶剂类，如苯、四氯化碳等；④苯的氨基、硝基化合物类，如硝基苯、氨基苯、三硝基甲苯等；⑤农药类毒物，如有机磷、有机氯等；⑥高分子化合物类，如塑料、橡胶及树脂类产品等。

▶ 课堂活动

请根据以往学过的化学知识，按毒物作用性质列举出你所知道的毒物。

二、工业毒物对人体的危害

工业毒物对人体产生的危害主要有神经系统、消化系统、血液系统、泌尿系统、心血管系统、生殖系统以及内分泌系统等危害，具体表现为：

1. 刺激　对皮肤：引起皮肤脱落或皮炎；对眼睛：睁不开，疼痛，红肿；呼吸道：灼热，呼吸不适，干痒，强烈刺激导致肺水肿。

2. 过敏　对皮肤：皮炎，发硬，水疱；对呼吸道：职业性哮喘，咳嗽。

3. 窒息　可分为单纯窒息、血液窒息、细胞内窒息。单纯窒息是指外界空间内氧气量不足。血液窒息是指化学物质直接影响机体传送氧的能力，如一氧化碳。细胞内窒息是指由于化学物质影响机体与氧的结合能力。

4. **昏迷与麻醉**　接触高浓度的某些化学品,如乙醚等,可以影响中枢神经抑制,使人昏迷。

5. **全身中毒**　最终可引起多脏器衰竭,导致死亡。

6. **致癌**　随着科学技术和工业生产的发展,进入到环境中的致癌物也越来越多。据报道,人类癌症85%以上是由于环境因素所引起,目前已知的化学致癌毒物约有1100种之多。

这些致癌物质作用于机体的方式有两种:一是直接作用,二是间接作用。多数化学致癌物属于间接作用。它们进入人体后,经过一系列代谢,一部分被排出体外,另一部分则变为具有致癌作用的中间产物,与细胞内的大分子,如核糖、核酸、蛋白质等结合,从而构成致癌物。

7. **致畸胎**　是指对未出生胎儿造成危害。受精卵在发育过程中,在器官分化发育的敏感期,由于接触了某种化学毒物或受物理因素的刺激,影响器官的分化发育,导致形成程度轻重不同的畸形胎儿。

致癌危害等级

8. **致突变**　是指对人遗传基因的影响可能引起后代发生异常,导致长远的遗传影响。突变作用的潜在危害并不一定马上表现出来,有可能在隐性状态经历几代后才出现。突变作用可以发生在生殖细胞,也可以发生在体细胞。生殖细胞发生突变可导致不育,胚胎死亡、流产、畸形或引起其他遗传性疾病;体细胞的突变,一般认为就是癌症。最新研究表明,很多致突变物质能引起癌症,同时很多致癌物质又可致突变。

三、工业毒物的毒性

1. **工业毒物的毒性**　毒性是指毒物的剂量与中毒反应之间的关系。

常用的毒性指标在毒理学研究中,通常是以动物试验外推到人体进行毒性评价。毒性评价所用的单位一般以化学物质引起试验动物某种毒性反应所需要的剂量表示。

剂量是指某种物质引起一定毒作用效应的量,以每单位动物体重摄入的毒物量来表示(mg/kg),或每单位动物体表面积摄入的毒物量来表示(mg/m^2)。

浓度系指单位体积空气中含有毒物的量,常用 mg/L 表示。

知识链接

剂量-效应关系和剂量-反应关系

毒性研究中,经常用到剂量-反应关系和剂量-效应关系两个概念。

剂量-效应关系就是指毒物在一个生物体内所致效应与毒物剂量之间的关系。如职业性接触铅时,观察剂量-效应关系,可测定厂房空气中铅浓度与各个工人尿中 δ-氨基乙酰丙酸(ALA)不同含量的关系,这种观察有利于找出对敏感个体的危害。剂量-反应关系是测定一组生物体中的毒物剂量与产生一定标准效应的个体数(即发生效应的百分率)之间的关系。如职业性接触铅时,观察剂量-反应关系,是在厂房空气中铅浓度与一组工人尿中含 ALA 超过 5mg/L 的个体数,即个体百分率之间的关系,是制定毒物卫生标准的依据。

2. 毒性的评价指标 毒物毒性常用的评价指标有:①绝对致死量或浓度(LD_{100}或LC_{100}),是指引起染毒动物全部死亡的最小剂量或浓度;②半数致死量或浓度(LD_{50}或LC_{50}),是指引起染毒动物半数死亡的剂量或浓度;③最小致死量或浓度(MLD 或 MLC),是指全组染毒动物中个别死亡的剂量或浓度;④最大耐受量或浓度(LD_0 或 LC_0),是指全组染毒动物全部存活的最大剂量或浓度;⑤急性阈剂量或浓度(Lim_{ac}),是指一次染毒后,引起试验动物某种有害反应的最小剂量或浓度;⑥慢性阈剂量或浓度(Lim_{ch}),是指长期多次染毒后,引起试验动物某种有害作用的毒性物质的最小剂量或浓度;⑦慢性"无作用"剂量或浓度,是指在慢性染毒后,试验动物未出现任何有害作用的毒性物质的最大剂量或浓度。

知识链接

阈 剂 量

阈剂量或浓度是指化学物质引起受试对象中的少数个体出现某种最轻微的异常改变所需要的最低剂量或浓度,又称为最小有作用剂量(MEL)。

---

3. 毒物的毒性分级 毒物的急性毒性可根据动物染毒试验资料 LD_{50} 进行分级。据此可将毒物分为剧毒、高毒、中等毒、低毒、微毒五级,具体见表 5-1。

表 5-1 毒物的急性毒性分级

毒性分级	大鼠一次经口 LD_{50}/(mg/kg)	6 只大鼠吸入 4 小时,死亡 2~4 只的浓度/(μg/g)	兔经皮 LD_{50}/(mg/kg)	对人可能致死的估计量	
				g/kg	总量(g/60kg 体重)
剧毒	<1	<10	<5	<0.05	0.1
高毒	1~	10~	5~	0.05~	3
中等毒	50~	100~	44~	0.5~	30
低毒	500~	1000~	350~	5~	250
微毒	5000~	10000~	2180~	>15	>1000

注:此表为联合国世界卫生组织推荐的五级标准。

四、工业毒物的作用条件

接触工业毒物在一定程度内,机体不一定受到损害,即毒物导致机体中毒是有条件的,而中毒的程度与特点取决于一系列因素和条件。

毒性物质的毒害作用涉及其浓度、存在形态以及作用条件。例如氯化钠作为普通食用盐,被认为无毒;但是如果溅到鼻黏膜上就会引起溃疡,甚至使鼻中隔穿孔;如果一次服用 200~250g,就会使人致死。这就是说,一切物质在一定的条件下均可以成为毒物。由于生产工艺的需要以及所进行的加工过程,如加热、加压、破碎、粉碎、筛分、溶解等操作,使工业毒物常呈气体、蒸气、烟雾、烟尘、粉尘等形式存在。毒物存在形式直接关系到接触时中毒的危险性,影响到毒物进入人体的途径和病因。

1. 毒物本身的特性

(1)化学结构:毒物的毒性与其化学结构有密切关系。其化学结构决定毒物在体内可能参与的生理生化过程,因而对决定其毒性大小和毒性作用特点有很大影响。

化学结构相似的毒物,其毒性也相似。在分子结构中,低价的化合物比高价的化合物毒性大。

在碳水化合物的某些同系物中,其毒性随着碳原子的增加而增大,如丁醇、戊醇的毒性比酒精(乙醇)和丙醇要大。

在不饱和碳氢化合物中,其毒性与不饱和程度有一定关系,不饱和程度越大,其毒性也就越大,如乙炔的毒性比乙烯和乙烷要大。

在卤代烃化合物中,卤族元素取代的氢愈多,其毒性愈大,如四氯化碳的毒性比三氯甲烷、二氯甲烷和一氯甲烷都大。

(2)物理性质:毒物的物理性质与机体的呼吸速度有关。毒物的物理状态与人体对毒物吸收速度之间的关系,一般为气体毒物>液体毒物>固体的毒物。

毒物的物理性质如溶解度、分散度和挥发性等与毒物的吸收及其毒性有很大的关系。一般来说,毒物可溶性越大,其毒性作用越大;毒物挥发性越大,其在空气中的浓度越大,进入人体的量越大,对人体的危害也越大;毒物的颗粒越小,其分散度越大,则其化学活性越强,其毒性作用越强;毒物的挥发性常与沸点平行,挥发性大的毒物吸入中毒的危险性大。因此,毒物的熔点低、沸点低、蒸气压的浓度较高,易中毒。

有些有机溶剂的LC_{50}值相似,即其绝对毒性相当,但由于其各自的挥发度不同,所以实际毒性可以相差较大。如苯的LC_{50}值为31.9mg/L,苯乙烯的LC_{50}值为34.5mg/L,即其绝对毒性相似。但苯很易挥发,而苯乙烯的挥发度仅及苯的1/15,所以苯乙烯形成空气中高浓度就较困难,实际上比苯的危害性低。

砒霜(As_2O_3)与雌黄(As_2S_3)相比,前者的溶解度大,毒性也剧烈得多;氧化铅较其他铅化合物易溶解于血清,则易中毒;汞盐类较金属汞在胃肠道易吸收,则前者易中毒;氯较易溶于水,它能迅速引起结膜和上呼吸道黏膜的损坏;而光气和氮氧化物水溶性较差,则常要经过一定潜伏期而引起呼吸道深部的病变,乙二醇、氟乙酸胺毒性大但不易挥发,不易经呼吸道及皮肤吸入,但经消化道进入机体,可迅速引起中毒。

2. 毒物进入机体的途径　毒物进入机体的途径不同,引起中毒的程度和结果就不同。例如,金属汞口服时,其毒性很小,但汞的蒸气由呼吸道吸入时,其毒性作用就很大。

3. 毒物的浓度、剂量及接触时间　毒物的毒性作用与其剂量密切相关。毒物毒性再高,进入体内的毒物剂量不足也不会引起中毒。劳动环境的空气中毒物浓度愈高、接触的时间愈长,防护条件差,进入体内的剂量增大,则越容易发生中毒。因此,降低生产环境中毒物浓度、缩短接触时间,减少毒物进入体内的剂量是预防职业中毒的重要环节。

4. 毒物的联合作用　生产环境中常同时存在多种毒物,两种或两种以上毒物对机体的相互作用称为联合作用。这种联合作用可表现为相加作用、相乘作用或拮抗作用。

相加作用是指当两种以上的毒物同时存在于作业环境时,它们的综合毒性为各个毒物毒性作用的总和。

相乘作用系指多种毒物联合作用的毒性大大超过各个毒物毒性的总和,又称增毒作用,如一氧化碳可增强硫化氢的毒性。

拮抗作用即是多种毒物联合作用的毒性低于各个毒物毒性的总和,如含有东莨菪碱的曼陀罗与有机磷同时存在时,可拮抗有机磷的毒性作用。

此外,还应注意到生产性毒物与生活性毒物的联合作用,如酒精可增加苯胺、硝基苯的毒性作用。

5. 生产环境与劳动强度　任何毒物都是在一定的环境条件下呈现其毒作用的,并随着环境因素的不同而有所差异。生产环境中的物理因素与毒物的联合作用日益受到重视。

(1)生产环境的气象条件对毒作用的影响:在高温或高湿环境中毒物的毒性作用比在常温条件下大。环境温度高,毒物易挥发,在高温车间劳动时呼吸量大,毒物的吸收量亦较多。如高温环境可增强氯酚的毒害作用,亦可增加皮肤对硫磷的吸收;湿度较高时会增加某些毒物的作用强度,如高湿环境中氯化氢、氟化氮等对人体的刺激性较强。

(2)毒物的纯度:工业毒物一般会含杂质,杂质可影响毒性,有时还会改变毒作用性质。例如商品乐果大鼠经口 LD_{50} 为 247mg/kg,而纯品乐果为 600mg/kg。一般认为,如杂质毒性大于主要成分,样品愈纯,毒性愈小;如杂质毒性小于主要成分,样品愈纯,则毒性愈大。

(3)其他环境因素:紫外线、噪声和振动可增加某些毒物的毒害作用。

(4)劳动强度:体力劳动强度大时,机体的呼吸、循环加快,可加速毒物的吸收;重体力劳动时,机体耗氧量增加,使机体对导致缺氧的毒物更为敏感。

6. 机体的功能状态与个体感受性　毒物对人体的毒性作用差异很大,这不仅是由于接触剂量或环境条件不同而异,也与个人的耐受性、敏感性有很大关系。

接触同一剂量的毒物,不同的个体可出现迥然不同的反应。造成这种差别的因素很多,如健康状况、年龄、性别、生理、营养和免疫状况等。健康状态欠佳、营养状态不良和高敏感体质更容易发生中毒;胎儿、婴儿、儿童、老年人对毒性耐受力差,中毒程度往往较严重;未成年人,由于各器官系统的发育及功能不够成熟,对某些毒物的敏感性可能增高;一般女性比男性敏感,尤其是孕期、哺乳期、经期妇女,如月经期对苯、苯胺的敏感性增高;在怀孕期,铅、汞等毒物可由母体进入胎儿体内,影响胎儿的正常发育或导致流产、早产;肝、肾病患者,由于其解毒、排泄功能受损,易发生中毒;免疫功能降低或营养不良,对某些毒物的抵抗能力减低。将耐受性差的个体区别出来,使之脱离或减少接触并加强医学监护,有利于预防职业危害。

毒物对机体的作用还与神经系统的功能状态有关。当神经系统处于抑制、深睡或麻醉状态时,机体对毒物的敏感性降低。

五、毒物最高容许浓度

毒物对人体的作用都有一个量的问题,如果进入人体内的毒物剂量不足,则毒性高也不至于引起中毒,所以存在一个阈浓度,只有当毒物的量超过该浓度时,才会对人产生毒性反应。毒物的量比阈值越低,对人体的作用就越小,人也就越安全。环境卫生标准和作业环境卫生标准一般用最高容许浓度表示。

最高容许浓度是指这样一个浓度,在其定期或终生、直接或间接地经生态系统作用于人体时,对其一生或下几代不会引起用现代检查方法所能发现的肉体或精神疾患或超过生理性适应范围健康状况的变化。

我国规定车间空气中毒物或粉尘的容许接触限值的上限浓度,即在多次有代表性的采样测定中均不应超过的数值(mg/m^3),工人在该浓度下长期进行生产劳动,不致引起急性或慢性职业性危害的浓度。

必须指出的是,职业接触限值不是一成不变的,随着时代的进步,有关毒理学和职业卫生学资料的积累,并结合毒物接触者健康状况观察的结果,会不断修订完善。企业应根据《中华人民共和国职业病防治法》对生产过程中的职业危害因素妥善控制,防止工人职业病的发生。操作人员应按规定佩戴好劳动防毒用品,尽量减小工作场所中毒物浓度与接触时间,工作场所毒物最高容许浓度具体见《工作场所有害因素职业接触限值》(GBZ 2.1—2007 化学因素和 GBZ 2.2—2007 物理因素)。

点滴积累

1. 工业毒物对人体的危害主要有刺激、过敏、窒息、昏迷与麻醉、全身中毒和致癌、致畸、致畸胎、致突变。
2. 工业毒物急性毒性分级主要包括剧毒、高毒、中等毒、低毒、微毒五级。

第二节　工业毒物的危害

一、工业毒物进入人体的途径

工业毒物进入人体的途径主要有呼吸道、皮肤和消化道。

1. 经呼吸道进入　这是最常见、最主要、最危险的途径。整个呼吸道都能吸收毒物。

知识链接

呼吸系统与毒物吸收

呼吸系统结构:人的呼吸系统是由口、鼻、咽喉、气管、支气管、细支气管、肺泡管及肺泡等组成。肺泡为主要吸收部位,人体的肺泡总数估计达 3 亿~4 亿个,总表面积很大(约 $50 \sim 100 m^2$)。肺部有丰富的毛细血管,其内壁直接邻贴于肺泡上皮,肺泡与循环血液之间一般仅有两层细胞膜(也称呼吸膜)相隔,呼吸膜平均厚度不到 $1\mu m$,具有很大的通透性,肺泡内的物质极易转移到血液中,所以肺泡对毒物的吸收极为迅速。

呈气体、气溶胶(粉尘、烟、雾)状态的毒物均可经呼吸道进入人体。其主要部位是支气管和肺泡。毒物进入肺泡后,很快通过肺泡壁进入血液循环中,并随肺循环血液而流回心脏,不经过肝脏解毒,直接进入体循环而分布到全身各处,产生毒作用,所以有更大的危险性。大部分中毒事件系毒物由此途径进入体内而引起的。

(1)毒物粒子与中毒:毒物能否进入肺泡,与毒物的粒子大小有很大的关系。它可以影响其进入呼吸道的深度和溶解度,从而可影响毒性。当毒物呈气体、蒸气、烟等形态时,由于粒子很小,一般在 $3\mu m$ 以下,故易于到达肺泡。而那些大于 $5\mu m$ 以上的雾和粉尘,在进入呼吸道时,绝大部分被鼻腔和上呼吸道所阻留,且通过呼吸道时,易被上呼吸道的黏液所溶解而不易到达肺泡。但在浓度高等特殊情况下,仍有部分可到达肺泡。

知识链接

PM2.5

PM2.5 为环境空气中空气动力学直径小于等于 $2.5\mu m$、大于 $0.1\mu m$ 的颗粒物。 对空气质量和能见度等有重要的影响。 细颗粒物直径小,含有大量的有毒、有害物质,且在大气中的停留时间长、输送距离远,因而对人体健康和大气环境质量的影响更大。

(2)毒物水溶性与中毒:气态毒物进入呼吸道的深度与其水溶性有关。水溶性较大的毒物易为上呼吸道吸收,除非浓度较高,一般不易到达肺泡(如氨)。水溶性较差的毒物在上呼吸道难以吸收,而在深部呼吸道、肺泡则能吸收一部分(如氮氧化物)。当毒物到达肺泡后,水溶性大的毒物,经肺泡吸收的速度就快些;同样,粒子小的毒物,因较易溶解,经肺泡吸收也较快。

一般来讲,空气中的毒物浓度越高,粉尘状毒物粒子越小,毒物在体液中的溶解度越大,经呼吸道吸收的速度就越快。

人每天吸入空气大约为 $12m^3$,因此,呼吸道吸收毒物的速度,除与毒物的粒度、浓度和水溶性有关外,还与肺通气量、接触时间等因素有关。

2. 经皮肤进入　在生产中,毒物经皮肤吸收而中毒者也较常见。某些毒物可透过完整的皮肤进入体内。经皮肤侵入的毒物,吸收后不经肝脏的解毒作用,直接随血液循环分布全身。

皮肤吸收毒物主要通过两条途径,即通过表皮屏障及通过毛囊进入。在个别情况下,也可通过汗腺导管进入。

(1)通过表皮屏障而进入:皮肤吸收的毒物一般主要是通过表皮屏障到达真皮,进入血液循环的。

知识链接

皮 肤 屏 障

经表皮进入体内的毒物需要越过三道屏障:第一道是皮肤的角质层,一般相对分子质量大于 300 的物质不易透过无损皮肤;第二道是位于表皮角质层下,连接角质层的表皮细胞膜富有磷脂,它能阻止水溶性物质的通过,而不阻止脂溶性物质的通过;第三道是表皮与真皮连接处的基膜,它也有类似作用。

脂溶性毒物经表皮吸收后,本身还要有水溶性,才能进一步扩散和吸收。所以水、脂均溶的毒物易被皮肤吸收,如:苯胺同系物,芳香族的氨基、硝基化合物,金属的有机化合物(四乙酸铅)、有机磷化合物、三氯甲烷等,可以穿透该层而到达真皮层导致吸收中毒,只是脂溶而水溶极微的苯,经皮肤吸收的量较少。

（2）通过毛囊、皮脂腺或汗腺而进入:毒物经皮肤进入机体的第二条途径是绕过表皮屏障,通过毛囊直接透过皮脂腺细胞和毛囊壁进入真皮乳头毛细管而被血液吸收。一般来说,因毛囊和皮脂腺总截面积仅占表皮面积的 0.1% ~ 1.0% 左右,实际意义不是很大。

皮肤最易吸收毒物的部位为腋窝、腹股沟、四肢的内侧、颈部和薄嫩而潮湿的部位。如果表皮屏障的完整性遭破坏,如外伤、灼伤等,可促进毒物的吸收。除毒物本身的脂溶性、水溶性外,毒物经皮肤吸收的数量、速度,本身的黏稠度,与皮肤的接触面积、部位,以及外界的气温、湿度等也会影响皮肤的吸收。

3. 经消化道进入　在生产环境中,单纯从消化道吸收而引起中毒的机会比较少见。多由不良卫生习惯造成,如在生产环境中进食或饮水则可导致误食;或毒物由呼吸道侵入人体,一部分黏附在鼻咽部混于其分泌物中,无意被吞入等。

有关洗胃的争议

我们只有对毒物进入体内的途径有所了解,才能采取相应的防护措施。这一点是非常重要的。

二、工业毒物在人体内的分布、生物转化及排出

1. 毒物在人体内的分布　毒物经不同途径进入体内后,由血液分布到各组织。由于各种毒物的化学结构和理化特性不同,它们与人体内某些器官表现出不同的亲和力,使毒物相对聚集在某些器官和组织内。例如一氧化碳和血液表现出极大的亲和力,一氧化碳与血红蛋白结合生成碳氧血红蛋白,造成组织缺氧,称低氧血症,使人感到头晕、头痛、恶心,甚至昏迷致死,这就是通常所说的一氧化碳中毒。毒物长期隐藏在组织内,其量逐渐积累,这种现象是蓄积。某种毒物首先在某一器官中蓄积并达到毒作用的临界浓度,这一器官就被称为该毒物的靶器官。例如脑是甲基汞的靶器官;甲状腺是碘化物的靶器官;骨骼是镉的靶器官;砷和汞常蓄积在肝脏器官;农药具有脂溶性,易在脂肪组织中蓄积。

2. 毒物的生物转化　进入体内的毒物,除少部分水溶性强的、分子量极小的毒物可以原型被排出体外,绝大部分毒物都要经过某些酶的代谢（或转化）,从而改变其毒性,减少脂溶性,增强其水溶性而易于排泄。毒物进入体内后,经过水解、氧化、还原和结合等一系列代谢过程,其化学结构和毒性发生一定的改变,称为毒物的生物转化或代谢转化。毒物通过生物转化,其毒性的减弱或消失称解毒或生物失活;有些毒物可能生成新的毒性更强的物质,称为致死性合成或生物活化。如氟乙酸盐在代谢过程中转变成氟柠檬酸后,竞争性抑制乌头酸酶的活性。

生物转化过程一般分两步进行:①氧化、还原和水解反应,三种反应可任意组合;②与某些极性强的物质结合,增强其水溶性,以利排出体外。

3. 毒物的排出　进入体内的毒物,经代谢转化后,可通过泌尿道、消化道、呼吸系统等途径排出体外。进入细胞内的毒物除少数随各种上皮细胞的衰老脱落外,多数需经尿和胆汁排泄。有些毒物也可通过乳腺、泪腺、汗腺和皮肤排出。

三、工业毒物的毒理作用

毒性物质进入机体后,通过各种屏障,转运到一定的系统、器官或细胞中,经代谢转化或无代谢转化,在靶器官与一定的受体或细胞成分结合,产生毒理作用。

1. 损害酶系统　生化过程构成了整个生命的基础,而酶在这一过程中起着极其重要的作用。毒物可作用于酶系统的各个环节,使酶失活,从而破坏了维持生命必需的正常代谢过程,导致中毒症状。

毒物对酶系统的影响有:①破坏酶蛋白质部分的金属或活性中心,如氰化物抑制细胞色素氧化酶 Fe^{2+},而一氧化碳抑制细胞色素氧化酶 Fe^{3+},从而破坏酶蛋白质分子中的金属,使细胞发生窒息;②毒物与基质竞争同一种酶而产生抑制作用,如在三羧酸循环中,由于丙二酸结构与乳酸相似,因而可以抑制乳酸脱氢酶;③与酶的激活剂作用,如氟化物可与 Mg^{2+} 形成复合物,结果使 Mg^{2+} 失去激活磷酸葡萄糖变位酶的作用;④去除辅酶,如铅中毒时,造成烟酸的消耗增多,结果使辅酶 I 和辅酶 II 均减少,从而抑制了脱氢酶的作用;⑤与基质直接作用,如氟乙酸可直接与柠檬酸结合形成氟柠檬酸,从而阻断三羧酸循环的继续进行;⑥毒物对传导介质的影响。有的毒物,特别是有机磷化合物,可抑制体内的胆碱酯酶,使组织中乙酰胆碱过量蓄积,引起一系列以乙酰胆碱为传导介质的神经处于过度兴奋状态,最后则转为抑制和衰竭,如四氯化碳中毒时,首先作用于中枢神经系统,使之产生交感神经冲动,引起体内大量释放儿茶酚胺、肾上腺素、去甲肾上腺素等,这可使内脏血管收缩引起供血不足,中毒数小时后即可出现肝、肾损害。

2. 损害组织或细胞　组织学检查发现,组织毒性表现为细胞变性,并伴有大量空泡形成、脂肪蓄积和组织坏死。组织毒性往往并不首先引起细胞功能如糖原含量或某些酶浓度的改变,而是直接损伤细胞结构。在肝、肾组织中,毒物的浓度总是较高,因此这些组织容易产生组织毒性反应。如溴苯在肝脏内经代谢转化为溴苯环氧化物,与肝内大分子共价结合,导致肝脏组织毒性,并可造成肾脏近曲小管坏死;汞类化合物可致肾的组织毒性。

凡能与机体组织成分发生反应的物质,均能对组织产生刺激或腐蚀作用。这种作用往往在机体接触部位发生。这种局部性损伤,低浓度时可表现为刺激作用,如对眼睛、呼吸道黏膜等的刺激;高浓度的强酸或强碱可导致腐蚀或坏死作用。

机体对化学物质的过敏反应是一种涉及免疫机制的变态反应。初始接触的化学物质作为抗原,诱发机体免疫系统生成细胞或体液的新蛋白质,即所谓抗体,而后再接触同种抗原则形成抗原—抗体反应。第一次接触抗原性物质,往往不产生细胞损害,但产生致敏作用,诱发机体产生抗体。再次接触抗原性物质则产生变应性过敏反应,造成细胞损害。过敏反应部位在皮肤则引起过敏性皮炎,若在呼吸道则引起过敏性哮喘等。还有其他类型的免疫反应,如:溶血性贫血、肾小球肾炎等。

3. 阻断氧的吸收、输运作用　主要导致缺氧,具体表现为:①破坏呼吸功能,如抑制或麻痹了呼吸中枢,或由于毒物引起喉头水肿等;②引起血液成分改变,如发生变性血红蛋白血症以及溶血等;③使机体组织的呼吸抑制,如氰化物、硫化氢中毒等;④引起心血管功能破坏,如对毛细血管及心肌的影响导致休克等。

单纯窒息性气体如氢、氮、氩、氦、甲烷等,当它们含量很大时,使氧分压相对降低,机体呼吸时因吸收不到充足的氧气而窒息。刺激性气体造成肺水肿而使肺泡气体交换受阻。例如一氧化碳和血液表现出极大的亲和力,一氧化碳与血红蛋白结合生成碳氧血红蛋白,造成组织缺氧,称低氧血症,使人感到头晕、头痛、恶心,甚至昏迷致死,这就是通常所说的一氧化碳中毒。硝基苯、苯胺等毒物与血红蛋白作用生成高铁血红蛋白,硫化氢与血红蛋白作用生成硫化血红蛋白,砷化氢与红细胞作用造成溶血,使血红蛋白释放。这些作用都使红细胞失去输氧功能。

4. 干扰 DNA 和 RNA 的合成 脱氧核糖核酸(DNA)是细胞核的主要成分,染色体是由双股螺旋结构的 DNA 分子构成。长链 DNA 储存了遗传信息。DNA 的信息通过信使核糖核酸(RNA)被转录,最后翻译到蛋白质中。毒物作用于 DNA 和 RNA 的合成过程,产生致突变、致畸变、致癌作用。

遗传突变是遗传物质在一定的条件下发生突然变异,产生一种表型可见的变化。化学物质使遗传物质发生突然变异,称为致突变作用。这种作用可能是在 DNA 分子上发生化学变化,从而改变了细胞的遗传特性,或造成某些遗传特性的丢失。

染色体畸变是把 DNA 中许多碱基顺序改变,造成遗传密码中碱基顺序的重排。DNA 的结构改变达到相当严重的程度,在显微镜下就可以检测出染色体结构和数量上的变化。当毒物作用于胚胎细胞,尤其是在胚胎细胞分化期,最易造成畸胎。

致癌毒物与 DNA 原发地或继发地作用,使基因物质产生结构改变。通过基因的异常激活、阻遏或抑制,诱发恶性变化,呈现致癌作用。

四、职业中毒

职业中毒是在职业活动中,因接触各种有毒物质等因素而引起的急慢性疾病。

1. 职业中毒的类型 职业中毒分为三类:

(1)急性中毒:24 小时内或一次性有害物质大量进入人体所引起的中毒为急性中毒。具有发病急、变化快和病情重的特点,如果救护不及时或治疗不当,易造成死亡或留有后遗症。如一氧化碳中毒、氰化物中毒。

(2)慢性中毒:少量的有害物质经过长时间的侵入人体所引起的中毒,称为慢性中毒。慢性中毒发病慢,病程进展迟缓,初期病情较轻,与一般疾病难以区别,容易误诊。如果诊断不当,治疗不及时,会发展成严重的慢性中毒。慢性中毒绝大部分是蓄积性毒物所引起的。如铅、汞、锰等中毒。

(3)亚急性中毒:亚急性中毒介于急性与慢性中毒之间,病变较急性时间长,发病症状较急性缓和的中毒,病程进展比慢性中毒快得多,病情较重。如二硫化碳、汞中毒等。

2. 职业中毒的特点

(1)接触史:职业中毒都必需有明确的工业毒物的职业接触史。

(2)群发性:同一车间的同工种工人接触某种工业毒物时,若有人发生中毒,则可能有很多人发生中毒。

(3)特异性:许多毒物可选择性作用于某系统或某器官,出现典型的系统症状。

(4)潜伏期:慢性职业中毒发病慢,从开始接触毒物到发病要有很长一段时间,且症状逐渐加重;急性职业中毒的过程中,吸入毒物后有一定刺激症状,随即症状消失,经过并无明显症状的潜伏期后,可突然发生严重症状。

3. 职业中毒诊断过程

(1)急性职业中毒:急性职业中毒多数都是在发生事故时造成的,诊断并不困难。但在抢救急性中毒病人的同时,还应积极组织现场调查,了解引起中毒的毒物种类和浓度。因为毒物往往不是单一的,而是呈混合状态,如氮肥厂原料气中除一氧化碳外还有硫化氢等;电化厂乙炔气中往往混有砷化氢、磷化氢等。这些毒物的性质不同,中毒后的抢救治疗措施也不同。混合毒物中毒,只治疗其中某一种毒物的中毒,往往难以奏效。

许多毒物中毒都有一定的潜伏期,在潜伏期内要静心休息,注意观察。如光气、氮氧化物常在被吸入 12~24 小时后突然发生中毒性肺水肿。若在潜伏期内注意休息和抗肺水肿治疗,就不至于发生肺水肿,即使发病也很轻。若在潜伏期内没有进行治疗并做剧烈活动,则发病可能很重,甚至难以抢救。对于间歇性中毒发作,应随时注意病情变化。如一氧化碳中毒治疗清醒后,经数小时或数日可能会再度出现昏迷症状等。

案例分析

案例

某船舶公司职工吴某在一家拆船厂拆解一艘 1.2 万 t 散装废货轮时,在毫无防护措施的情况下到 16m 深的船舱内清理废油,当即昏倒在舱底。甲板上的李、许、王 3 人见吴久而不返,即在舱口探察,见其倒在舱底,便只身下舱实施救援,不足 3 分钟 3 人先后倒下。在场的袁见状后便立即呼救,1 个多小时后 4 人被消防人员陆续救出,送至医院抢救。其中吴和李在刚送到医院时就停止了心跳,许、王两人病情危重,经医生全力抢救无效也先后死亡。

分析

事故发生后,市疾控中心调查人员迅速到达事故现场,戴上防毒面具沿竖井下到舱底作业面,仔细查看了周围环境,发现作业环境空间狭小,通风条件差,且能闻到刺鼻的气味。调查人员下井采集作业面空气标本,无苯系物检出,一时无法确认中毒原因,随即求助于市疾控中心。市疾控中心的专家抵达后,听取了情况介绍,并结合临床特点,提出了初步意见。随后来到中毒现场,经采用快速检气管显示为硫化氢,浓度约 15mg/m³,并排除苯类、氮氧化物中毒的可能。在消防队员的协助下,市疾控中心的专家穿戴防护设备再次进入舱底作业面进行定量采样。经实验室检测,两个采集点硫化氢浓度分别为 1 288mg/m³ 和 2 013mg/m³,均远远超出国家职业卫生标准提出的作业场所接触硫化氢浓度限值 (≤10mg/m³)。根据现场调查和检测结果确认:该事故的中毒原因为急性硫化氢中毒。

---

(2)慢性职业中毒:慢性职业中毒由于起病缓慢,病程较长,有些毒物中毒又无特异诊断指标,所以诊断时应注意鉴别诊断,谨防误诊。对于暂时难以确诊者,可进行动态观察或去毒试验,住院观察治疗后做出诊断。

案例分析

案例

患者张某，男，38岁，四个月前即感乏力，双下肢沉重感，食欲缺乏、失眠、多梦，半个月后又感头痛，严重时恶心、呕吐，无耳鸣，随后出现手抖，全身疼痛，情绪不稳定，胆怯。曾到当地医院，疑与职业有关，转至职业病院就诊。

分析

（1）患者职业史：在个体金矿从事淘金工作，主要接触金属汞毒物，工龄一年。

（2）现场劳动卫生学调查：空气中汞的浓度为 0.16mg/m³，远远高于车间中汞的最高容许浓度（0.02mg/m³），无任何防护设备。

（3）临床特点：患者四个月来出现神经衰弱综合征，神经性肌肉震颤，轻度精神性性格改变。

（4）实验室检查：尿汞 0.21mg/L，超过正常参考值 0.05mg/L。

最终张某被诊断为职业性慢性中度汞中毒。

五、制药企业常见的工业毒物及其危害

在生产过程中，生产或使用的有毒物质无论以哪种形态存在，以及来源如何，其产生的危害多种多样，危害程度也不相同。

1. 工业毒物的来源　在制药生产中，毒性物质的来源是多方面的：①作为原料，如以乙苯为原料合成布洛芬时，使用剧毒氰化钠为原料；②作为中间体或副产物，如制备苯妥英钠中的副产物二氧化氮；③作为催化剂，如生产 7-ACA 中五氯化磷；④作为溶剂，酰化反应中用的硝基苯；⑤作为各种添加剂，如自由基反应中的过氧化苯甲酰等；⑥作为工业产品的废物，如氢化可的松生产中的含铬废水。

2. 工业毒物危害程度的分级　毒性是指一种物质侵入人体体表或体内某个部位时产生伤害的能力。一种物质所能产生伤害作用的程度，不仅与它固有的伤害性质有关，而且也与其侵入人体的路径及速度相关。

工业毒物对人体的影响取决于：①物质的数量或者浓度；②暴露时间；③物质的物理状态，如粒径；④物质与人体组织的亲和力；⑤物质在人体体液中的可溶性；⑥物质对人体组织及器官攻击的敏感性。

《职业性接触毒物危害程度分级》（GBZ 230 — 2010）依据毒物的危害程度，是以毒物的急性毒性、致癌性、扩散性、蓄积性、刺激和腐蚀性、致敏性、生殖毒性、实际危害后果与预后等九项指标，并按Ⅰ级（极度危害）、Ⅱ级（高度危害）、Ⅲ级（中度危害）、Ⅳ级（轻度危害）分为四个等级。职业性接触毒物是指劳动者在职业活动中接触的以原料、成品、半成品、中间体、反应副产物和杂质等形式存在，并可经呼吸道、经皮肤或经口进入人体而对劳动者健康产生危害的物质。毒物危害指标（THI）是指综合反映职业接触毒物对劳动者健康危害的量值。表 5-2 为职业性接触毒物危害程度分级依

据，表 5-3 为职业性接触毒物危害程度分级依据。

表 5-2　职业性接触毒物危害程度分级依据

分项指标		极度危害	高度危害	中度危害	轻度危害	轻微危害	权重系数
积分值		4	3	2	1	0	
急性吸入 LC_{50}	气体[a]/(cm^3/m^3)	<100	100~500	500~2 500	2 500~20 000	≥20 000	5
	蒸气/(mg/m^3)	<500	500~2 000	2 000~10 000	10 000~20 000	≥20 000	
	粉尘和烟雾/(mg/m^3)	<50	50~500	500~1 000	1 000~5 000	≥5 000	
	急性经口 LD_{50}/(mg/kg)	<5	5~50	50~300	300~2 000	≥2 000	
	急性经皮 LD_{50}/(mg/kg)	<50	50~200	200~1 000	1 000~2 000	≥2 000	1
刺激和腐蚀性		pH≤2 或 pH≥11.5；腐蚀作用或不可逆损伤作用	强刺激作用	中等刺激作用	轻刺激作用	无刺激作用	2
致敏性		有证据表明该物质能引起人类特定的呼吸系统致敏或重要脏器的变态反应性损伤	有证据表明该物质能导致人类皮肤过敏	动物试验证据充分，但无人类相关证据	现有动物试验证据不能对该物质的致敏性做出结论	无致敏性	2
生殖毒性		明确的人类生殖毒性：已确定对人类的生殖能力、生育或发育造成有害效应的物质，人类母体接触后可引起子代先天性缺陷	推定的人类生殖毒性：动物试验生殖毒性明确，但对人类生殖毒性作用尚未确定因果关系，推定对人的生殖能力或发育产生有害影响	可能的人类生殖毒性：动物试验生殖毒性明确，但无人类生殖毒性资料	人类生殖毒性未定论：现有证据或资料不足以对毒物的生殖毒性做出结论	无人类生殖毒性：动物试验阴性，人群调查结果未发现生殖毒性	3

续表

分项指标	极度危害	高度危害	中度危害	轻度危害	轻微危害	权重系数
积分值	4	3	2	1	0	
致癌性	Ⅰ组,人类致癌物	ⅡA组,近似人类致癌物	ⅡB组,可能人类致癌物	Ⅲ组,未归入人类致癌物	Ⅳ组,非人类致癌物	4
实际危害后果与预后	职业中毒病死率≥10	职业中毒病死率<10;或致残(不可逆损害)	器质性损害(可逆性重要脏器损害),脱离接触后可治愈	仅有接触反应	无危害后果	5
扩散性(常温或工业使用时状态)	气态	液态,挥发性高(沸点<50℃);固态,扩散性极高(使用时形成烟或粉尘)。	液态,挥发性中(沸点50~150℃);固态,扩散性高(细微而轻的粉末,使用时可见尘雾形成,并在空气中停留数分钟以上)	液态,挥发性低(沸点≥150℃);固态,晶体、粒状固体,扩散性中,使用时能见到粉尘但很快落下,使用后粉尘留在表面	固态,扩散性低(不会破碎的固体小球,使用时几乎不产生粉尘)	3
蓄积性(或生物半衰期)	蓄积系数<1;生物半衰期≥4 000小时	蓄积系数1~3;生物半衰期400~4 000小时	蓄积系数3~5;生物半衰期40~400小时	蓄积系数>5;生物半衰期4~40小时	生物半衰期<4小时	1

注:(1)急性毒性分级指标以急性吸入毒性和急性经皮毒性为分级依据。无急性吸入毒性数据的物质,参照急性经口毒性分级。无急性经皮毒性数据,且不经皮吸收的物质,按轻微危害分;无急性经皮毒性数据,但可经皮肤吸收的物质,参照急性吸入毒性物质分级。

(2)强、中、轻和无刺激性作用的分级依据 GB/T 21604 和 GB/T 21609。

(3)缺乏蓄积性、致癌性、致敏性、生殖毒性分级有关数据的物质的分项指标暂按极度危害赋分。

(4)工业使用在五年内的新化学品,无实际危害后果资料的,该分项指标暂按极度危害赋分;工业使用在五年以上的物质,无实际危害后果资料的,该分项指标按轻微危害赋分。

(5)一般液态物质的吸入毒性按蒸气类划分。

a:1cm^3/m^3=1ppm,ppm 与 mg/m^3 在气温为 20℃、大气压为 101.3kPa(760mmHg)的条件下的换算公式为 1ppm=$\frac{24.04}{Mr}$ mg/m^3,其中 Mr 为该气体的分子量。

职业性接触毒物分项指标危害程度分级和评分按表 5-2 的规定,毒物危害指数计算公式见式 (5-1)。

$$THI = \sum_{i=1}^{n} (k_i \cdot F_i) \qquad 式(5-1)$$

式 5-1 中,THI 为毒物危害指数(表 5-3),k 为分项指标权重系数,F 为分项指标积分值。

表 5-3 职业性接触毒物危害程度分级范围

危害级别	分级范围
Ⅰ级（极度危害）	THI≥65
Ⅱ级（高度危害）	50≤THI<65
Ⅲ级（中度危害）	35≤THI<50
Ⅳ级（轻度危害）	THI<35

▶▶ 课堂活动

请按照表 5-2 和公式 5-1 进行下列给出案例的计算，填表 5-4，并给出结论。

表 5-4 职业性接触丙酮危害性指数计算举例

积分指标		文献资料数据	危害分数值	权重系数（k）
急性吸入 LC_{50}	气体/（cm^3/m^3）			
	蒸气/（mg/m^3）	50 100（8 小时，大鼠吸入）		
	粉尘和烟雾/（mg/m^3）			
急性经口 LD_{50}/（mg/kg）		5 800（大鼠经口）		
急性经皮 LD_{50}/（mg/kg）		>15 700（兔经皮）		
腐蚀性与刺激性		强刺激性		
致敏性		无致敏性		
生殖毒性		生殖毒性资料不足		
致癌性		非人类致癌物		
实际危害后果与预后		可引起不可逆损害		
扩散性（常温或工业使用时状态）		无色易挥发液体（沸点 56.5℃）		
蓄积性（或生物半衰期）		生物半衰期 19~31 小时		
毒物危害指数		$THI = \sum_{i=1}^{n}(k_i \cdot F_i) =$		
职业危害程度分级				

3. **常见工业毒物的危害** 工业毒物对人体的作用可分为局部作用和全身作用。工人在接触某些化学毒物时，可使人群中癌瘤的发病率增高，这种化学物质被称为化学致癌物。某些化学物质还具有促进肿瘤生长的能力，称为促癌物。

（1）神经系统：慢性中毒早期常见神经衰弱综合征和精神症状，一般为功能性改变，脱离接触后可逐渐恢复。铅、锰中毒可损伤运动神经、感觉神经，引起周围神经炎。震颤常见于锰中毒或急性一氧化碳中毒后遗症。重症中毒时可发生脑水肿。

（2）呼吸系统：一次吸入某些气体可引起窒息，长期吸入刺激性气体能引起慢性呼吸道炎症，可出现鼻炎、鼻中隔穿孔、咽炎、支气管炎等上呼吸道炎症。吸入大量刺激性气体可引起严重的呼吸道病变,如化学性肺水肿和肺炎。

　　(3)血液系统:许多毒物对血液系统能够造成损害,根据不同的毒性作用,常表现为贫血、出血、溶血、高铁血红蛋白以及白血病等。铅可引起低血红素贫血;苯及三硝基甲苯等毒物可抑制骨髓的造血功能,表现为白细胞和血小板减少,严重者发展为再生障碍性贫血等。

　　(4)消化系统:毒物对消化系统的作用多种多样。汞盐、砷等毒物大量经口进入时,可出现腹痛、恶心、呕吐与出血性肠胃炎;铅及铊中毒时,可出现剧烈的持续性腹绞痛,并有口腔溃疡、牙龈肿胀,牙齿松动等症状;长期吸入酸雾,牙釉质破坏、脱落,称为酸蚀症;吸入大量氟气,牙齿上出现棕色斑点,牙质脆弱,称为氟斑牙。许多损害肝脏的毒物,如四氯化碳、溴苯、三硝基甲苯等,引起急性或慢性肝病。

　　(5)泌尿系统:汞、铀、砷化氢、乙二醇等可引起中毒性肾病。如急性肾功能衰竭、肾病综合征和肾小管综合征等。

　　(6)其他:生产性毒物还可引起皮肤、眼睛、骨骼病变。许多化学物质可引起接触性皮炎、毛囊炎。接触铬、铍的工人皮肤易发生溃疡,如长期接触焦油、沥青、砷等可引起皮肤黑变病,甚至诱发皮肤癌。酸、碱等腐蚀性化学物质可引起刺激性眼炎,严重者可引起化学性灼伤,溴甲烷、有机汞、甲醇等中毒,可发生视神经萎缩,以至失明。有些工业毒物还可诱发白内障。

　　4. 常见工业毒物　　近年来随着我国经济的发展,制药行业发生毒物危害的案例也在逐年增加。据有关部门调查披露:近年我国职业病发病率居高不下,接触职业病危害因素人群居世界首位,从煤炭、化工等传统工业,到医药、计算机等新兴产业以及第三产业,目前都存在职业病危害。

　　制药企业多危险化学物品,且制作工艺复杂,易发生毒气泄漏、火灾、爆炸等危害性极大的事故,造成环境污染、人员中毒以及伤亡等次生灾害。通过案例学习,了解制药工业毒物的危害,加强自身安全和防护意识。

　　(1)二氯甲烷

　　【理化特性】二氯甲烷的分子式:CH_2Cl_2。无色透明液体,具有类似醚的刺激性气味。

　　【接触机会】化学合成如:卤化、酰化、缩合、环合,在制药生产中常作为溶剂与萃取剂。

　　【毒理】该品有麻醉作用,主要损害中枢神经和呼吸系统。大量吸入会引起急性中毒,出现鼻腔疼痛、头痛、呕吐等症状。慢性中毒时会引起眼花、疲倦、食欲缺乏、造血功能受损、红细胞减少。

　　【毒作用表现】吸入蒸气可能引起瞌睡和头昏眼花,可能伴随嗜睡、警惕性下降、反射作用消失、失去协调性并感到眩晕。意外食入可能对个体健康有害。皮肤直接接触可造成皮肤刺激。通过割伤、擦伤或病变处进入血液,可能产生全身损伤的有害作用。本品能造成严重眼刺激。眼睛直接接触可能会造成严重的炎症并伴随有疼痛。眼睛直接接触本品可导致暂时不适。当发生严重的中毒危险时应立即脱离接触并移至新鲜空气处,一些中毒症状就会得到缓解或消失,不会引起持久性的损害。

　　【防治要点】不要吸入气体/烟雾/蒸气/喷雾。作业后彻底清洗。使用时不要进食、饮水或吸烟。受沾染的工作服不得带出工作场地。戴防护手套/穿防护服/戴防护眼罩/戴防护面具。

案例分析

案例

某公司 TAC 工段需要 CH_2Cl_2，而回收工段的阀门未关闭，致使未能进入 TAC 工段而流入回收工段，造成回收工段储液罐中 CH_2Cl_2 大量溢出。发现泄漏后，值班人员一方面电话通知上一工段停止供液，一方面在没有个人防护的情况下试图关闭阀门，吸入泄漏的 CH_2Cl_2 而昏迷。

分析

工作人员在操作过程中没有遵守操作规程，疏忽大意，是造成 CH_2Cl_2 外溢，导致人员中毒的直接原因。中毒患者无安全防护意识。事故发生地没有设置报警装置。

（2）甲醇

【理化特性】无色透明液体，有刺激性气味。高度易燃，其蒸气与空气混合，能形成爆炸性混合物。

【接触机会】农药、医药、塑料、合成纤维及有机化工产品等。

【毒理】甲醇对人体有强烈毒性，因为甲醇在人体新陈代谢中会氧化成比甲醇毒性更强的甲醛和甲酸（蚁酸），因此饮用含有甲醇的酒可引致失明、肝病，甚至死亡。误饮 4ml 以上就会出现中毒症状，超过 10ml 即可对视神经永久破坏而导致失明，30ml 可能导致死亡。

【毒作用表现】初期中毒症状包括心跳加速、腹痛、上吐（呕）、下泻、无胃口、头痛、晕、全身无力。严重者会神志不清、呼吸急速至衰竭。失明是它最典型的症状，甲醇进入血液后，会使组织酸性变强产生酸中毒，导致肾衰竭。最严重者是死亡。

【防治要点】作业后彻底清洗，不要进食、饮水或吸烟。只能在室外或通风良好之处使用。戴防护手套/穿防护服/戴防护眼罩/戴防护面具。

（3）甲醛

【理化特性】无色气体，有特殊的刺激气味，对人眼、鼻等有刺激作用。

【接触机会】合成药的烃化、酯化、加成、缩合、环合反应，原料药生产中抑菌剂。

【毒理】甲醛有刺激性气味，低浓度即可嗅到，人对甲醛的嗅觉阈通常是 $0.06\sim0.07mg/m^3$。主要危害表现为对皮肤黏膜的刺激作用，大于 $0.08m^3$ 的甲醛浓度可引起眼红、眼痒、咽喉不适或疼痛、声音嘶哑、喷嚏、胸闷、气喘、皮炎等。新装修的房间甲醛含量较高，是众多疾病的主要诱因。长期、低浓度接触甲醛会引起头痛、头晕、乏力、感觉障碍、免疫力降低，并可出现瞌睡、记忆力减退或神经衰弱、精神抑郁；慢性中毒对呼吸系统的危害也是巨大的，长期接触甲醛可引发呼吸功能障碍和肝中毒性病变，表现为肝细胞损伤、肝辐射能异常等。

【毒作用表现】吸入蒸气（尤其是长期接触）可能引起呼吸道刺激，偶尔出现呼吸窘迫。在正常生产过程中生成的蒸气或气溶胶（雾、烟），可对身体产生毒害作用。腐蚀物能引起呼吸道刺激，伴有咳嗽、呼吸道阻塞和黏膜损伤。意外食入本品可能引起毒害作用。皮肤直接接触可能导致皮肤过敏反应。皮肤接触会中毒，吸收后可导致全身发生反应。通过割伤、擦伤或病变处进入血液，可能产生全身损伤的有害作用。眼睛直接接触本品能造成严重化学灼伤。如果未得到及时、适当的治疗，可能造成永久性失明。

【防治要点】不要吸入气体/烟雾/蒸气/喷雾。作业后彻底清洗。使用本产品时不要进食、饮水或吸烟。只能在室外或通风良好之处使用。受沾染的工作服不得带出工作场地。避免释放到环境中。戴防护手套/穿防护服/戴防护眼罩/戴防护面具。

（4）硫酸二甲酯

【理化性质】无色或微黄色,略有葱头气味的油状可燃性液体。在18℃易迅速水解成硫酸和甲醇。在冷水中分解缓慢。遇热、明火或氧化剂可燃。

【接触机会】制药、化工生产制造染料、香料、农药及有机合成时硫酸二甲酯作为良好的甲基化剂,还可用作提取芳香烃类的溶剂。

【毒理】主要经呼吸道吸入,也可经皮肤吸入,中毒时受损的主要靶器官是眼和呼吸系统。对眼、上呼吸道有强烈刺激作用,对皮肤有强腐蚀作用。可引起结膜充血、水肿、角膜上皮脱落;气管、支气管上皮细胞部分坏死,穿破导致纵隔或皮下气肿等。此外,还可损害肝、肾及心肌等,皮肤接触后可引起过敏性皮炎、灼伤、水疱及深度坏死。

【毒作用表现】属高毒类,作用与芥子气相似,急性毒性类似光气,比氯气大15倍,吸入后至出现中毒症状有30分钟至48小时的潜伏期,表现为急性结膜炎,角膜炎、咽喉炎、气管支气管炎或支气管周围炎,重症表现为肺炎、肺水肿。

【防治要点】迅速脱离现场。对刺激反应者需观察24~48小时。中毒患者应绝对卧床休息,保持安静,严密观察病情,急救治疗包括合理吸氧,给予支气管舒缓剂和止咳祛痰剂。肾上腺糖皮质激素的应用要早期、适量、短程;早期给予抗生素,必要时可给予镇静剂。

案例分析

案例1

某制药厂缩醛车间操作工,在进行硫酸二甲酯抽料作业时,由于管道阻塞,硫酸二甲酯溢漏在地面上。操作工在冲洗被污染的地面时未佩戴防毒口罩,又身处下风侧,吸入大量硫酸二甲酯气体,迅即出现眼结膜充血、咽喉红痛、声音嘶哑、吞咽困难等一系列症状。在厂保健站治疗后病状严重,转市有关职业病专业机构作进一步治疗,诊断为急性硫酸二甲酯中毒。

分析

该厂对抽料管道设备的安全性缺乏必要的定期安全检修制度,职工对阻塞漏料沾染地面的冲洗处理缺乏自我保护意识,导致中毒的发生。

案例2

某制药厂车间甲烷化岗位操作工在放料过程中,离开岗位去搬运料桶,致使硫酸二甲酯投放过量溢出,该小组组长协助其清理现场,结果2人均出现双眼发红、流涕等症状,附近工作的另2名操作工人也发生类似症状。遂送医院,诊断为硫酸二甲酯吸入中毒。

分析

车间生产现场无局部排风装置,操作工人未佩戴防毒口罩,岗位安全操作规程规定在放料时严禁擅离岗位,而此操作工一心两用,既放料又搬桶。

（5）甲苯

【理化特性】属于芳香烃类化合物,无色澄清液体,有类似苯的芳香气味。

【接触机会】合成药的卤化、烃化、酯化、醚化、胺化、氧化、加成、缩合、环化、水解、催化氧化、提取、萃取、共沸脱水。

【毒理】低毒,对皮肤、黏膜有刺激性,对中枢神经系统有麻醉作用,具有致癌性。

【毒作用表现】急性中毒:短时间内吸入较高浓度本品可出现眼及上呼吸道明显的刺激症状、眼结膜及咽部充血、头晕、头痛、恶心、呕吐、胸闷、四肢无力、步态蹒跚、意识模糊。慢性中毒:长期接触可发生神经衰弱综合征,肝肿大等,皮肤干燥、皲裂、皮炎。

【防治要点】要进行综合性预防,佩戴防护用品。皮肤接触要脱去被污染的衣着,用肥皂水和清水彻底冲洗皮肤。眼睛接触要提起眼睑,用流动清水或生理盐水冲洗,就医。吸入后迅速脱离现场至空气新鲜处。保持呼吸道通畅,如呼吸困难,给输氧;如呼吸停止,立即进行人工呼吸,就医。食入后要饮足量温水,催吐,就医。

案例分析

案例

某制药企业酮洛芬车间,从 1999 年到 2006 年的 7 年间,先后有四名身强力壮的男职工死于肺癌,其中最大的 39 岁,最小的 29 岁。

分析

酮洛芬是一种解热镇痛类药物的主要成分,药理方面没有发现使人致癌的临床现象,加工工艺技术成熟,也没有发现致癌的先例。但用于合成这种原料药最主要的化学物质是苯、苯乙酮、三氯化铝、三氯甲烷、多聚甲醛等,都是对人体有毒,甚至致癌的物质。加工过程中产生泄漏,防护措施不够,就会在工作环境内产生毒性,导致职业危害的发生。

点滴积累 ∨

1. 工业毒物进入人体的途径主要有呼吸道、皮肤和消化道。

2. 职业中毒的特点包括接触史、群发性、特异性和潜伏期。

3. 《职业性接触毒物危害程度分级》（GBZ 230—2010）依据毒物的危害程度,分为毒物的急性毒性、致癌性、扩散性、蓄积性、刺激和腐蚀性、致敏性、生殖毒性、实际危害后果与预后等九项指标。

第三节　综合防毒技术

缺乏行之有效的预防措施,可使工业毒物引起各种各样的危害,不仅损害工人自己,还可影响下一代,轻者引起功能性障碍,重者可造成病残,甚至影响寿命,导致死亡。毒物的危害是众所周知的,关键在于必须认识其危害并采取有效的防治措施,减少或消除这些危害。

一、防毒的技术措施

防毒技术措施是指对生产工艺、设备、设施、操作等方面,从安全防毒角度考虑设计、计划、检查、保养等措施,主要从尽量减少人与毒物直接接触的措施入手。

1. 替代或排除有毒或高毒物料　在生产过程中使用的原、辅料应该尽量采用无毒或低毒物质。用无毒物料代替有毒物料,用低毒物料代替高毒或剧毒物料,是消除毒性物料危害的有效措施。近些年来,在这方面取得了很大进展。但是,完全用无毒物料代替有毒物料,从根本上解决毒性物料对人体的危害,还有相当大的技术难度。

在氯霉素生产中,需使用异丙醇铝-异丙醇做还原剂。在制备异丙醇铝时,要加入少量氯化汞做催化剂,氯化汞与铝作用生成铝汞齐以利于迅速开始反应,否则反应开始缓慢。由于氯化汞毒性较大,现改用三氯化铝代替氯化汞催化反应,取得了同样的效果。

应该注意的是,这些替代多是以低毒物代替高毒物,并不是无毒操作,仍要采取适当的防毒措施。

2. 工艺改革　选择危害性小的工艺代替危害性较大的工艺,是防止毒物危害的根本性措施。在选择新工艺或改造旧工艺时,应尽量选用那些在生产过程中不产生或少产生有毒物质的工艺。选择工艺路线时,把是否有毒作为权衡的重要条件。

7-氨基头孢烷酸是医药工业生产半合成头孢菌素的重要中间体,国内外在工业上多采用化学法由头孢菌素 C 钠(锌)盐脱去其侧链来生产。但化学法生产过程使用大量有毒溶剂,如五氯化磷、苯胺等,工艺复杂、成本高、环境污染严重,而且安全隐患众多、易出现安全生产事故。与化学法相比,酶法裂解可以使生产过程大大简化(例如:发酵得到的头孢菌素 C 不需结晶就可用于酶解;生产过程中没有用到有毒溶剂;可省掉加保护剂和去保护剂等步骤),产品能够达到高收率、高质量,同时降低成本和减少污染。

3. 生产设备密闭化、管道化、连续机械化措施　在制药生产中,敞开式加料、搅拌、反应、测温、取样、出料、存放等,均会造成有毒物质的散发、外逸,污染环境。为了控制有毒物质,使其不在生产过程中散发出来造成危害,关键在于生产设备本身的密闭化,以及生产过程各个环节的密闭化。

在制药生产过程中,大多数情况下是间歇操作,生产间断进行,需要经常配料、加料,频繁地进行调节、分离、出料、干燥、粉碎和包装,几乎所有单元操作都要靠人工进行。反应设备时而敞开时而密闭,很难做到系统密闭。尤其是对于危险性较大和使用大量有毒物料的工艺过程,操作人员会频繁接触毒性物料,对人体的危害相当严重。采用连续化操作可以消除上述弊端,如:青霉素的生产过程采用板框式压滤机进行物料过滤操作。每压滤一次物料就得拆一次滤板、滤框,并清理安放滤布等,操作人员直接接触大量物料,并消耗大量的体力。若采用连续操作的转鼓真空吸滤机,操作人员只需观察吸滤机等设备运转情况,调整真空度即可。若采用膜过滤的工艺,操作人员几乎接触不到物料,职业安全进一步提高。所以,通过工艺的改革,使生产过程连续化,不仅简化了操作程序,而且为防止有害物料泄漏、减少厂房空气中毒物的浓度创造了条件。

生产设备的密闭化,往往与减压操作和通风排毒措施互相结合使用,以提高设备密闭的效果和有毒物质的排出,消除或减轻有毒物质的危害。设备的密闭化尚需辅以管道化、机械化的投料和出料,才能使设备完全密闭。

4. 隔离操作和自动控制　由于条件限制使毒物浓度不能降低至国家卫生标准时,可以采用隔离操作措施。隔离操作是把操作人员与生产设备隔离开来,使其免受毒物的危害。

目前,常用的隔离方法有两种,一种是将全部或个别毒害严重的生产设备放置在隔离室内,采用排风的方法,使室内呈负压状态;另一种是将操作人员的工作地点放置在隔离室内,采用输送新鲜空气的方法,使室内呈正压状态。

二、防毒的管理措施

(一)大力加强防毒的管理工作

要有组织、有计划地进行防毒的管理教育,改善劳动条件。并要把所需的经费、设备、器材与生产计划一起解决,切实保证。

1. 加强宣传、规范操作,健全有关防毒的管理制度　企业对产生严重职业病危害的作业岗位,应当在其醒目位置设置警示标识和中文警示说明。警示说明应当载明产生职业病危害的种类、后果、预防以及应急救治措施等内容。

企业要制定防毒的操作规程、防毒的宣传教育制度、定期检测制度、设备维修制度、毒物的保管和领取制度、毒物的贮藏运输制度以及制定改善劳动条件等措施计划,要定期宣传毒物的危害及培训职工加强防护,遵守安全操作规程等。

2. 定期监测,确保作业环境安全　企业应当建立职业病危害因素定期检测制度,每年至少委托具备资质的职业卫生技术服务机构对其存在职业病危害因素的工作场所进行一次全面检测。

定期监测结果中职业病危害因素浓度或强度超过职业接触限值的,职业卫生技术服务机构应提出相应整改建议。用人单位应结合本单位的实际情况,制定切实有效的整改方案,立即进行整改。

3. 及时申报职业病危害项目　用人单位工作场所存在职业病目录所列职业病的危害因素的,应当及时、如实向所在地安全生产监督管理部门申报危害项目,接受监督。

4. 严格执行"三同时"方针　《中华人民共和国安全生产法》第二十八条规定:生产经营单位新建、改建、扩建工程项目(以下统称建设项目)的安全设施,必须与主体工程同时设计、同时施工、同时投入生产和使用。安全设施投资应当纳入建设项目概算。

5. 卫生保健措施的执行　对从事有毒有害作业的职工,企业应定期组织健康检查,以便于对职业中毒早发现、早治疗。企业应发放保健费,以增加他们的营养,增强他们的体质;员工进厂前与离岗位时应进行体格检查。

企业医务人员应熟悉相关的中毒急救处理,随时备齐有关急救的医药器材,定期开展预防职业中毒的各项工作。

(二)加强防毒的技术研究

企业应着重于工艺改革和选用无毒、低毒物料,这是根本措施。应当优先采用有利于防治职业病和保护劳动者健康的新技术、新工艺、新设备、新材料。若采用新工艺、新技术,应对其所涉及的有毒物质,研究其毒害机制、毒害程度,并制订相关的防毒措施。企业应定期对职业危害因素进行评估,对新产生的职业危害采取相应技术措施,减轻岗位职工的危害。

(三)二次尘毒源的消除

二次尘毒源是指有毒的物质以粉尘、蒸气等形式从生产设备中或贮运过程中逸出,散落在环境内,再次成为有毒气体或烟尘的来源。

在生产中,要杜绝"跑、冒、滴、漏",对于易挥发的有机溶剂(如苯类),应尽量减少其挥发面积,同时要坚持清扫制度。

三、个体防毒措施

个人防护也是防毒的预防措施之一。

(一)重视个人卫生

禁止在有毒作业场所吃饭、饮水、吸烟。饭前洗手漱口,班后洗浴,定期清洗工作服等。这对于防止有毒物质从皮肤、口腔、消化道侵入人体,具有重要意义。

(二)防毒措施

1. 严格遵守安全操作规程,加强个人防护,要注意正确选择和使用有效的安全防护用品,避免中毒事件的发生。

2. **皮肤防护**　为防止毒物从皮肤侵入人体,要穿用具有不同性能的工作服、工作鞋、防护镜等。对裸露皮肤,应视其所接触的不同性质物质,采用相应的保护油膏或清洁剂。

3. **呼吸防护**　为防止毒物从呼吸道侵入人体,应使用呼吸防护器。呼吸防护器有过滤式防毒呼吸器、隔离式防毒呼吸器等。

(三)防护用品

劳动防护用品很多,按人体防护部位可分为:头部、面部、听觉、手部、足部、躯干、护肤和防坠落防护用品共八大类。本节只介绍呼吸防护用品,其他类将在相应章节介绍。

1. **呼吸防护用品的分类**

(1)按作用原理分类,可分为:过滤式和隔离式两类。

(2)按防护用途分类,可分为:防毒、防尘和供氧三大类。

过滤式防护呼吸器又可分为过滤式防尘呼吸器和过滤式防毒呼吸器,有的品种可同时防尘防毒,过滤式呼吸器应符合国家《工业企业卫生标准》(GBZ 1-2010)。过滤式防尘呼吸器主要用于防止粒径小于 $5\mu m$ 的呼吸性粉尘经呼吸道吸入产生的危害,通常称为防尘口罩和防尘面具;过滤式防毒呼吸器主要用于防御各种有害气体、蒸气、气溶胶等物质,通常称为防毒口罩或防毒面具,分为自吸式和送风式两类,目前主要使用的是自吸式防毒呼吸器。

2. **呼吸防护用品的作用**

(1)防止生产过程中有害化学物质的伤害。生产过程中的毒物如苯等侵入人体会引起职业性中毒。使用防毒用品将会防止、减少职业性中毒的发生。

(2)防止生产性粉尘的危害。由于固体物质的粉碎、筛选等作业会产生粉尘,这些粉尘进入肺组织可引起肺组织的纤维化病变,也就是尘肺病。使用防尘用品将会防止、减少尘肺病的发生。粉尘的危害及其防护用品的使用内容参见劳动保护章节。

3. 防毒呼吸用品

(1)过滤式防毒面具、防毒口罩

1)使用条件:作业环境空气中含氧量不低于18%,温度-30~45℃,并且有毒有害气体性质明确,空气中毒、尘浓度符合相应规定,一般不能在罐、槽等狭小、密闭容器中使用。①环境中有毒有害气体或蒸气浓度<0.1%时,可选择全面具或半面具配滤毒盒;②环境中有毒有害气体或蒸气浓度<0.3%时,可选择全面具配小型滤毒罐;③环境中有毒有害气体或蒸气浓度<0.5%时,可选择全面具配中型滤毒罐。

2)结构:防毒口罩是由滤毒罐(盒)直接与面罩相连,而过滤式防毒面具是由面罩、滤毒药罐和连接两者的蛇形软管组成,分为全面罩和半面罩。全面罩有头罩式和头戴式两种,应能遮住眼、鼻和口;半面罩应能遮住鼻和口。

3)作用机制:含有毒气的空气经滤毒药罐中的试剂反应,滤除其中的毒气后,不含毒的空气进入呼吸道。必须根据毒物的性质选用适合该毒物用的滤毒药罐。我国已有多种适用于不同毒物的防毒面具,可根据有关部门的指令和生产厂家说明选用相应的过滤式防毒面具。

(2)隔离式防毒面具:隔离式防毒面具是呼吸道与含有毒物质的空气环境完全隔离,由专门渠道供应新鲜空气或氧气,也称供气式防毒面具。

1)使用条件:特别适用于空气中毒物浓度很高或含氧量在16%以下的作业场所,也适合情况不明,有生命危险的作业场所,一般不受环境条件限制。主要有输入式及供氧式两种。

2)输入空气式防毒面具:由面罩和用以通入新鲜空气的蛇管连接组成。使用时,将蛇管远端置于远离作业场所的新鲜空气处,依靠使用者自行吸入新鲜空气或用鼓风机送入新鲜空气。

3)供氧(自带)式:①罐内盛压缩氧气或空气;②罐中盛过氧化物,如过氧化钠、过氧化钾等,及小量铜盐作触媒,借呼出的水蒸气及二氧化碳发生化学反应,产生氧气供吸入。

▶▶ 边学边练

学习使用防毒用品,请见实训项目三 防毒用品的使用。

ER-5-3

急性中毒的现场救护

点滴积累 ∨

1. 防毒的技术措施主要包括替代或排除有毒或高毒物料;工艺改革;生产设备密闭化、管道化、连续机械化措施;隔离操作和自动控制。

2. 呼吸防护用品的作用有防止生产过程中有害化学物质的伤害;防止生产性粉尘的危害。

第四节　有限空间作业

设备长时间运行一段时间后,会出现这样或那样的问题。一般重要设备每隔一段时间要进行大修,以恢复设备原来的性能。这时,往往需要在有限空间内作业。有限空间存在着中毒、灼伤、触电、机械伤害、高处坠落、冻伤、高温、窒息等危害因素,也存在着空间压抑、孤独、无助等心理影响。

一、有限空间分类

有限空间是指封闭或部分封闭,进出口较为狭窄,自然通风不良,易造成有毒有害、易燃易爆物质积聚或氧含量不足的空间。有限空间作业是指作业人员进入有限空间实施的作业活动。有限空间分三类:

1. 密闭设备　如贮罐、车载槽罐、反应塔(釜)、冷藏箱、压力容器、管道、锅炉等。

2. 地下有限空间　如地下管道、地下室、地下仓库、暗沟、隧道、涵洞、地坑、废井、地窖、污水池(井)、沼气池、化粪池、下水道等。

ER 5-4

进入有限空间的缺氧危险

3. 地上有限空间　如储藏室、酒糟池、发酵池、垃圾站、温室、冷库、粮仓、料仓、夹层等。

二、作业相关方的职责

1. 作业负责人的职责　负责制订作业方案并安排人员进入有限空间作业。对未经允许试图进入或已经进入有限空间者进行劝阻或责令退出。

2. 监护人员的职责　对有限空间作业人员的安全负有监督和保护的职责。一般监护人员为岗位技术人员,对生产岗位的工艺、安全比较熟悉,了解可能面临的危害,对作业人员出现的异常行为能够及时警觉并做出判断。在监护过程中与作业人员保持联系和交流,观察作业人员的状况。当发现异常时,立即向作业人员发出撤离警报,并帮助作业人员从有限空间逃生,同时立即呼叫紧急救援。监护人员要掌握应急救援的基本知识。

3. 作业人员的职责　作业人员一般为岗位班长等人员,新员工在一年内不得作业。作业前应了解作业的内容、地点、时间、要求,熟知作业中的危害因素和应采取的安全措施。作业人员在作业前要确认作业方案的正确性与安全防护措施落实情况。有异议时,可以停止作业。在作业前要检查作业安全设施与个体防护用品;在作业过程中应与监护人员进行必要的、有效的安全、报警、撤离等双向信息交流。服从作业监护人的指挥,如发现作业监护人员不履行职责时,应停止作业并撤出有限空间。

在作业中如出现异常情况或感到不适或呼吸困难时,应立即向作业监护人发出信号,迅速撤离现场。

4. 审批人员的职责　审查《有限空间安全作业证》的办理是否符合要求,到现场了解有限空间内外情况。督促检查各项安全措施的落实情况。

三、作业内容

有限空间作业实施作业证管理,作业前应办理《有限空间安全作业证》(以下简称《作业证》)。

1. 安全隔绝 有限空间与其他系统连通的可能危及安全作业的管道必须采取有效隔离措施,可采用插入盲板或拆除一段管道进行隔绝,不能用水封或关闭阀门等代替盲板或拆除管道。与有限空间相连通的可能危及安全作业的孔、洞应进行严密地封堵。有限空间带有搅拌器等用电设备时,应在停机后切断电源,上锁并加挂警示牌。

2. 清洗或置换 有限空间作业前,应根据有限空间盛装(过)的物料的特性,对有限空间进行清洗或置换,并达到下列要求:氧含量一般为 19.5%~21%,在富氧环境下不得大于 23.5%;有毒气体(物质)浓度应符合国家相关规定;可燃气体浓度为 0。

3. 通风 应采取措施,保持有限空间空气良好流通。打开人孔、手孔、料孔、风门、烟门等与大气相通的设施进行自然通风。在自然通风的同时要强制通风,禁止有害气体通过操作人员。采用管道送风时,送风前应对管道内介质和风源进行分析确认。禁止向有限空间充氧气或富氧空气。

4. 监测 作业前 30 分钟内,应对有限空间进行气体采样分析,分析合格后方可进入。样点应有代表性,容积较大的有限空间,应采取上、中、下各部位取样。作业中应定时监测,至少每 2 小时监测一次,如监测分析结果有明显变化,则应加大监测频率;作业中断超过 30 分钟应重新进行监测分析,对可能释放有害物质的有限空间,应连续监测。情况异常时应立即停止作业,撤离人员,经对现场处理,并取样分析合格后方可恢复作业。

5. 个体防护措施 在缺氧或有毒(或无检测设备,无法确定缺氧或有毒)的有限空间作业时,应佩戴隔离式防护面具,必要时作业人员应使用救生绳。在易燃易爆的有限空间作业时,应穿防静电工作服、工作鞋,使用防爆型低压灯具及不发生火花的工具。在有酸碱等腐蚀性介质的有限空间作业时,应穿戴好防酸碱工作服、工作鞋、手套等护品。在产生噪声的有限空间作业时,应佩戴耳塞或耳罩等防噪声护具。

6. 照明及用电安全 有限空间照明电压应小于等于 36V,在潮湿容器、狭小容器内作业电压应小于等于 12V。使用超过安全电压的手持电动工具作业或进行电焊作业时,应配备漏电保护器。在潮湿容器中,作业人员应站在绝缘板上,同时保证金属容器接地可靠。临时用电应办理用电手续,按公司有关规定架设和拆除。

7. 监护 有限空间作业,在有限空间外应设有专人监护。进入有限空间前,监护人应会同作业人员检查安全措施,统一联系信号。在风险较大的有限空间作业,应增设监护人员,并随时保持与有限空间作业人员的联络。监护人员不得脱离岗位,并应掌握有限空间作业人员的人数和身份,对人员和工器具进行清点。

8. 其他安全要求 在有限空间作业时应在有限空间外设置安全警示标志。有限空间出入口应保持畅通。多工种、多层交叉作业应采取互相之间避免伤害的措施。作业人员不得携带与作业无关的物品进入有限空间,作业中不得抛掷材料、工器具等物品。有限空间外应备有空气呼吸器(氧气呼吸器)、消防器材和清水等相应的应急用品。严禁作业人员在有毒、窒息环境下摘下防毒面具。难度大、劳动强度大、时间长的有限空间作业应采取轮换作业。在有限空间进行高处作业应搭设安全梯或安全平台。在有限空间进行动火作业应按相关规定进行。作业前后应清点作业人员和作业工器具。作业人员离开有限空间作业点时,应将作业工器具带出。作业结束后,由有限空间所在班组和作业部门共同检查有限空间内外,确认无问题后方可封闭有限空间。

点滴积累 ∨

1. 有限空间存在着中毒、灼伤、触电、机械伤害、高处坠落、冻伤、高温、窒息等危害因素，也存在着空间压抑、孤独、无助等心理影响。

2. 有限空间作业应制定作业方案，明确职责并按程序办理《有限空间安全作业证》。

3. 有限空间作业应进行安全隔绝、清洗置换、通风，并监测安全及在有监护人监护的情况下方可进行。

4. 作业人熟悉作业方案，并佩戴空气呼吸器等防护器材。

5. 在出现监测异常，作业人反应异常，周围有跑、冒、滴、漏或火险发生时，应立即中断作业。

实训项目三　防毒用品的使用

【实训目的】

1. 掌握呼吸防护用品的分类、作用及应具备的条件。

2. 学会使用呼吸防护用品,即防毒呼吸用品的正确选择、佩戴、使用注意事项、维护和保养的方法。

【实训内容】

1. **防毒用品**　包括呼吸防毒用品、防化服、防化手套、防化靴等,其中本次实践内容重点为呼吸防毒用品,防化服等在劳动保护章节介绍。

2. **呼吸防护用品**　是用来防御缺氧环境或空气中有毒有害物质进入人体呼吸道的防护用品,是防止职业危害的最后一道屏障。呼吸防护用品种类很多,正确合理的选用,才能达到保护操作人员安全和健康的作用。

【实训步骤】

一、检查所购置的防毒呼吸用品的标识

1. 合格的防毒呼吸用品要求必须有产品合格证及注有生产厂名、厂址、产品名称、产品等级、商标、规格型号、生产日期的产品标志。

2. 产品外包装上应有制造厂名、厂址、产品名称、级别、出厂日期、货号、穿着注意事项、生产许可证编号。

3. 实施特种劳动防护用品安全标志后,要求在明显位置加施牢固耐用的特种劳动防护用品安全标志。

二、检查所购置的防毒呼吸用品的质量

检查产品出厂合格证,并根据产品说明书检查其质量是否符合要求。检查时应注意:按照防毒呼吸用品的种类不同,根据其国家标准要求进行检查,如:过滤式防毒面具应符合《呼吸防护——自吸过滤式防毒面具》(GB2890—2009)等。

三、过滤式空气呼吸器

(一) 操作方法

1. 口罩使用前应先检查口罩各部件是否完好,呼气阀片和呼气阀底是否密封,滤毒盒与主体结合是否密合,滤毒盒内的滤料是否松动。

2. 佩戴口罩必须保持端正,包住口鼻,鼻梁两侧不应有空隙,口罩带子要分别系牢,要调整到口罩不松动,不挤压脸鼻,不漏气。

3. 口罩在使用中,当滤毒药失去滤毒作用时,口鼻内开始嗅到有毒气体的轻微气味,使用者应立即离开有毒气体区域,更换新的滤毒剂,必要时应重新检查口罩的致密性。

(二) 使用注意事项

1. 作业前应对环境进行空气气体采样分析,确认空气中的氧含量与毒物浓度。

2. 不能用于槽、罐等密闭容器的工作环境,也不适用于其他滤气环境中使用。

(三) 维护与保养

1. **检查**　①呼吸防护用品在每次使用前后应检查防护用品部件是否齐全,是否有老化和损坏现象,应及时更换老化失效的呼、吸气阀,头带、密封垫圈;②破损面罩应及时更换;③不允许自行装填活性炭滤毒盒、滤毒罐;④不允许自行组装呼吸防护用品;⑤启动是否灵活等。

2. **日常保养**　呼吸防护用品的维护应根据其说明书的要求,定期检查、维护,并进行清洗和消毒,放入密封袋中储存。过滤器不允许清洗,且不应敞口存放,过滤器失效后,注意及时更换。①设备应避免日光直接照射,以免橡胶老化;②应使用温和的洗涤剂经常清洗橡胶面罩,不能使用有机溶剂清洗面罩,注意任何过滤材料都不能水洗;③严禁沾染油污;④储存温度应在5~30℃之间,相对湿度40%~80%,距离取暖设备的距离1.5m,不使用的滤毒盒应密封保存,防止受潮。

四、背负式正压呼吸防护器的操作方法

1. **检查气压**　完全打开气瓶阀开关,让气体从气瓶经减压器软导管输出到供气阀。同时观察压力表读数,气瓶工作压力应为28~30MPa,气瓶压力小于5MPa时禁止使用。

2. **检查气密性**　关闭气瓶阀,此时观察压力表,在5分钟内压力下降不得大于2MPa。

3. **背戴气瓶**　将气瓶阀向下背上气瓶,根据身材调节肩带、腰带至合身、牢靠为宜。

4. **扣紧腰带**　从腰带扣内向下插入腰带插头,压下插头伸出带扣的一端,然后将腰带左右两侧

的伸缩带向后拉紧,确保扣牢。打开气瓶阀。

5. 佩戴面罩　放松面罩下的两根颈带,拉开面罩头网,先将面罩置于使用者脸上,然后将头网从头部的上前方,向后下方拉下,由上向下将面罩戴在头上,调整面罩位置,使下巴进入面罩下面凹形内,先收紧下端的两根头带,如果感觉不适可调节头带松紧。通过几次深呼吸检查供气阀性能,吸气和呼气都应舒畅,无不适感觉。

6. 使用装具　使用过程中要注意报警器发出的报警信号,听到报警信号应立即撤离现场。按平均耗气量 30L/min 计算,从发出报警信号到压缩空气用完,还可使用 8 分钟以上。报警器音响在 1m 范围内声压级为 90 分贝。

7. 使用结束　先关闭气瓶阀,松开面罩颈带,然后再松开头带,将面罩从脸上由下向上脱下。按下供气阀上方的橡胶钮开关,关闭供气阀。拉开腰带插头伸出端,将插头从扣带中退出,放松肩带,将装具从背上卸下。

【实训注意】

一、其他防毒用品

防毒呼吸器应与相应的其他防护用品如:防化服、防化靴或手套等配合使用。

普通防化服具有重量轻、穿戴简便的特点。对液体毒物或粉尘性毒物预防效果较好。使用时注意系好衣扣或拉好拉链,防止有毒液体或粉尘渗入;使用完毕应彻底消毒防止二次污染,确保安全。

气密式防化服预防有毒气体的效果很好,但是造价较高且需要与隔绝式防毒呼吸器配合使用。使用时在注意服装与呼吸器之间密封状态的同时,要注意呼吸器的使用时间,防止因防护服密封不好或呼吸器气源不足而造成窒息或中毒。

二、实践要求

根据布置作业,使学生通过各种途径收集资料,达到教学要求。

1. 要求学生以小组为单位,根据现有条件查阅防毒呼吸用品及其他防毒用品的分类、适用范围、使用注意事项、使用后的处理以及最新发展动态等。

2. 根据所查阅资料进行归纳整理,以表格形式列出。

3. 查阅长管式呼吸防护装置的使用方法。

【实训思考】

1. 根据查阅整理的资料,结合所学知识拟定使用防毒呼吸防护用品的方案。

2. 背负式正压呼吸防护器属于过滤式防毒呼吸器还是隔绝式防毒呼吸器?

3. 选择过滤式防毒呼吸器应注意什么?滤毒罐或滤毒盒的防护对象有哪些?各用什么颜色表示?

【实训体会】

按照拟定的方案进行实训操作,总结防毒呼吸防护用品的使用要点。

【实训报告】

实训报告　防毒呼吸器的使用

一、实训目的

二、实训结果

教师做演示后,学生分组演练背负式正压呼吸防护器的使用。并按表 5-5 填写防护用品使用登记表。

表 5-5　某类防毒呼吸防护用品使用登记表

序号	环境条件	出厂日期	使用日期	标识检查	外观检查	配套防护用品检查	保养

三、实训讨论

目标检测

一、选择题

(一) 单项选择题

1. 在工业生产过程中,毒物最主要是通过(　　)途径进入人体的

　　A. 呼吸道　　　　　　B. 消化道　　　　　　C. 皮肤　　　　　　D. 指甲

2. 对于不易进行通风换气的缺氧作业场所(氧气含量低于 16%),应采用(　　)防护用品

　　A. 氧气呼吸器　　　　B. 空气呼吸器　　　　C. 过滤式面具　　　　D. 普通口罩

3. (　　)不是综合防毒技术的措施

　　A. 技术　　　　　　　B. 教育　　　　　　　C. 管理　　　　　　　D. 救护

4. "三同时"方针是指(　　)

　　A. 同时设计,同时施工,同时投产　　　　B. 同时生产,同时教育,同时防护

　　C. 同时生产,同时宣传,同时防护　　　　D. 同时生产,同时技改,同时防护

5. 防毒的管理教育措施不包括(　　)

　　A. 同时设计,同时施工,同时投产　　　　B. 防护

　　C. 监测　　　　　　　　　　　　　　　D. 宣传

6. 职业中毒的特点不包括(　　)

　　A. 接触史　　　　　　B. 群发性　　　　　　C. 特异性　　　　　　D. 继发性

7. 呼吸防护用品的作用是(　　)

　　A. 防止生产性粉尘的危害　　　　　　　　B. 防止病毒危害

　　C. 防止细菌危害　　　　　　　　　　　　D. 防止电击

8. 防毒的技术措施不包括(　　)

　　A. 工艺改革　　　　　　　　　　　　　　B. 隔离操作和自动控制

C. 更新设备　　　　　　　　　　　D. 替代或排除有毒或高毒物料

9. 下列(　　)不是呼吸防护用品的选用原则

   A. 有害环境的甄别　　　　　　　B. 根据使用人的性别选择

   C. 危险程度的判断　　　　　　　D. 选择正确的呼吸防护用品

（二）多项选择题

1. 工业毒物按毒作用性质分类,可分为(　　)

   A. 刺激性毒物　　　　　B. 窒息性毒物　　　　　C. 麻醉性毒物

   D. 全身性毒物　　　　　E. 综合性毒物

2. 工业毒物对人体产生的危害主要有(　　)

   A. 神经系统　　　　　　B. 消化系统　　　　　　C. 血液系统

   D. 泌尿系统　　　　　　E. 心血管系统

3. 工业毒物的毒性评价指标有(　　)

   A. 绝对致死量或浓度　　B. 半数致死量或浓度　　C. 最小致死量或浓度

   D. 最大耐受量或浓度　　E. 急性阈剂量或浓度

4. 可将工业毒物的毒性分为(　　)

   A. 剧毒　　　　　　　　B. 高毒　　　　　　　　C. 中等毒

   D. 低毒　　　　　　　　E. 无毒

5. 工业毒物进入机体的途径有(　　)

   A. 呼吸道　　　　　　　B. 皮肤　　　　　　　　C. 消化道

   D. 毛发　　　　　　　　E. 指甲

6. (　　)是工业毒物的作用条件。

   A. 毒物本身的特性　　　　　　　B. 毒物的浓度、剂量及接触时间

   C. 毒物的联合作用　　　　　　　D. 毒物的生产环境与劳动强度

   E. 机体的功能状态

7. 工业毒物通过呼吸道进入机体引起中毒,其中毒程度与(　　)有关

   A. 毒物粒子大小　　　　B. 毒物的水溶性　　　　C. 肺通气量

   D. 不使用呼吸防护用品　E. 工作时间太长

8. 职业中毒有(　　)

   A. 急性中毒　　　　　　B. 慢性中毒　　　　　　C. 亚急性中毒

   D. 长期中毒　　　　　　E. 亚慢性中毒

9. 职业中毒的特点有(　　)

   A. 接触史　　　　　　　B. 群发性　　　　　　　C. 特异性

   D. 潜伏期　　　　　　　E. 致癌

10. 工业毒物危害程度的可分为(　　)

A. 极度危害　　　　　B. 高度危害　　　　　C. 中度危害

D. 轻度危害　　　　　E. 低度危害

11. 工业毒物对人体的影响取决于(　　)

A. 物质的数量和浓度　　　　　B. 暴露时间

C. 物质的物理状态　　　　　D. 物质与人体组织的亲和力

E. 物质在人体体液中的可溶性

二、问答题

1. 工业毒物对人体的危害主要有哪些？

2. 简述工业毒物的作用条件。

3. 简述毒物浓度、剂量与接触时间对人体的危害程度的影响。

4. 呼吸道中毒与哪些因素有关？

5. 简述职业中毒的特点以及其诊断依据。

三、案例分析

某外资鞋厂,其劳动卫生设施因资金问题未能投入运行。使用有毒胶水和溶剂的蒙鞋工序与不使用胶水和溶剂的接面、车面、包装等工序在同一车间工作,胶水和溶剂管理混乱。不久,8 名工人因头晕、乏力、皮下瘀斑等表现到当地卫生院就医,当地卫生防疫站接报后到现场调查发现:该厂使用和接触的有害化学物为清洁剂、黄胶、白乳胶和快干剂。取该厂一直使用的清洁剂和黄胶样品测定,结果显示清洁剂的挥发成分主要是苯。车间空气监测 8 个点中有 6 个点的苯和甲苯浓度超过国家卫生标准。对全厂生产工人(包括住院 8 人)进行应急职业性健康检查,有 37 人被诊断为职业性苯中毒。

请对此案例进行分析。

（王文婷）

第六章

电气安全技术

导学情景 ∨

情景描述：

8月28日某电工班处理好计量装置送电后，发现空气开关有一火线未接，工人张某上前带电接线，钳子夹住的一根火线不慎与另一根火线相碰，造成相间短路，产生强大电弧，将其脸部和手部烧伤，经医院诊断为轻二度烧伤。

学前导语：

当事人违反电气安全操作规程，在没有停电的情况下进行带电作业，在电缆送电后，没有重新办理工作许可手续，当事人就进行带电工作，工作现场管理混乱，安全意识淡薄，习惯性违章屡禁不止，为了赶时间忽视安全。

随着科技的进步和社会的发展，电与电气设备已与现代人类的工作与生活密不可分。电力在带给人们工作与生活便利的同时，由电气设备产生的问题也带给人类的生产与生活不少烦恼与损失，有时甚至表现为灾难。因此，电气安全已成为电气使用操作与维修维护人员消除安全生产隐患、防止伤亡事故、保障职工健康及顺利完成各项任务的重要工作内容。

第一节　电气安全基础知识

如果不能合理安全用电，电能在带给人类生活方便和幸福的同时，可能对人体构成多种伤害，其中触电事故最为常见。

一、触电的种类

电流致人伤害可分为电击和电伤两种。

1. 电击　电击是电流通过人体内部，引起严重的病理变化，危及人的生命，俗称触电。人触及带电导体、漏电设备外壳和其他带电体，以及雷击和电容放电，都可导致电击，电击在人体表面往往不留痕迹。

（1）按触及的带电体在正常情况是否带电分类

1）直接接触触电：人体触及正常时带电的导体造成的触电。

2）间接接触触电：人体触及正常情况下不带电，而在故障情况下变为带电体的外露导电部分而造成的触电。

（2）按触及带电体的方式和电流通过人体途径分类

1）单相触电：人体在地面或其他接地导体上，人体某一部位触及一相带电体的触电。大部分触电都是单相触电，在中性点直接接地电网中，单相触电时构成回路，电流较大，危险性较大（加于人体电压近220V）。

2）两相触电：人体两处同时触及两相带电体的触电。加于人体电压可达380V，危险性也是较大的。漏电保护装置在此类触电事故中基本不起作用。

3）跨步电压触电：当带电体接地有电流流入地下时，在接地点附近，由两脚间跨步电压引起的触电。高压设备故障接地或有大电流流过的接地装置附近都可能出现较高的跨步电压。一般从漏电点到20m外的大地，电压是逐渐降低的。20m之外，危险性基本可以忽略。如图6-1。

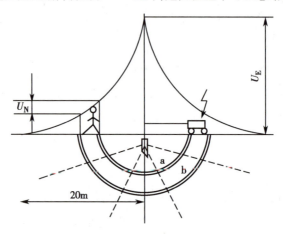

图6-1　接触电压和跨步电压示意

2. 电伤　电伤是指电流的热效应、化学效应、机械效应对人体造成的局部伤害。电伤多见于肌体外部，而且往往在肌体上留下伤痕。主要有以下几种：

（1）电烧伤：是指电流的热效应对人体造成的伤害，又分为电流灼伤和电弧烧伤。电流灼伤是人体触及带电体，电流通过人体由电能转化为热能对人体造成的伤害。一般发生在低压系统中。电弧温度高达6 000℃，可造成人体大面积、大深度灼伤，甚至烧焦肢体及其他部位。

（2）电烙印：电流化学效应和机械效应作用的结果，在人体与带电体经常接触的皮肤表面形成圆形和椭圆形的肿块，可导致表皮坏死。

（3）皮肤金属化：是指在电弧高温作用下，金属气化，微粒渗入皮肤，造成皮肤张紧等伤害。一般与电弧烧伤同时发生。

（4）电光眼：是发生弧光放电时，红外线、紫外线、可见光等对眼睛的伤害，对于瞬间的放电，紫外线是引起电光眼的主要原因。电光眼多表现为角膜炎和结膜炎，也就是电焊作业中常说的"打眼"。

二、影响触电伤害程度的因素

大量触电事故表明，触电都是由于电流对人体的作用而引起的。电流通过人体时，会引起针刺感、压迫感、打击感、痉挛、疼痛、血压升高、心律不齐、昏迷，甚至心室颤动等症状。其对人体伤害的严重程度与通过人体电流的大小、通过人体的接触时间、通过人体的途径、人体电阻、电流种类及人体状况多种因素有关。

1. **电流大小**　通过人体电流越大，其生理反应越明显，感觉越强烈，引起心室颤动所需时间越短，致命危险性越大。根据人体对电流的生理反应，一般将电流划分为以下三级。

(1)感知电流：引起人体感觉的最小电流。人体对电流的最初感觉是轻微的发麻和刺痛。成年男性的平均感知电流约1.1mA，成年女性约为0.7mA。

(2)摆脱电流：当电流增大到一定程度时，触电者因肌肉收缩、发生痉挛而抓紧带电体，将不能自行摆脱电源。触电后能自主摆脱电源的最大电流称为摆脱电流。一般男性平均为16mA，女性约为10mA。儿童的摆脱电流较成人小。当电流略大于摆脱电流，触电者呼吸停止，若立即切断电源则可恢复呼吸。

(3)致命电流：在较短时间内会危及生命的电流为致命电流。电击致死的主要原因大都是由于电流引起了心室颤动而造成的。

电流危害

2. **通电时间**　通过电流时间越长，能量积累就越多，引起心颤电流就越小，危险越大。

3. **电流途径**　人体受伤害程度主要取决于通过心脏、肺及中枢神经的电流大小。电流通过大脑是最危险的，会立即导致死亡。但较为罕见，最常见的是由于电流刺激人体心脏引起心室颤动致死。电流途径危害性从小到大为：脚→脚，手→手，左手→脚，右手→脚，头→脚，其中头→脚危害最大。

4. **电流种类**　工频电流(50Hz)对人体伤害最严重，因为频率在30～300Hz的交流电最易引起心室颤动。在此范围之外，频率越高或越低，对人体的危害程度反而要小一些。另外，直流电、高频交流电、雷电和静电均能使人触电伤害。

5. **身体状况**　与人的身体状况有关，儿童较成人敏感，女性较男性敏感，病患者特别是心脏病患者，触电死亡可能性更大。

知识链接

人　体　电　阻

人体电阻包括内部组织电阻（简称体电阻）和皮肤电阻两部分。体内电阻稳定，一般低于500Ω。皮肤电阻主要由角质层（厚约0.05～0.2mm）决定。角质层越厚，电阻就越大。角质层电阻约为1 000～1 500Ω。因此人体电阻一般约为1 500～2 000Ω（保险起见，通常取为800～1 000Ω）。如果角质层有损坏，则人体电阻会大为降低。

影响人体电阻的因素很多。除皮肤厚薄外，皮肤潮湿、多汗、有损伤、带有导电粉尘等都会降低人体电阻。清洁、干燥、完好的皮肤电阻值就高，接触面积增大、通电时间增长，会降低人体电阻；接触电压增高，会击穿角质层并增加肌体电解，也可导致人体电阻降低；电流频率越高，人体电阻也将降低。

三、触电事故规律

在电流伤害事故中,往往在极短的时间内发生严重的后果。因此,研究触电事故发生的规律、制定有效安全措施,对防止触电事故发生具有重要意义。

触电事故的发生规律是:

1. 季节性明显 夏秋两季(6~9月)天热潮,电气绝缘下降;天热人出汗,皮肤电阻下降,易导电。

2. 低压触电多 低压电网广、接触人数、机会多;设备防护、管理低于高压;操作员工缺少必要的电气安全知识。

3. 携带式和移动式设备触电事故多 主要是因为此类电气设备经常移动,使用环境恶劣,接头处易发生故障,操作工经常用手紧握,触电机会较多。

4. 单相触电事故多 占触电事故总数的70%以上。

5. 电气连接部位触电事故多 插销、开关、分支线、焊接头、电缆头、熔断器等接头部位牢固性差,易外露,安全可靠性差。

6. 青、中年及非电工触电事故多 电气安全知识缺乏。

7. 误操作事故多 安全技术知识欠缺,安全技术措施不完备,违章或无章可循等。

案例分析

案例

　　某化工厂碳化工段的氨水泵房碳化泵电机烧坏。 工段维修工按照工段长安排,通知值班电工到工段切断电源,拆除电线,并把电机抬下基础运到电机维修班抢修,电机修好运回泵房。 维修组组长王某(化名)找来铁锤、扳手、垫铁,准备磨平基础,安放电机。 当他正要在基础前蹲下作业时,一道弧光将他击倒。 这次事故使王某左手臂、左大腿部皮肤被电弧烧伤,深及II度。

分析

　　1. 事故原因 电工断电拆线不彻底是发生事故的主要原因。 电工断电后没有严格执行操作规程,将保险丝拔除,将线头包扎,并挂牌示警。 碳化工段当班操作工在开停碳化泵时,误将开关按钮按开,使线端带电,是本次事故的诱发因素。 电气车间管理混乱,对电气作业人员落实规程缺乏检查,使电工作业不规范,险些酿成大祸,这是事故发生的间接原因。 个别电工业务素质不高。

　　2. 防范措施 将事故处理意见通报全厂,举一反三、引以为戒。 在全厂开展一次学习安全操作规程、严格执行安全操作规程的活动,提高职工的业务素质,为防范类似事故创造条件。 厂安全部门加强检查,对电气作业中断电不彻底、不挂牌的违章行为,一经发现,予以罚款等处罚。 建议厂相关部门在职工教育中,注意加强维修工的技能和安全教育问题,以增强他们的自我保护能力。

点滴积累　∨

1. 触电主要分为电击和电伤两种。
2. 影响触电伤害程度的因素主要包括电流大小，通电时间，电流途径，电流种类，身体状况等。
3. 触电事故的规律。

第二节　触电事故预防与急救

一、防止直接接触的防护措施

人体触及正常带电的导体为直接接触。其特点是人体的接触电压为全部工作电压，其故障电流就是人体的触电电流，通过人体电流一般比较高，危险性较大。防止直接接触触电，是电气设备使用过程中，首先要考虑的问题。

（一）绝缘

指用绝缘物质或材料，把导体包住封闭起来，使人体不能触及带电导体的措施。绝缘材料有无机（瓷件），有机（橡胶）和混合绝缘材料三类。为防绝缘损坏应按规定进行严格绝缘性能检查。绝缘性能用绝缘电阻、耐压强度、泄漏电流和介质损耗等指标衡量。电工绝缘材料的体积电阻率一般在 $10^7\Omega \cdot m$ 以上。

（二）屏护

当电气设备不便于绝缘，或绝缘不足以保证安全时，为防触电或电弧伤人，应采取屏护措施：用遮栏、护罩、护盖、箱匣等隔离措施。屏护装置不能与带电体接触，且与带电体有良好绝缘，材料应有足够机械强度，良好的耐火性，并将屏护装置接地或接零。

（三）间距

为防止人体触及或过分接近带电体，防止车辆等物体碰撞或过分接近带电体，防止电气短路事故和因此引起火灾，在带电体和地面之间、带电体之间、带电体与其他设备和设备之间，均需保持一定的安全距离，该距离称为间距。间距的大小决定于电压高低，设备类型和安装方式及气象条件等因素。

（四）电工安全用具

电工安全用具是防止触电、坠落、灼伤等工伤事故，保障工作人员安全的各种电工用具。主要包括电压和电流指示器、绝缘安全用具、登高安全用具、检修工作中的临时接地线、围栏及各种安全标示牌等。

绝缘安全用具分为 1 000V 以上和 1 000V 以下两类。绝缘安全用具包括绝缘杆、绝缘钳、绝缘手套、绝缘鞋、绝缘站台、电压指示器等。

（五）安全电压

安全电压是人体允许通过的电流和人体电阻之积，采用该电压，通过人体的电流不超过允许范围,是防止触电事故的基本措施之一,也是制定安全技术措施的依据。具有安全电压的设备属于Ⅲ类设备。

我国规定工频安全电压的上限值,即在任何情况下,任何两导体之间或任一导体与地之间不许超过的工频有效值为 50V。我国规定工频有效值 42V、36V、24V、12V 和 6V 为安全电压的额定值。凡手提照明、危险环境的携带式电动工具,如无特殊安全结构和安全措施,应采用 42V 或 36V 安全电压;无特殊防护的局部照明灯应采用 36V 或 24V 安全电压;工作地点狭窄、行动不便,以及周围有大面积接地导体的环境,如金属容器内等特别危险场所,应采用 12V 安全电压。水下作业等特殊场所应采用 6V 安全电压。

采用安全电压的用电设备必须由特定的电源供电。特定电源包括安全隔离变压器和独立电源。

(六)电气联锁

将电气设备安装在有电气联锁的特定场所,保证人在通电条件下不能触及或过分接近带电体。如在通往禁区的门窗上安装安全开关,当门窗一开电源切断,保证作业人员进入禁区时,处于停电状态。

(七)安装漏电保护器

这属直接接触的有效附加保护。安装动作电流小于 30mA 的高灵敏度的漏电保护器,当低压电器发生故障,或因操作者粗心大意误操作时,可作为补充保护手段,它只是辅助保护措施,不能代替上述基本保护措施,至少要和上述 6 种基本措施中的一种同时使用。认为"漏电保护器"是"保命器"或认为既然采取了直接接触的基本保护措施,再安装漏电保护器就没价值了,都是片面认识。实践证明,漏电保护器是防止人身触电事故的有效后备保护手段。

漏电保护器
的类型

二、防止间接接触的防护措施

人体与在故障情况下变为带电体的外露导电部分的接触为间接接触。在运行状态,不带电的外露金属部分,如外壳,护罩构架等,发生漏电、碰壳等接地短路时,就会呈危险的接触电压,当人体触及它们时,就会构成间接触电。间接保护措施有:

(一)保护接地

1. **定义** 把电气设备正常情况下不带电而在故障情况下可能呈现危险的对地电压的金属部分同大地紧密地连接起来,称为保护接地。

2. **应用范围** 保护接地应用于对地绝缘的电网中,即中性点不接地的电力系统中,这样的电力系统有 380/220V 变压器中性点不接地的系统——6kV、10kV、35kV 电力系统。此外还广泛应用于直流电、静电和高频设备等作为安全保护措施。对接地电网即对地不绝缘的电网不能采用保护接地,而只能采用保护接零措施。

3. **保护原理** 在对地绝缘无接地保护的电力系统中,当带电部分意外碰壳时,人触及后故障电流将通过人体和电网与大地之间的电容构成回路,如电网分布很广或电网绝缘显著下降,则通过人体电流可达危险值使之触电。若在该电力系统中采用接地保护措施,就可把碰壳设备电压限制在安全电压以下,防止触电事故。见图 6-2 保护接地原理。

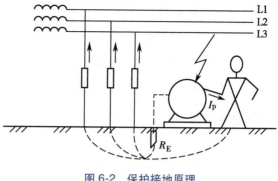

图 6-2 保护接地原理

4. 接地电阻值 在电力系统的各种接地装置中,由于接地性质和方式不同,所要求的接地电阻值也不同。如各种保护接地的接地电阻的大小是根据保护设备外壳允许的对地电压与单相接地电流的比例确定的。在 380V 低压系统中,规定 $R \leqslant 4\Omega$。

(二) 保护接零

1. 定义 把电气设备在正常运行情况下不带电而在故障情况下可能呈现危险的对地电压的金属部分与电网的零线紧密连接起来,称保护接零。

2. 应用范围 应用于 1kV 以下对地不绝缘的供电系统中,即中性点直接接地的供电系统。在变压器低侧中性点直接接地、电压为 380/220V 的三相四线制电网中,不论环境如何,凡因绝缘损坏,可能呈现危险对地电压的金属部分均应接零。

3. 保护原理 在变压器中性点直接接地的三相四线制系统中,电气设备不接地是危险的,而电气设备接地,也不能保证安全。在这种系统中,通常采用保护接零的措施。在这种情况下,当一相带电部分碰连设备外壳,则通过设备外壳形成相线对零线的单相短路,短路电流总是比较大的,能使线路上的保护装置迅速动作,断开故障部分的电源,消除隐患,保证安全。见图 6-3。

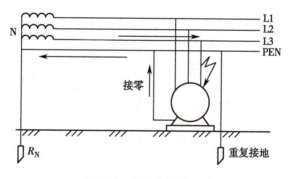

图 6-3 保护接零原理

4. 重复接地

(1)重复接地:在接零保护的电力系统中,在设备接零处或在零线其他地方再加的接地装置。则碰壳时对地电压将会降低,这个接地就叫重复接地。见图 6-3。

(2)作用

1)通过接地电阻和零线阻抗并接,降低漏电设备对地电压。

2)一旦发生零线断线,重复接地可减轻触电危险。

3)重复接地和工作接地可构成零线并联分支,当短路时能增大短路电流加速线路保护装置的动作,缩短故障的持续时间。

5．对接零装置要求

（1）中性点必须良好接地，工作接地电阻应符合规程要求，以保零线起工作和保护双重作用。

（2）必须将零线重复接地，防止零线断开造成危险。

（3）零线回路上不能装设开关和熔断器，但不起保护作用的零线可以。

（4）零线的敷设要求应与相线相同，以免断线故障。

（5）不允许再有个别设备采用保护接地方式。

（6）零线干线截面不应小于相线的一半，且符合规程规定的最小截面，以保零线能承短路故障电流。

三、防止触电的综合管理措施

触电事故涉及的原因很多，防止触电事故必须采取综合措施。做好电气安全生产管理工作，除采取上述技术措施外，还必须采取电气安全组织措施，其内容有：

1．建立健全并严格执行电气安全规章制度和操作规程　特别是两票三制（工作票、操作票、交接班制、巡回检查制、设备定期试验与轮换制度），以岗位责任制为中心的各项管理制度。

2．进行电气安全技术培训和教育　电工作业人员是特种作业人员，必须经当地劳动部门进行专业安全技术培训、考试合格取证后，持证作业。

3．进行电气安全检查

4．严肃处理工伤事故

知识链接

电工安全操作规程

1. 电气维修操作应由专业电工进行，电工上岗前要取得相应的资格证。电气作业应严格遵守安全操作规程和有关制度。

2. 任何电气设备、线路未经验电以前，一律视为有电，不准触及。需接触操作时必须切断该处电源，经放电验电合格，方可接触操作。

3. 当漏电保护器（俗称漏电开关）出现跳闸现象时，不能私自重新合闸，湿手或赤脚不要接触开关、插座、插头和各种电源接口，不要用湿布抹照明用具和电器设备。

4. 遇有电气设备着火时，应立即将有关设备的电源切断，然后进行救火。对带电设备应使用干粉灭火器、二氧化碳灭火器等灭火，不得使用泡沫灭火器或用水灭火。

5. 检修设备时，被检修设备的电源必须完全断开，并一定要有明显的断开点，且挂上"有人工作，禁止合闸"的标志牌。

6. 送电时，先要按运行规程检查设备是否具备安全送电的条件，并设专人看护，检查无误、方可按工作顺序恢复送电。

7. 低压送电设备停电时，先断开操作电源开关，后断开主回路电闸开关。送电时，顺序相反。

四、触电急救

触电急救时,首先要使触电者迅速脱离电源,然后根据触电者具体情况进行相应救治。现场抢救要迅速、准确、就地、坚持。

(一) 脱离电源

1. 对低压触电事故可采取的脱离电源的方法

(1)触电地点附近有电源开关或插头,可立即拉下开关或拔下插头。

(2)开关不在触电地点附近,可立即用有绝缘柄的电工钳等或干燥木柄斧头切断电源线。

(3)当电线搭落在触电者身上或被压在身下时,可用干的衣服、手套、绳索、木板、棒等绝缘物为工具,拉开触电者或挑开电线,使之脱离电源。

2. 对高压触电事故,可采取的脱离电源的方法

(1)通知有关部门停电。

(2)戴上高压绝缘手套,穿上绝缘靴。用相应电压等级的绝缘工具拉开开关。

(3)抛挂接地线,使线路接地短路,迫使保护装置动作,断开电源。抛线前,一端先可靠接地,然后抛另一端,注意抛掷一端不得触及触电者和其他人。

(二) 现场急救

当触电者脱离电源后,迅速组织医务等有关人员进行对症救护。

1. 对症救护　对需要救助的触电者,在进行抢救时一般按以下三种情况处理。

(1)触电者伤势不重、神志清醒,仅仅有些心慌、四肢麻木、全身无力,或者虽在触电过程中一度昏迷,但已经清醒,应使触电者安静休息,不要走动。严密观察伤势并请医生前来诊治或送往医院。

(2)如果触电者伤势较重,已失去知觉,但心脏跳动及存在呼吸,应使触电者舒适、安静地平卧,保持空气流通。解开其衣服利于呼吸,如冬天应注意保温;并速请医生前来诊治或送往医院。如发现呼吸困难、神志不清,甚至发生痉挛,应做好心脏跳动停止或呼吸停止后立即做进一步抢救的准备。

(3)如果触电者伤势严重,呼吸停止或心脏停止跳动,或两者均已停止,应立即实施心肺复苏法(CPR)。具体内容见第十章相关内容。

在对症救护中应注意,在送往医院的途中,也不能停止急救。

2. 急救用药　在实施心肺复苏法(CPR)抢救的前提下,根据触电者抢救情况要慎重使用肾上腺素,因其虽有使停跳心脏复跳作用,也有促使跳动心脏发生心室颤动,而导致心脏停止而死亡的可能。有心跳者禁用,无心跳者可用,医生要掌握时机。

点滴积累 ∨ ....

1. 防直接接触的防护措施主要有绝缘、屏护、间距、电工安全用具、安全电压、电气联锁、安装漏电保护器等措施。

2. 防间接接触的防护措施主要有保护接地、保护接零等措施。

3. 防止触电的综合管理措施主要有建立健全并严格执行电气安全规章制度和操作规程、进行电气安全技术培训和教育、进行电气安全检查、严肃处理伤亡事故等。

4. 触电急救措施主要包括脱离电源和现场急救。

第三节　防火防爆场所的电气选型

一、防爆电气设备的分类与特性

防爆电气中的电气可以是电机、开关、断路器、仪器仪表、通信设备、控制设备等。根据结构和防爆原理的不同,防爆电气设备可分为 8 种类型,一种防爆电气设备可以采用一种防爆形式,也可以几种形式联合采用,各种防爆形式的防爆性能(安全程度)有差别,可以根据实际情况按照规定选择防爆电气。

我国将防爆电气分为三大类:Ⅰ类防爆电气适用于煤矿井下;Ⅱ类防爆电气适用于爆炸性气体环境;Ⅲ类防爆电气适用于爆炸性粉尘环境。制药企业所用的防爆电气设备多为Ⅱ类防爆电气设备。防爆电气设备在爆炸危险场所运行时,具备不引燃爆炸物质的性能,其表面的最高温度不得超过作业场所危险物质的引燃温度。

1. **隔爆型(d)**　这种电气设备具有隔爆外壳,即使内部有爆炸性混合物进入并引起爆炸,也不致引起外部爆炸性混合物爆炸。它是根据最大不传爆间隙的原理而设计的,具有牢固的外壳,能承受 1.5 倍的实际爆炸压力而不变形;设备连续运转时其温度也不能引燃爆炸性混合物。这类设备的安全性能较高,可用于 0 区之外的各级危险场所。

2. **增安型(e)**　也叫防爆安全型,在正常运行条件下,不会产生点燃爆炸性混合物的火花或达到危险的温度,适用于 1 级和 2 级危险区域。

3. **本质安全型(i)**　在正常运行或在标准试验条件下所产生的火花或热效应均不能点燃爆炸性混合物。本质安全型设备按照其安全程度又分为 ia 级和 ib 级:

ia 级:在正常工作和一个故障及两个故障时不能点燃爆炸性气体的混合物,主要用于 0 区;

ib 级:在正常工作和一个故障时不能点燃爆炸性气体的混合物,主要用于 1 区。

4. **正压型(p)**　这种电气设备具有保护外壳,壳内充有保护气体(惰性气体),其压力高于周围爆炸性混合气体的压力,以避免外部爆炸性混合气体进入壳内发生爆炸。

5. **充油型(o)**　将可能产生火花、电弧或危险温度的部件浸在油中,起到熄弧、绝缘、散热、防腐的作用,从而不能点燃油面以上和外壳周围的爆炸性混合物。

6. **充砂型(q)**　外壳内充填细砂颗粒材料,以便在规定使用条件下,外壳内产生的电弧、火焰传播,壳壁或颗粒材料表面的过热温度均不能点燃周围的爆炸性混合物,适用于 1 级和 2 级危险区域。

7. **无火花型(n)**　在正常运行条件下不产生电弧或火花,也不产生能够点燃周围爆炸性混合物的高温表面或灼热点,且一般不会发生有点燃作用的故障,主要用于2级危险区域场所,适用范围较广。

8. 防爆特殊型(s)　其防爆措施在国标规定以外,特别为0区或1区设计的防爆电气设备,但必须经有关主管部门认定,并经指定的鉴定单位检验通过的这一类防爆电气设备。

二、防火防爆场所的电气选型

1. 爆炸性危险物质分类、分级和分组　为了与防爆电气分为三大类相对应,便于防爆电气选用,根据爆炸性危险物质的物理化学性质,也将其分为三大类,见表6-1。

表6-1　爆炸性危险物质分类

Ⅰ类	矿井甲烷(注意:专指矿井环境下的甲烷及其体混合物)
Ⅱ类	爆炸性气体、蒸气、薄雾
Ⅲ类	爆炸性粉尘、纤维

2. 防爆电气设备的防爆标志　防爆电气设备的防爆标志为"Ex",标在铭牌的右上方,有些设备外壳上有永久的标志字迹(浇铸或冲压)。根据我国的规定,各种防爆电气设备都应有标明防爆合格证号和防爆类型、类别、级别、温度组别等的铭牌作为标志。其分类、分级、分组与爆炸性物质的分类、分级、分组方法相同,等级参数及符号也相同。例如,Ⅰ类隔爆型,标志为 d Ⅰ;Ⅱ类隔爆型 B 级 T_3 组其标志为 d ⅡBT_3;Ⅱ类本质安全型 ia 级 B 级 T_5 组,其标志为 ia ⅡBT_5。如果采用一种以上的复合型防爆电气设备,须先标出主体防爆型式后再标出其他防爆型式,如主体为增安型,其他部件为隔爆型 B 级 T_4 组,则标志为 ed ⅡBT_4。

3. 防爆电气设备选型　防爆电气设备应根据爆炸危险环境区域和爆炸物质的类别、级别、组别进行选型(表6-2)。当同一场所存在两种或两种以上爆炸混合物时,应按危险程度较高的级别选用。一般情况下,防爆电气设备选型程序可参照图6-4。

表6-2　气体和粉尘爆炸危险场所电气设备防爆类型选型表

爆炸危险区域	适用的防护型式 电气设备类型	符号
0 区	1. 本质安全型(ia 级)	ia
	2. 其他特别为 0 区设计的电气设备(特殊型)	s
1 区	1. 适用于 0 区的防护类型	
	2. 隔爆型	d
	3. 增安型	e
	4. 本质安全型(ib 级)	ib
	5. 充油型	o
	6. 正压型	p
	7. 充砂型	q

续表

爆炸危险区域	适用的防护型式	符号
	电气设备类型	
	8. 其他特别为 1 区设计的电气设备(特殊型)	s
2 区	1. 适用于 0 区或 1 区的防护类型	
	2. 无火花型	n

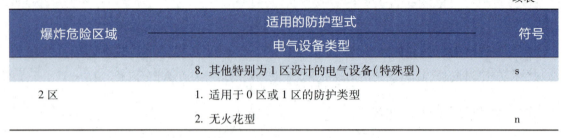

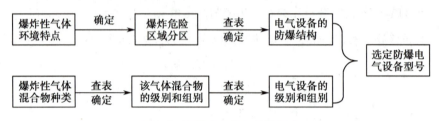

图 6-4　防爆电气设备选型程序

　　爆炸危险场所区域等级的确定是选择防爆电气设备类型的关键。爆炸性物质的类别、级别和组别是选择防爆电气设备类别、级别和组别的依据。场所区域等级的确定和防爆电气类别、级别和组别的选定要适当,要遵照既安全又经济的原则进行选定。

知识链接

防　爆　电　机

　　防爆电机是一种可以在易燃易爆场所使用的一种电机,运行时不会产生电火花。防爆电机主要用于煤矿、石油化工、医药等易燃易爆行业。防爆电机作为主要的动力设备,通常用于驱动泵、风机、压缩机和其他传动机械。

　　防爆电机外壳有防爆标识,如 KA、KB、KT、EI、DI 等,接线盒是防爆密封的。

点滴积累 ∨

　　1. 我国将防爆电气分为三大类:Ⅰ类、Ⅱ类、Ⅲ类。根据结构和防爆原理的不同,防爆电气设备可分为 8 种类型。

　　2. 防爆电气设备应根据爆炸危险环境区域和爆炸物质的类别、级别、组别进行选型。

目标检测

一、选择题

(一) 单项选择题

1. 电流致人伤害可分为(　　)两种

　　A. 电击、触电　　　　　　　　　　　B. 电击、电伤

　　C. 电伤、电光眼　　　　　　　　　　D. 触电、电伤

2. 防爆电气设备应根据爆炸危险环境区域和爆炸物质的(　　)进行选型
　　A. 类别、级别、组别　　　　　　　　　B. 类别、级别
　　C. 级别、组别　　　　　　　　　　　　D. 类别、组别

3. 电击致死的最常见原因是由于电流刺激人体(　　)引起心室颤动致死
　　A. 大脑　　　　　　B. 中枢神经　　　　　C. 脊柱　　　　　　D. 心脏

4. 夏秋两季触电事故发生机会较多主要是因为(　　)
　　A. 人体裸露皮肤较多,触电机会增大　　　B. 电气设备绝缘性能下降
　　C. 电气负载较大,易发生短路　　　　　　D. 电器老化加重

5. 进罐检修作业时,照明灯电压应为(　　)
　　A. 6V　　　　　　　B. 12V　　　　　　　C. 36V　　　　　　D. 48V

6. 人体的阻值,一般取值为(　　)
　　A. 1 500~2 000Ω　　　　　　　　　　B. 1 000~1 500Ω
　　C. 800~1 000Ω　　　　　　　　　　　D. 600~800Ω

（二）多项选择题

1. 按触及带电体的方式和电流通过人体途径,触电又可分为(　　)
　　A. 单相触电　　　　　　B. 交流触电　　　　　　C. 跨步电压触电
　　D. 两相触电　　　　　　E. 直接接触触电

2. 电伤主要有以下哪几种方式(　　)
　　A. 电烧伤　　　　　　　B. 电烙印　　　　　　　C. 皮肤金属化
　　D. 电光眼　　　　　　　E. 肌肉麻痹

3. 根据人体对电流的生理反应,一般将电流划分为(　　)
　　A. 感知电流　　　　　　B. 摆脱电流　　　　　　C. 致命电流
　　D. 安全电流　　　　　　E. 持续电流

4. 防直接接触触电的措施中,最主要的三种为(　　)
　　A. 绝缘　　　　　　　　B. 屏护　　　　　　　　C. 间距
　　D. 安全电压　　　　　　E. 安全标志

5. 防间接接触触电的措施中,最主要的三种为(　　)
　　A. 保护接地　　　　　　B. 保护接零　　　　　　C. 重复接地
　　D. 使用漏电保护器　　　E. 绝缘

6. 当触电者脱离电源后,迅速组织医务等有关人员进行对症救护。现场应用的方法主要有(　　)
　　A. 人工呼吸法　　　　　　　　　　B. 强制苏生及胸外心脏挤压法
　　C. 捶打法　　　　　　　　　　　　D. 输液法
　　E. 仰头抬颈法

二、问答题

1. 什么叫保护接地？它适用于哪类电网？为什么？

2. 什么叫保护接零？它适用于哪类电网？为什么？它与保护接地有什么区别？

3. 什么是感知电流、摆脱电流和致命电流？

（张之东）

第七章

压力容器安全技术

导学情景 ∨

情景描述:

2007 年,某公司操作工在对蒸压釜釜盖法兰处操作时,对齿面是否完全啮合的情况未经有效确认即开始升压,造成在升压过程中法兰齿被压溃滑脱,啮合失效,导致釜盖飞出;简体由于气体反推力作用,拉脱固定支座,向后移动,撞塌两堵墙,致使 1 名工人被倒塌的墙砸死。

学前导语:

操作工未进行有效确认即开始升压,属于典型的操作不当,且操作人员未取得特种设备操作人员资格证,属无证上岗,不具备相应的专业知识,压力容器事故的破坏性及人员伤亡程度往往较大,因此,防止各类压力容器事故的发生极其重要。

压力容器是制药生产中普遍使用的生产设备之一。《中华人民共和国特种设备安全法》(以下简称《特种设备安全法》)2013 年 6 月 29 日公布,自 2014 年 1 月 1 日起施行,是一项重要法规。严格遵循《特种设备安全法》,规范有关特种设备的各项生产施工活动,对提高特种设备制造、安装质量,防止和减少特种设备事故,确保特种设备运行安全,作用重大。压力容器属于特种设备,遵守《特种设备安全法》。物理爆炸多来源于压力容器超温、超压或腐蚀器壁减薄,导致受力强度超其材质破坏强度极限造成的。若容器装有易燃易爆、有毒物料,又会导致火灾或化学爆炸或中毒事故发生。据统计,在使用 10 000 台压力容器中,每年发生的事故达 13.2 次,其中重大事故 0.7 次。因此,必须掌握压力容器有关安全知识,学会压力容器的安全操作,以防止压力容器各种安全事故的发生。

第一节　压力容器概述

根据《中华人民共和国特种设备安全法》《特种设备安全监察条例》的规定,2014 年 10 月 30 日,国家质量监督检验检疫总局公布实施了经国务院批准修订的《特种设备目录》,其中规定,压力容器是指盛装气体或者液体,承载一定压力的密闭设备,其范围规定为最高工作压力大于或者等于0.1MPa(表压)的气体、液化气体和最高工作温度高于或者等于标准沸点的液体,容积大于或者等于30L且内直径(非圆形截面指截面内边界最大几何尺寸)大于或者等于150mm 的固定式容器和移动式容器;盛装公称工作压力大于或者等于 0.2MPa(表压),且压力与容积的乘积大于或者等于

1.0MPa·L 的气体、液化气体和标准沸点等于或者低于 60℃ 液体的气瓶;氧舱。见表 7-1。

表 7-1　特种设备目录

代码	种类	类别	品种
2000	压力容器		
2100	固定式压力容器		
2110		超高压容器	
2130		第三类压力容器	
2150		第二类压力容器	
2170		第一类压力容器	
2200	移动式压力容器		
2210		铁路罐车	
2220		汽车罐车	
2230		长管拖车	
2240		罐式集装箱	
2250		管束式集装箱	
2300	气瓶		
2310		无缝气瓶	
2320		焊接气瓶	
23T0		特种气瓶(内装填料气瓶、纤维缠绕气瓶、低温绝热气瓶)	
2400	氧舱		
2410		医用氧舱	
2420		高气压舱	

　　根据 2016 年 2 月 22 日中华人民共和国国家质量监督检验检疫总局颁布的《固定式压力容器安全技术监察规程》(TSG 21—2016 特种设备安全技术规范)规定,固定式压力容器(以下简称压力容器)是指安装在固定位置,或者仅在使用单位内部区域使用的压力容器,同时应具备以下三个条件:工作压力(指在正常工作情况下,压力容器顶部可能达到的最高压力,表压力)≥0.1MPa(不包括液体静压力,下同);容积≥0.03m³ 并且内直径(非圆形截面指截面内边界最大几何尺寸)≥150mm;盛装介质为气体、液化气体和最高工作温度高于或者等于标准沸点的液体。

一、压力容器的常用参数

1. **压力**　压力系指介质表压力,单位为 MPa。压力通常分为最高工作压力和设计压力。

2. **温度**　通常是指介质温度,而对压力容器是指器壁温度,单位为℃。

3. **容积**　指压力容器内壳体的体积,单位为 m³。

4. **介质**　是指在压力容器内储存、通过或参与反应的物质。

二、压力容器的分类

压力容器非常复杂且种类繁多。根据使用和管理等不同要求,可分为固定式和移动式(如汽车、铁路槽车、气瓶);根据壳体承压方式分为内压、外压和夹套容器;根据安装方式分为立式和卧式容器;按压力高低分为低、中、高和超高压容器。而通常多按压力、用途、危险性和危害性进行分类。

1. 按压力分类　按设计压力大小将容器分为低压、中压、高压、超高压4个等级。

低压(代号 L)　　　　　$0.1MPa \leqslant P < 1.6MPa$

中压(代号 M)　　　　　$1.6MPa \leqslant P < 10MPa$

高压(代号 H)　　　　　$10MPa \leqslant P < 100MPa$

超高压(代号 U)　　　　$P \geqslant 100MPa$

2. 按用途分类　压力容器按用途分为反应压力容器、换热压力容器、分离压力容器和储存压力容器。

(1)反应压力容器(代号 R):主要用来完成介质的物理或化学反应的压力容器。如反应器、聚合釜、合成塔、变换炉、煤气发生炉等。

(2)换热压力容器(代号 E):主要用来完成介质热量交换的压力容器。如热交换器、冷却器、冷凝器、蒸发器等。

(3)分离压力容器(代号 S):主要用来完成介质的流体压力平衡、气体净化、分离的压力容器。如分离器、过滤器、集油器、洗涤器、吸收塔、铜洗塔、干燥塔、汽提塔、分汽缸、除氧器等。

(4)储存压力容器(代号 C,其中球罐代号 B):主要用来存储或者盛装气体、液体、液化气体等介质的压力容器。如各种形式的储罐。

3. 按危险性和危害性分类　根据容器的工作压力、用途、容积和介质的危险性,按照《压力容器安全技术监察规程》可分为三类。简单地说是根据容器的危险因素及其发生事故时可能造成的后果大小进行分类。

(1)一类容器:非易燃或无毒介质的低压容器及易燃或有毒介质的低压传热容器和分离容器属于一类容器。

(2)二类容器:任何介质的中压容器;剧毒介质的低压容器;易燃或有毒介质的低压反应容器和储运容器属于二类容器。

(3)三类容器:高压、超高压容器;PV(设计压力×容积)$\geqslant 0.2MPa \cdot m^3$ 的剧毒介质低压容器和剧毒介质的中压容器;$PV \geqslant 0.5MPa \cdot m^3$ 的易燃或有毒介质的中压反应容器;$PV \geqslant 10MPa \cdot m^3$ 的中压储运容器;中压废热锅炉和内径大于 1m 的低压废热锅炉。

三、压力容器的设计、制造与安装

(一) 压力容器的设计

容器的设计直接影响压力容器的安全运行,因使用环境的复杂性,因此在压力容器设计阶段,要加以足够的重视。压力容器设计时要综合考虑环境温度,温度,工作压力,工作温度,所盛装介质的腐蚀性、毒性及工艺方面的特殊要求等。压力容器对安全运行的影响主要有以下三个方面:①容器的结构是否合理。结构不良的容器,往往因产生过高的局部应力而在反复的加压和卸压过程中导致破坏。②制造容器所用的材料是否合适。容器选材不当,即使具有足够的壁厚,也可能由于材料韧性的降低而发生脆性断裂,或由于工作介质对材料产生腐蚀破裂等。③容器是否有足够的强度。容器的强度太小,在压力的作用下会产生过度的弹性变形和塑性变形,并导致容器破裂。

1. 设计单位资格　压力容器设计单位,必须持有省级以上(含省级)主管部门批准,同级劳动部门备案的压力容器设计单位批准书。第三类压力容器、超高压容器、液态气体槽车、特种用途容器的设计单位,应由国务院主管部门批准。其他第一、二类容器的设计单位,由省级主管部门批准。

2. 压力容器的结构　压力容器的结构设计应符合以下原则:

(1)避免结构上的形状突变,使其平滑过渡。压力容器若存在几何形状突变和其他结构上的突变,都会产生较高的局部应力,因此要尽量避免。实在难以避免时,要采用平滑过渡的结构形式,以减少突变。

(2)避免应力集中与应力叠加。在压力容器设计中,总是不可避免地存在一些局部应力较高或受到削弱的结构,如开孔、转角、焊缝等部位。设计时,应尽量避开,以防局部应力叠加,导致容器破裂。

(3)避免有过大的焊接应力或附加应力的刚性结构。刚性大的焊接结构既可以使焊接构件因焊接时膨胀或收缩受到约束,产生较大的焊接应力;也将在温度变化或应力变化引起变形受到约束,产生附加应力。因此在设计时应采取措施加以避免。

3. 材料的选用　材料的正确选用,对于压力容器的质量与安全运行有直接的影响。在材料选用时,除要考虑制造时的加工性能外,还要考虑使用温度、介质及载荷等因素。材料在制造过程中,不可避免地存在气孔、疏松、夹杂物等缺陷。因此,压力容器受压元件所采用的钢材应符合《钢制压力容器》的规定,并提供质量证明书。证明书上应有炉(罐)号、批号、实测的化学成分和机械性能、供货熔炼热处理状态。

材料要具有良好的工艺性能,即良好的冷、热加工性能,如轧制、成型、锻造和焊接性能。材料中的碳、硫、磷、氧等含量对工艺性能有显著的影响。当碳当量小于 0.4% 时,钢材的淬硬倾向不大,可焊接性能优良;当碳当量大于 0.6% 时,淬硬倾向强,施焊时应预热 150℃ 以上,并采取减少焊接应力和防止开裂的工艺措施,焊后要进行适当的热处理。硫、磷、氧等杂质,不仅恶化材料的机械性能,而且严重影响其工艺性能。低熔点的硫化铁使钢材产生热脆性;磷也恶化钢的焊接性能,使焊缝和热影响区产生裂纹。

设计使用温度小于 -20℃ 的容器习惯上称为低温容器。低温容器突出的问题是在低温下的脆性破裂。当温度低至某一范围,材料的冲击值急剧降低而呈现脆性,我们把这个温度称为材料的脆性转变温度(又称韧性—脆性转变温度),以表示材料由塑性转变为脆性的临界温度。但是,并不是所有的金属材料都具有冷脆性,如奥氏体不锈钢、铝、铜等具有面心立方晶格的金属,并没有冷脆现象。

材料在高温环境下,除了蠕变现象外,还易发生高温下材料与氧的结合,形成疏松的氧化物使抗氧化能力降低,材料腐蚀速度加快,应力腐蚀更加突出。

（二）压力容器的制造

压力容器由于制造质量不过关而发生事故比较常见。为保证压力容器的制造质量，国家规定凡制造和现场组焊压力容器的单位，必须持有省级以上（含省级）劳动部门颁发的特种设备制造许可证。无许可证的单位，不得制造或组焊压力容器。

压力容器的制造质量主要取决于焊接质量与检验质量。

1. 焊接质量　承担压力容器的焊接工作的焊工，必须持有市以上劳动部门发给的《锅炉压力容器焊工合格证》才准许担任相应的焊接工作。因焊接属于特殊工艺，必须进行焊接工艺评定，并严格焊前预热与焊后热处理。

2. 检验质量　压力容器制造完成后，要进行压力试验。压力试验是指耐压实验和气密性实验，并应在内部检查合格后进行。耐压实验包括液压实验与气压实验。因气体压缩系数较大，气压实验的危险性比液压实验高得多。所以除设计图样规定要求用气体代替液体而进行耐压实验外，不得采用气压实验。

压力容器出厂时，制造单位必须按照《固定式压力容器安全技术监察规程》的规定向订货单位提供有关技术资料。

（三）压力容器的安装

安装质量的好坏也直接影响压力容器的安全、可靠，因而压力容器的安装单位必须经劳动部门审核批准才可以从事安装工作。安装过程中应对安装质量实行分段验收和总体验收。有关安装质量的技术资料，如安装竣工图、质量检验数据、施工质量证明书合格证等，在安装后施工单位应移交给使用单位。

点滴积累

1. 压力容器的常用参数主要包括压力、温度、容积、介质。
2. 压力容器可按照压力、用途、危险性和危害性分类。
3. 压力容器必须要由有资质的单位进行设计、制造与安装，并要遵照相关的规范进行。

第二节　压力容器的定期检验

压力容器的定期检验是指压力容器在使用过程中，每隔一定时间，由专业人员采取适当有效方法，在压力容器停机时，对压力容器的承压部件和安全装置等安全状况进行检验，或作必要的试验。其目的在于通过检验，能及时发现和消除隐患或给以安全确认，以保安全运行和使用。

一、定期检验要求

压力容器的使用单位，必须认真安排压力容器的定期检验工作，按照《固定式压力容器安全技术监察规程》的规定，应当于压力容器定期检验有效期届满前 1 个月向特种设备检验机构提出定期检验要求,同时将压力容器定期检验计划报发证机构。检验机构接到定期检验要求后,应当及时进行检验。检验检测人员应当取得相应的特种设备检验检测人员证书。检验机构应当接受质量技术监督部门的监督,并且对压力容器定期检验结论的真实性、准确性、有效性负责。

二、定期检验的周期

压力容器一般应当于投用后 3 年内进行首次定期检验。以后的检验周期由检验机构根据压力容器的安全状况等级,按照以下要求确定:

1. 安全状况等级为 1、2 级的,一般每 6 年一次。

2. 安全状况等级为 3 级的,一般 3~6 年一次。

3. 安全状况等级为 4 级的,应当监控使用,其检验周期由检验机构确定,累计监控使用时间不得超过 3 年。在监控使用期间,使用单位应当采取有效的监控措施。

4. 安全状况等级为 5 级的,应当对缺陷进行处理,否则不得继续使用。

压力容器安全状况等级的评定按《固定式压力容器安全技术监察规程》的有关规定进行。符合规定条件的,可以按《固定式压力容器安全技术监察规程》要求适当缩短或者延长全面检验周期。应用基于风险的检验(RBI)技术的压力容器,按《固定式压力容器安全技术监察规程》的要求确定全面检验周期。

设计文件已经注明无法进行定期检验的压力容器,由使用单位在办理《特种设备使用登记证》时提出书面说明;因情况特殊不能按期进行定期检验的压力容器,由使用单位提出申请并且经过使用单位主要负责人批准,征得上次承担定期检验或者承担基于风险的检验(RBI)的检验机构同意(首次检验的延期除外),向发放《特种设备使用登记证》的安全监察机构备案后,方可推迟。对无法进行定期检验或者不能按期进行定期检验的压力容器,均应当制定可靠的监护和抢险措施,如因监护措施不落实出现问题,应当由使用单位负责。

三、定期检验的项目

压力容器定期检验包括宏观检验、壁厚测定、表面缺陷检测、安全附件校验为主,必要时增加埋藏缺陷检测、材料分析、密封紧固件检验、强度校核、耐压试验、泄漏试验等项目。

1. **宏观检验**　主要是采用目视方法(必要时利用内窥镜、放大镜或其他辅助仪器)检验压力容器本体结构、几何尺寸、表面情况(如裂纹、腐蚀、泄漏、变形),以及焊缝、隔热层、衬里等。

2. **壁厚测定**　一般采用超声测厚方法。测定位置应有代表性,有足够的测点数。测定后标图记录,对异常测厚点做详细标记。

3. **表面缺陷检测**　应采用《承压设备无损检测》(NB/T 47013.1—2015)中的磁粉检测、渗透检测方法。如果无法在内表面进行检测,可以在外表面采用其他方法对内表面进行检测。

4. **埋藏缺陷检测**　应采用《承压设备无损检测》(NB/T 47013.1—2015)中的射线检测或超声检测等方法。

5. **材料分析**　根据情况可以采用化学分析、光谱分析、硬度检测等方法。

6. 无法进行内部检验的压力容器　应采用可靠的检测技术(如内窥镜、超声检测等)从外部进行检测。

7. 螺柱检验　M36以上(含M36)螺柱在逐个清洗后,检验其损伤和裂纹情况,重点检验螺纹及过渡部位有无环向裂纹,必要时进行无损检测。

8. 强度校核　对腐蚀(及磨蚀)深度超过腐蚀裕量、名义厚度不明、结构不合理(并且已经发现严重缺陷),或检验人员对强度有怀疑的压力容器,应进行强度校核。强度校核由检验机构或委托有能力的压力容器设计单位进行。

9. 安全附件校验

(1)安全阀:检验是否在校验有效期内。

(2)爆破片装置:检验是否按期更换。

(3)快开门式压力容器的安全联锁装置:检验是否满足设计文件规定的使用技术要求。

10. 耐压试验　定期检验过程中,使用单位或检验机构对压力容器的安全状况有怀疑时,应进行耐压试验。耐压试验的目的是检验锅炉、压力容器承压部件的强度和严密性。在试验过程中,通过观察承压部件有无明显变形或破裂,来验证锅炉、压力容器是否具有设计压力下安全运行所必需的承压能力。同时,通过观察焊缝、法兰等连接处有无渗漏,来检验锅炉、压力容器的严密性。

耐压试验的试验参数[试验压力、温度等以本次定期检验确定的允许(监控)使用参数为基础计算]、准备工作、安全防护、试验介质、试验过程、合格要求等按照《固定式压力容器安全技术监察规程》相关规定执行。

耐压试验由使用单位负责实施,检验机构负责检验。

11. 泄漏试验　对于介质毒性危害程度为极度、高度危害,或设计上不允许有微量泄漏的压力容器,应进行泄漏试验,包括气密性试验和氨、卤素、氦检漏试验。泄漏试验由使用单位负责实施,检验机构负责检验。

压力容器中的常见缺陷

点滴积累

1. 压力容器检验的要求按照《固定式压力容器安全技术监察规程》的规定进行。
2. 压力容器的检验周期按照《固定式压力容器安全技术监察规程》的规定进行。
3. 压力容器的检验项目以宏观检验、壁厚测定、表面缺陷检测、安全附件校验为主,必要时增加埋藏缺陷检测、材料分析、密封紧固件检验、强度校核、耐压试验和泄漏试验等项目。

第三节　压力容器的主要安全附件及仪表

压力容器上使用的安全附件及仪表有压力表、温度计、安全阀、液位计、爆破片、爆破帽、易熔塞、紧急切断装置等。

一、压力表

用来测量容器内介质的实际压力值,以防超限。对其安全要求是:选用的压力表必须与容器内的介质相适应。低压容器使用的压力表精度不应低于2.5级;中压及高压容器使用的压力表精度不应低于1.5级。表盘刻度极限值为最高工作压力的1.5~3.0倍,最好选用2倍;表盘直径不应小于100mm,如观察距离超过2m,则表盘直径不应小于150mm。压力表安装前要按国家计量部门的有关规定对其进行校验。在刻度盘上应划出指示最高和最低工作压力红线,注明下次检验日期(一般每年至少校验一次)。压力表校验后应加铅封。

二、温度计或测温仪表

用以测量介质或触媒或器壁温度,以防超限发生事故。应按工艺要求确定测量点。温度计或测温仪表安装使用前必须校验,并定期校验,以保其准确性。

三、安全阀

是当容器超压时能自动泄压的装置。有弹簧式、杠杆式和静重式安全阀等。弹簧式安全阀要有提升把手和防止随意拧动调整螺丝的装置;杠杆式安全阀要有防止重锤移动的装置和限制杠杆越出的导架;静重式安全阀要有防止生铁片飞脱装置。安全阀应按规定的开启压力进行调整和校验,校后要进行铅封,并定期作手动或自动的放气放水(液)试验,以防阀芯和阀座黏住。安全阀出厂应当随带产品质量证明书,并且在产品上装设牢固的金属铭牌。

安全阀安装的一般要求如下:

1. 安全阀应垂直安装,并且应当装设在压力容器液面以上气相空间部分,或装设在与压力容器气相空间相连的管道上。

2. 压力容器与安全阀之间的连接管和管件的通孔,其截面积不得小于安全阀的进口截面积,其接管应当尽量短而直。

3. 压力容器一个连接口上装设两个或两个以上的安全阀时,则该连接口入口的截面积,应当至少等于这些安全阀的进口截面积总和。

4. 安全阀与压力容器之间一般不宜装设截止阀门。为实现安全阀的在线校验,可在安全阀与压力容器之间装设爆破片装置。对于盛装毒性程度为极度、高度、中度危害介质,易燃介质,腐蚀、黏性介质或贵重介质的压力容器,为便于安全阀的清洗与更换,经过使用单位主管压力容器安全技术负责人批准,并且制定可靠的防范措施,方可在安全阀(爆破片装置)与压力容器之间装设截止阀门。压力容器正常运行期间截止阀门必须保证全开(加铅封或锁定),截止阀门的结构和通径应当不妨碍安全阀的安全泄放。

5. 安全阀装设位置,应当便于检查和维修。

四、液位计或液位报警器

用以指示液位的高低,以防液位超限,发生事故。有玻璃管(板)、磁性液位计和浮球式或磁铁式液位报警器等。液位计或液位报警器应根据压力容器的介质、最高工作压力和温度正确选用。在安装使用前,低、中压容器用液位计,应进行1.5倍液位计公称压力的水压试验;高压容器用液位计,应进行1.25倍液位计公称压力的水压试验。盛装0℃以下介质的压力容器上,应选用防霜液位计。寒冷地区室外使用的液位计,应选用夹套型或保温型结构的液位计。用于易燃、毒性程度为极度、高度危害介质的液化气体压力容器上,应采用板式或自动液位指示计或磁性液位计,并有防止泄漏的保护装置。要求液面指示平稳的,不应采用浮子(标)式液位计。

液位计应安装在便于观察的位置。大型压力容器还应有集中控制和报警装置。液位计的最高和最低安全液位,应作出明显标记。操作人员应加强对液位计的维护保养,定期进行冲洗。发现玻璃板(管)液位计有裂纹、破碎、阀件固死、经常出现假液位或超检验周期的液位计时要停止使用并进行检查、检验。

五、爆破片

爆破片是断裂型的超压泄放装置。爆破片具有结构简单、灵敏、准确、无泄漏、泄放能力强等优点。一般用于不适于装安全阀的容器上,如介质容易于结晶、聚合或黏度较大的容器。

六、易熔塞

易熔塞是超温熔化型泄放装置,在设备超压且超温时,安装于设备接管上的易熔堵塞物熔化而使设备排出介质泄压,如气瓶上的易熔塞。

点滴积累

1. 压力容器上使用的安全附件及仪表的种类有压力表、温度计、安全阀、液位计、爆破片、爆破帽、易熔塞、紧急切断装置等。
2. 压力容器上使用的安全附件及仪表的用途及安装使用注意事项。

第四节 压力容器的安全使用

一、压力容器使用的要求

汇总国家颁发的压力容器各种监察、管理和检验法规规定,对压力容器使用要求如下:

(1)企业行政技术负责人(行政主管副职和总工程师)必须对压力容器的安全技术管理负责。并指定专管部门和具有压力容器专业知识的技术人员负责具体管理工作。

(2)必须贯彻执行压力容器的有关法规,制定本单位压力容器安全管理规章制度和安全操作规程。

(3)必须持压力容器有关技术资料到当地劳动(政府行政主管)部门的锅炉压力容器安全监察机构逐台登记、注册,办理"压力容器使用登记证"。压力容器安全等级变更时,或过户、报废处理时,应向其登记部门申请办理变更、过户、注销手续。

(4)要建立"压力容器技术档案",每年应向当地劳动(政府行政)主管部门报送本单位"压力容器统计表"。

（5）企业主管部门和人员应制定年检计划,连同上年度检验计划执行情况,按上级劳动(政府行政)主管部门要求及时上报。

（6）从国外进口的压力容器,按双方协议规定的标准,由省级商验部门和锅炉压力容器安全监察机构或授权的检验单位实行进口检验,合格后方可安装,并按规定办理登记、注册和发证。

（7）压力容器受压组件的修理、改造方案,应报当地锅炉压力容器安全监察机构审查批准,方可施工。

（8）压力容器进行耐压试验时,应有省级锅炉压力容器安全监察机构或授权的检验单位派员参加。

（9）发生压力容器爆炸事故,应迅速报告劳动(当地政府行政主管)部门锅炉压力容器安全监察机构和企业主管部门,要立即组织调查,并认真填写"事故调查报告"上报有关部门。

（10）从事压力容器检验的检验员和无损探伤人员,必须经专业培训和省级以上锅炉压力容器安全监察机构考核合格后,取得"检验员证"或"无损检测资格证"。

（11）从事压力容器操作的人员属于特种作业人员,需经当地劳动(行政)主管部门进行专业安全技术培训,并考试合格取证后,持证上岗作业。

二、压力容器的安全操作

严格按照岗位安全操作规程的规定,精心操作和正确使用压力容器,是保证安全生产的一项重要措施。

案例分析

案例

某制药厂得凡诺车间环合岗位的一台 300L 环合反应罐,在运行中突然爆炸。罐盖与罐体分离,罐盖飞起撞击屋顶横梁后反弹落到距罐体 14.5m 处砸坏一台台秤。罐盖与罐体的 24 只"K"型卡子几乎全部断裂,其中心螺栓弯曲,车间后部门窗玻璃全部被炸坏,个别窗框被炸坏。爆炸炸死 2 人,直接经济损失约 13 万元,间接损失约 9 万元。

分析

操作不当是这次爆炸事故的直接原因。这次事故不属容器本身的质量事故,也不是燃烧爆炸,而是由于超温物料分解产生的超压造成的。由于操作不当,氯化反应过快、回收二甲苯和过量三氯氧磷时间过长,造成物料固化,在夹套继续不停加热的情况下,便首先从靠罐壁的物料开始分解,进而迅速扩展到全部物料分解,产生大量 CO_2、NO_2 等气体,体积急剧膨胀,压力急剧升高,当"K"型卡子不能承受时,便突然发生爆炸。

为防止同类事故的发生,应该加强管理,教育操作人员应严格遵守操作规程,防止误操作;另外要切实提高操作人员技术素质,坚持持证上岗。

1. 精心操作,动作平稳　操作要精力集中,勤检查和调节。在升压、升温或降压、降温时,都应缓慢,不能使压力、温度骤升骤降。保持压力和温度的相对稳定,减少压力和温度的波动幅度,是防止容器疲劳破坏的重要环节之一。

在压力容器操作中,阀门的启用要特别谨慎。开车、正常运行和停车时,各阀门的开关状态以及开关的先后顺序不能搞错,必须按岗位安全操作规程的规定进行操作。要防憋压闷烧、防止高压串入低压系统、防止性质相抵触的物料相混以及防止液体和高温物料相遇。

2. 禁止超压、超温、超负荷　压力容器的设计都是根据预定的最高工作压力、温度、负荷和介质特性,从而确定容器的材质、容积、壁厚和进出口管径;确定安全附件的材质、规格等。超压是引起容器爆炸的一个主要原因。超压有时并不立即导致容器的爆炸,但是会使材料中存在的裂纹加快扩展速度,缩短了容器的使用寿命或为爆炸准备了条件。

材料的强度一般是随温度的升高而降低。超温使材料强度下降,因而产生较大的塑性变形(如局部超温能使容器产生鼓包),最终导致容器失效或爆炸。超温还往往是使容器发生蠕变破坏的主要原因。除此之外,严格控制化学反应温度也是预防燃烧、爆炸的一个重要措施。运行中不准超过最高或最低允许工作温度,特别是低温容器或工作温度较低的容器,如温度低于规定的范围,就可能导致容器的脆性破坏。

超负荷会对容器产生不同的危害。有的加快了容器和管道的磨损减薄;有的(如液化气体槽、罐)充装过量后,温度稍有升高,压力急剧上升而发生爆炸等。

3. 巡回检查,及时发现和消除缺陷　压力容器的破坏大多数有先期征兆,只要勤于检查,仔细观察,是能够发现异常现象的。因此,在容器运行期间应定时、定点、定线进行巡回检查。检查内容包括工艺条件、设备状况和安全附件,是否正常、灵敏、可靠或异常。

4. 紧急停止运行　容器在运行中如发生故障,出现下列情况之一,严重威胁安全时,操作人员应立即采取措施,停止容器运行,并通知生产调度和有关领导。

(1)容器的压力或壁温超过操作规程规定的最高允许值,采取措施后仍不能使压力或壁温降下来,并有继续恶化的趋势。

(2)容器的主要承压组件产生裂纹、鼓包、变形或泄漏等缺陷,危及容器安全。

(3)安全附件失灵、接管断裂、紧固件损坏,难以保证容器安全运行。

(4)发生火灾直接威胁到容器安全操作。

容器停止运行的操作,一般应切断进料、泄放器内介质,使压力降下来。对于连续生产的容器,紧急停止运行前务必与前后有关岗位作好联系工作。

▶▶ 边学边练

正确使用压力容器,请见实训项目四　高压灭菌锅的使用。

点滴积累 ∨

> 1. 严格按照国家颁发的压力容器各种监察、管理和检验法规规定使用压力容器。
> 2. 严格按照岗位安全操作规程的规定，精心操作和正确使用压力容器。

第五节　气瓶的安全使用

气瓶是指在正常环境温度下（-40~60℃）可重复充气使用的，公称容积为 0.4~3 000L，公称工作压力为 0.2~35MPa（表压）且压力与容积的乘积大于或等于 1.0MPa·L，盛装压缩气体、液化气体或溶解气体等的移动式压力容器。

一、气瓶的分类

按充装介质的性质分类：

1. 压缩气体气瓶　压缩气体是指在-50℃下加压时完全是气态的气体，包括临界温度低于或等于-50℃的气体，如氢、氧、氮、空气、煤气及氩、氦、氖、氪等。这类气瓶一般都以较高的压力充装气体，目的是增加气瓶的单位容积充气量，提高气瓶利用率和运输效率。常见的充装压力为 15MPa，也有充装 20~30MPa。

2. 液化气体气瓶　液化气体是指在温度高于-50℃下加压时部分是液态的气体，包括临界温度在-50~65℃的高压液化气体和临界温度高于 65℃的低压液化气体。气瓶充装时都以低温液态灌装。有些液化气体的临界温度较低，装入瓶内后受环境温度的影响而全部气化。有些液化气体的临界温度较高，装瓶后在瓶内始终保持气液平衡状态，因此，可分为高压液化气体和低压液化气体。

3. 溶解气体气瓶　是专门用于盛装乙炔的气瓶。由于乙炔气体极不稳定，故必须把它溶解在溶剂（常见的为丙酮）中。气瓶内装满多孔性材料，以吸收溶剂。乙炔瓶充装乙炔气，一般要求分两次进行，第一次充气后静置 8 小时以上，再第二次充气。

二、气瓶的颜色

国家标准《气瓶颜色标志》对气瓶的颜色、字样和色环做了严格的规定。常见气瓶的颜色见表 7-2。

表 7-2　常见气瓶颜色

序号	充装气体名称	化学式	瓶色	字样	字色	色环
1	乙炔	C_2H_2	白	乙炔不可近火	大红	
2	氢	H_2	淡绿	氢	大红	P20,淡黄色单环 P30,淡黄色双环

续表

序号	充装气体名称	化学式	瓶色	字样	字色	色环
3	氧	O_2	淡(酞)兰	氧	黑	P = 20,白色单环 P = 30,白色双环
4	氮	N_2	黑	氮	淡黄	
6	二氧化碳	CO_2	铝白	液化二氧化碳	黑	P = 20,黑色单环
7	氨	NH_3	淡黄	液化氨	黑	
8	氯	Cl_2	深绿	液化氯	白	
9	甲烷	CH_4	棕	甲烷	白	P = 20,淡黄色单环 P = 30,淡黄色双环

三、气瓶的使用

使用气瓶要做到正确操作,禁止撞击;远离明火,防止受热;专瓶专用,留有余压;维护保养,定期检验。

1. 正确操作,禁止撞击 高压气瓶开阀时应缓慢开启,不要过快,防止高速产生高温,介质是可燃气体的钢瓶尤应注意,防止高速产生的静电作用而引起燃烧或爆炸。开或关瓶阀时,不能用铁扳手等敲击瓶阀和瓶体,以免产生火花或敲坏瓶阀。氧气瓶严禁沾染油脂,也不准用沾染油脂的手套、工具去操作氧气瓶。因氧气遇到油脂就会发生燃烧。气瓶阀和减压器泄漏时,不能继续使用。气瓶禁止撞击。因撞击会损伤瓶体、碰落瓶体外漆色,缩短其使用寿命;撞击还会使钢瓶受到冲击载荷,会恶化瓶体材料的机械性能,使材料变脆而发生脆性破坏;撞击还可能拆断阀杆或碰坏阀体,造成瓶内介质大量外泄,或引起燃烧爆炸,或发生中毒事故。溶解乙炔钢瓶若受撞击,能触发化学性质活泼的乙炔分解爆炸。乙炔钢瓶使用时严禁卧放。液氯、液氨等液化气钢瓶使用时应该使气相阀处在上方位置。

2. 远离明火,防止受热 因温度升高瓶内压力随之升高,特别是液化气瓶,温度稍有增高而瓶内压力剧增(液体的饱和蒸气压剧增),会导致气瓶压力超其设计压力,而发生爆炸事故。所以气瓶在使用中不得用明火烘烤,防止太阳暴晒以及蒸气管、暖气片等热源使气瓶受热。气瓶与明火距离一般应在10m以上。瓶阀冻结或需加快液化气体气化时,可将瓶子移到较暖场所,或用40~45℃的温水解冻,但对乙炔瓶而言解冻温水温度不得超过40℃(乙炔化学性质十分活泼,极易发生分解爆炸)。

3. 专瓶专用,留有余压 为防性质相抵触的气体相混而发生化学爆炸,气瓶要专瓶专用,不能擅自改装他类气体。物料倒灌是造成气瓶化学爆炸的主要原因,为防倒灌,使用气瓶禁止用真空泵抽气,必须留有余压。气瓶留有余压,一可防止倒灌,二方便了充装单位的检验。低压液化气瓶的余压,一般在0.03~0.05MPa;高压压缩气瓶的余压要在0.05~0.2MPa;溶解乙炔气瓶的余压,按环境温度而定,不得低于表7-3的规定值。

表 7-3　乙炔瓶内余压与环境温度的关系

环境温度/℃	0	0~15	15~25	25~40
余压/MPa	0.05	0.1	0.2	0.3

利用气瓶的气体作为原料,通入反应设备时,必须在气瓶与反应设备之间安装缓冲罐,缓冲罐的容积应能容纳倒流的全部物料。

4. 维护保养,定期检验　加强气瓶的维护保养,使防震圈、易熔塞、瓶阀帽等安全防护装置齐全、完好、可靠;气瓶外壁涂色完好,字样清晰;充装时严禁超量充装。另外,应根据气瓶内介质性质而确定的前述气瓶检验周期,对使用到期的气瓶送当地劳动部门批准的验瓶单位检验,对有严重腐蚀或损伤的气瓶,应提前检验。

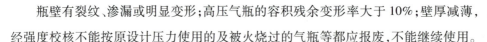

瓶装液化气的安全使用注意事项

瓶壁有裂纹、渗漏或明显变形;高压气瓶的容积残余变形率大于10%;壁厚减薄,经强度校核不能按原设计压力使用的及被火烧过的气瓶等都应报废,不能继续使用。

四、气瓶的安全运输和贮存

1. 气瓶的安全运输

(1)旋紧瓶帽、轻装轻卸,气瓶上要有两个完整的防震圈,严禁抛、滚、滑或撞击等。厂内搬运时宜用专用小车,因气瓶是有爆炸危险的容器。

(2)不能用电磁起重机搬运气瓶。

(3)装车时应横向放置,头朝一方,旋紧瓶帽,装好防震圈,装车高度不得超过车厢高度,并妥善把气瓶固定牢靠。乙炔气瓶直立排放时,车厢高度不得低于瓶高的三分之二。

(4)夏季要有遮阳设施,防止暴晒。雨天要有防雨设施。运输车辆应在车前悬挂黄底黑字(危险品字样)的三角旗标志。

(5)所装介质相互接触后能引起燃烧爆炸的气瓶,不得同车运输。易燃、油脂和带有油脂的物品,不得与氧气或强氧化剂气瓶同车运输。

(6)遵守公安交通部门有关危险品运输的安全规定或条例,如按公安部门规定办理危险品运输证;按公安部门指定路线行车;不得在机关、居民密集区等地方停留,等等。

(7)运输中车上禁止烟火,运输可燃有毒气体时,车上应备有灭火器材和防毒面具。

2. 气瓶的安全贮存

(1)旋紧瓶帽,放置整齐,留有通道,妥善固定。气瓶卧放应防止滚动,头部朝向一方,高压气瓶堆放不应超过五层。乙炔气瓶要保持立放,其他气瓶也可立放,但必须有防止倾倒的措施。

(2)盛有有毒气体的气瓶,或所装介质相互接触后能引起燃烧、爆炸的气瓶,必须分室贮存,并在附近设有防毒面具或消防器材。另外,满瓶和空瓶一定要分开贮放,并在堆放处要有明显标记或字样。

(3)气瓶存放场所应保持良好通风,保持瓶体和存放场所的干燥。不要使气瓶遭受雨雪侵袭,或遇到腐蚀性物料,防止腐蚀。对介质有燃烧爆炸危险的气瓶,贮存场所应采取安装防爆电气等防爆炸措施。

（4）库房内气瓶要定期检查，重点查气瓶有无泄漏、腐蚀、倾倒。如有发现及时、妥善处理。

（5）气瓶库房建筑，应符合《建筑设计防火规范》的规定。气瓶库房不能设在地下或半地下。根据贮存气瓶的种类、瓶内气体的危险特性，库房应配备相应的灭火器材和防中毒、防化学灼伤等防护器具。

点滴积累 ∨

1. 气瓶分为压缩气体气瓶、液化气体气瓶、溶解气体气瓶。
2. 气瓶禁止撞击；远离明火，防止受热；专瓶专用，留有余压；维护保养，定期检验。
3. 气瓶的贮存与运输。

实训项目四　高压灭菌锅的使用

【实训目的】

1. 了解高压灭菌锅的构造、材料与承压部位，重点明确加热装置与灭菌装置，配合专业课程理解湿热灭菌的原理。

2. 掌握压力容器的操作方法，操作注意事项、维护和保养。

3. 掌握压力容器的安全附件，了解《在用压力容器检验规程》中相关规定，明确压力容器的外部检查、全面检查的项目与周期。

【设计与能力培养】

1. 教师结合本院校实际情况，设定实训题目，提出具体实训要求；可以参考本实训项目，也可设计其他实训项目，如去制造压力容器的车间进行参观。

2. 学生查阅资料，了解压力容器常见的材料、压力容器的设计图纸、压力容器的制造、压力容器的定期检验等相关内容。

3. 结合所学的知识，查阅相关的资料，从压力容器的设计、制造、使用、维护保养等阶段出发，明确各阶段的要求，以培养学生搜集信息的能力；结合所学知识，综合所找到的压力容器案例，提出多项处理方法，并从理论上加以分析比较，以培养学生分析问题、解决问题的能力。

4. 制定实训方案或计划，做好实训准备工作，以培养学生制定计划和组织实施的能力。

【实训内容】

一、实训前的检查

1. 机器应摆放在一个允许盖子能无阻碍地打开，并能让操作者方便地装入需灭菌物品及操作机器的场所。

2. 不要盖住或阻塞冷却排出口。

3. 机器的电源连接线中必须有接地线，并要符合当地的用电要求。

机器必须使用带有接地线的三线插头,其中插头中的一路提供接地保护,并要符合当地的用电要求。机器插头所插入的插座中亦必须接有地线,机器必须通过插头、插座及电源线接地。

二、实训步骤

高压灭菌锅的操作:在明确高压灭菌锅的构造的前提下,掌握高压灭菌锅的操作步骤,达到安全操作的目的。

1. 升压前的检查与准备

(1)检查高压锅的安全阀、放气阀螺丝旋钮是否完好,安全阀在校验期内,且铅封完好。

(2)检查温度计、压力表是否完好,并在校验期内。

(3)排气管是否通畅、锅内水位是否达到水位指示线。

(4)检查灭菌锅内不能存有杂物。

(5)确保加入的水为蒸馏水,以防结垢。

2. 灭菌过程

(1)加水:将内层灭菌桶取出,再向外层锅内加入适量的水,以水面与三脚架相平为宜。

(2)装料:将装料桶放回锅内,装入待灭菌的物品。装有培养基的容器放置时要防止液体溢出,瓶塞不要紧贴桶壁,以防冷凝水沾湿棉塞。

(3)加盖:将容器盖正对准桶口位置,顺时针旋紧手轮,使容器盖与灭菌桶口平面完全密合,并使联锁装置与齿轮凹处吻合。

(4)排气:开始加热直到102℃,由温控仪控制的电磁阀自动放气,排出灭菌锅内冷空气。

(5)保压:然后使锅内压力缓慢升高,升压当压力表指针达到所需压力刻度时,系统开始计时并维持压力至所需时间。

(6)降压:达到所需灭菌时间后,关闭电源,让锅内压力自然下降到零后,打开排气阀。放净余下的蒸汽后,再打开锅盖,取出灭菌物品,倒掉锅内剩水。检查消毒锅完好无损以备用。

3. 注意事项

(1)灭菌前一定注意检查水位。

(2)注意灭菌前排气充分。

(3)为节省时间,可在提前20~30分钟前预热灭菌锅。

(4)取放物品时注意不要被蒸气烫伤(可戴上线手套)。

(5)灭菌锅定期排污。

(6)千万不要太用力打开锁紧机构,在有任何泄漏的情况下都不要继续使用设备,要正确地操作所有的部件。

(7)在灭菌结束后,当压力表未到零前,不得开启容器盖,否则易造成高温蒸汽灼伤。

4. 维护与保养

(1)如果设备在使用中出现任何异常,要及时加以记录。

(2)应记录年检及定期检查的结果。定期检查应每4~6个星期进行一次,按以下检查项目(表

7-4)进行日常检查,并做好记录,在使用设备之前应检查一下记录本,可能记录本中已记录有一些你没有发现及注意的错误。

(3)定期检查灭菌柜门关闭是否严密,如不严应更换密封垫。

(4)定期检查蒸汽压力表是否正常,做到每年校验一次。

(5)定期检查灭菌柜内加热器是否完好。

表 7-4　高压灭菌锅检查项目

检查单位:　　　　　　　　　　检查人员:　　　　　　　　　　检查日期:

1. 容器编号:	2. 容器容积:		3. 使用内容:	4. 限制压力:
5. 装配位置:			6. 合格证编号	
检查项目	检查结果	改正措施		限定期限
1. 容器本身及盖子是否锈蚀或开裂				
2. 坚固螺栓是否松动或锈蚀				
3. 安全阀是否在检定期内,且定期排放				
4. 压力表是否正常并在检定期内				
5. 压力表是否有警戒线				
6. 压力容器是否牢固				
7. 有无泄漏或其他情况				
8. 密封卷是否有裂纹、老化情况				
备注:				

【实训注意】

1. 实训前应先对高压灭菌锅的功能、构造、使用方法等进行预习。

2. 实训过程中,要熟悉高压灭菌锅的安全操作步骤与注意事项,在实训过程中,要仔细认真,防止出现安全事故。

3. 重点的操作执行双人复核制度,在确认安全的前提下,才可进行下一步的作业。

4. 在实训过程中,遇到不明确的地方应及时寻求指导教师的帮助,千万不能擅做主张。

【实训检测】

1. 结合所学的安全知识,考虑一下压力容器的安全操作方法。

2. 按照拟定的方案进行实训操作,总结压力容器的安全操作及日常维护,可能出现的安全事故及防范措施。

【实训报告】

高压灭菌锅的使用

一、实训目的

二、实训结果

高压灭菌锅的操作步骤描述。

三、实训讨论

目标检测

一、单项选择题

1. 按照《气瓶安全技术监察规程》规定,盛装一般气体的气瓶,每(　　)年检验1次

A. 2　　　　　　　　B. 3　　　　　　　　C. 5　　　　　　　　D. 6

2. 气瓶的瓶体有肉眼可见的凸起(鼓包)缺陷的,应如何处理(　　)

A. 作报废处理　　　B. 维修处理　　　C. 改造使用　　　D. 继续使用

3. 充装气瓶时,以下哪项是不正确的(　　)

A. 检查瓶内气体是否有剩余压力　　　B. 注意气瓶的漆色和字样

C. 两种气体混装一瓶　　　　　　　　D. 在检定周期内的

4. 锅炉的三大安全附件及仪表分别是安全阀、水位表、(　　)

A. 电表　　　　　　B. 温度计　　　　　C. 压力表　　　　　D. 蒸汽包

5. 气瓶在使用过程中,下列哪项操作是不正确的(　　)

A. 禁止敲击碰撞　　　　　　　　　　B. 当瓶阀冻结时,用火烤

C. 要慢慢开启瓶阀　　　　　　　　　D. 与明火距离15m以上

6. 在气瓶运输过程中,下列哪项操作是不正确的(　　)

A. 装运气瓶中,横向放置时,头部朝向一方

B. 车上备有灭火器材

C. 同一辆车尽量多的装载不同种性质的气瓶

D. 不能将气瓶直立放置

7. 气瓶在使用过程中,下列哪项操作是不正确的(　　)

A. 当瓶阀冻结时,用敲击的方法将冻阀敲开

B. 当瓶阀冻结时,不能用火烤

C. 要慢慢开启瓶阀

D. 要专瓶专用,留有余压

8. 为使压力容器能正常安全地运行,下列对其安全阀的要求,哪项是不正确的(　　)

A. 结构紧凑,调节方便

B. 动作灵敏可靠,当压力达到一定程度时,能自动跳开,排出气体

C. 排气后能及时关闭,但不保持密封

D. 安全阀应按规定的开启压力进行调整和校验

二、问答题

1. 说明压力容器的定义,并列举生活中常见的几种压力容器。

2. 简要说明压力容器的分类标准。

3. 如何正确操作压力容器?

4. 简单说明一下如何维护保养压力容器？

5. 说明气瓶的分类与使用方法。

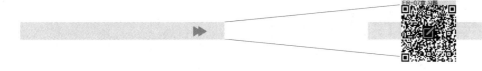

（张之东）

第八章

制药单元操作安全技术

导学情景 ∨

情景描述：

　　某企业操作工李某在打压冰醋酸时发现冰醋酸管道卡子处漏料，于是马某将冰醋酸高位罐排空阀门打开进行排空，随后对冰醋酸管道卡子重新固定。由于冰醋酸管道内存有余压未排净，在拆开卡子后冰醋酸溅入马某眼内及脸部，随即在现场应急喷淋装置处对眼睛进行冲洗，冲洗时间约15分钟，后送医院接受治疗，经医院检查为眼部轻微灼伤。

学前导语：

　　制药单元各操作技术中均存在一定危险性，要求操作人员要做好自身防护，并提高设备的本质安全。本事故直接原因是冰醋酸管道内有压力情况下拆开卡子。间接原因是冰醋酸工艺管道存在软连接，由于每批必须进行拆除，因此存在物料泄漏并造成人员灼伤的风险；员工应急处理时只佩戴了防酸碱手套，没有按规定佩戴3M全面具。

　　在制药生产的各单元操作过程中，存在很多的安全隐患。由于安全管理、设备操作、人员防护不当，会损害人体健康，造成财产毁损、生态环境污染。因此，员工在安全生产过程中，熟悉和掌握各单元操作过程的安全隐患及预防措施，对于企业的安全生产有着极其重要意义。

第一节　物料输送

　　在医药生产过程中，经常需要将各种原料、中间体、产品从一个地方输送到另一个地方，这些输送过程就是物料输送。在现代医药化工企业中，物料输送是借助于各种输送机械设备实现的。由于所输送物料的形态（块状、粉状、液体、气体）和物料特性（如易燃、易爆、有毒、腐蚀等）的不同，所采用的输送方式和机械也各异，但不论采取何种形式的输送，保证它们的安全运行都是十分重要的。

▶ 课堂活动

　　分析常见的物料输送方式有哪些？这些输送方式会有哪些安全隐患？

一、液体物料输送

液体物料的输送在生产中可借其位能沿管道向低处输送。而将其由低处输往高处或由一地输往另一地(水平输送),以及为保证一定流量克服阻力所需要的压头,则需要依靠泵来完成。主要采用泵输送液体,通常有离心泵、往复泵、漩涡泵、齿轮泵、螺杆泵、流体作用泵等,其中最常用的是离心泵和往复泵。

(一) 液态物料输送危险控制要点

1. 输送易燃液体宜采用蒸气往复泵,如采用离心泵,则泵的叶轮应用有色金属制造,以防撞击产生火花;保持轴的密封与润滑,以防爆炸与泄漏事故的发生。设备和管道均应有良好的接地,以防静电引起火灾。

2. 对于易燃液体,不可采用压缩空气压送,因为空气与易燃液体蒸气混合,可形成爆炸性混合物,且有产生静电的可能。对于闪点很低的可燃液体,要采用氮、二氧化碳等惰性气体代替空气,以防造成燃烧或爆炸。闪点较高及沸点在 130℃ 以上的可燃液体,如有良好的接地装置,可用空气压送。

3. 临时输送可燃液体的泵和管道(胶管)连接处必须紧密、牢固,以免输送过程中管道受压脱落漏料而引起火灾。

4. 用各种泵类输送可燃液体时,其管道内流速不应超过安全速度,且管道应有可靠的接地措施,以防静电聚集。同时要避免吸入口产生负压,以防空气进入系统导致爆炸或抽瘪设备。

5. 在医药化工生产中,也有用压缩空气为动力来输送一些酸碱等腐蚀性液体,因没有高速运动部件,不存在泄漏问题,在生产中有广泛的应用。

(二) 各种泵使用时应注意的事项

1. 离心泵　离心泵的使用应注意以下几个方面的问题:

(1)严格按安全操作规程进行操作:在操作前检查物料贮存情况,并确认收料岗位已做好接料的准备工作,防止出现溢料泄漏。检查接地、接零线完好,检查油表的油位是否达到要求,正常油位是 1/2~2/3 处。开车时,先接通电源,再缓慢打开出口阀,停泵时,先关出口阀,后切断电源。

(2)振动造成泄漏:离心泵在运转时会产生机械振动,如果安装基础不坚固,由于振动会造成法兰连接处松动和管路焊接处破裂,物料泄漏引发事故。因此,安装离心泵要有坚固的基础,并且要经常检查泵与基础连接的地脚螺丝是否松动。若动力密封长时间摩擦变薄,不及时更换,会造成液体物料的喷出,从而发生火灾与泄漏事故。

(3)静电引起燃烧:管内液体流动与管壁摩擦会产生静电,引起事故,因此管道应有可靠的接地措施。

(4)入口吸入位置不当:如果泵吸入位置不当,会在吸入口产生负压,吸入空气,引起事故。一般泵入口应设在容器底部或将吸入口深入液体深处。为防止杂物进入泵体引起机械事故,吸入口应加设滤网。

(5)联轴节绞伤:由于电机的高速运转,联轴节处容易造成对人员的绞伤问题。因此泵与电机的联轴节处应安装防护罩。

2. 往复泵 往复泵使用时应注意以下几个方面：

(1)泄漏：活塞、套缸的磨损、缺少润滑油，以及汲液管处法兰松动等，都会造成物料泄漏，引发事故。因此注油处油壶要保证有液位，要经常检查法兰是否松动。

(2)开车排空气：开车时内缸中空气如果不排空，空气混入液体物料会引发事故，因此，开车时应将内缸充满水或所输送液体，排出缸中空气，若出口有阀门的打开阀门。

(3)流量调节误操作：往复泵操作严禁用出口阀门调节流量，否则可能造成缸内压力急剧变化，引发事故。

案例分析

案例

2004 年 10 月某日凌晨，江西某航运有限公司一油船停靠在南昌市赣江边向油库卸油时爆炸起火，造成 1 人死亡，直接财产损失约为 303.64 万元。事故经过如下：晚 22 时许，开始卸油。10 多分钟后，肖某发现油船上连接出油口的橡胶油管有渗漏，便用布包住渗漏处，并在渗漏处下方放置一只油桶接住滴漏的汽油。23 时 20 分许，将渗漏的油管换下，重新启泵开阀恢复卸油。0 时 8 分许，油船泵舱部位发生爆炸。

分析

经分析，认定此起火灾事故原因是柴油机传动轴与密封轴套摩擦，产生火花引爆汽油蒸气所致。主要依据是：①传动轴与轴套均出现严重磨损。传动轴直径 55.1mm，磨损后出现凹槽，凹槽内直径最小处仅 50.1mm，磨损厚度达 5mm。轴套磨损后截面呈椭圆状，直径最大处 64.1mm，最小处 59.6mm，相差 4.5mm。②传动轴与铜瓦之间也有摩擦痕迹。

事故结论为由于偏心造成受力不均匀且长期运行，使轴套磨损严重，传动轴高速旋转，摩擦处打出火花，引燃处于爆炸极限范围内的汽油蒸气而发生爆炸。

二、气体物料输送

气体物料的输送在医药化工生产中常采用真空泵、压缩机，用于气体输送的设备有往复式压缩机、离心式压缩机、旋转式压缩机、真空泵等几类。

(一)气体物料输送危险控制要点

1. 输送液化可燃气体要求压力不太高时，采用液环泵比较安全。但在抽送或压送可燃气体时，进气入口应该保持一定余压，以免造成负压吸入空气形成爆炸性混合物。

2. 为避免压缩机气缸、储气罐以及输送管路因压力增高而引起爆炸，要求这些部分要有足够的强度。此外，要安装经核验准确可靠的压力表和安全阀（或爆破片）。安全阀泄压应将危险气体导送至安全的地点。还可安装压力超高报警器、自动调节装置或压力超高自动停车装置。

3. 压缩机在运行中不能中断润滑油和冷却水,并注意冷却水不能进入气缸,以防发生水锤。

4. 气体抽送、压缩设备上的垫圈易损坏漏气,应注意经常检查,及时换修。

5. 压送特殊气体的压缩机,应根据所压送气体物料的化学性质,采取相应的防火措施。如乙炔压缩机同乙炔接触的部件不允许用铜来制造,以防产生具有爆炸危险的乙炔铜。

6. 可燃气体的管道应经常保持正压,并根据实际需要安装逆止阀、水封和阻火器等安全装置,管内流速不应过高。管道应有良好的接地装置,以防静电聚集放电引起火灾。

7. 可燃气体和易燃蒸气的抽送、压缩设备的电机部分,应为符合防爆等级要求的电气设备,否则应隔离设置。

8. 当输送可燃气体的管道着火时,应及时采取灭火措施。管径在150mm以下的管道。一般可直接关闭闸阀熄火;管径在150mm以上的管道着火时,不可直接关闭闸阀熄火,应采取逐渐降低气压,通入大量水蒸气或氮气灭火的措施,但气体压力不得低于50~100Pa。严禁突然关闭闸阀或水封,以防回火爆炸。当着火管道被烧红时,不得用水骤然冷却。

(二)压缩机、真空泵使用时应注意的事项

1. 往复式压缩机

(1)散热不好:汽缸内的气体被压缩后,体积缩小,温度升高,如果不及时散热,会引起事故。因此,往复式压缩机必须要有散热装置,可以采用冷却水夹套或散热翅片。采用冷却水夹套散热时,注意冷却水不能进入气缸,以防发生水锤,引起事故。

(2)泄漏:活塞、套缸的磨损、缺少润滑油,以及气体进出口处法兰垫圈损坏等,都会造成气体外逸,从而引发事故。因此注油处油壶要保证有液位,要经常检查垫圈。对于输送空气和氧气的往复压缩机,润滑剂不能用油类,一般采用含10%甘油的蒸馏水,加入量应以既能充分润滑又不产生水锤为准。

(3)部件材质不匹配:压缩机部件的材质应注意根据输送气体的特性进行选择。比如输送乙炔气体的压缩机,同乙炔接触的部件就不能用铜材料,否则乙炔会与铜发生反应生成不稳定的乙炔铜,发生爆炸事故。

2. 离心式压缩机　离心式压缩机的安全主要是泄漏问题。要防止因振动等原因造成的气体外逸,引发事故。

3. 旋转式压缩机　旋转式压缩机的安全主要是操作温度问题。操作温度不能过高,否则容易使转子受热膨胀而发生碰撞,甚至咬死,引发事故。

4. 真空泵　真空泵的使用应注意以下问题:

(1)真空泵的安全主要是密封问题。输送易燃易爆气体时,设备密封一定要保证,要防止负压吸入空气引发爆炸事故。可以采用液环真空泵。

(2)运行过程中防止有毒气体或蒸气的排放而造成的危害。

案例分析

案例

2011 年某厂使用水环式真空泵抽干燥器中的湿粉挥发的丙酮，尾气直接排放在车间外墙上，此时，有施工人员正在楼上破碎地面，破碎的瓷砖沿着平台上的孔洞坠落到车间的不锈钢管道上，撞击产生火花，将真空泵排气口高浓度的丙酮气体引燃，产生明火，操作人员迅速报警，将明火扑灭。

分析

真空泵尾气排气口直接排到室外，未作任何吸收和防护措施，在排放口周围形成 0 级区域；施工人员对施工点周围环境分析不足，在存在丙酮气味的地点施工，未查明气味来源，盲目施工。

三、粉状物料输送

借助风机或真空泵产生的气流动力实现粉状物料的输送。常见的有吸送式和压送式两种。气力输送系统，除系统本身设备因故障损坏外，最大的安全问题是系统的堵塞和由摩擦静电引起的粉尘爆炸。

1. **堵塞**　物料黏性或湿度过高、颗粒沉淀、管道连接不同心、管道过粗、管径突然变大、漏风等原因，都会造成物料在入口处、拐弯处、连接处等发生物料堵塞。因此，采用气力输送时，应尽可能采取水平输送，减少拐弯，尤其是上下拐弯，两个拐弯不能太近，应保证合适的输送速度；输送管道内壁要求光滑，不要有皱褶或凹凸，要保证管道的密闭性。

2. **静电**　粉状物料在气力输送系统中和管壁摩擦会产生静电，必须采取措施及时消除静电，否则很容易引起粉尘爆炸。常用的消除静电的措施有选用导电材料制造管道（一般用金属管道），并有良好的接地，如采用绝缘材料管道，则管外应采取接地措施；保证一定的气流速度，输送速度不应超过该物料允许的流速，减少摩擦电荷；粉料不要堆积管内，要及时清理管内壁。

点滴积累　∨

1. 液体物料的输送应注意泵的使用安全，特别是离心泵和往复泵。
2. 气体物料的输送要注意设备内的压力以及设备密封问题。
3. 粉状物料输送常见的问题是堵塞和由摩擦静电引起的粉尘爆炸。

第二节　加料与出料

一、加料

加料是医药化工生产中最基本的单元过程之一。在医药化工生产中投料方式一般有压入法、负压抽入法、人工法三种。

（一）压入法投料

压入法投料指正压下投料采用的方法。采用压入法加料时应注意以下几个问题：

1. **置换** 压入易燃物料时应先对加入设备（如反应器等）进行惰性气体吹扫置换，然后压入物料，防止压入时物料与空气混合可能产生的危险。

2. **防静电** 压入易燃物料时必须严格控制压力，以防物料流速过快，产生静电积累，引起意外事故，同时设备系统应有良好的接地。

3. **防泄漏** 正压系统应保证良好的密封，防止因物料逸出引发的爆炸或中毒事故。

（二）负压抽料

对于逸出后容易造成中毒、爆炸等事故的物料，可以采用负压抽入法进行加料。采用负压抽入法应注意以下几个问题：

1. **防静电** 液体加料时，应从设备底部进入，不要从顶部向下喷淋，初始加料时速度要慢，以减少静电危险。设备应有良好的接地装置。

2. **控制温度** 负压抽料时要控制物料温度，防止液体物料在负压条件下大量汽化而引起危险。

3. **设备密封** 负压操作系统应保证良好的密封，以防空气吸入与易燃物料混合发生危险。

（三）人工加料

目前固体物料还有用人工加料的。人工加料危险性很大，一定要注意安全。

1. 加料前检查反应器内的物料种类、液位、压力等关键工艺情况，防止因检查不到位而发生异常情况。对可能产生毒气的系统，一定要提前打开通风系统，检查系统压力恢复到常压时，才能打开加料口。应引起注意的是，压力表有时会发生故障，产生压力为零的假象，此时打开加料口极易发生安全事故。

2. **注意佩戴防护用品** 投料前必须按安全操作规程佩戴好劳动防护用品，防止突发异常情况，发生对人体的伤害。在人工投料过程中，一般容易出现的伤害有中毒、灼伤、燃烧与爆炸。

3. **投料温度** 人工投料时，要注意投料温度，一般应在较低温度下操作，以免大量有害蒸气逸出，引起中毒及燃烧爆炸事故。

4. **注意投料顺序** 一般应先加液体物料，再加少量固体物料，一方面可减少粉尘飞扬，同时也可避免固体物料沉积于罐底，堵塞出料口。

5. **防静电** 加入易燃易爆物料时，不允许直接从塑料容器倒入，以防止产生静电引起危险。应先将物料倒入木桶，再加入设备中。

案例分析

案例 1

1996 年 5 月，某药厂进行技术改造，在扩大生产能力的同时更改了部分工艺。改造完成将反应罐中的溶剂由苯更换为丙酮。某日 15 时 30 分左右，操作工甲某，将反应罐内加入丙酮 1 500L。按操作规程应为 1 200L，因为生产量要求比较大，为此班长要求投料量变大。加完后，甲某立即与李某开始投料。规定要将 800kg 的 6-APA 投入罐中(6-APA 为 25kg 塑料袋包装)。在投第四袋时，罐口打火，产生火球，将投料的甲某与李某烧伤。

分析

技术改造后，设备未加排风装置；班长私自提高投料量，致使罐内丙酮的浓度达到爆炸极限。用塑料袋投料，物料在与塑料摩擦过程中积累了大量的静电，静电与罐口打火引发了此次爆炸。

案例 2

2011 年，某厂一反应釜开始放料，充压后打开离心机进料阀，甲某发现进料流量不大，怀疑离心机进料管路堵塞，便让乙某打开氮气阀门反吹管路。甲某到离心机视镜处观察，这时离心机放料软管接口处突然脱落，部分料液溅到甲某脸上，造成眼睛灼伤，立即在现场冲洗急救，后送医院诊断为化学灼伤。

分析

加料软管接头处只有一个卡子，固定不牢，氮气反吹时产生压力，导致脱落；甲某操作前没有对管路连接状况进行检查；甲某未按要求佩戴防护用品。

二、出料

出料是医药化工生产中最基本的单元过程之一。在医药化工生产中出料的方式有常压出料、带压出料、抽吸出料和机械传动出料等几种。出料一般应先降温，后出料。如果是易燃易爆物料，出料时应先对进入系统进行惰性气体置换。出料时如果发生堵塞，不可用铁器等敲凿，应采用木棒疏通；若是爆炸品，应采用加入适当溶剂溶解的方法疏通。

(一) 常压出料

可流动性物料多采用常压出料，操作时应注意以下两点。

1. **防止泄漏**　尽可能采用管道放料，接收设备应采用密闭容器，防止溶剂蒸气大量逸出发生意外。

2. **控制压力**　为防止由于溶剂蒸发造成的压力过高，接收设备可设排气装置，排气口应伸出室外，但应注意，由于冷却造成设备内压力降低，排气管吸入空气容易引发意外事故，必要时排气管口应设置阻火器。

(二) 带压出料

由于后系统压力与出料压差较小，有时常压放料比较困难，可采用带压放料方式。带压放料时应注意为保证后系统正常,带压出料的压力不得随意提高,一般压差不超过一个大气压为宜。

若料液中含有较多的固体颗粒,在带压放料时,极易出现放料管道堵塞。为防止情况的发生,应将搅拌调低转速而不能停止搅拌。若发生堵塞,不可用暴力敲凿,可以考虑用溶剂反向疏通。

(三) 抽吸出料

对于逸出后容易造成中毒、爆炸等事故的物料,可以采用负压抽出法出料。低沸点的物料不宜采用此法,对物料损失较大。采用负压抽出法应注意避免将物料抽入真空泵可能引起的燃烧爆炸危险。一般应在接收出料设备与抽真空系统之间设置安全缓冲容器。

(四) 机械传动出料

物料较黏稠或为半固体时,可采用螺旋推进出料。但应注意,对于易燃、易爆、热敏感的物料,不能采用此种方法出料。应加入适当溶剂使物料溶解或混合为悬浮液,采用常压出料。

案例分析

案例

2011年2月,某厂操作人员准备出二合一罐湿粉,甲某打开通往楼下沸腾床的盖板后,拿起耙子出粉并通知平台上乙某开启搅拌下降开关。出了半袋湿粉发现搅拌未降下来,甲某于是上平台查看情况,调整开关后回到罐口继续出粉。这时搅拌叶正在缓慢下降,甲某用右手抓了一把搅拌上的粉末查看,当再次伸进右手的时候搅拌转动起来(乙某在平台上按正常情况时的操作启动搅拌转动开关),将其右手挤伤,造成出血,送医院治疗。

分析

操作人员安全意识淡薄,习惯性违章操作将手伸入二合一罐内;平台上控制开关人员在未确认操作指令情况下,开启搅拌。

点滴积累 ∨

1. 投料时要注意防静电,压入及负压抽入物料时要检查设备密封性;人工加料危险性很大,要注意安全防护。

2. 出料一般应先降温,后出料。易燃易爆物出料时应先对进入系统进行惰性气体置换,堵塞时采用木棒疏通;若是爆炸品,加入适当溶剂溶解疏通。

第三节　混合

混合是医药化工生产中最基本的单元过程之一。包括液体与液体的混合、固体与液体的混合、固体与固体的混合。气体与气体的混合不包括在内。常用的混合设备有机械搅拌(如板式、框式、锚式、螺旋桨式、涡轮式等)和气流搅拌两种。混合操作也是一个比较危险的过程。操作时应注意以下几个问题:

1. **桨叶强度与转速**　采用机械搅拌进行混合的过程,桨叶强度是非常重要的。桨叶强度要高,安装要牢固,桨叶的长度不能过长,搅拌转速不能随意提高,否则容易导致电机超负荷、桨叶折断以及物料飞溅等事故。

2. **设备密闭**　对于混合能产生易燃易爆或有毒物质的过程,混合设备应保证很好的密闭,并充入惰性气体进行保护。

3. **防静电**　对于混合易燃可燃粉尘的设备,应有很好的接地装置,并应在设备上安装爆破片。

4. **搅拌突然停止**　由于负荷过大导致电机烧坏或突然停电造成的搅拌停止,会导致物料局部过热,引发事故。应设有紧急应对措施,如设置冷却装置等。

5. **检修安全**　机械搅拌设备检修时,应切断电源并在电闸处挂作业牌或派专人看守,以防设备突然启动造成重大人身伤害。

点滴积累 ╲ ....

混合操作要注意检查搅拌器运行状况、设备的密闭性。

第四节　加热及传热

加热是医药化工生产中最常见的操作之一,对于化学反应是至关重要的,也是促进化学反应和物料蒸发、蒸馏等操作的必要手段。加热操作时应注意以下几个问题:

1. **保证适宜的反应温度**　温度是化学反应最重要的条件。在进行加热操作时,必须按工艺要求升温,温度不能过高,否则将导致催化剂烧坏,反应被迫停止;温度过高会使化学反应速度加快,若是放热反应,则放热量增加,一旦散热不及时会引起温度失控,不仅会烧坏催化剂,还可能发生冲料、燃烧和爆炸事故。

2. **保持适宜的升温速度**　加热操作时,要保持一定的升温速度,不能过快。因为实际温度通过测量反馈到显示仪表上是有时间滞后的,也就是说仪表显示的温度比实际温度要低,若升温过快,不仅容易使反应超温,而且还会损坏设备,例如,升温过快会使带有衬里的设备及各种加热炉、反应炉等设备损坏。还很容易使反应温度超过工艺要求温度上限,从而引发事故。

3. **严密注意压力变化**　加热操作时,要严密注意设备的压力变化,通过排气等措施,及时调节压力,以免在升温过程中造成压力过高,发生冲料、燃烧和爆炸事故。

4. **正确选择加热介质**　一般加热温度在100℃以下的可用热水循环加热;100~140℃的可用蒸汽加热;140℃以上的可用油加热。选择油加热时要防止泄漏,引起火灾爆炸。对忌水的物料加热时不能用水或蒸汽,以免物料泄漏遇水发生事故,可采用油加热。

5. 当加热温度接近或超过物料的自燃点时,应采用惰性气体保护;若加热温度接近物料分解温度,此生产工艺称为危险工艺,必须设法改进工艺条件,如负压或加压操作。

案例分析

案例

2006 年 11 月 8 号，某厂在汽化器开车过程中，由于职工操作技能差，汽化器循环水在加热过程中升温过快（正确操作每小时升温 5℃左右），水温与液氯温度偏差过大，导致汽化器内列管破裂，使氯气带入循环水系统造成氯气泄漏事故。

分析

1. 热水站循环水温度提升过快，氯气与循环水温差过大。

2. 操作工对设备的操作规程及工艺要求不够了解。

3. 干部责任心差，重要设备开停车没有在现场监督。

点滴积累　∨

加热操作要保证适宜的反应温度、适宜的升温速度、严密注意压力变化、正确选择加热介质，必要时要采用惰性气体保护或改进工艺条件。

第五节　冷却、冷凝与冷冻

冷却、冷凝与冷冻过程广泛应用于医药化工生产中反应产物后处理和分离过程。冷却与冷凝的区别仅在于有无相变，操作基本是一样的。若发生相变则成为冷凝，否则，如无相变只是温度降低则为冷却。冷却、冷凝操作在医药化工生产中十分重要，它不仅涉及生产，而且也严重影响防火安全。反应设备和物料未能及时得到应有的冷却或冷凝，常是导致火灾、爆炸的原因。在工业生产过程中，蒸气、气体的液化，某些组分的低温分离，以及某些物品的输送、储藏等，常需将物料降到比水或周围空气更低的温度，这种操作称为冷冻或制冷。

一、冷却与冷凝

把物料冷却在环境温度以上时，可以用空气或循环水作为冷却介质；冷却温度在 15℃以上，可以用地下水；冷却温度在 0~15℃之间，可以用冷冻盐水；还可以借某种沸点较低的介质的蒸发，从需冷却的物料中取得热量来实现冷却，常用的介质有氟利昂（是一种制冷剂，不能拆开）、氨等。此时，物料被冷却的温度可达-15℃左右。

冷却冷凝操作时应注意以下几点：

1. **正确选用冷却冷凝设备**　根据冷却冷凝物料的温度、压力、性质及工艺要求正确选择冷却冷凝设备和冷却剂。忌水物料冷却不宜采用水做冷却剂，必需时应采取特别措施。

2. **严格注意冷却冷凝设备的密闭性**　防止物料窜入冷却剂中和冷却剂渗入物料中，发生混合，引发事故。

3. 冷却操作过程中,冷却冷凝介质不能中断　冷却冷凝过程中,冷却剂不能中断,否则会造成积热,使反应异常,若不能及时导走热量,可能引起系统温度失控、压力升高,造成生产事故,甚至可能导致燃烧爆炸事故,因此,冷却介质温度控制最好采用自动调节装置。

4. 开车前清理积液　冷却冷凝系统开车前,应首先清理冷却冷凝器中的积液和气体,开车时,应先通入冷却介质,待冷却剂流动正常后,再通高温物料;停车时,应先停物料,后停冷却系统。

5. 排空保护　为保证物料中不凝可燃气体顺利排出,排空系统应进行惰性气体保护。

6. 高凝固点物料,冷却后易变得黏稠或凝固,在冷却时要注意控制温度,防止物料卡住搅拌器或堵塞设备及管道。

案例分析

案例

2011 年 2 月某厂利用化合物 A 和化合物 B 制备过氧乙酸,该反应为放热反应,因此,B 的加料速度需要进行控制。当滴加到 14L 时,反应釜内温度迅速上升,上升到 45℃时操作人员开启冷盐水阀门两次,均未降温,随后温度瞬间蹿升,直至超过 70℃以上,导致过氧乙酸、B 遇热分解,压力瞬时增高,反应釜放空管过细,不足以将压力泄出。听到超压后发出异响,人员迅速躲避撤离,当人员离开反应釜 3m 时,反应釜罐底阀垫冲击损坏,过氧乙酸混合料液喷出,混合酸雾迅速蔓延,周围人员迅速撤离。

分析

1. 设备与工艺操作不符。该反应为放热反应,实际操作升温过快,反应釜配备的冷盐水降温系统管路过长,冷盐水不用的时段管路内冷盐水成为死水,经测定冷盐水实际温度为 13℃,不能有效降温。

2. 使用的搪瓷罐反应釜温度计为搪瓷护套加硅油传热,温度显示偏慢,不能实时反映罐内温度,导致罐内温度实际比表显温度高。

3. 反应釜放空管过细,压力过高。

4. 该案例也反映出操作人员对物料的危险性辨识不完善,未充分识别潜在的危险源。

二、冷冻

冷冻操作的实质是利用冷冻剂自身通过压缩—冷却—蒸发(或节流、膨胀)的循环过程,不断地由被冷冻物体取出热量(一般通过冷载体盐水溶液传递热量),并传给高温物质(水或空气),以使被冷冻物体温度降低。一般说来,冷冻程度与冷冻操作技术有关,凡冷冻范围在-100℃以内的称冷冻;而在-100~-200℃或更低的温度,则称为深度冷冻或简称深冷。

冷盐水系统的主要腐蚀形态及防腐措施

冷冻操作时应注意以下几点:

1. 某些制冷剂易燃且有毒。如氨,应防止制冷剂泄漏。对于制冷系统的压缩机、冷凝器、蒸发器以及管路系统,应注意耐压等级和气密性,防止设备、管路产生裂纹、泄漏。此外,应加强压力表、安全阀等的检查和维护。

2. 对于低温部分,应注意其低温材质的选择,防止低温脆裂发生。

3. 当制冷系统发生事故或紧急停车时,应注意被冷冻物料的排空处置。

4. 对于氨压缩机,应采用不发火花的电气设备;压缩机应选用低温下不冻结且不与制冷剂发生化学反应的润滑油,且油分离器应设于室外。

5. 注意冷载体盐水系统的防腐蚀。

点滴积累 V

1. 冷却与冷凝操作时要正确选用相应设备,注意设备的密闭性,开车前要清理积液,注意排空保护,防止物料卡住搅拌器或堵塞设备及管道。
2. 冷冻操作要注意设备的密闭性,定期进行设备的检查与维护。

第六节 加压与负压

一、加压操作

加压操作所使用的设备要符合压力容器的要求。加压系统不得泄漏,否则在压力下物料以高速喷出,产生静电,极易发生火灾爆炸。所用的各种仪表及安全设施(如爆破泄压片、紧急排放管等)都必须齐全好用。

加压操作也是生产中常见的操作。加压操作应该注意以下几点:

1. 加压设备符合要求 加压设备必须要符合工艺和压力容器的基本要求。非压力容器加压很容易发生事故。

2. 加压系统密闭 加压系统不能有渗漏,以免造成物料泄漏,引发事故;或造成压力下降,引起反应异常,出现生产事故。

3. 控制升压速度和压力 在升压过程中,要保持适当的升压速度,避免压力猛升,或压力过高,导致喷料,同时产生静电火花,引起火灾甚至发生爆炸。

4. 严密监视压力表 在升压操作中,为掌握操作速度和压力,要严密注意压力表。

5. 设备防爆 加压设备应安装设置防爆装置,如爆破片、紧急排放管等,防止压力过高引起的装置爆炸事故。

案例分析

案例

2010 年某厂有一反应釜需要用氮气置换后进行加压反应。置换时,真空泵抽到 0.9MPa 时真空无法再抽下去,于是更换真空表及真空泵,但发生同样现象。

分析

经调查,是反应釜及连接管路气密性不好造成的,操作人员考虑加压反应只需 0.343kPa,所以没有进行气密性检查;操作人员存在三违现象。

二、负压操作

负压系统的设备也和压力设备一样，必须符合强度要求，以防负压下设备损坏。

负压系统必须有良好的密封，否则一旦空气进入设备内部，形成爆炸混合物，易引起爆炸。当需要恢复常压时，应待温度降低后，缓缓放进空气，以防自燃或爆炸。

负压操作时应注意以下方面：

1. 系统密闭　连续抽真空时，为防止空气进入可能形成爆炸混合物，系统必须有很好的密闭性。

2. 恢复常压　系统恢复常压时，应先降低温度，再缓缓放进空气，或先用惰性气体置换，以防物料发生自燃、爆炸。

3. 在真空系统上加装缓冲装置，防止出现反冲情况。定期检查缓冲装置内的液位，防止有毒、易爆物料从缓冲装置溢出而引发事故。

4. 在负压抽滤、蒸发等作业场所，在负压系统的真空阀、泄压阀的入口处应加装防护装置，以防止操作人员接近时发生安全事故。若操作人员被吸住，真空度过高和抽吸时间过长时可致被抽吸部位皮肤、肌肉损伤，一旦出血，系统负压的抽吸力很快就会将人体内血液大量抽出，导致人流血过多休克和死亡。且该失血死亡危险几乎没给大夫留有抢救医疗机会，后果十分严重。

案例分析

案例

2003 年某厂在使用转鼓真空过滤机作业时，操作员甲某发现平衡罐下料口堵塞，滤液不能正常下到贮液罐中。在未进行排空作业的情况下，甲某直接将手臂伸入到阀门，想将堵塞物拽出，不料整个手臂被紧紧吸住，全身血液集中到手臂，大脑昏迷，情急之下大喊救命。工友听到喊声后迅速将他救下。

分析

工人违章作业，未将平衡罐排空，致使平衡罐内为负压状态；车间安全管理混乱，员工安全培训不到位；未将此类危险因素识别，并编入到安全操作规程中。

点滴积累　∨

1. 加压及负压操作要注意系统的密闭性，控制压力变化的速度。

2. 加压设备要安装防爆装置，负压设备要安装人员的防护装置。

第七节　过滤

一、过滤操作概述

医药化工生产中的原料、半成品、排放的废物等大多为混合物，为了进行加工，得到纯度较高的产品以及环保的需要等,常常要对混合物进行分离。

过滤是医药化工生产中进行固液分离的常用方法。过滤是使悬浮液在真空、加压及离心的作用下,通过细孔物体,将固体悬浮微粒截留进行分离的操作。按操作方法,过滤分为间歇过滤和连续过滤两种;按推动力分为加压过滤、真空过滤和离心过滤。

二、过滤的安全要点

(一) 过滤过程安全措施

1. 若加压过滤时能散发易燃、易爆、有害气体,则应采用密闭过滤机。并应用压缩空气或惰性气体保持压力;取滤渣时,应先释放压力。

2. 在有火灾、爆炸危险的工艺中,不宜采用离心过滤机,宜采用转鼓式或带式等真空过滤机。如必须采用离心过滤机时,应严格控制电机安装质量,安装限速装置。注意不要选择临界速度操作。

3. 离心过滤机应注意选材和焊接质量,转鼓、外壳、盖子及底座等应用韧性金属制造。

(二) 具体操作时应注意

1. 加压过滤　最常用的是板框式压滤机,操作时应注意以下几点:

(1)防静电:压滤操作时,由于滤液通过过滤介质及板框运动都可能产生静电,引起易燃液体发生燃烧事故。为防静电,压滤机应有良好的接地装置。

(2)防泄漏:整个压滤过程中,要避免液体泄漏,尤其是有危险性的液体,以免造成腐蚀及火灾等事故。

(3)做好个人防护:卸渣和装卸板框如需要人力操作,作业时应注意做好个人防护,避免发生接触伤害等。在卸滤渣时,要先将系统内的压力放掉,否则易发生安全事故。

2. 真空过滤

(1)防静电:高电阻率的滤液高速通过过滤介质时容易产生大量静电,如果是易燃液体,系统内存在空气,则极易发生爆炸事故。因此,抽滤开始时,滤速要慢,经过一点时间后,再慢慢提高滤速。真空过滤机还应有良好的接地装置。

(2)防止滤液蒸气进入真空系统:抽滤时,滤液在真空下可能会大量蒸发,被抽进真空泵,会影响其运转,进而引发事故。因此,在真空泵前应设置蒸气冷凝回收装置。

3. 离心过滤　最常用的是三足离心机。操作时应注意以下几点:

(1)防止剧烈振动:离心机过滤操作中,当负荷不均匀时会发生剧烈振动,造成轴承磨损、转鼓撞击外壳引发事故。

(2)防止杂物落入:当离心机无盖时,工具和其他杂物容易落入其中,并可能以高速飞出,造成人员伤害。

(3)严禁不停车清理:不停车或未停稳进行器壁清理,工具会脱手飞出,使人致伤。因此,在离心机转动情况下,严禁将手伸入离心机处理各种情况。

案例分析

案例

2010 年某厂离心岗位在清洗检查离心机滤包并确认完好后,开始进行第一批的放料、甩料操作,2 小时后,第一批料出料,之后开始第二批放料、甩料,在甩料过程中离心机"砰"的一声,发现离心机大盖被顶开,离心机出现较大的震动和摩擦噪声,20 分钟后离心机自动刹车停止,经检查,离心机大盖被划破 60cm 的口子,拦液盘脱落在滤篮内。

分析

离心机在高速运转中,涨圈从卡槽中脱出,旋转的涨圈将大盖划破;设备运行前,检查不到位,涨圈未完全进入卡槽。

点滴积累 ∨

1. 加压过滤操作时要防静电、防泄漏及做好个人防护。

2. 真空过滤操作时要防静电、防止滤液蒸气进入真空系统。

3. 离心过滤操作时要防止剧烈振动、防止杂物落入,并严禁不停车清理。

第八节　蒸发与干燥

一、蒸发

蒸发是借加热作用使溶液中所含溶剂不断气化,以提高溶液中溶质的浓度,使溶质析出的物理过程,是医药化工生产中产物浓缩或结晶前的主要操作过程,有时原料预处理也常用到。蒸发按其操作压力不同可分为常压、加压和减压蒸发。按蒸发所需热量的利用次数不同可分为单效和多效蒸发。

蒸发的过程具有一定的危险性。如溶质在浓缩过程中可能有结晶、沉淀和污垢生成,这些都能导致传热效率的降低,并产生局部过热,促使物料分解、燃烧和爆炸。因此要控制蒸发温度。为防止热敏性物质的分解,可采用真空蒸发的方法。降低蒸发温度,或采用高效蒸发器,增加蒸发面积,减少停留时间。

进行蒸发操作时应注意下述几点:

1. 蒸发器的选择应考虑蒸发溶液的性质,如溶液的黏度、发泡性、腐蚀性、热敏性,以及是否容易结垢、结晶等情况。

2. 在蒸发操作中,管内壁出现结垢现象是不可避免的,尤其当处理易结晶和腐蚀性物料时,使传热量下降。在这些蒸发操作中,一方面应定期停车清洗、除垢;另一方面改进蒸发器的结构,如把蒸发器的加热管加工光滑些,使污垢不易生成,即使生成也易清洗;也可提高溶液循环的速度,从而可降低污垢生成的速度。

3. 严格控制蒸发温度。溶液蒸发过程中,结晶、沉淀和污垢的产生会降低传热效率,导致局部过热以及设备堵塞,甚至造成热敏性物质分解,可能引发燃烧爆炸事故。因此,操作中要按工艺要求严格控制蒸发温度,防止结晶、沉淀和污垢的产生。

4. 保证蒸发器内液位。蒸发过程中,应保证蒸发器内一定的溶液量。一旦蒸发器内溶液被蒸干,严禁立即加入蒸发溶液,以防溶剂突然大量汽化引起超压,发生爆炸事故。应停止供热,待冷却后,再加料开始操作。

二、干燥

干燥是利用热能使固体物料中的水分(或溶剂)除去的单元操作,是医药化工生产中精制固体产品常用的操作过程。干燥的热源有热空气、过热蒸气、烟道气和明火等。干燥按其热量供给湿物料的方式,可分为传导干燥、对流干燥、辐射干燥和介电加热干燥。干燥按操作压强可分为常压干燥和减压干燥;按操作方式可分为间歇式干燥与连续式干燥。常用的干燥设备有厢式干燥器、气流干燥器、沸腾床干燥器、喷雾干燥器。

(一) 干燥过程要采取的安全措施

1. 当干燥物料中含有自燃点很低或含有其他有害杂质时必须在烘干前彻底清除掉,干燥室内也不得放置容易自燃的物质。

2. 干燥室与生产车间应用防火墙隔绝,并安装良好的通风设备,电气设备应防爆或将开关安装在室外。在干燥室或干燥箱内操作时,应防止可燃的干燥物直接接触热源,以免引起燃烧。

3. 干燥易燃易爆物质,应采用蒸气加热的真空干燥箱,当烘干结束后,去除真空时,一定要等到温度降低后才能放进空气;对易燃易爆物质采用流速较大的热空气干燥时,排气用的设备和电动机应采用防爆电器;在用电烘箱烘烤能够蒸发易燃蒸气的物质时,电炉丝应完全封闭,箱上应加防爆门。

4. 间歇式干燥,物料大部分靠人力输送,热源采用热空气自然循环或鼓风机强制循环,温度较难控制,易造成局部过热,引起物料分解造成火灾或爆炸。因此,在干燥过程中,应严格控制温度。

5. 在采用滚筒式干燥器干燥时,主要是防止机械伤害。

6. 干燥过程中所产生的易燃气体和粉尘同空气混合易达到爆炸极限,不应与明火和高温表面接触,防止燃爆。在气流干燥中,物料由于迅速运动相互激烈碰撞、摩擦易产生静电,应有防静电措施;滚筒干燥过程中,刮刀有时和滚筒壁摩擦产生火花,因此,应该严格控制干燥气流风速,并将设备接地;对于滚筒干燥,应适当调整刮刀与筒壁间隙,并将刮刀牢牢固定,或采用有色金属材料制造刮刀,以防产生火花。

(二) 对流干燥和传导干燥操作安全事项

1. **对流干燥**　对流干燥设备主要有箱式干燥器、转筒干燥器、气流干燥器、沸腾干燥器和喷雾干燥器。对流干燥设备操作时应注意以下几点。

(1) 严格控制干燥温度:为防止出现局部过热造成物料分解以及易燃蒸气逸出或粉尘逸出,引起燃烧爆炸,干燥操作时要严格控制温度。

(2)严格控制干燥气流速度:在对流干燥中,由于物料相互运动发生碰撞摩擦易产生静电,容易引起干燥过程所产生的易燃气体和粉尘与空气混合发生爆炸。因此,干燥操作时应严格控制干燥气流速度,并设置良好的接地装置。

(3)严格控制有害杂质:对于干燥物料中可能含有自燃点很低或其他有害杂质,在干燥前应彻底清除,防止在干燥时发生危险。

(4)定期清理死角积料:为防止积料长时间受热发生变化引起事故,应定期对干燥设备中的死角进行清理。清理应在停车状态下进行,并按检修要求进行安全清理。

2. 传导干燥 传导干燥设备主要有滚筒干燥器和真空干燥器。

滚筒干燥器操作时应注意:要适当调整刮刀与筒壁间隙,牢牢固定刮刀,防止产生撞击火花。

真空干燥器操作时应注意:消除真空时,一定要先降低温度后才能放进空气,以免引起火灾爆炸。

案例分析

案例

2004年12月29日某厂干燥岗位在使用双锥回转真空干燥器时,发生爆炸。职工甲某在打开用离心机卸料口5秒后,离心机与双锥间接料袋起火,紧接发生爆炸,下面的双锥因明火存在也发生爆鸣。

分析

1. 离心机内与接料袋内存在有可燃气体混合物,并达到爆炸极限。

2. 离心机与双锥之间卸料管道为垂直,卸料时湿粉下降速度过快,易产生静电。

3. 接料袋防静电性差。

4. 作业环境内空气湿度小,在15%左右。产生的静电不易消散。

点滴积累 ∨

1. 蒸发操作时要严格控制蒸发温度、保证蒸发器内液位。

2. 干燥过程要防止火灾、爆炸、中毒事故的发生。

第九节 萃取

萃取时溶剂的选择是萃取操作的关键,萃取剂的性质决定了萃取过程的危险性大小。萃取剂回收的难易和萃取的安全问题(毒性、易燃性、易爆性)是选择萃取剂时需要特别考虑的问题。

在萃取过程中,因萃取剂与被萃取体系一般为有机溶剂。有机溶剂具有易燃易爆、有毒、挥发速度快等危害特性,空间有机溶剂浓度越大,越易发生燃爆、中毒、呼吸道灼伤、眼部灼伤等安全事故。因此,控制好萃取过程中,两相或多相之间接触时间、接触面积成为关键因素。一般来说,要求萃取过程时间短、接触面积大、封闭性好,做到迅速的混合与分离,尽量做到自动化生产。

萃取操作安全事项:

1. 有机溶剂泄漏造成燃爆事故 因腐蚀老化、设备异常、人员误操作等原因造成有机溶剂的泄漏,而使空间浓度超标引发燃爆事故或达到急性中毒浓度使人员中毒。

2. 萃取离心机高速运转发生机械伤害事故 萃取机与电机之间多采用皮带传动,必须加装封闭式安全防护罩,以防止操作人员的不慎卷入。在萃取机上应安装安全连锁装置,以防止检修时电机的异常启动。

3. 在萃取机运转时,要定时检查润滑油的油位,以防止缺油而发生轴抱死事故。定时检查油冷器或水冷器的温度,以确保冷却效果良好。

4. 开车前检查设备接地与静电接地良好,防止萃取机高速运转产生静电积累,引发燃爆事故。

5. 开车前应对设备的保护接地进行检查,防止人体触及带电或漏电的开关、设备、仪表导致触电伤害。

6. 在萃取机附近设置紧急洗眼点,以便酸、碱或有机溶剂泄漏时,及时对灼伤部位进行清洗。

点滴积累 ∨

萃取操作时特别要注意有机溶剂泄漏造成燃爆事故、萃取离心机高速运转发生机械伤害事故等。

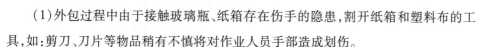

第十节 制剂生产机械伤害

在制剂生产过程中用到大量的机械设备,在使用、维护这些设备时,最常见的事故就是其带给操作人员的机械伤害。

一、注射剂生产机械伤害

机械设备的基本安全要求

1. 西林瓶、胶塞、铝盖的清洗灭菌工艺安全注意事项

(1)外包过程中由于接触玻璃瓶、纸箱存在伤手的隐患,割开纸箱和塑料布的工具,如:剪刀、刀片等物品稍有不慎将对作业人员手部造成划伤。

(2)搬运重物前先检查重物形状和表面情况,然后戴上手套。过门或其他狭窄区域时,尽可能将手放在物体的底部或上面,不要抱着两边。

(3)发现重物有毛边,那么搬运前戴上手套就可以保护双手。同时,检查重物表面是否有油污、水或污物,免得脱手砸伤。

(4)集中注意力做手头的工作。注意力不集中,会使作业人员因操作失误而割到手。

(5)使用液压车拉物料时使用不当轧伤脚等。

(6)操作洗瓶机时应防止西林瓶破瓶扎手或炸瓶伤人。

(7)调试、维修洗瓶机未停机断电,容易造成设备转动使手部挤入。

案例分析

案例 1

2014 年 2 月 26 日 13:10 左右,某车间技术员发现洗瓶机有异响并通知维修人员,13 点 14 分维修人员到达现场发现轴承损坏,后拿备件进行更换,维修人员和操作工为了便于观察更换后轴承运转情况,13 点 29 分,岗位操作人员马某发现另一个轴承运转异常有杂音,于是用右手示指拨动轴承检查是否转动灵活,被轴承轨道固定模块挤压,造成右手示指前端挤伤。

分析

操作工马某违反洗瓶机操作规程,在洗瓶机运行状态下用手接触运转部位,造成手指挤伤。

案例 2

2014 年 8 月 3 日,某药厂制剂三车间下午 13:30,辅助岗位何某、张某、杨某三名职工到原料库房领料,三人拉一个液压车到原料库二楼装料,共装 500kg 西林瓶,领完料后,将液压车拉入电梯运至一楼。

14:25 分电梯外侧(东侧)平台搬运职工正在卸车,所以将装料的液压车拉至电梯西侧室内平台。三人为节省时间从内侧平台准备将料拉走,在下坡时,因为下坡路较窄,所以由张某、杨某两人倒退着推着液压车下坡,杨某在西侧,张某在东侧。因坡度较陡(约 30°),两人又因使力不均,导致液压车左右摆动着快速向下滑动,杨某因躲闪不及,右脚被挤在液压车右前角及门口侧的扁铁上,导致右脚外侧脚面约 5cm 的开创性伤口。

分析

事故直接原因:①拉料过多,导致液压车失控;②原料库内侧平台坡度较陡,空间较小,极易发生挤伤、碰伤事故。

2. 分装、轧盖、灯检工艺安全注意事项

(1)操作分装、压盖机等设备运行时调试设备易挤伤手。

(2)设备运行时清理杂物或搞卫生挤伤手。

(3)未关闭运行设备打开防护门时将头部探入分装机内检查设备时会产生头部磕碰或者眼部伤害。

(4)调试传送带或在带轮附近操作时挤手。

(5)灯检人员需要长期目检的时候会由于长期在强光下作业导致注意力不集中会伤到眼睛。

案例分析

案例

某制剂企业9月23日夜班生产过程中,03:30左右,因4号分装机进瓶口处有碎玻璃,操作工田某在未关机的情况下,用吸尘器清理洗瓶机上碎玻璃,在处理过程中,右手距离同步传送带太近导致示指被夹在分装机进口传送带中,导致右手示指指甲及部分软组织掉落。经医生诊断为示指软组织脱落性损伤,并进行了手指修复手术。

分析

员工违反操作规程,在未停机状态下清理设备上的碎玻璃,导致手指夹在同步带中造成伤害。

3. 包装工艺安全注意事项

(1)操作贴签机、自动装盒机等设备运行时调试设备易挤伤手。

(2)设备运行时清理杂物或搞卫生挤伤手。

(3)私自关闭安全联锁运行设备在防护罩开启状态运行设备造成挤伤。

(4)传送带带轮挤手。

(5)在传送大转盘下部空隙间放置清洁毛巾或工具等物品会造成设备转动轴缠绕。

(6)由于该岗位传动设备较多,如果操作人员不按照规定穿戴工作服、工作帽会被设备传动部位缠绕导致挤伤。

(7)使用激光喷码机操作时,误看喷码头,造成眼睛灼伤。

案例分析

案例

2015年4月1日下午16:45左右,包装岗位贴签机操作人员张某在操作时发现有一张瓶签掉落到吸签手拉簧与送瓶三角带之间,于是就用右手示指去拨瓶签,试图将瓶签拨到废签盒中。由于三角带转动很快,示指被送瓶的三角带带走,被海绵轮与吸气管挤住,造成右手示指前节骨折。

分析

张某在对设备进行清理时,未按照操作规程规定在停机状态下进行,清扫卫生毕后方可开车。这种行为是一种不安全行为,属于违章操作。

二、口服制剂类产品生产的机械伤害

1. 粉碎、筛分、称量、投料、混合工艺安全注意事项

(1)在给物料过筛过程中旋振筛快开式锁紧圈未紧固,开机会造成旋振筛跌落砸伤人。

(2)旋振筛未固定地脚螺丝进行操作,开机时设备振动移位挤伤或碰伤人。

(3)混粉机混分过程中距离过近会造成人员磕伤头部。

(4)进出料时要将混粉机未完全停止就进行操作会导致碰伤。

(5)粉碎机皮带轮机罩松动,若皮带轮飞出易造成人员被击伤。

(6)使用粉碎机时未拧紧固定齿盘门,设备运转时齿盘门打开造成物料飞出。

(7)粉碎研磨过程必然会产生大量粉尘,为防止粉尘扩散引起的各种事故,粉碎研磨设备必须要做好密闭,同时操作环境要保持良好的通风,必要时可装设喷淋设备。

(8)对于进行可燃易燃物质粉碎研磨的设备,应有可靠的接地和防爆装置,要保持设备良好的润滑状态,防止摩擦生热和产生静电,引起粉尘燃烧爆炸。

ER-8-3

粉尘进入呼吸系统的过程

(9)为确保易燃易爆物质粉碎研磨过程的安全,密闭的研磨系统内应通入惰性气体进行保护。

(10)如粉尘具有毒性或腐蚀性,吸入及皮肤接触后引起皮肤炎症或呼吸道病变,产生红肿、瘙痒、咳嗽等病症。在粉碎、筛分过程中,设备会产生剧烈的振动,产生较大噪声,对听觉系统也有较大的伤害。因此,人员应依据操作情况佩戴好劳动防护用品,如防尘口罩、护耳器。

案例分析

案例

2008 年某公司粉碎岗位员工 A 在操作粉碎机时,粉碎机内的旋转刀片被待粉碎的大块物料卡住,于是 A 立刻停机,并启动气动开关将粉碎机上盖打开。在直接用手对旋转刀片上的卡料进行清理时,右手卷入粉碎机内。事故发生后,其他员工立即将他送往医院抢救。最终工伤结果显示:A 右手前臂被粉碎机内刀片切断,除大拇指外其余四指也被切断。

分析

1. 人的不安全行为 A 在使用粉碎机进行破碎时,发现粉碎机卡料,在其停机后没有立即向主管报告,而是自己打开机器上盖进行清理,违反了该公司《粉碎机操作规范》的规定,属违章作业行为;另外 A 在清理粉碎机卡料时,没有遵守粉碎机上"严禁伸手入内"的警示标识,徒手去清理粉碎机的卡料,属冒险作业行为。

2. 物的不安全状态 A 关闭电源打开粉碎机上盖后,刀具因飞轮惯性作用仍在运转时,粉碎机处于极为危险的状态,伸手去清理废料导致事故的发生。

3. 事故的间接原因 该公司粉碎机操作规程不完善、不健全。

案例分析

案例

2010年某车间的双锥干燥器开始用真空上料出烤产品A，出烤至第10袋时，岗位人员闻到糊味，立即停止真空上料及磨粉机，之后断开料仓与磨粉机间的软管，发现其内部物料A已发黑，岗位人员用少量水冲洗，清理现场。

分析

料仓中存料较多，由于放料阀未控制到位，使过筛机中存料较多，过筛机旋转转速过高，与物料摩擦导致物料碳化。物料发黏、自动分装机真空上料抽料慢，员工发现抽料慢的情况下没及时停止过筛机。员工操作巡检检查不及时，车间对此危险源的辨识和分析不到位。

2. 填充、铝塑、外包装工艺安全注意事项

(1)湿法制粒机连锁装置控制失灵,打开罐盖时搅拌桨仍然转动,操作人员会不小心被搅拌桨挤伤。

(2)湿法制粒机锅盖支撑装置失灵,造成砸伤。

(3)干法制粒机防护板没有安装或损坏,运转时皮带轮连接键飞出砸伤人员。

(4)干法制粒机过滤网安装过紧,摇摆滚损坏造成在转动时飞出,击伤操作人员。

(5)用沸腾制粒机进行烘干作业检查、更换过滤袋时,支架连接钢丝绳断裂造成支架跌落砸伤作业人员。

(6)铝塑机冲裁部位未安装安全防护装置,操作人员手误入冲裁部位后造成轧伤。

(7)自动装盒机运转时防护门破损、未安装、未关闭未停车的状态下将手部伸入机舱内,操作人员的某部分容易被卷入设备,造成人员伤害。

(8)操作人员处理铝塑机热封辊上的异物时,由于热封辊温度较高(200℃左右)容易被烫伤。

(9)铝塑机开机前手牵引药用PVC硬片穿过加热板时,加热板温度较高(200℃左右)手被加热板烫伤。

(10)填充机、铝塑机等设备需要多人作业时,配合不好容易导致伤害他人。

点滴积累 ∨

1. 制剂生产对人的伤害主要是机械伤害。
2. 注射剂造成的机械伤害主要是在包装容器的清洗灭菌过程、分装、轧盖、灯检过程和包装过程中出现的。
3. 口服制剂类产品造成的机械伤害主要是在粉碎、筛分、称量、投料、混合、填充、铝塑、外包装过程中出现的。

目标检测

一、选择题

(一) 单项选择题

1. 粉状物料输送易出现的主要安全事故是(　　)

    A. 系统的堵塞和由摩擦静电引起的粉尘爆炸

    B. 由于设备密封不好,负压吸入空气而引发爆炸

    C. 输送过程中管道受压脱落漏料而引起火灾

    D. 管内液体流动与管壁摩擦会产生静电,引起燃烧

2. 输送液化可燃气体要求压力不太高时,采用(　　)比较安全

    A. 液环泵　　　　　B. 往复泵　　　　　C. 离心泵　　　　　D. 螺杆泵

3. 一般加热温度在100~140℃的加热单元操作可采用(　　)

    A. 热水循环加热　　　　　　　　B. 油加热

    C. 蒸汽加热　　　　　　　　　　D. 直接火加热

4. 混合过程中搅拌突然停止会出现(　　)

    A. 静电放电　　　B. 粉尘爆炸　　　C. 物料飞溅　　　D. 物料局部过热

5. 冷却冷凝系统开车前,应(　　)

    A. 首先清理冷却冷凝器中的积液和气体　　B. 首先通入冷却介质

    C. 首先通高温物料　　　　　　　　　　　D. 首先通入水

6. 当加热温度接近或超过物料的自燃点时,应向反应体系内加入(　　)

    A. N_2　　　　　B. O_2　　　　　C. 空气　　　　　D. 水

7. 不属于按推动力分类的过滤操作是(　　)

    A. 加压过滤　　　B. 真空过滤　　　C. 离心过滤　　　D. 间歇过滤

(二) 多项选择题

1. 医药化工生产中混合单元操作时应注意的问题是(　　)

    A. 桨叶强度与转速　　　　　　　B. 设备密闭

    C. 防静电　　　　　　　　　　　D. 搅拌突然停止

    E. 检修安全

2. 医药化工生产中加热单元操作时安全事项是(　　)

    A. 保证适宜的反应温度

    B. 保持适宜的升温速度

    C. 严密注意压力变化

    D. 正确选择加热介质

    E. 当加热温度接近或超过物料的自燃点时,应采用惰性气体保护

3. 医药化工生产中冷却单元操作时,需冷却温度在0~15℃之间,可以采用(　　)冷却介质

A. 地下水 B. 冷冻盐水

C. 氟利昂 D. 氨

E. 聚乙二醇

4. 医药化工生产中加压单元操作时应注意的问题是(　　)

A. 加压设备符合要求 B. 加压系统密闭

C. 控制升压速度和压力 D. 严密监视压力表

E. 设备防爆

5. 医药化工生产中对流干燥操作安全事项是(　　)

A. 严格控制干燥温度 B. 严格控制干燥气流速度

C. 严格控制有害杂质 D. 防止机械伤害

E. 定期清理死角积料

6. 压入法投料注意的安全问题有(　　)

A. 置换 B. 防静电

C. 设备密封 D. 防泄漏

E. 控制温度

7. 加压操作应该注意(　　)

A. 加压系统密闭 B. 严密监视压力表

C. 设备防爆 D. 系统上加装缓冲装置,防止出现反冲情况

E. 控制升压速度和压力

8. 在蒸发操作中,管内壁出现结垢现象(　　)

A. 是不应该发生的现象

B. 使传热量下降

C. 应定期停车清洗、除垢

D. 可提高溶液循环的速度,从而可降低污垢生成的速度

E. 会造成体系内压力上升

9. 注射剂分装、轧盖、灯检工艺中,容易出现的安全问题有(　　)

A. 调试设备易挤伤手

B. 将头部探入分装机内检查设备时会产生头部磕碰或者眼部伤害

C. 调试传送带或在带轮附近操作会导致挤手

D. 灯检人员需要长期目检的时候会由于长期在强光下作业导致注意力不集中会伤到眼睛

E. 会产生大量粉尘,造成粉尘爆炸

10. 铝塑机容易出现的安全问题有(　　)

A. 人员手误入冲裁部位后造成轧伤

B. 误看喷码头,造成眼睛灼伤

C. 开机前手牵引药用 PVC 硬片穿过加热板时,手被加热板烫伤

179

  D. 需要多人作业时,配合不好容易导致伤害他人

  E. 操作人员处理热封辊上的异物时被烫伤

二、问答题

1. 简述医药化工生产中粉尘对粉碎、混合操作的影响和人体的损伤。

2. 简述加热和冷却单元操作的安全操作要点和注意事项。

3. 简述加压和负压单元操作的安全操作要点和注意事项。

4. 简述萃取单元操作过程的安全注意事项。

（高生彬）

第九章

职业卫生与劳动保护

ER-09章 PPT

导学情景 ∨

情景描述:

2010 年,某市发生一起运输过程中因违章作业引发的 2,4-二硝基酚中毒事故,该批货物共 50t,因铁路部门拒绝托运,而借用场地进行转运。 货主为使剩余的10t物料装入 6t 的货车内,擅自组织 2 名民工将物料重新装卸,由 3 桶合并为2桶,并限时完成。 在此期间货主并未告知工人物料的毒性,也未提供任何防护用品。 期间两名农民工又找到另外 2 名老乡帮忙。 在搬运期间两名农民工出现胸闷、心悸、气促、大汗淋漓的临床症状,遂急救入院治疗,大约 2 小时后,两位帮忙的老乡也相继发病。

学前导语:

在劳动作业过程中,应按国家相关规定佩戴好劳动防护用品,保护劳动者的人身安全和身体健康,维护其合法权益。

职业卫生是指防止劳动者在职业岗位上发生职业性伤害和健康危害,保护劳动者在劳动过程中的安全与健康;而劳动保护则是依靠技术进步和科学管理,采取技术措施和组织措施,来消除劳动过程中危及人身安全和健康的不良条件和行为,防止伤亡事故和职业病危害,以保障劳动者在劳动过程中的安全和健康。显然,两者关系密切,其核心目的是保障劳动者的权益。因此,本章内容是每一个从业者的必备知识。

第一节　职业卫生

一、职业卫生基本概念

职业卫生研究的是人类从事各种职业劳动过程中与工作和工作环境相关的卫生问题,即是指为了保障劳动者在生产(经营)活动中的身体健康,防治职业病和职业性多发病等职业危害,在技术上、设备上、医疗卫生上所采取的一整套措施。它以人类的健康在职业活动过程中免受有害因素侵害为目的,其中包括劳动环境对劳动者健康的影响以及防止职业性危害的对策。只有创造合理的劳动工作条件,才能使所有从事劳动的人员在体格、精神、社会适应等方面都保持健康。只有防止职业病和与职业有关的疾病,才能降低病伤缺勤,提高劳动生产率。因此,职业卫生实际上是指对各种工作中的职业病危害因素所致损害或疾病的预防。

知识链接

职业卫生的定义

国际劳工组织（ILO）和世界卫生组织（WHO）职业卫生联合委员会在 1950 年的第一次会议就对职业卫生定义如下：促进和维护劳动者的身体、精神和社会福利于最佳状态；预防工作条件对劳动者的健康损害；保护劳动者免受职业有害因素危害身体健康；使劳动者的生理和心理学特征适应于职业环境，概而言之，就是要使工作适应于人，每个人适应于自己的工作。

中华人民共和国国家标准对职业卫生的定义是：以职工的健康在职业活动过程中免受有害因素侵害为目的的工作领域及在法律、技术、设备、组织制度和教育等方面所采取的相应措施。

职业卫生学是指对预测、识别、评价和控制工作场所中存在的，可能导致劳动者或相关人员疾病、健康损害、劳动能力降低、工作效率下降等的危害因素的学科。

二、职业卫生工作

1. **职业卫生工作目标** 创造卫生、安全、满意和高效的作业环境，保护充满活力的人力资源，促进社会经济的可持续发展。

2. **职业卫生工作原则** 健康保护和预防原则，即保护职工健康不受作业环境中有害因素的损害；工作适应原则，即作业与作业环境适合职业的职业能力；健康促进原则，即优化职工的心理行为、生活及作业方式与社会适应状况；治疗与康复原则，即减轻工伤、职业病与工作有关疾病所致不良后果；初级卫生健康原则，即就近为职工提供治疗与预防的一般卫生保障服务。

3. **职业卫生工作的预防原则** 职业卫生属预防医学范畴，加之职业病害的缓发性、致残特点，目前我国的职业卫生工作实行"预防为主、分类管理、防治结合、综合治理"的三级预防原则。包括：一级预防，即从根本上使劳动者不遭受职业危害因素的损害，如改进工艺、改进生产过程、寻找容许接触量或接触水平，使生产过程达到卫生标准，对人群中的易感者定出就业禁忌证等；二级预防，即在一级预防达不到要求，职业危害因素已开始损及劳动者健康的情况下，应及时地早发现病损，采取补救措施，防止进一步发展；三级预防，即对已患病者，作出正确诊断，及时处理，包括及时脱离接触，积极给予综合治疗和康复治疗，防止恶化和并发症，以恢复其健康。三级预防的关系是：突出一级预防，加强二级预防，做好三级预防。

4. **职业卫生工作任务** 预测、识别、评价和控制不良劳动条件中存在的职业性有害因素，保护和促进从业者的身心健康。

5. **职业卫生工作服务内容** 职业卫生服务主要是通过向从业人员提供职业卫生服务和向雇主提供咨询来保护和促进劳动者的健康，改善劳动条件和工作环境，从整体上维护其健康。职业卫生服务内容包括：

（1）工作环境监测，以判定和评价工作环境和工作过程中影响从业人员健康的危害因素的存在、种类、性质和浓（强）度。

（2）作业者健康监护，包括就业前健康检查、定期检查、更换工作前检查、脱离工作时检查、病伤休假后复工前检查和意外事故接触者检查等。

（3）高危和易感人群的随访观察。

（4）收集、发布、上报和传播有关职业危害的判别和评价资料，包括工作环境监测、作业者健康监护和意外事故的数据。

（5）工作场所急救设备的配置和应急救援组织的建立。

（6）安全卫生措施，包括工程技术控制和安全卫生操作规程。

（7）估测和评价因职业病和工伤造成的人力和经济损失，为调配劳动力资源提供依据。

（8）编制职业卫生与安全所需经费预算，并向有关管理部门提供。

（9）健康教育和健康促进，及与作业者健康有关的其他初级卫生保健服务，如预防接种、公共卫生教育等。

（10）职业卫生标准的制订和修订，职业健康质量保证体系、职业卫生管理体系及检验和服务机构的资质认证和管理。

三、职业性有害因素与职业性病损

职业卫生的研究还涉及两个概念，包括：职业病和职业性有害因素。职业性有害因素所致的各种职业性损害，包括工伤和职业性疾患统称职业性病损，职业性疾患包括职业病和工作有关疾病两大类。

1. 职业病　当职业性有害因素作用于人体的强度与时间超过一定限度时，人体不能代偿其所造成的功能性或器质性病理改变，从而出现相应的临床征象，影响劳动能力，这类疾病通称职业病。也就是企业、事业单位和个体经济组织的从业者在职业活动中，因接触粉尘、放射性物质和其他有毒、有害物质等因素而引起的疾病。

医学上所称的职业病泛指职业性有害因素所引起的疾病，而在立法意义上，职业病却有其特定的范围，即指政府所规定的法定职业病。不同的发展阶段、不同的国家，法定职业病的内容是不同的。凡属法定职业病的患者，在治疗和休息期间及在确定为伤残或治疗无效而死亡时，均应按劳动保险条例有关规定给予劳保待遇。随着社会科学技术、经济的不断发展，职业病防治范围也在不断变化，如：我国卫生部于 1957 年首次公布了《职业病范围和职业病患者处理办法的规定》，将危害职工健康比较明显的 14 种职业病列为国家法定的职业病。1987 年卫生部颁布了修改后的职业病名单，共有 9 类 99 项，另制订了《职业病诊断管理办法》《职业病报告办法》《尘肺防治条例》等。2002年《中华人民共和国职业病防治法》规定纳入职业病范围的职业病分 10 类 115 种。2011 年12 月 31 日又重新修订《中华人民共和国职业病防治法》。在 2013 年 12 月 30 日修订的《职业病分类和目录》中包括 10 大类，132 种职业病。2017 年 11 月 4 日对《中华人民共和国职业病防治法》再次修订。

职业病具备的三个条件:即致病的职业性,疾病与其工作场所的生产性有害因素密切相关;致病的程度性,接触有害因素的剂量已足以导致疾病的发生;发病的普遍性,有一定的发病率。

▶▶ 课堂活动

请列举出你所知道的职业病种类。

2. 工作有关疾病(职业性多发病) 工作有关疾病与职业病有所区别。广义上讲,职业病是指与工作有关并直接与职业性有害因素有因果关系的疾病。

工作有关疾病与职业病相比,具有三个特点:

(1)职业因素是该病发生和发展的诸多因素之一,但不是唯一的直接因素。

(2)职业因素影响了健康,从而促使潜在的疾病显露或加重已有疾病的病情。

(3)通过控制和改善劳动条件,可使所患疾病得到控制或缓解。

常见的工作有关疾病有:矿工的消化性溃疡;建筑工的肌肉骨骼疾病(如腰背痛);与制药行业有关的因生物因素、激素类药物引起的相关疾病;与职业有关的肺部疾病等。

3. 职业性危害因素 职业性危害是指对从事职业活动中的劳动者可能导致职业病的各种危害。

职业性危害的严重后果包括:损害劳动者的安全权利、健康权利、生命权利(人权)等基本权利;职业性危害是劳动者及其家庭的灾难,成为影响社会安全、稳定的不利因素;职业性危害给国民经济造成巨大损失,每年职业病损失近百亿元;职业性危害有损中国在世界上的大国形象,成为国外攻击中国人权问题的借口。

4. 职业性危害因素分类 2015 年 11 月 30 日,国家卫生计生委、人力资源社会保障部、安全监管总局及全国总工会联合发布了《职业病危害因素分类目录》,包含了 52 项粉尘因素、375 项化学因素、15 项物理因素、8 项放射性因素、6 项生物因素以及 3 项其他因素。

5. 职业性病损 不同的劳动条件存在着各种职业危害因素,它们对健康的不良影响,可以导致职业性病损。

职业性病损的致病条件有:①接触机会,如在生产工艺过程中,经常接触某些有毒有害因素;②接触方式,经呼吸道、皮肤或其他途径可进入人体或由于意外事故造成病伤;③接触时间,每天或一生中累计接触的总时间;④接触强度,指接触浓度或水平。

后两个条件是决定机体接受危害剂量的主要因素,常用接触水平表示,与实际接受量有所区别。据此,改善作业条件,控制接触水平,降低进入机体的实际接受量,是预防职业性病损的根本措施。

6. 个体危险因素 在同一作业条件下,不同个体发生职业性病损的机会和程度也有一定的差别,这与以下因素有关:①遗传因素,患有某些遗传性疾病或存在遗传缺陷(变异)的人,容易受某些危害因素的作用;②年龄和性别差异,包括妇女从事接触对胎儿、乳儿有影响的工作,以及未成年和老年工人对某些危害因素作用的易感性;③营养不良,如不合理膳食结构,可致机体抵抗力降低;④其他疾病,如患有皮肤病,降低皮肤防护能力,肝病影响对毒物解毒功能等;⑤文化水平和生活方式,如缺乏卫生及自我保健意识,以及吸烟、酗酒、缺乏体育锻炼、过度精神紧张等,均能增加职业危害因素的致病机会和程度。

以上这些因素统称个体危险因素,存在这些因素者对职业性有害因素较易感,故称易感者或高危人群。

充分识别和评价各种职业危害因素及其作用条件,以及个体特征,并针对三者之间的内在联系,采取措施,阻断其因果链,才能预防职业性病损的发生。

点滴积累

1. 法定职业病与医学意义上的职业病根本区别在于,前者是指政府所规定的法定职业病。凡属法定职业病的患者,在治疗和休息期间及在确定为伤残或治疗无效而死亡时,均应按劳动保险条例有关规定给予劳保待遇。
2. 职业危害因素分为6大类,分别为粉尘类、放射性物质类、化学物质类、物理因素、生物因素、其他因素。

第二节　劳动保护

一、劳动保护及相关的概念

在生产和劳动过程中,因劳动环境较差、卫生条件不合格,可能造成劳动者身体不适,使劳动者患上各种疾病,甚至由这些疾病导致劳动者伤残而丧失劳动能力或死亡。例如:长期在粉尘超标的环境中劳动,使劳动者患上肺部疾病等。

广义的劳动保护系指保护劳动者在生产劳动过程中的生命安全和身体健康。

狭义的劳动保护是指国家和单位为保护劳动者在劳动生产过程中的安全和健康所采取的立法和组织、管理与技术措施的总称。

我国劳动保护工作的指导方针是"安全第一,预防为主"。

"安全第一"是要求企业把保护劳动者生命安全和身体健康放在第一位。企业应尽最大努力避免人员伤亡及职业病的发生;要求劳动者不违章操作,把落实安全生产法规、充分满足安全卫生需要摆在第一位。当生产与安全发生矛盾时,实行"生产服从安全"的原则。

"预防为主"要求企业加强对安全事故和职业危害的预防工作,减少或避免事故发生,减轻职业危害;尽力采用先进设备和技术,确保安全生产;加强安全教育,提高劳动者安全意识;运用先进的技术手段和现代安全管理方法,预测和预防危险因素的产生。

相关法律法规

《中华人民共和国劳动合同法》由中华人民共和国第十届全国人民代表大会常务委员会第二十八次会议于 2007 年 6 月 29 日通过，2008 年 1 月 1 日实施。2012 年 12 月 28 日第十一届全国人民代表大会常务委员会第三十次会议《关于修改〈中华人民共和国劳动合同法〉的决定》修正，2013 年 7 月 1 日实施。其中第十七条第八款为劳动保护、劳动条件和职业危害防护。

在劳动合同法中，职业危害防护列为劳动合同必备条款。强调职业危害防护条款，则要求用人单位必须将工作过程中可能产生的职业病危害、防护措施等在劳动合同中写明，不得隐瞒或欺骗。这更倾向于保护劳动者合法利益。对于企业而言，有职业危害的工作在劳动合同必备条款中要如实告知劳动者，而告知的方法和对危害的严重性的估测可以根据实际情况做适当的调节。

二、劳动保护措施的分类

劳动保护措施可分为两大类，即组织措施和技术措施。

1. 组织措施　是指通过加强劳动保护立法，建立劳动保护组织机构，开展劳动保护教育培训，实行劳动保护监察等措施，保护劳动者生命安全和身体健康。其中包括国家颁布的法律法规；设立国家安全生产监督管理总局、职业病防治医院等劳动保护组织；企业设立安全生产办公室，配备专门的安全管理人员，对新入厂的人员进行安全培训"三级"教育等，这些都属于劳动保护组织措施。

2. 技术措施　劳动保护的技术措施通常称为安全技术，即在生产过程中为防止各种伤害，以及火灾、爆炸等事故，并为职工提供安全、良好的劳动条件而采取的各种技术措施。

三、有关劳动保护的法规释义

我国在 1995 年 1 月 1 日实施了《中华人民共和国劳动法》。2018 年 12 月 29 日，第十三届全国人民代表大会常务委员会第七次会议通过对《中华人民共和国劳动法》做出修改。

我国法律规定劳动者的主要权利：享有平等就业和选择职业的权利；取得劳动报酬的权利、法定休息和休假的权利；获得劳动安全卫生保护的权利；接受职业技能培训的权利；享受社会保险和福利的权利；提请劳动争议处理的权利以及法律规定的其他劳动权利。

同时劳动者也应承担相应的义务，包括：劳动者应当完成劳动任务，提高职业技能，执行劳动安全卫生规程，遵守劳动纪律和职业道德。

（一）劳动者享有合法劳动保护权利

1. 通过签订劳动合同维护劳动者劳动保护的权利　劳动者应当与用人单位签订劳动合同来确立劳动关系，明确双方的权利和义务，维护各自的合法权益；劳动合同条款应当完整、准确；注意劳动保护和劳动条件的条款内容；拒绝签订有"工伤概不负责"之类条款的不合法、不合理的劳动合同。

2. 劳动休息与休假的权利　我国劳动法规定，劳动者每日工作时间不超过 8 小时，平均每周工作时间不超过44小时,劳动者要有足够的休息时间,以防止劳累过度,引发职业疾病。

带薪年假天数与工龄挂钩

我国法律还规定,劳动者享有法定节假日的休假权利,女职工生育子女时,享受产假待遇,产假期间,工资由用人单位支付。

2008年1月1日实施的《职工带薪年休假条例》规定,劳动者连续工作1年以上的,享受带薪年休假(以下简称年休假)。单位应当保证职工享受年休假。职工在年休假期间享受与正常工作期间相同的工资收入。

3. 享有劳动安全卫生保护的权利　我国法律规定,用人单位必须建立、健全劳动安全卫生制度,严格执行国家劳动安全卫生规程和标准,对劳动者进行劳动安全卫生教育,防止劳动过程中的事故,减少职业危害。用人单位必须为劳动者提供符合国家规定的劳动安全卫生条件和必要的劳动防护用品,对从事有职业危害作业的劳动者应定期进行健康检查。

4. 女职工享有的特殊劳动保护权利　我国法律规定,妇女在生理"四期",即:月经期、怀孕期、产期、哺乳期,禁忌从事某些劳动。如女职工在月经期不能从事高处、低温、冷水作业和国家规定的第三级体力劳动强度的作业;怀孕期女职工不得从事伴有强烈震动的作业和工作中需要频繁弯腰、攀高、下蹲的作业;怀孕和哺乳期女职工不能从事重金属等有毒物质浓度超过国家卫生标准的作业,企业不得延长工作时间或安排她们从事夜班工作。

5. 未成年工享有的特殊劳动保护权利　未成年工是指年满16周岁,不足18周岁的劳动者。因其身体还处于发育阶段,需要在劳动中给予特殊的保护。任何单位和个人禁止使用童工。

法律规定,用人单位应对未成年工进行定期健康检查,根据检查结果安排合适的工作;应对未成年工进行岗前培训、安全教育和职业技能教育培训。

6. 劳动保护教育培训的权利　劳动者享有接受劳动保护教育培训的权利。学习劳动保护方针,学习劳动保护法律、法规,树立安全意识,了解工作单位安全生产情况,掌握安全生产技术,熟练运用劳动保护用品,在劳动过程中采取合适的安全技术措施,有效保护自己的生命安全和身体健康。

7. 社会保险和福利的权利　社会保险是指国家通过颁布法律、制定法规,以保证劳动者遇到生、老、病、残、死、失业等情况时,给予一定的物质或经济帮助,使其得到基本生活需要的一种社会保障制度。

8. 提请劳动争议处理的权利　在发生劳动争议时,劳动者应当了解劳动争议处理的法律规定,有权提请劳动争议调解委员会进行调解,也有权提请劳动争议仲裁委员会进行仲裁。必要时,还可以向当地人民法院起诉,通过法院判决来维护自己的合法权益。

(二)劳动者应尽的劳动保护义务

1. 劳动者应树立安全生产意识　劳动者应该具有遵守安全生产规章制度和操作规程,服从安全人员管理的义务。

2. 劳动者应当正确佩戴和使用劳动保护用品　劳动者应熟知所从事的工作岗位存在的不安全因素或职业危害因素,知道需要佩戴或使用什么样的劳动保护用品以及正确的使用方法,只有这样才能预防事故和减少职业危害的发生。

3. 劳动者有接受安全生产教育培训的义务　掌握本职工作所需要的安全生产知识,提高安全生产技能,增强事故预防和应急处理能力。

4. 发现事故隐患上报的义务　当发现作业场所有事故隐患和其他不安全因素时,劳动者应该立即向现场安全生产管理人员或本单位负责人报告,接到报告的人员应当及时予以处理,把事故消灭在萌芽状态。

四、劳动保护管理

劳动保护管理包括:劳动保护组织、劳动保护立法、劳动保护教育、劳动保护监察四个方面。

(一)劳动保护组织

劳动保护组织包括政府与企业两部分。

政府劳动保护组织主要负责劳动保护立法、劳动保护监察、劳动争议仲裁和劳动安全保险等工作。

企业劳动保护组织主要负责制定劳动安全措施、开展劳动安全教育、管理劳动保护用品等工作。

(二)劳动保护立法

劳动保护立法是国家用法律的形式制定,并由国家强制执行的一系列保护劳动者在生产和劳动过程中安全与健康的法律规范。其职能是通过法律形式,调整人们在各种活动中相互之间的劳动关系,规定人们在此过程中的行为准则。

我国劳动保护法律体系主要包括:劳动保护法律、行政法规及国家标准三个方面。

1. 劳动保护法律　包括:《宪法》《劳动法》《劳动合同法》《安全生产法》《消防法》《职业病防治法》等。

2. 劳动保护行政法规　是指国家为保护劳动者在生产过程中的安全和健康而制定的各种法规。一般包括安全技术规程、劳动卫生规程、对女工和未成年工特殊保护以及各种劳动保护管理制度等。如:《危险化学品安全管理条例》《工伤保险条例》《特种作业人员安全技术培训考核管理办法》《尘肺病防治条例》《放射性同位素与射线装置安全和防护条例》《职业健康检查管理办法》《职业病诊断与鉴定管理办法》等。

3. 劳动保护国家标准　我国颁布了一系列涉及劳动安全卫生的国家标准,包括《安全帽标准》《安全色标准》《安全标志标准》《高处作业标准》《体力劳动强度分级》《高温作业分级》《生产性粉尘危害程度分级》《有毒作业分级》《冷水作业分级》和《低温作业分级》等150多项。

(三)劳动保护教育

1. 目的　劳动保护教育即安全生产教育,其目的是提高劳动者的安全生产意识,普及安全生产知识、掌握安全操作技术和执行安全生产法规的自觉性。安全生产教育是预防伤亡事故及职业病发生的重要措施,也是企业劳动管理的重要组成部分。

2. 内容　按方式划分可分为三级安全教育、特种作业人员安全技术培训、经常性安全教育;按内容划分可分为安全技术知识的教育、安全生产规则的教育、安全法制教育、典型经验和事故教训。

（四）劳动保护监察

我国有完整的劳动保护监察方面法律、法规体系,如:《劳动保障监察条例》《特种设备安全检查条例》等。我国在中央和地方都设立了专门的组织机构,如:国家和地方安全监管部门(局或分局等)、劳动监察大队等,对国家劳动保护法律、法规的贯彻落实情况进行监督、检查,督促企业做好劳动保护工作,切实保护劳动者人身安全,避免或减少各种职业危害。

五、劳动保护用品

劳动保护用品是指为使劳动者在生产过程中免遭或减轻事故伤害和职业危害而提供的个人随身穿(佩)戴的用品,也称劳动防护用品,简称劳保品。一般来说,劳动保护用品是劳动者防止职业或劳动伤害的最后一项有效保护措施。

劳动保护用品可分为两大类:

（一）按保护人体的不同生理部位分类

按防护部位分类的基础是人体劳动卫生学,可划分为头部、眼部、面部、呼吸器官、手部、躯干、耳、足部使用的防护用品。

（二）按劳动保护用品的用途分类

可分为安全用品和劳动卫生用品两类。

ER-9-2
安全帽的正确使用方法

1. 安全用品 主要是用于预防工伤事故,常用的安全用品有:防坠落用具如安全带、安全网等,防冲击用品如安全帽、安全背心、防冲击护目镜等,防电用品如均压服、绝缘服、绝缘鞋等,防机械外伤用品如防刺、割、磨损的服装、鞋、手套等,防酸碱用品,防水用品等。

ER-9-3
安全带的正确使用方法

2. 劳动卫生用品 主要是用于预防职业病。主要有:防尘用品如防尘口罩、防尘服装,防毒用品如防毒面具、防毒服等,防放射与辐射用品,防寒用品如防寒服、防寒手套(鞋、帽)等,防噪声用品等。

此外,有些防护用品兼有上述双重用途,如防尘安全帽、防护面罩等。

点滴积累 ∨

1. 我国劳动保护法律包括《宪法》《劳动法》《劳动合同法》《安全生产法》《消防法》《职业病防治法》等。

2. 我国劳动保护行政法规包括《危险化学品安全管理条例》《工伤保险条例》《特种作业人员安全技术培训考核管理办法》《尘肺病防治条例》《放射性同位素与射线装置安全和防护条例》《职业健康检查管理办法》《职业病诊断与鉴定管理办法》等。

3. 我国劳动保护国家标准:我国颁布了一系列涉及劳动安全卫生的国家标准,包括《安全帽标准》《安全色标准》《安全标志标准》《高处作业标准》《体力劳动强度分级》《高温作业分级》《生产性粉尘危害程度分级》《有毒作业分级》《冷水作业分级》和《低温作业分级》等150多项。

第三节 灼伤及其防护

一、皮肤的结构与作用

1. 皮肤的结构 皮肤由表皮、真皮和皮下脂肪组成。

表皮在皮肤的最外层，由形状不同的上皮细胞组成，由内向外可分为角质层、透明层、颗粒层、棘层、基底层细胞组织等五层，厚约 0.16~0.8mm。其中角质层是防止水分蒸发及抵御外部物质透入的第一屏障，由多层角质细胞组成，它的主要成分是角蛋白和纤维状蛋白，还含有脂肪、蜡质和胆甾醇等，是一个机械性强的薄膜层，长时间与水接触能发生膨胀。角质层和下面的透明层、颗粒层共同组成一个阻止物质从表皮透入的屏障。表皮具有增生的作用。

真皮位于表皮下方，主要是结缔组织，是构成皮肤的主要部分，内含大量的毛细血管、淋巴管、神经以及皮肤附属器（毛囊、汗腺及皮脂腺），厚达 3~5mm。皮脂腺大多与毛发并存，开口于毛囊上部。汗腺导管贯穿于真皮中，开口于表皮。

皮下脂肪组织在真皮之下，内有许多血管、淋巴管和汗腺。

2. 皮肤的主要功能 ①保护身体阻止或减轻受热、紫外线、外力及毒性化学物质的伤害；②调节体温；③感觉器官：温度、触觉、痛觉及立体位置等。

二、灼伤及其分类

灼伤是一种由外部热源、化学接触引起的局部组织损伤，并进一步导致病理或生理变化的过程。

（一）灼伤的类型

根据导致灼伤的根源，灼伤可分为以下几类：

1. 热力灼伤 由于接触外部热源造成皮肤损伤，为热力灼伤。

热力灼伤可由火焰、高热物体和高温液体或蒸气等引起，热源与皮肤接触引起皮肤和深部组织温度的升高，蛋白质变性、凝固，细胞组织损伤导致皮肤组织受损。

2. 化学灼伤 由于化学物质直接接触皮肤所造成的损伤，为化学灼伤。

化学灼伤可由强酸、强碱、酚、甲苯、芥子气或磷酸等引起，这些化学物质在常温或高温下与皮肤或黏膜接触后，直接对皮肤或黏膜产生刺激、腐蚀作用以及化学反应的热损害作用，这些物质与皮肤产生化学反应并具有渗透性，对细胞组织产生吸水、溶解组织蛋白和皂化脂肪组织的作用，从而破坏细胞组织的生理功能而使皮肤组织致伤，甚至可造成组织坏死，并可在数小时缓慢扩展。化学灼伤可伴有眼灼伤和呼吸道损伤。某些化学物可经皮肤、黏膜吸收中毒。

常见的化学灼伤有两类，一类是碱灼伤，如氢氧化钠、生石灰等造成的灼伤，其特点是灼伤穿透力较强，在灼伤 2 日内损伤会逐渐向深层组织扩大，使组织细胞脱水；另一类是酸灼伤，如硫酸、硝酸、盐酸等造成的灼伤，这种灼伤一般不会向深层组织扩散，伤口较浅，局部肿胀较重，创面较干燥，常有局部持续疼痛。

3. 复合性灼伤　由化学灼伤和热力灼伤同时造成的伤害。

（二）灼伤程度的分类

我国普遍采用三度四分法，即根据皮肤灼伤的深浅分为浅Ⅰ度、浅Ⅱ度、深Ⅱ度、Ⅲ度。深达肌肉、骨质者仍按Ⅲ度计算。临床上为表达方便，将Ⅰ度和浅Ⅱ度称为浅灼伤，将深Ⅱ度和Ⅲ度称为深灼伤。灼伤程度的分类见表9-1。

表9-1　灼伤程度分类表

深度分类	损伤深度	临床表现
Ⅰ度	表皮层	红斑，轻度红、肿、痛、热，感觉过敏，无水疱、干燥
浅Ⅱ度	真皮浅层	剧痛，感觉过敏，水疱形成，水疱壁薄，基底潮红、明显水肿
深Ⅱ度	真皮深层	可有或无水疱，撕去表皮见基底潮湿、苍白，上有出血点，水肿明显，痛觉迟钝。数日后如无感染可出现网状栓塞血管
Ⅲ度	全层皮肤，累及皮下组织或更深	皮革样，蜡白或焦黄炭化，感觉消失，干燥，痂下水肿，可出现树枝状静脉栓塞

三、灼伤的急救

急救现场对伤者的救护工作主要是清洗和保护创面，其目的是避免创面继续损伤或再污染。根据灼伤的严重程度，应及时将伤者送往医院进行后续治疗，包括：清洗、清创、止痛、抗感染和补液等必要的综合治疗。

1. 化学灼伤的急救　初期迅速将伤者移离现场，脱去被化学物污染的衣物，并迅速清除残留在创面上的化学物质，以减少对创面的继续损伤，方法是立即用大量流动清水彻底冲洗。冲洗时间一般要求20~30分钟。酸、碱或有机化合物（如酚或甲苯）引起的灼伤，冲洗时间应延长，特别注意眼及其他特殊部位如头面、手、会阴的冲洗。经现场救护后，应立即送医院进行治疗。

眼部灼伤后，应立即用大量清水彻底冲洗，可以用生理盐水，也可用清洁的自来水。冲洗时水流不宜正对角膜方向，注意不要揉搓眼睛，也可将面部浸入到清水中，用手翻转上眼皮，上下眼皮内侧深部的球结膜（眼白的表层可移动的部分）充分暴露，边冲洗边令伤者眼球向各方向转动。冲洗后，滴上消炎眼药水，盖上眼罩，然后立即送医院处理，千万不可不作处理直接送医院。

企业应设有紧急洗眼处，并安装紧急冲淋洗眼器。在冲淋洗眼器设备的周围，要有醒目的标志（图9-1）。

1）使用环境：①有危险物质喷溅的地方，如化学品、危险液体、固体、气体等，安装位置最好在10秒钟内能够快步到达洗眼器和冲淋设备的区域范围，最好能够直线到达，避免越层救护；②有污染的环境；③有可能发生燃烧的地方；④在寒冷的地区使用请注意管线防冻工作。

2）紧急冲淋洗眼器操作步骤：将洗眼器的盖（防尘罩）移开→推出手掣（把手）→用示指及中指将眼睑翻开及固定→将头向前，让清水冲洗眼睛最少

图9-1　紧急冲淋洗眼器实物图

15分钟→通知上级主管部门，并视情况轻重决定就医场所。

3）注意事项：①紧急冲淋洗眼器只是用于紧急情况下，暂时缓解有害物质对眼睛和身体的进一步侵害，不能代替医学治疗，冲洗后情况较严重的必须尽快到医院进行治疗；②本设备属于常温设备，冬季要做好管路防冻工作；③相关物品不得遮盖，影响紧急洗眼器的正常使用。

2. 热灼伤的急救 初期的紧急治疗在抢救现场，急性热灼伤的受害者应迅速移离现场，脱离火源，立即清除灼伤过程，包括脱去所有衣服，特别是闷烧着的物质（如融化的化纤衬衫，发烫或烧焦的物品）。可行"创面冷却疗法"，用清洁水，水温5~20℃，冷敷或浸泡创面，需持续0.5~1小时，以取出后不痛或稍痛为止，适用于中、小面积灼伤，特别是头、面、四肢。灼伤创面经水冲洗处理后，用消毒纱布或清洁布简单包扎，避免创面污染，立即送往医院进行治疗。

口诀是"冲、脱、泡、盖、送"，详见表9-2。

表9-2 热灼伤急救口诀示意表

冲	将伤者烧伤的部分放置在打开的水龙头下冲洗30分钟 注意：但若碰到Ⅱ度（有水泡）、Ⅲ度严重程度时，请勿直接冲水。在冲水前必须覆盖毛巾再冲水	
脱	将烧伤部位的衣物移除 注意：但若衣物与皮肉已粘在一起，则不得强行移除	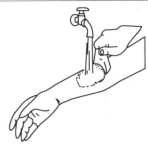
泡	将烧伤部位泡在冷水中	
盖	将无菌敷料覆盖在伤口上 注意：不得在烧伤区域涂上任何液体	

续表

送	所有超过1%的烧烫伤都应该送医处置 如果路途遥远,应该给以伤者大量口服液体	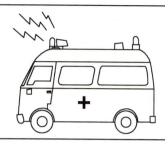

3. 严重灼伤的急救　检查伤势,维持呼吸道通畅;预防或处理休克;联系急救中心,尽快主动送医。

四、防护服

防护服装是人们在生产过程中抵御各种有害因素的一道屏障。防护服是防御物理、化学和生物等外界因素伤害人体的工作服。劳动过程中引起躯体伤害的因素主要有高温作业、低温作业、化学药剂、微波辐射、电离辐射和静电危害等,尤其是化工行业的劳动者在生产、搬运、清洗等职业工作中,往往需要与腐蚀性较强的酸碱打交道。因此,必须穿戴防护服装,进行有效的防护。

防护服分特殊作业防护服和一般作业防护服,应能有效地保护作业人员,并不给操作产生不良影响。其分类见表9-3。

表9-3　防护服分类表

一般劳动防护服	特殊劳动防护服
普通工作服	防酸腐服、防尘服、防静电服、阻燃防护服、防X射线防护服、防带电作业屏蔽服、防水服、抗油拒水服、森林防火服、劳保羽绒服等

(一) 一般防护服

一般防护服是指防御普通伤害和脏污的各行业穿用的工作服。

对于防护服而言,安全的概念不仅指服装的功能,而且指防护服的款式结构在工作过程中应符合安全要求,要尽量避免松散的部分,以防产生钩、挂、绞等现象,导致人身伤害。

一般防护服应做到安全、适用、美观、大方,可分为上、下身分离式,衣裤(或帽)连体式,大褂式,背心、背带裤和围裙等几种款式,应符合以下要求:①有利于人体正常生理要求和健康;②款式应针对防护需要进行设计;③适应作业时肢体活动,便于穿脱;④在作业中不易引起钩、挂、绞、碾;⑤有利于防止粉尘、污物沾染身体;⑥针对防护服功能需要选用与之相适应的面料。

(二) 特殊防护服

1. 防酸碱服　主要采用耐酸、碱材料制作,使操作人员身体部位与酸、碱液及汽雾隔离。防酸碱服通常采用耐酸、碱橡胶布、聚氯乙烯膜、化纤织物等。

▶ 边学边练

使用劳动保护用品进行自我防护,请见实训项目五　劳动保护用品的使用。

2. 防尘服　分为工业防尘服和无尘服。工业防尘服主要在粉尘污染的劳动场所中穿用,防止各类粉尘接触危害体肤,一般由从头到肩的风帽或头巾、上下装组成,袖口、裤口及下摆收紧,选用质地密实、表面平滑的透气织物制作;无尘服主要在无尘工艺作业中穿用,以保证产品质量。具有透气性、阻尘率高、尘附着率小的特点。

3. 防辐射服　用于放射性接触中的个人保护,可防御辐射对人体的危害。防辐射服用棉布、合成纤维、塑料薄膜或含铅橡胶布制作,应根据不同射线性质、放射剂量计使用规则选用。

案例分析

案例

2007 年 1 月,某钢铁企业发生了一起钢水泄漏事故,造成 5 名员工严重烧烫伤。钢铁企业发生钢水泄漏事故并不新鲜,可是造成这么严重的烧烫伤却让人感到蹊跷。该企业为员工配备了符合国家标准的阻燃隔热防护服,为什么在事故发生的时候没有起到应有的保护作用呢?

分析

调查研究发现,原来该厂给企业员工配备的防护服,经多次洗涤以后,其防护作用已经大大下降了,员工们的防护服基本上已经变成普通工作服,所以其本身没有阻燃性。当大面积的钢水喷溅在衣服表面,附着在服装面料上时,工作服立即燃烧起来,而且在迅速燃烧的情况下,形成熔融物,附着在皮肤上,造成难以剥离的严重烫伤,结果穿衣服的地方比裸露的皮肤烧伤更严重。

点滴积累

1. 灼伤包括热力灼伤、化学灼伤和复合性灼伤,其程度根据皮肤灼伤的深浅按三度四分法可分为:浅Ⅰ度、浅Ⅱ度、深Ⅱ度、Ⅲ度。
2. 特殊防护服有酸碱防护服、防尘服和防辐射服。

第四节　工业噪声及其控制

声音的本质是波动。受作用的空气发生振动,使周围空气发生疏、密交替变化并向外传递,作用于人的耳鼓膜而产生的感觉称为可听声,简称声音。悦耳的音乐是有规律的振动产生的,而噪声的震动是无规律的。

一、噪声的分类及限值

(一) 工业噪声的分类

由于产生的动力和方式不同,可分为以下几种类型:

1. 机械性噪声　由于机械的撞击、摩擦、转动所产生的噪声,典型的如球磨粉碎机等发出的声音。

2. 流体动力性噪声　气体压力或体积的突然变化或流体流动所产生的噪声,如空气压缩机、通风机等。

3. 电磁性噪声　由于电机中交变力相互作用而产生,如发电机、变压器等发出的嗡嗡声。

工业噪声按时间分类可分为连续性和间断性噪声。连续性噪声又可分为稳态性噪声(声压级波动小于 5dB)和非稳态性噪声。

(二)噪声的强度

噪声强度用声压级表示(L_A),单位为分贝 dB(A)。声音的传媒介质有空气、水和固体,它们分别称为空气声、水声和固体声等,噪声监测主要讨论空气声。

正常人刚能听到的最小的声音叫做听阈,即听阈 $L_p = 0dB(A)$;正常人耳开始感到疼痛的声音叫做痛阈,痛阈 $L_p = 120dB(A)$。

(三)声环境功能区分类

按区域的使用功能特点和环境质量要求,声环境功能区分为以下五种类型:

0 类声环境功能区:指康复疗养区等特别需要安静的区域。

1 类声环境功能区:指以居民住宅、医疗卫生、文化体育、科研设计、行政办公为主要功能,需要保持安静的区域。

2 类声环境功能区:指以商业金融、集市贸易为主要功能,或者居住、商业、工业混杂,需要维护住宅安静的区域。

3 类声环境功能区:指以工业生产、仓储物流为主要功能,需要防止工业噪声对周围环境产生严重影响的区域。

4 类声环境功能区:指交通干线两侧一定区域之内,需要防止交通噪声对周围环境产生严重影响的区域,包括 4a 类和 4b 类两种类型。4a 类为高速公路、一级公路、二级公路、城市快速路、城市主干路、城市次干路、城市轨道交通(地面段)、内河航道两侧区域;4b 类为铁路干线两侧区域。

(四)环境噪声限值

环境噪声限值见表 9-4。

表 9-4　环境噪声限值[单位:dB(A)]

声环境功能区类别		时段	
		昼间	夜间
0 类		50	40
1 类		55	45
2 类		60	50
3 类		65	55
4 类	4a 类	70	55
	4b 类	70	60

(五)工作场所噪声等效声级接触限值

工作场所噪声等效声级接触限值见表 9-5。

表 9-5　工作场所噪声等效声级接触限值

日接触时间/h	接触限值/[dB（A）]
8	85
4	88
2	91
1	94
0.5	97

（六）制药企业常见的噪声源

制药企业噪声主要来源于泵类设备、离心机、制冷机、空压机、搅拌设备、凉水塔、鼓风机等设备运行产生的噪声。例如发酵车间的大型电机的噪声可达 95dB（A），真空泵房的噪声为 80dB（A），空压机房的噪声可达 103.9dB（A），萃取离心机的噪声为 81.3dB（A），制冷机房的噪声为 92.3dB（A）。

二、噪声对人体的危害

噪声对人体的危害是多方面的，它不仅损害听觉器官，而且影响其他生理功能和工作效率。

（一）听觉系统危害

强的噪声可以引起耳部的不适，如耳鸣、耳痛、听力损伤。据测定，人如果长期暴露在声压超过 120dB（A）的噪声环境中，将导致永久性的听力损伤。噪声对儿童的听觉器官损伤十分严重，不论是体内的胎儿还是刚出世的孩子，噪声均可损伤听觉器官，使听力减退或丧失。据临床医学统计，若在 80dB（A）以上噪声环境中生活，造成成年人耳聋者可达 50%。医学专家研究认为，家庭噪声是造成儿童聋哑的病因之一。

（二）听觉外系统危害

噪声可以引起听觉外系统的损害，主要表现在神经系统、心血管系统等，如易疲劳、头痛、头晕、睡眠障碍、注意力不集中、记忆力减退等一系列神经症状；高频噪声可引起血管痉挛、心率加快、血压增高等心血管系统的变化；长期接触噪声还可以引起食欲缺乏、胃液分泌减少、肠蠕动减慢等自主神经紊乱的症状；噪声还可以导致女性性功能紊乱，月经失调，孕妇流产、早产，甚至可致畸胎等。

三、噪声的控制

控制噪声应从声源、传声途径和人耳这三个环节采取技术措施。

（一）控制和消除噪声声源是一项根本性措施

通过工艺改革以无声或产生低声的设备和工艺代替高声设备；加强机器维修或减掉不必要的部件，消除机器摩擦、碰撞等引起的噪声；机器碰撞处有弹性材料代替金属以缓冲撞击力，如球磨机内以橡胶衬板代替钢衬板。

（二）对局部噪声源采取防噪声措施

采用消声装置以隔离和封闭噪声源;采用隔振装置以防止噪声通过固体向外传播;采用环氧树脂充填电机的转子槽和定子之间的空隙,降低电磁性噪声。

（三）控制噪声的传播和反射

（1）吸声:采用多孔材料如玻璃棉、矿渣棉、泡沫塑料、毛毡棉絮等,装饰在室内墙壁上或悬挂在空间,或制成吸声屏。

（2）消声:适用于降低空气动力性噪声,如各种风机、空压机等进、排气噪声。根据噪声的频谱特点设计的消声器有三类:阻性消声器、抗性消声器和阻抗复合式消声器。

（3）隔声:用一定材料、结构和装置将声源封闭起来,如隔声墙、隔声室、隔声罩、隔声门窗地板等。

（4）阻尼、隔振:阻尼是用沥青、涂料等涂抹在风管的管壁上,减小管壁的振动,隔振是在噪声源安装的基础、地面及墙壁等处装设减振装置和防振结构。

（四）建立合理的劳动休息制度

实现工间休息或隔声室休息,尽量缩短在高噪声环境的工作时间。定期对车间噪声进行监测,并对产生严重噪声危害的企业进行卫生监督,促其积极采取措施降低噪声,以符合噪声卫生标准要求。

（五）个体防护

合理使用防噪声产品,定期对接触噪声的工人进行听力及全身的健康检查,如发现高频段听力持久性下降并超过了正常波动范围[15~20dB（A）],应及早调离噪声作业岗位。新工人就业前体检,凡有感音性耳聋及明显心血管、神经系统器质性疾病者,不宜从事噪声作业。

四、防噪声用品

（一）防噪声用品的种类

防噪声用品包括耳塞、耳罩、防噪声帽等各种护耳器,最常见的是耳塞和耳罩。耳塞、耳罩由软塑料、软橡胶或纤维棉制成。佩戴合适型号的耳塞、耳罩,隔声效果可达20~40dB（A）。

防噪声帽（盔）是保护听觉和头部不受损伤的品种,有软式和硬式之分。软式防噪声帽是由人造革帽和耳罩组成,耳罩固定在帽的两边,其优点是可以减少噪声通过颅骨传导引起的内耳损伤,对头部有防振和保护作用,隔声性与耳罩相同;硬式防噪声帽（盔）是由钢壳和内衬吸声材料组成,用泡沫橡胶垫使耳边密封。只有在高噪声条件下,才将帽（盔）和耳塞连用。

（二）防噪声用品的选用与使用

对于从声源及传播途径上无法消除或控制的噪声,则需要在噪声接收点进行个体防护。常用的防护办法是:让工人佩戴防噪耳塞、头盔等防噪声护具,将噪声拒之于人耳之外。应根据噪声声级选用适宜的护耳器,选用护耳器应注意耳塞分有不同型号,使用人员应根据自己耳道大小配用;防噪声帽也按大小分号,戴用人员应根据自己头型选用。

在使用护耳器时,一定使之与耳道（耳塞类）、耳壳外沿（耳塞类）密合紧贴,方能起到好的防护效果。

1. 耳塞的使用　佩戴耳塞应注意以下有关事项:①各种耳塞在插戴时,要先将耳廓向上提拉,使耳腔呈平直状态,然后手持耳塞柄,将耳塞帽体部分轻轻推向外耳道内,并尽可能地使耳塞体与耳腔相贴合。但不要用劲过猛过急或插的太深,以自我感觉适度为止。②戴后感到隔声不良时,可将耳塞缓慢转动,调整到效果最佳位置为止。如果经反复调整仍然效果不佳时,应考虑改用其他型号、规格的耳塞,最后选择合适的定型使用。③佩戴泡沫塑料耳塞时,应将圆柱体搓成锥形体后再塞入耳道,让塞体自行回弹,充塞满耳道中。④佩戴硅橡胶自行成形的耳塞,应分清左右塞,不能弄错;插入外耳道时,要稍作转动放正位置,使之紧贴耳甲腔内。

2. 耳罩的使用 佩戴耳罩应注意的事项有:①使用耳罩时,应先检查罩壳有无裂纹和漏气现象,佩戴时应注意罩壳的方位,顺着耳廓的形状戴好。②将连接弓架放在头顶适当位置,尽量使耳罩软垫圈与周围皮肤相互密合。如不合适时,应稍稍移动耳罩或弓架,务必调整到合适位置为止。

无论戴用耳塞与耳罩,均应在进入有噪声车间前戴好,工作中不得随意摘下,以免伤害鼓膜。如摘下,最好休息时或离开车间以后,到安静处再摘掉耳塞、耳罩,让听觉逐渐恢复。

防噪声护耳器的防护效果,不仅取决于用品本身质量好坏,还有赖于正确掌握使用方法,并养成坚持使用的习惯,才能收到实际效果。

点滴积累

1. 噪声对人体的危害除了听觉系统外,还包括神经系统和心血管系统,因此,对噪声的控制应从声源、传声途径和人耳三个方面进行。
2. 防噪声用品包括耳塞、耳罩和防噪声帽。

第五节 电磁辐射及其防护

随着现代科学技术的飞速发展,各种高能射线在通信、医药、工农业等领域和日常生活中得到越来越广泛的应用,在给人们带来方便和享受的同时,也在某种程度上给人类带来了一些危害,造成人体伤害的辐射源多种多样。

一、电磁辐射的定义

电磁辐射是由振荡的电磁波产生的。在电磁振荡的发射过程中,电磁波在自由空间以一定的速度向四周传播,这种以电磁波传递能量的过程或现象称为电磁波辐射,简称电磁辐射。

二、电磁辐射的分类和危害

电磁辐射包括非电离辐射和电离辐射两大类。非电离辐射通常指无线电波、红外线、可见光线、紫外线、激光、微波等;电离辐射是在通过物质时能引起物质电离的一切辐射的总称,它包括电磁波中的 X 射线及 α、β、γ 射线等。

(一)电磁辐射危害人体的机制
其机制主要是热效应、非热效应和累积效应等。

1. **热效应**　人体 70% 以上是水,水分子受到电磁波辐射后相互摩擦,引起机体升温,从而影响到体内器官的正常工作。

2. **非热效应**　人体的器官和组织都存在微弱的电磁场,它们是稳定和有序的,一旦受到外界电磁场的干扰,处于平衡状态的微弱电磁场即将遭到破坏,人体也会遭受损伤。

3. **累积效应**　热效应和非热效应作用于人体后,对人体的伤害尚未来得及自我修复之前,再次受到电磁波辐射的话,其伤害程度就会发生累积,久之会成为永久性病态,危及生命。对于长期接触电磁波辐射的群体,即使功率很小,频率很低,也可能会诱发想不到的病变,应引起警惕。

电磁炉对人体健康的影响

(二)非电离辐射对人体的危害

较大强度的非电离辐射对人体的主要危害是引起中枢神经和自主神经系统的功能障碍,临床主要表现为神经衰弱综合征,其危害如下:

1. **无线电**　较强大的无线电波对人体的主要影响是神经衰弱征候群,表现为头昏、失眠多梦、记忆力衰退、心悸、乏力、多汗、脱发、消瘦、情绪不稳定等症状。它对人体影响程度取决于磁场场强、频率、作用时间长短以及作业人员身体状况。人一旦脱离电磁场作用,其症状将会逐渐缓解以至消除。

2. **微波**　微波对人体危害比中短波严重,其危害程度同样与场强、距离及照射时间等因素有关。人体各部位的组织器官对微波的敏感性不同,可引起眼部损伤和暂时性不育等疾病;最易受伤害的是神经系统和心血管系统。微波对人体的危害具有累积效应。

3. **红外线**　红外线能引发眼睛白内障(职业性白内障)、灼伤视网膜。其影响在电气焊、熔吹玻璃、炼钢等作业工人中多有发生。

4. **紫外线**　紫外线可引起急性角膜炎,因多发生于电气焊作业人员,因此称为"电光性眼炎",是工业中常见的职业性眼病。另外还常伴有电焊工尘肺、皮肤红斑反应等。

5. **激光**　激光能烧伤生物组织,如灼伤视网膜及皮肤等。

(三)电离辐射对人体的危害

电离辐射对人体的危害主要有两种:一种是人体在短时间内受到大剂量电离辐射会所造成的急性辐射伤害,其临床主要表现为乏力、呕吐、淋巴细胞和中性粒细胞减少、周身不适等症状,严重时可导致死亡。受大剂量照射,患过一次急性辐射病后,不仅当时机体产生病变,而且照射停止后还会产生远期效应或遗传效应,如导致寿命缩短、诱发癌症、后代患小儿痴呆症等;另一种是长时间反复接受超允许剂量照射,造成慢性辐射伤害,将引起全身性疾病,出现头昏、头痛、乏力、记忆力减退、贫血、食欲消退、脱发等神经衰弱症候群。

三、电磁辐射的防护

禁止身上带有金属移植件,心脏起搏器等辅助装置的人员进入电磁辐射区。

(一)非电离辐射的防护

1. **对高频电磁场的防护**　高频电磁场的防护措施主要有对场源屏蔽、远距离操作和合理布局三个方面。可以用铝、铜、铁等金属屏蔽材料来包围场源，以吸收或反射场能。

2. 对微波的防护　微波的防护措施可从四个方面考虑。一是利用吸收装置吸收微波辐射，并在屏蔽室内敷设微波吸收材料，以免操作人员受到较多反射波照射；二是根据微波发射具有方向性的特点，工作地点应置于辐射强度最小的部位，尽量避免在辐射流的正前方进行工作；三是暂时难以采取其他有效措施而作业时间较短的，操作人员应穿戴微波防护衣帽和防护眼镜；四是定期对操作人员进行健康检查，重点观察眼晶状体、心血管系统、外围血象及生殖功能的变化。

3. 对激光的防护　应将激光束的防光罩与光束制动阀及放大系统截断器连锁。同时，激光操作间采光照明要好，工作台表面及室内四壁应用深色材料装饰而成，室内不宜有旋转反射、折射光束的设备和物品。

（二）电离辐射的防护

1. 在保证应用效果前提下，尽量选用危害小的辐射源，提高接收设备灵敏度，来减少辐射源的用量。

2. 广泛采用防辐射材料作包围屏蔽、尽量使人脱离辐射环境，加大作业人员与辐射源之间的距离；加强对作业人员的管理和监督，采用轮换工作制，以缩短与辐射源接触的时间，预防外照射危害。

3. 采用封隔放射源和净化作业场所空气等办法，尽量减少或杜绝放射性物质进入人体内造成内照射危害。

个人防护也是必不可少的，主要是穿铜丝网制成的防护服，包括外衣、马甲、围裙等，戴防护眼罩。

知识链接

电磁辐射和电磁辐射污染的区别

其实电磁辐射和电磁辐射污染是两个概念，任何带电体都有电磁辐射，当电磁辐射强度超过国家标准，就会产生负面效应，引起人体的不同病变和危害，这部分超过标准的电磁场强度的辐射叫电磁辐射污染。

点滴积累 ∨

1. 电磁辐射包括非电离辐射和电离辐射两大类。

2. 非电离辐射通常指无线电波、红外线、可见光线、紫外线、激光、微波等。

3. 电离辐射是在通过物质时能引起物质电离的一切辐射的总称，它包括电磁波中的 X 射线及 α、β、γ 射线等。

第六节　工业粉尘危害及防护

工业性粉尘是生产过程中危害呼吸器官的主要因素之一，作业场所中粉尘浓度超过卫生标准，会对作业者的健康造成影响。

一、工业粉尘的来源与分类

工业性粉尘是指在工业生产中形成,并能长时间漂浮在空气中的固体微粒。

不是所有的粉尘都会被人体吸收。长期悬浮在空气中的、粉尘颗粒越细的,越容易被人体吸入,特别是小于 $5\mu m$ 的呼吸性粉尘,会直接进入肺泡并沉积,导致硅肺病或其他尘肺病,轻则尚失劳动能力,重则死亡。

工业性粉尘的来源很多,几乎所有的生产过程均可产生粉尘,有些工艺产生的粉尘浓度还很高,其散发颗粒物质污染环境空气,严重影响着劳动者的身体健康,是造成最大的职业危害因素之一。主要来源有固体物质的破碎、过筛、加工,常见于投料、分装等制药过程;固体颗粒搬运、混合等过程;粉状产品包装、运输等过程;蒸气的冷凝或氧化,如铅熔炼时产生的氧化铅烟尘。可分类为:

(一)按粉尘粒度大小分类

1. **尘埃**　粒径>$10\mu m$,在静止空气中可加速下降。

2. **尘雾**　粒径在 $0.1\sim10\mu m$ 之间,在静止空气中下降缓慢。

3. **烟尘**　粒径<$0.1\mu m$,在空气中自由运动,在静止空气中几乎完全不降落。

(二)按性质分类

1. **无机粉尘**　①金属矿物粉尘,如铅、锌、铝等金属及其化合物等;②非金属矿物粉尘,如石英、石棉、滑石、煤等;③人工无机粉尘,如水泥、玻璃纤维、金刚砂等。

2. **有机粉尘**　①植物性粉尘,如棉、麻、谷物等;②动物性粉尘,如皮、毛等;③人工有机粉尘,如树脂、有机染料、合成纤维、制药等粉尘。

3. **混合性粉尘**　上述各类粉尘的两种或多种混合物,此种粉尘在生产中最常见。

二、粉尘的危害

(一)粉尘对人体的危害

1. **尘肺**　人体在生产劳动中长期吸入较高浓度的粉尘而发生肺组织纤维化的疾病。

2. **中毒**　吸入有毒粉尘,如铅、砷等,经呼吸道溶解进入血液而引起中毒。

3. **上呼吸道慢性炎症**　有机类粉尘吸入呼吸道后,会附着在鼻腔、气管、支气管黏膜上,随着时间的延长,引发慢性炎症。

4. **皮肤炎症**　沉着于皮肤的粉尘颗粒可堵塞皮脂腺,易于继发感染而引起毛囊炎、脓皮病等。

5. **眼部炎症**　作用于眼角膜硬度较大的粉尘颗粒,可引起角膜外伤及角膜炎等。

6. **致癌**　长时间接触矿物性粉尘、石棉粉尘等,可能引起肺癌等癌症。

7. **变态反应**　某些粉尘如棉花、对苯二胺等粉尘能引起变态反应性疾病,如支气管哮喘、哮喘性支气管炎、湿疹等。

（二）粉尘对大气环境的污染

每年各类生产企业排入大气的粉尘数量高达数十万吨,这些粉尘严重污染了大气环境,影响了人类的身体健康,也影响了各种生物的生长。有效治理粉尘对大气的污染,减少企业生产过程中产生的粉尘向大气排放,是减少人类疾病,保持良好生态环境的重要手段。

粉尘对生产
的影响

三、尘肺病

尘肺在我国是危害最大的职业病之一,患者从接触粉尘到发病,时间有长有短。长的达 20 年,短的不到半年。这与粉尘的浓度、劳动强度以及劳动者个人身体素质都相关。

患者早期症状不明显,随着病变的发展,症状逐渐显现,有咳嗽、胸闷、胸痛和气短等现象,严重时,患者两肺可能出现进行性、弥漫性纤维组织增生。

患上尘肺病,容易引起各种并发症,如肺结核、呼吸系统疾病、肺源性心脏病等。这些并发症容易使尘肺病患者的病情恶化,加速病人的死亡。尘肺病是一种发病率高、死亡率高的职业病,目前还没有理想的治疗方法。

1. **硅肺**　硅肺是由于作业人员长期吸入较高浓度游离二氧化硅粉尘所引起的,是尘肺中最为严重的一种。硅肺病人除了常见症状外,肺部还伴有广泛的结节性纤维化,严重时还会影响肺功能。硅肺易引起并发症,如肺结核、自发性气胸、肺气肿等。

2. **煤工尘肺**　煤工尘肺是由于作业人员长期大量吸入较高浓度的煤尘或煤砂尘所引起的。患者早期多数无症状,但随着尘肺病变的进展。患者肺部胸膜表面有分散而数量不等的针尖大小乃至蚕豆大小的黑色斑点,肺部有煤斑、煤结节或大块纤维化病变。常见的并发症有支气管炎、肺气肿。

3. **水泥尘肺**　水泥尘肺是由于作业人员长期大量吸入较高浓度的水泥粉尘所引起的。患者除了常见症状外,还有鼻腔黏膜充血,鼻黏膜萎缩。患者两肺以细网影改变为主,肺纹理增多、增粗,有弥漫性粗细网影和细小的结节样阴影。常见并发症有慢性支气管炎、支气管哮喘。

4. **混合性尘肺**　是指长期吸入含有游离二氧化硅和其他物质的混合性粉尘如煤硅肺、铁硅肺等所致的尘肺。

5. **其他尘肺**　长期吸入铝及其氧化物引起的铝尘肺,或长期吸入电焊烟尘所引起的电焊工尘肺等。

上述各类尘肺中,以硅肺、煤工肺等较常见,危害性则以硅肺最为严重。

总之,尘肺是一个总名称,习惯上接触什么粉尘致病,诊断时就叫什么尘肺。

四、呼吸防护

呼吸防护主要采取除尘、防尘与个人防护三大措施。

（一）除尘措施

1. **全面通风**　全面通风多以排风为主,一般只适用于低粉尘情况。

2. **局部吸尘**　利用吸尘装置把粉尘直接从发生源抽出去,防止粉尘飞扬,使操作环境中粉尘的浓度达到卫生标准要求。吸尘装置系统包括吸尘罩、管道、风机、排尘烟囱等。吸尘罩要尽可能靠近发生源。局部吸尘效果较好,最为常用。

3. 除尘　利用各种除尘器收集排除粉尘。常用的除尘器有旋风除尘器、洗涤器、袋滤器、电除尘器等。

(二)防尘措施

改进工艺与技术革新结合,尽量做到生产自动化、机械化和管道化,将粉尘物料运送改为全自动皮带或高压空气输送,如:制药企业的固体制剂工艺流程优化;使用无粉尘或低粉尘物料代替可产生粉尘或高粉尘物料;在保证产品质量和产量的前提下,采用湿法作业;采用密闭与吸尘相结合,凡能产生粉尘的工序如:制药企业中粉碎、过筛、搅拌等工序,都应该按 GMP 要求安装密闭吸尘装置。

(三)个人防护措施

个人防止粉尘危害的主要措施是坚持使用防尘用品。防尘呼吸器通过滤料净化含尘的空气,使清洁的空气供佩戴者呼吸,预防尘肺。常用防尘呼吸器有防尘口罩、过滤式防尘呼吸器等。

过滤式防尘呼吸器是以佩戴者自身呼吸为动力,利用滤除作用,将空气中有害物质予以过滤净化。其使用条件见工业防毒技术相关章节。

1. 常见过滤式防尘呼吸器

(1)自吸过滤式防尘呼吸器:也称机械过滤式,是呼吸道防尘用品中使用面很广的品种,具有轻便、有效、易携带的特点,它的性能不仅要起到防御各种粉尘的作用,而且要适合人体的生理卫生要求和作业条件、劳动强度等方面的需要。其根据结构,又分为不可更换滤料随弃式简易防尘口罩和可更换滤料能重复使用的复式防尘口罩。①简易防尘口罩结构简单,以滤料自身为主体,压膜成半面罩形状或缝制成形,可以有或无呼吸阀。一般使用在粉尘浓度不高的作业场所,不能重复使用。②复式防尘口罩由半面罩、吸气阀、呼气阀、滤尘盒(多孔性滤料)、头带等部件组成,呼气和吸气分开通道,滤料可以更换,能重复使用。其要求为阻尘效率高、呼吸阻力小、呼气阀气密性好、佩戴方便、易清洗,与颜面接触无压痛和刺激作用,部件和滤料无毒、无异味等。

(2)供气过滤式防尘呼吸器:由带呼吸阀的半面罩、导气管、过滤器和压缩空气机等组成。

2. 过滤式呼吸器的选用与保存

(1)选购与选用:过滤式呼吸器的选购应以保证质量为前提。自吸过滤式防颗粒物呼吸器、自吸过滤式防尘口罩应符合《呼吸防护用品——自吸过滤式防颗粒物呼吸器》(GB 2626—2006)要求。

过滤式防尘呼吸器,应根据作业场所粉尘浓度、粉尘性质、分散度、作业条件及劳动强度等因素,合理选择不同防护级别的防尘或防微粒口罩。

(2)正确使用:参见工业防毒技术有关章节。在使用中要注意:防尘呼吸器如感憋气应更换过滤元件。

(3)养护存放:过滤式呼吸器产品应存放在干燥、通风、清洁、温度适中的地点;超过存放期,要封样送专业部门检验,合格后方可延期使用。使用过的呼吸器,用后要认真检查和清洗,及时更换损坏部件,晾干保存。

点滴积累 V

1. 粉尘危害包括尘肺、中毒、上呼吸道慢性炎症、皮肤炎症、眼部炎症致癌和变态反应等。

2. 呼吸防护主要采取除尘、防尘与个人防护三大措施。

实训项目五　劳动保护用品的使用

【实训目的】

1. 掌握劳动防护用品的选择原则。

2. 学会防护服的选用及防酸工作服的选择、穿着注意事项、维护和保养。

【实训内容】

一、实训前的准备

(一) 劳动防护用品的选用原则

正确选用优质的防护用品是保证劳动者安全与健康的前提,根据我国《劳动防护用品选用规则》(GB 11651—2008)国家标准,其选用的基本原则是:①根据国家标准、行业标准或地方标准选用;②根据生产作业环境、劳动强度以及生产岗位接触有害因素的存在形式、性质、浓度(或强度)和防护用品的防护性能进行选用;③穿戴要舒适方便,不影响工作。

(二) 防护服的正确选用

防护服由上衣、裤子、帽子等组成,设计成适宜的尺寸和形状,设计尺寸和形状以及组合方式以有效阻断有害物侵入为准。防护服应结构合理,便于穿脱。

根据现场存在的危害因素选择质量可靠的防护服。使用者应针对作业场所可能产生的危害选择防护服的种类。如易燃易爆场所,应选用防静电服;带电作业应选用等电位均压服、绝缘服;炉前高温作业应选用高温工作服等。

(三) 防酸工作服的正确选用

理想的防酸工作服需兼备防护性、耐用性和舒适性。选择防护服时应对工作环境进行相关的危险性分析,如工作人员将暴露在何种危险品(酸类)之中,这些危险品对健康有何危害,它们的浓度如何,以何种形态出现(气态、固态、液态),工作人员可能以何种方式与此类危险品接触(持续、偶然),再根据以上分析确定防护的种类、防护级别,综合考虑防护性、耐用性,兼顾舒适性和成本因素,选择适当的防护服。在酸污染较轻、非连续接触酸液的工作场所,可选择透气型防酸工作服;而重度酸污染、连续接触酸液的工作场所,应从防护要求出发,选用防护性好的不透气型防酸工作服。

二、实训步骤

(一) 检查新购置的防酸工作服标识

1. 合格的防酸工作服要求每件必须有产品合格证及注有生产厂名、厂址、产品名称、产品等级、商标、规格型号、生产日期的产品标志。

2. 产品外包装上应有制造厂名、厂址、产品名称、级别、出厂日期、货号、穿着注意事项、生产许可证编号。

3. 实施特种劳动防护用品安全标志后，要求在明显位置加施牢固耐用的特种劳动防护用品安全标志。

（二）检查新购置的防酸工作服的质量

选择防酸工作服时，应向供应商索取检测报告，查看检测报告中的产品特征、生产批次、生产日期、粘贴布样是否与所供产品一致，并向供应商索取一块服料样品备查。检查时应注意：

1. 防止酸液从服装与身体的结合部位、服装之间、服装与其他个体防护装之间浸入，在服装结构上应满足。

2. 为防止积存飞溅的酸液，防酸服上一般不应有明衣袋。不透气防酸工作服为排汗调节体温而留的通气孔宜在腋下、背部、胯部内侧，以免外部异物或酸液进入。尽可能减少带、绊等不必要的装饰，以免在褶缝处积存酸液或妨碍工作。

3. 双手用力拉扯接缝两侧的服料，接缝不应拉脱，透气型防酸工作服的缝线不应脱断，不透气防酸工作服的接缝不应脱胶。

4. 结合其他个体防护用品，如耐酸碱鞋、防酸手套等试穿一下，既要保证防酸工作服上衣与裤子之间、上衣与防酸手套之间、裤子与防酸鞋（靴）之间、上衣领口与防酸帽之间的结合部位合理，防止酸液溅入，又要保证易于活动，便于穿脱。配用的其他个体防护用品也必须具备防酸功能。

5. 最好用拟使用场所的酸液，对防酸工作服的各部位进行简单测试。

（三）穿着注意事项

防酸工作服必须与其他防护用品，包括护目镜、手套、鞋靴、面罩配合使用，才能为劳动者提供全面的防护。使用中的防酸工作服钩、扣等附件脱落必须及时补齐。平时穿着时各处钩、扣应扣严实，帽、上衣、裤子、手套、鞋靴等结合部位密闭严实，防止酸液渗入。穿用中应避免接触锐器，以防受到机械损伤。

值得注意的是透气型防酸工作服并不适用于连续接触化学酸液的工作场所，如果洗涤后抵御30%盐酸与40%硝酸的渗透时间达到3分钟即为合格产品，所以它提供的防护从直观上来说，会使穿着人员有一定时间来处理被酸液污染的服装，以免受到伤害。一旦防护服沾染了酸液，应立即脱下清洗，重新换用一件。

【实训注意】

根据《劳动防护用品选用规则》附录A中的规定，防酸工作服的使用要求及期限如下：

透气型防酸工作服若经整理剂处理后，其使用期限应适当降低一个档次。透气型防酸工作服出现破损、缝线脱断、霉变、脆变、已经酸液渗透过或失去防酸能力；不透气型防酸工作服出现破损、接缝开胶、龟裂、溶胀、涂覆层脱落、老化脆变，应及时报废。使用单位应对使用期达到使用期限一半或存放期达1年的防酸工作服，抽样送检。经检测失去防酸性能的产品应整批及时报废，以保证产品合格使用。

【实训检测】

1. 结合所学防护服知识拟定使用防酸工作服的方案。

2. 按照拟定的方案进行实训操作,总结防酸工作服的使用条件,并填写防酸工作服使用登记表(表9-6)。

【实训报告】

防酸工作服的使用

一、实训目的

熟悉防酸工作服的使用。

二、实训结果

表 9-6　某类防酸工作服使用登记表

序号	环境条件	出厂日期	使用日期	标识检查	外观检查	配套防护用品检查	保养

三、实训讨论

目标检测

一、选择题

(一)单项选择题

1. 在劳动生产过程中、作业环境中存在的危害劳动者健康的因素称为(　　)

    A. 劳动生理危害因素　　　　　　　　B. 职业性危害因素

    C. 劳动心理危害因素　　　　　　　　D. 劳动环境危害因素

2. 以下职业性危害因素中,高温、辐射、噪声属于以下哪种危害因素(　　)

    A. 物理因素　　　　　　　　　　　　B. 化学因素

    C. 生物因素　　　　　　　　　　　　D. 劳动者环境因素

3. 由职业性危害因素所引起的疾病称为职业病,由国家主管部门公布的职业病目录所列的职业病称(　　)职业病

    A. 劳动　　　　　　B. 环境　　　　　　C. 重度　　　　　　D. 法定

4. 下列生产过程中的危害因素,属于化学因素的是(　　)

    A. 病毒　　　　　　B. 真菌　　　　　　C. 工业毒物　　　　D. 辐射

5. 《中华人民共和国劳动合同法》于下列哪一时间开始实施(　　)

    A. 2005 年 1 月 1 日　　　　　　　　B. 2006 年 1 月 1 日

    C. 2007 年 1 月 1 日　　　　　　　　D. 2008 年 1 月 1 日

6. 用人单位与劳动者订立劳动合同时,应当将工作过程中可能产生的职业病危害及其后果、职

业病防护措施和待遇等(　　)劳动者,并在劳动合同中写明,不得隐瞒或者欺骗

  A. 口头通知　　　　B. 如实告知　　　　C. 书面通知　　　　D. 电话通知

7. 劳动保护工作的指导方针是(　　)

  A. 预防为主、防治结合　　　　　　B. 安全第一、预防为主

  C. 预防为主、治理整顿　　　　　　D. 治理整顿、防治结合

8. 三级安全教育是指(　　)

  A. 国家教育、学校教育、企业教育

  B. 入厂教育、车间教育、岗位或班组教育

  C. 车间主任教育、技术人员教育、班级教育

  D. 安全法制教育、安全生产规则教育、安全技术知识教育

9. 人如长时间暴露在(　　)噪声环境中,将导致永久性的听力损伤

  A. 80dB　　　　B. 120dB　　　　C. 140dB　　　　D. 160dB

10. 根据皮肤灼伤的深浅程度,目前我国普遍采用的分类是(　　)

  A. 三度四分法　　　B. 四度三分法　　　C. 三度三分法　　　D. 四度四分法

11. 下列哪一个环节不是控制噪声应采取的技术措施(　　)

  A. 声源　　　　B. 传声途径　　　　C. 人耳　　　　D. 噪声监测

12. 电气焊作业人员常患有(　　)

  A. 外照射急性放射病　B. 电光性眼炎　C. 职业性哮喘　D. 黑变病

13. 除尘措施不包括下列哪一项(　　)

  A. 全面通风　　　B. 局部吸尘　　　C. 除尘　　　D. 湿法作业

14. 抢救烧伤人员时,不应把创伤面的水疱弄破,是为了避免(　　)

  A. 身体着凉　　　B. 扩大影响　　　C. 伤面污染　　　D. 粘连

(二)多项选择题

1. 职业卫生工作的预防原则包括(　　)

  A. 一级预防　　　　B. 二级预防　　　　C. 三级预防

  D. 四级预防　　　　E. 五级预防

2. 职业性病损的致病条件有(　　)

  A. 接触时间　　　　B. 接触机会　　　　C. 接触方式

  D. 接触强度　　　　E. 接触环境

3. 劳动保护是指国家和单位为保护劳动者在劳动生产过程中的安全和健康所采取的(　　)

  A. 立法和组织　　　B. 救护措施　　　C. 技术措施

  D. 医疗措施　　　　E. 法律手段

4. 劳动保护管理包括(　　)

  A. 劳动保护组织结构　B. 劳动保障法规体系　C. 劳动保护教育

  D. 劳动保护监察　　E. 劳动保护民间机构

5. 我国劳动保护法律体系主要包括哪几个方面（　　）

    A. 劳动保护法律   B. 劳动保护法规   C. 劳动保护国家标准

    D. 劳动保护省级标准   E. 以上都不对

6. 安全生产教育的种类包括（　　）

    A. 安全生产规则的教育   B. 三级安全教育   C. 特种作业人员安全教育

    D. 经常性安全教育   E. 安全法制教育

7. 灼伤可分为（　　）

    A. 化学灼伤   B. 热力灼伤   C. 复合性灼伤

    D. 呼吸道灼伤   E. 消化道灼伤

8. 下列防护服中哪些是特殊防护服（　　）

    A. 防酸碱服   B. 防尘服   C. 防辐射服

    D. 防静电服   E. 以上都对

9. 工业噪声按产生的动力和方式不同可分为（　　）

    A. 机械性噪声   B. 非稳态性噪声   C. 电磁性噪声

    D. 流体动力性噪声   E. 稳态噪声

10. 电磁辐射危害人体的机制主要是（　　）

    A. 穿透效应   B. 热效应   C. 非热效应   D. 累积效应   E. 以上都对

11. 电焊作业可能引起的疾病主要有（　　）

    A. 电焊工尘肺   B. 气管炎   C. 电光性眼炎   D. 皮肤病   E. 皮肤红斑

12. 工业性粉尘按性质可分为（　　）

    A. 无机粉尘   B. 有机粉尘   C. 生物性粉尘   D. 混合性粉尘   E. 以上都对

二、问答题

1. 职业卫生工作的内容是什么？

2. 职业卫生的工作原则和预防原则是什么？

3. 职业性危害因素如何分类？

4. "三级安全教育"的主要内容是什么？

5. 简述化学灼伤的现场急救。

6. 控制噪声的六项措施是什么？

7. 电磁辐射和电磁辐射污染的区别是什么？

8. 工业性粉尘对人体的七种危害是什么？

ER-09章 习题

（王秋香）

第十章

重大事故应急救援

ER-10章 PPT

导学情景 ∨

情景描述：

2016 年 9 月 20 日 11 时 43 分，江苏某化工厂发生火灾。接报后，指挥中心调派了消防车 19 辆、消防队员 85 人前往火灾现场处置。12 时 30 分，火势被控制，13 时 40 分，明火被熄灭。经初步勘察，建筑物为两层钢混结构厂房，燃烧部位为一层，燃烧物质为胶水及塑料，过火面积约 800m²，无人员伤亡。

学前导语：

重大事故的应急救援工作非常重要，关系到人民的生命安全、财产安全以及环境等多方面，因此必须受到重视。

20 世纪 80 年代以来，世界范围内相继发生了一系列灾难性工业事故，尤其是 1984 年 11 月 19 日墨西哥城的天然气泄漏爆炸，造成 452 人死亡；1984 年 12 月 3 日，印度博帕尔毒物泄漏事故，造成了 28 000 多人死亡，12.5 万人中毒。

我国曾出现多起因没有有效的应急救援系统而未能及时控制紧急事件的发生发展，从而导致重大损失的案例。如：2003 年末发生在重庆开县的油气井喷事件造成了 243 人死亡，4 万多人无家可归；2008 年胶济铁路重特大交通安全事故造成 72 人死亡、416 人受伤等。

当事故或灾害不可能完全避免的时候，建立重大事故应急救援体系，组织及时有效的应急救援行动已成为抵御事故或控制灾害蔓延、降低危害后果的关键甚至是唯一手段。由于重大事故对社会的极大危害，而应急救援工作又涉及多种救援部门和多种救援力量的协调配合，所以，它不同于一般的事故处理，而成为一项社会性的系统工程，受到政府和有关部门的重视。

第一节　国内外的发展概况

20 世纪 70 年代以来，重大事故应急管理体制和应急救援系统的建立受到国际社会普遍重视，许多国家和国际组织都制定了一系列重大事故应急救援事故法规和政策，并成立了相应的应急救援机构和政府管理部门。1987 年美国联邦应急管理署、环保署、运输部发布了《应急计划技术指南》；欧盟在 1982 年发布了《重大工业事故危险法令》；1993 年国际劳工大会通过了《预防重大工业事故公约》。

　　2006年1月我国依据《中华人民共和国安全生产法》《国家突发公共事件总体应急预案》和《国务院关于进一步加强安全生产工作的决定》等法律法规及有关规定,制定了《国家安全生产事故灾难应急预案》。2006年2月21日,作为中国安全生产监管体系的重要组成部分之一的国家安全生产应急救援指挥中心在北京成立。2007年11月1日起《中华人民共和国突发事件应对法》开始施行。近几年,我国应急救援技术得到重视,应急体系日益完善,从而极大地减轻了事故造成的损失和影响。如2011年11月21日,重庆福安药业有限公司溶剂回收装置发生燃爆事故,中石化川维危化品专业应急救援大队闻警出动,迅捷组织施救,对事故进行成功处置,有效地控制了灾害的进一步恶化。但我国事故防范和应急救援技术还亟待突破,需要进一步完善体制,理顺关系,规范和扩大国家救援队和地方救护队服务功能,加大对应急救援技术装备及基地建设的投入。

ER-10-1

《生产安全事故报告和调查处理条例》对于事故的分级

案例分析

案例1

　　桑枣中学2 300多名师生地处汶川特大地震极重灾区,2008年地震发生时仅用1分36秒成功疏散转移而无一伤亡的壮举,被誉为"桑枣奇迹"。

分析

　　1. 制订了较完备的具有针对性和可操作性的安全规章和应急预案,建立了强有力的安全领导组织机构。

　　2. 按照应急疏散方案每期进行至少一次实际演练,师生们掌握了紧急疏散的知识和技能。

　　3. 持之以恒开展安全教育和应急能力培训。

　　4. 预先识别出潜在隐患,采取相应预防控制措施,如:坚持安全隐患排查,及时进行危房加固等,从而在地震来临之前,迅即启动并实施应急疏散方案而成功避险。

案例2

　　1986年4月26日凌晨,莫斯科时间1时23分,位于乌克兰境内的切尔诺贝利核电站第4号机组在进行一项汽轮发动机的试验过程中突然发生爆炸。这次事故直接造成31人死亡,8t多强辐射物质泄漏,这就是震惊世界的"切尔诺贝利事故"。据估算,核泄漏事故后产生的放射污染相当于日本广岛原子弹爆炸产生的放射污染的100倍。

分析

　　1. 核反应堆设计存在缺陷。

　　2. 厂房主管基本不具备RBMK资格。

　　3. 重大事故应急处置迟缓。爆炸发生后,并没有引起前苏联官方的重视。在莫斯科的核专家和前苏联领导人得到的信息只是"反应堆发生火灾,但并没有爆炸"。在事故后48小时,一些距离核电站很近的村庄才开始疏散。许多人在撤离前就已经吸收了致命量的辐射(若能立即撤离,则可大幅减少受害者数量及程度)。

点滴积累　∨

> 重大事故对社会的危害极大，应急救援工作涉及多种救援部门和多种救援力量的协调配合，已成为一项社会性的系统工程。

第二节　事故应急救援

事故应急救援是指通过事故发生前的计划，在事故发生后充分利用一切可能的力量，能够迅速控制事故发展，保护现场和场外人员安全，将事故对人员、财产和环境造成的损失降低到最低程度。

一、应急救援组织机构及主要职责

（一）应急指挥部

指挥部设在单位调度室，值班调度员为指挥部常务执勤，协调、指挥全公司统一行动。日常工作由公司安全部门负责。

1. 总指挥　由企业法人担任，全面统一指挥事故应急救援。

2. 副总指挥　由分管安全经理担任，协助总指挥履行职责，为总指挥现场决策提供参谋，总指挥无法履行职责时，代行总指挥职责。

3. 现场指挥　接受总指挥的命令，负责事故现场的指挥调度。

（二）应急行动组

1. 消防应急组　设置组长、副组长，组员由专职消防队队员、义务消防队部分队员组成。负责现场火灾扑救、现场掩护和伤员转移。使用的设备和器材包括固定消防水系统、固定消防泡沫系统、消防车、移动灭火器等。消防应急组成员离工厂的距离要求在 2km 之内，能在 5 ~ 15 分钟内能迅速赶到出事地点。

2. 警戒疏散组　负责现场警戒、疏散场内车辆、人员，维护秩序，疏导内外交通。

3. 泄漏应急处置组　负责生产装置的紧急情况处理及其他紧急事项的处理，由企业环境处理中心负责。

4. 医疗救护组　负责伤员救护，联系医疗机构支援，由企业医院或医务室负责。

5. 通信联络组　在事故应急处理期间，保持指挥部的指令和对外联络的畅通。

6. 设备抢修组　负责设备的抢修和恢复，由设备部门负责。

事故应急救援工作涉及众多部门的协调配合，为有序实施事故救援，应建立起行之有效的应急救援网络体系。网络体系应包括事故救援的指挥体系，各救援部门的通信网络，以及与上级救援部门的联系网络。

另外，企业应建立毒物资料库或信息网，以及化学事故应急救援专家库。对救援行动中可能涉及的毒物，应建立资料信息库，内容应包括：毒物的物理化学性质、毒物数据、泄漏物清理消除方法、消防措施、中毒临床表现、急救处理、卫生标准及注意事项等。

二、事故应急救援预案

（一）应急救援预案的概念

应急救援预案是针对可能发生的重大事故或灾害,为保证迅速、有序、有效地开展应急与救援行动、降低事故损失而预先制订的计划或行动方案,是在辨识和评估潜在的重大危险、事故类型、发生的可能性、发生过程、事故后果及影响严重程度的基础上,对应急机构与职责、人员、技术、装备、物资、救援行动及指挥与协调等方面预先做出的具体安排。

（二）事故应急救援预案的作用

1. 事故预防　通过危险源辨识、事故后果分析,采用技术和管理手段降低事故发生的可能性并使可能发生的事故控制在局部,防止蔓延。

2. 应急处理　对于突发事故,有应急处理程序和方法,则能快速反应处理事故或将事故消除在萌芽状态。

3. 抢险救援　采用预定现场抢险和抢救的方式,控制或减少事故造成的损失。

（三）应急救援预案内容

1. 基本情况　主要包括单位地址、经济性质、从业人数、隶属关系、主要产品、产量等内容,周边区域单位、重要基础设施、道路等情况;危险化学品运输单位车辆情况及主要的运输产品、运量、行车路线等内容。

2. 危险目标及其危险特性和对周围的影响

（1）危险目标的确定:可选择对以下材料辨识的事故类型、综合分析的危害程度,确定危险目标:①生产、储存、使用危险化学品装置、设施现状的安全评价报告;②健康、安全、环境管理体系文件;③职业安全健康管理体系文件;④重大危险源辨识结果;⑤其他。

（2）根据确定的危险目标,明确其危险特性及对周边的影响。

3. 危险目标周围可利用的安全、消防、个体防护的设备、器材及其分布

4. 应急救援组织机构、人员和职责划分

5. 报警及通信联络方式

6. 事故发生后应采取的处理措施

（1）根据工艺规程的技术要求,确定采取的紧急处理措施。

（2）根据安全运输卡提供的应急措施及与本单位、生产厂家、托运方联系后获得的信息而采取的应急措施。

7. 人员紧急疏散或撤离　依据对可能发生危险化学品事故场所、设施及周围情况的分析结果,确定以下内容:①事故现场人员清点,撤离的方式、方法;②非事故现场人员紧急疏散的方式、方法;③抢救人员在撤离前、撤离后的报告;④周边区域的单位、社区人员疏散的方式、方法。

8. 危险区的隔离　依据可能发生的危险化学品事故类型、危害程度级别,确定以下内容:①危险区的设定;②事故现场隔离区的划定方式、方法;③事故现场隔离方法;④事故现场周边区域的道路隔离或交通疏导方法。

9. 检测、抢险、救援及控制措施　①检测的方式、方法及检测人员防护、监护措施;②抢险、救援方式、方法及人员防护、监护措施;③现场实施监测及异常情况下抢险人员的撤离条件、方法;④应急救援队伍的调度;⑤控制事故扩大的措施;⑥事故可能扩大后的应急措施。

10. 受伤人员的救治　依据事故分类、分级,附近疾病控制与医疗救治机构的设置和处理能力,制定具有可操作性的处置方案,包括:①受伤人员检伤分类方案及执行人员;②依据检伤结果对患者进行分类现场紧急抢救方案;③伤者转运及转运中的救治方案;④伤者治疗方案;⑤入院前和医院救治机构确定及处置方案;⑥信息、药物、器材储备信息。

11. 现场保护和清洗消毒

(1)事故现场采取保护措施。

(2)明确事故现场清洗消毒工作的负责人和专业队伍。

12. 应急救援保障

(1)内部保障:①确定应急队伍及人员名单;②现场平面布置图、消防设施配置图、工艺流程图、周围地区图、气象资料、危险化学品安全技术说明书、互救信息等存放地点、保管人;③应急通信系统;④应急电源、照明;⑤应急救援装备、物资、药品等;⑥危险化学品运输车辆的安全,消防设备、器材及人员防护装备;⑦保障制度。

(2)外部救援:①单位互助方式;②政府协调应急救援力量;③应急救援信息咨询;④专家信息。

13. 预案分级响应条件　依据危险化学品事故的类别、危害程度的级别和从业人员的评估结果,可能发生的事故现场情况分析结果,设定预案启动条件。

14. 事故应急救援终止程序

(1)确定事故应急救援工作结束。

(2)通知本单位相关部门、周边社区及人员事故危险已解除。

15. 应急培训计划　依据对从业人员能力的评估和社区或周边人员素质的分析结果,确定以下内容:①应急救援人员培训;②员工应急响应的培训;③社区或周边人员应急响应知识的宣传。

16. 演练计划　包括:①演练准备;②演练范围与频率;③演练组织。

17. 附加说明

(1)组织机构

(2)值班联系电话

(3)组织应急救援有关人员联系电话

(4)危险化学品生产单位应急咨询服务电话

(5)外部救援单位联系电话

(6)平面布置及消防设施配置图

(7)工艺流程图

(8)周边区域图(周边单位、重要基础设施、道路交通)

三、重大事故应急救援实施

（一）事故应急救援实施程序

事故应急救援实施程序流程图见图 10-1。

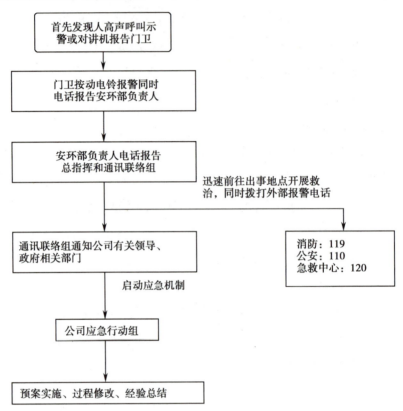

图 10-1　事故应急救援实施程序流程图

（二）应急救援实施的注意事项

1. 火灾应急处理注意事项

（1）贮罐发生着火时，由公司专职、义务消防队员做好自身防护后，在现场指挥的组织安排下进入火场。首先察看现场有无受伤人员，若有人员受伤应以最快速度将受伤者脱离现场，其次切断泄漏源，并进行隔离，严格限制人员出入，除抢险救援人员外，无关人员全部撤离厂区，保持消防通道畅通，厂内所有机动车严禁启动。

（2）小量着火：立即组织岗位员工灭火，具体见第三章。

（3）大量着火：立即组织消防队启动消防泡沫系统、消防车、消防灭火器灭火，并启动罐顶喷淋系统向储罐喷洒大量清水，让其冷却，灭火后，确认不复燃立即采取大量泄漏处理方法处理。

（4）现场指挥人员要密切注意各种危险征兆，若遇到火势难以熄灭，着火处火焰变亮耀眼，伴有尖叫、安全阀打开、罐体发生变色、罐体晃动等爆裂征兆时，指挥员必须适时做出准确判断，及时下达撤退命令，现场人员看到或听到事先规定的撤退信号后，应迅速撤退至安全地带。

2. 爆炸应急处理注意事项

(1)迅速判断和查明再次发生爆炸的可能性和危险性,紧紧抓住爆炸后和再爆炸前的有利时机,采取一切可能的措施,全力制止再次爆炸的发生。

(2)应及时把握时机,在救援人员人身安全有保障的前提下,进入火场疏散与挽救伤员。查明当班在岗实际人数,有无外来人员等,若有受伤人员要及时转移到安全地点,并根据不同情况实施心肺复苏(CPR)、包扎、止血等现场救护措施。

(3)如果有可能,人身安全确有可靠保障,应迅速组织力量及时移走着火区域周围的爆炸物品,使着火周围形成一个隔离带,防止爆炸的蔓延与扩大。

(4)灭火人员应尽量利用现场形成的掩蔽体或尽量采用卧姿等低位姿势射水,尽可能地采取自我保护措施。

(5)灭火人员发现有再次爆炸的危险时,应立即向现场指挥报告,现场指挥应迅速做出准确判断,确定有发生再次爆炸征兆或危险时,应立即下达撤退命令。灭火人员看到或听到撤退信号后,应迅速撤离安全地带,来不及撤退时,应就地卧倒。

(6)爆炸结束后应立即组织人员清理事故现场,实施善后工作。

3. 泄漏应急处理注意事项

(1)贮罐泄漏时,由车间专业技术人员及公司专职、义务消防队员立即做好防护后进入现场。首先察看现场有无受伤人员,若有人员受伤,应以最快速度将受伤者脱离现场,其次切断泄漏源,并进行隔离,严格限制出入。

(2)泄露控制应树立"处置泄漏,堵为先"的原则,可以采用的泄露控制方法如下:

1)关阀制漏法:管道发生泄漏,泄漏点如处在阀门之后且阀门尚未损坏,可采取关闭输送物料管道阀门的措施,制止泄漏。但在关闭管道阀门时,必须设开花或喷雾水枪掩护;若反应釜或其他容器发生泄漏,应考虑关闭进料阀;通过关闭有关阀门、停止作业或通过采取改变工艺流程、物料走副线、局部停车、打循环、减负荷运行等方法控制泄漏源;若泄漏点位于阀门上游,即属于阀前泄漏,应根据气象情况,从上风方向逼近泄漏点,实施带压堵漏。

2)带压堵漏技术:管道、阀门或容器壁发生泄漏,且泄漏点处在阀门以前或阀门损坏,不能关阀止漏时,可使用各种针对性的堵漏器具和方法实施封堵泄漏口,控制泄漏,可选用的常用的堵漏方法,如表10-1所示。堵漏抢险一定要在喷雾水枪、泡沫的掩护下进行,堵漏人员要精而少,增加堵漏抢险的安全系数。

表 10-1　可以选用的常用堵漏方法

部位	泄漏形式	方法
罐体	砂眼	螺丝加黏合剂旋进堵漏
	缝隙	使用外封式堵漏袋、电磁式堵漏工具组、粘贴式堵漏密封胶(适用于高压)、潮湿绷带冷凝法或堵漏夹具、金属堵漏锥堵漏
	孔洞	使用各种堵漏夹具、粘贴式堵漏密封胶(适用于高压)、金属堵漏锥堵漏
	裂口	使用外封式堵漏袋、电磁式堵漏工具组、粘贴式堵漏密封胶(适用于高压)堵漏

续表

部位	泄漏形式	方法
管道	砂眼	螺丝加黏合剂旋进堵漏
	缝隙	使用外封式堵漏袋、金属封堵套管、电磁式堵漏工具组、潮湿绷带冷凝法或堵漏夹具堵漏
	孔洞	使用各种堵漏夹具、粘贴式堵漏密封胶(适用于高压)堵漏
	裂口	使用外封式堵漏袋、电磁式堵漏工具组、粘贴式堵漏密封胶(适用于高压)堵漏
阀门	断裂	使用阀门堵漏工具组、注入式堵漏胶、堵漏夹具堵漏
法兰	连接处	使用专用法兰夹具、注入式堵漏胶堵漏

3)倒罐:当采用上述的关阀断料、堵漏封口等堵漏方法不能制止储罐、容器或装置泄漏时,可采取疏导的方法通过输送设备和管道将泄漏内部的液体倒入其他容器、储罐中,以控制泄漏量和配合其他处置措施的实施。常用的倒罐方法如下:①泵倒罐。就是将两装置的气相管相连通,事故装置的出液管接在泵的入口,安全装置的进液管接在泵的出口,将泄漏液体由事故装置导入安全装置。②压缩气体倒罐。就是将氮气、二氧化碳等压缩气体或其他与泄漏液体混合后不会引起爆炸的不凝、不溶的高压惰性气体送入准备倒罐的事故装置中,使其与安全装置间产生一定的压差,从而将泄漏液体从事故装置中导入安全装置中。③静压差倒罐。是将事故装置和安全装置的气、液相管相连通,利用两容器间的位置高低之差产生的静压差,使泄漏液体从事故装置中导入安全装置中。

4)转移:若储罐、容器、管道内的液体泄漏严重而又无法堵漏或倒罐时,应及时将事故装置转移到安全地点处置,尽可能减少泄漏量。首先应在事故点周围的安全区域修建围堤或处置地,然后将事故装置及内部的液体导入围堤或处置地内,再根据泄漏液体的性质采用相应的处置方法。

5)点燃:当无法有效地实施堵漏或倒罐处置时,可采取点燃措施使泄漏出的可燃性气体或挥发性的可燃液体在外来引火物的作用下形成稳定燃烧,控制其泄漏,减低或消除泄漏毒气的毒害程度和范围,避免易燃和有毒气体扩散后达到爆炸极限而引发燃烧爆炸事故。

点燃之前,要做好充分的准备工作,撤离无关人员,担任掩护和冷却等任务的人员要到达指定位置,检测泄漏点周围已无高浓度可燃气,点火时,处置人员应在上风向,穿好避火服,使用安全的点火工具操作,如点火棒(长杆)、电打火器等。

(3)对已经泄漏到现场的泄漏物应及时进行处理,使泄漏物得到安全可靠的处置,防止二次事故的发生。

1)围堤堵漏或挖掘沟槽:如果化学品为液体,泄漏到地面上时会四处蔓延扩散,难以收集处理,为此需要筑堤堵截或者引流到安全地点。对于贮罐区发生液体泄漏时,要及时关闭雨水阀,防止物料沿明沟外流。

2)稀释与覆盖:对于液体泄漏,为降低物料向大气中的蒸发速度,可用泡沫或其他覆盖物品覆盖外泄的物料,在其表面形成覆盖层,抑制其蒸发。为减少大气污染,通常是采用水枪或消防水带向有害物蒸气云喷射雾状水,加速气体向高空扩散,使其在安全地带扩散。在使用这一技术时,将产生大量的被污染水,因此应疏通污水排放系统。对于可燃物,也可以在现场施放大量水蒸气或氮气,破坏燃烧条件。

3）收容：对于大量液体泄漏，可选择用隔膜泵将泄漏出的物料抽入容器内或槽车内；当泄漏量小时，可用沙子、吸附材料、中和材料等吸收中和。

4）固化：通过加入能与泄漏物发生化学反应的固化剂或稳定剂使泄漏物转化成稳定形式，以便于处理、运输和处置。

5）低温冷却：将冷冻剂散布于整个泄漏物的表面，减少有害泄漏物的挥发。

6）废弃：将收集的泄漏物运至废物处理场所处置。用消防水冲洗剩下的少量物料，冲洗水排入污水系统处理或收集后委托有条件的单位处理。

4. 机械伤害事故应急处理注意事项

（1）各种机械设备必须按规定配置齐全有效的各种安全保护装置。

（2）发生断手（足）、断指（趾）的严重情况时：①现场要对伤口包扎止血、止痛、进行曲半握拳状的功能固定；②将断手（足）、断指（趾）用消毒和清洁的布料包好，切忌将断指（趾）浸入酒精等消毒液中，以防细胞变质；③将包好的断手（足）、断指（趾）放在无泄漏的塑料袋内，扎紧袋口，在袋周围放些冰块，或用冰棍代替，切忌将断手（足）、断指（趾）直接冰水中浸泡，速随伤者送医院抢救。

（3）发生头皮撕裂伤时，必须及时对受伤者进行抢救，采取止痛及其他对症措施：用生理盐水冲洗有伤部位涂红汞后用消毒大纱布块、消毒棉花紧紧包扎，压迫止血；同时拨打120急救电话或者送医院进行治疗。

四、伤病员现场分类

伤病员的现场分类是院前急救工作的重要组成部分，是保证加快伤病员救治和转送速度的一种有效组织手段。其主要目的是快速、准确地判断病情，掌握救治重点，确定救治和运送的次序。

伤病员现场分类标准有两种：一种是以现场处理的时间先后顺序为标准的分类；另一种是以伤病员病情轻重程度为标准的分类。判断伤病情要迅速，一个伤病员应在1~2分钟内完成。

1. 极重伤　指伤员受伤极其严重，即将发生临床死亡或已经死亡。死亡的标志为脑死亡和自主循环停止，临床特征是生命体征的丧失，如无呼吸和心搏或发生直观的严重损伤如颈部离断、胸腔及心脏破裂、头颅严重变形及颈动脉、主动脉等大动脉严重破裂出血等。大多数情况下此类伤员的死亡已不可逆转，现场实施心肺复苏不可能成功，故基本无法抢救。现场处理：若确认死亡，停放在临时停尸处；妥善保存其所有物品以备后期查验，由殡葬车运送。

2. 重伤　指伤员身体的重要部位或脏器遭受严重损伤，伤员濒临死亡，如严重出血（包括直观的外出血和脏器损伤导致的内出血等）、呼吸道异物堵塞、张力性气胸、较重的脑挫裂伤、特殊部位的损伤（如吸入热气导致的呼吸道烧伤、颌面部及颈部损伤）等。伤员如果能得到及时的医学救援，其生还希望较大，需优先救治，也是抢救价值最大的一类伤员。现场处理：CPR；胸腔穿刺减压；开放静脉通道，止血包扎固定，伤情稳定后优先由救护车转送，禁止不处理就转送。

3. 次重伤　也称中度伤，指伤情介于重伤与轻伤之间的情况。此类伤员身体的重要部位或脏器有损伤，如非窒息性胸腔创伤、长骨闭合性骨折、小面积（30%以下）烧伤、无昏迷或休克的头颅和软组织损伤。此类伤员的伤势尽管严重，但其情况相对稳定或进展较慢，故伤员通常可坚持一定时间（通常>1小时），如果在若干小时内得到救治则可以存活，且预后良好。现场处理：CPR；开放静脉通道，止血包扎固定，伤情稳定后次优先由救护车转送医院。

4. 轻伤 指伤员身体的重要部位和脏器均未受到损伤。无严重创伤，一般多为皮肤及软组织挫伤、轻度烧烫伤。现场处理：第三优先处理，根据现场条件进行简单对症处理，稍延迟转送，可以用普通车辆转送。

点滴积累 ∨

1. 化学事故现场抢救必须采取可行、有效的措施来保证以最快速度、最短时间让伤病员得到医学救护，同时救援手段要正确有效，保证精良的技术水准。
2. 应急救援程序。 事故发生—发现人高呼示警—通知安环部—报告总指挥和通信组，拨打外部报警电话—通知公司领导及政府—应急救援组进入现场开展救援—总结。
3. 伤病员现场分类标准有两种。 一种是以现场处理的时间先后顺序为标准的分类；另一种是以伤病员病情轻重程度为标准的分类。 判断伤病情要迅速，一个伤病员应在1~2分钟内完成。

第三节 心肺复苏

一、心肺复苏简介及发展

心跳呼吸骤停是临床上最紧急的情况，当人突然发生心跳、呼吸停止时，必须在4~8分钟内建立基础生命维持，保证人体重要脏器的基本血氧供应，直到建立高级生命维持或自身心跳、呼吸恢复为止，其具体操作即心肺复苏（CPR）。

20世纪50年代美国医生Peter Safar发表了口对口吹气术，1960年Kouwenhoven等人观察用力在胸外挤压可以维持血液循环，两种方法确认了口对口吹气和胸外心脏按压术联合应用技术的合理性，奠定了现代CPR的基础。2000年8月第一部《国际心肺复苏与心血管急救指南2000》在《循环》杂志上发表；2010年在《循环》杂志上发表了《2010美国心脏协会（AHA）心肺复苏（CPR）及心血管急救（ECC）指南》，该指南对CPR操作步骤进行了更新和改进。2017年11月6日美国心脏协会（AHA）公布最新心肺复苏指南。

二、心肺复苏的实施

急病、创伤、中毒、溺水、触电等各种意外都有可能造成心跳呼吸骤停，在常温情况下，心搏停止3秒时病人感到头晕，10~20秒后即可发生昏厥或抽搐；60秒后瞳孔散大，呼吸可同时停止，亦可在30~60秒后停止；4~6分钟后大脑细胞有可能发生不可逆损害。因此，为要使病人得救、避免脑细胞死亡，以便心搏、呼吸恢复后，意识也能恢复，故必须在心搏停止后立即进行有效的心肺复苏。复苏开始越早，存活率越高。大量实践表明，4分钟内复苏者可能有43%被救活；4~6分钟开始复苏者，

10%可能救活;超过6分钟开始复苏者存活率仅4%;10分钟以上开始复苏者,存活可能性更为减小。

1. 心搏骤停诊断依据

(1)意识突然丧失,昏倒于任何场合。

(2)面色苍白或发绀,瞳孔散大。

(3)呼吸停止或仅为喘息。

(4)心音无,大动脉搏动消失。

2. 心搏骤停处理原则　立即识别心搏骤停并启动急救系统、尽早进行心肺复苏、着重于胸外按压。

3. 心肺复苏实施准备

(1)现场周围环境评估:确保施救现场施救者与患者的安全,避开塌楼、火灾、毒气、电击等危险现场。

(2)判断有无意识,轻拍并呼唤伤者,同时扫视伤者胸部有无可见的呼吸运动5~10秒,如无反应、不呼吸或仅仅是喘息,要立即一边大声呼救,一边迅速采取救护措施。

(3)呼救EMSS:拨打120急救电话,讲清事故地点(详细地址、明显地标),伤患状况(人数、病情、年龄),留下联络电话,最后注意不要先挂电话。

4. 心肺复苏程序　心肺复苏应遵循C(Compression,胸部挤压)—A(Airway,开放气道)—B(Breathing,人工呼吸)程序。

(1)胸部挤压程序(图10-2~图10-7):①将伤者置于复苏体位,仰卧于硬木板或地上,头、颈、躯干平直,双手放于躯干两侧,解开衣领、腰带;②抢救者一手置于伤者前额,另一手在靠近抢救者一侧触摸颈动脉,可用示指及中指指尖先触及气管正中部位,然后向旁滑移2~3cm,在胸锁乳突肌内侧轻轻触摸颈动脉搏动(时间<10秒),未触及立即施行胸外心脏按压;③救护者应紧靠患者胸部一侧,为保证按压时力量垂直作用于胸骨,可根据患者所处位置的高低采用跪式或脚蹬等体位;按压部位在胸骨下半部,两乳头连线中点;④一手掌根部紧贴按压部位,另一只手重叠其上,指指交叉,手指不触及胸壁,肩、手臂与胸骨垂直,有节律向下按压30次,按压深度为胸骨下陷4~5cm,按压频率为100~120次/min(保证每次按压后胸廓充分回弹);⑤按压时两肩正对患者胸骨上方,两臂伸直,肘关节不得弯曲,肩、肘、腕关节成一垂直轴面;以髋关节为轴,利用上半身的体重及肩、臂部的力量垂直向下按压胸骨。

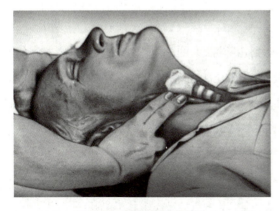

图10-2　触摸颈动脉搏动

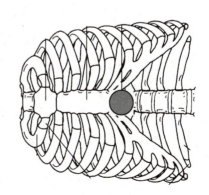

图10-3　心肺复苏按压位置

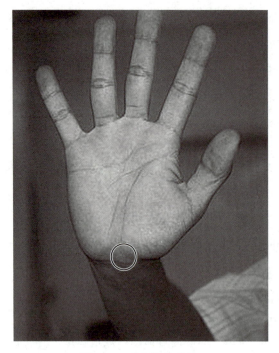

图 10-4 掌根按压位置

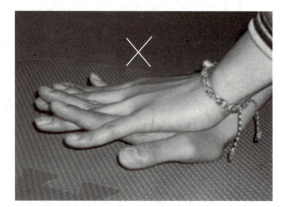

图 10-5 错误的按压手势

图 10-6 正确的按压手势

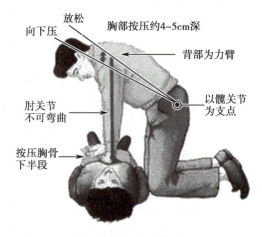

图 10-7 胸部挤压姿势

（2）开放气道程序：①畅通呼吸通道。清理口腔、鼻腔异物或分泌物,如有义齿一并清除,畅通气道（只有气道畅通后,人工呼吸提供的氧气才能到达肺部,人的脑组织以及其他重要器官才能得到氧气供应）。②开放气道。可采用仰头提颏法（操作者位于患者一侧,一只手掌置于伤者前额,同时用另一只手的示指及中指将下颏托起,使头部后仰）,当专业人士怀疑有颈椎损伤时,可采用推举下颌法（操作者位于患者头侧,双手手指置于患者下颌用力向上提下颌骨,保持头部位置固定,避免任何的弯曲和拉伸,同时双手拇指打开患者的口腔）（图 10-8、图 10-9）。

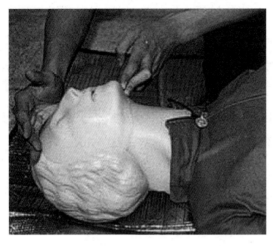

图 10-8　仰头提颏法

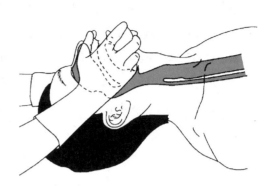

图 10-9　推举下颌法

（3）人工呼吸程序（图 10-10）：①开放气道后要马上检查有无呼吸，如果没有，应立即进行人工呼吸。最常见、最方便的人工呼吸方法是采取口对口人工呼吸和口对鼻人工呼吸。②口对口人工呼吸时要用一手将伤者的鼻孔捏紧（防止吹气气体从鼻孔排出而不能由口腔进入到肺内），深吸一口气，屏气，用口唇严密地包住昏迷者的口唇（不留空隙），注意不要漏气，在保持气道畅通的操作下，将气体吹入人的口腔到肺部。吹气后，口唇离开，并松开捏鼻的手指，使气体呼出。观察人的胸部有无起伏，如果吹气时胸部抬起，说明气道畅通，口对口吹气的操作是正确的；口对鼻人工呼吸与口对口人工呼吸类似，一般用于婴幼儿和口腔外伤者。③给伤者进行两次人工呼吸。

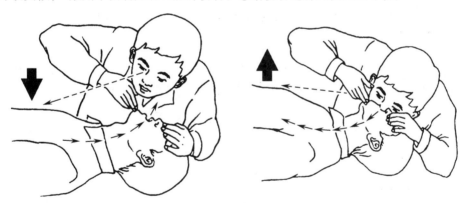

图 10-10　人工呼吸

5. CPR 操作注意事项

（1）胸部挤压时要快速、用力。

（2）尽可能减少胸外按压的中断，若中断，尽量将中断控制在 10 秒钟之内。

（3）胸部挤压时，按压与放松比例适当（1：1，放松时手不能离开胸壁）。

（4）应按照 30 次按压对应 2 次呼吸的比率进行按压和人工呼吸。

（5）尽可能不挪动病人。

（6）医务人员每 2 分钟交换一次按压职责。

（7）人工呼吸每次吹气时间为 1 秒以上，呼吸频率为 10~12 次/min。

（8）每次人工呼吸时可见胸廓运动，历时1秒以上。

（9）心肺复苏要坚持30分钟以上或直到医务人员到来。

（10）如果有两名施救者在场，可以减少开始按压的延误：第一名施救者开始胸外按压，第二名施救者开放气道并准备好在第一名施救者完成第一轮30次胸外按压后立即进行人工呼吸。

6. 心肺复苏有效指标　进行5个周期的CPR（每2分钟）后，检查颈动脉搏动（时间<10秒），如无搏动则继续进行CPR，如此反复进行，直到有下列各种症状：

（1）伤者的面色、口唇由苍白或发绀转为红润。

（2）伤者的颈动脉搏动，自主呼吸出现。

（3）伤者的瞳孔由大变小，对光有反射。

（4）伤者的眼球活动，手脚抽动、呻吟等。

7. 一般情况下，现场心肺复苏应坚持连续进行，但如有下列各种症状可考虑停止进行心肺复苏。

（1）伤者已恢复自主呼吸和心跳。

（2）正确抢救30分钟以上，检查伤者仍无反应、无呼吸、无脉搏、瞳孔无回缩。

（3）确认伤者已死亡。

（4）有他人接替抢救工作。

（5）医生到现场并做出停止进行操作的决定。

8. 胸外心脏按压并发症　胸外心脏按压会出现肋骨骨折、胸骨骨折、胸肋骨分离、气胸、血胸、肺挫伤、肝脾裂伤、脂肪栓塞等并发症，一般都由操作错误引起，因此，CPR操作的准确性极为重要。

▶ 边学边练

对伤者进行CPR，请见实训项目六　心肺复苏现场救护。

点滴积累　∨

1. 心肺复苏实施准备

（1）现场周围环境评估。

（2）判断有无意识，轻拍并呼唤伤者，同时扫视伤者胸部有无可见的呼吸运动，如无反应、不呼吸或仅仅是喘息，要立即一边大声呼救，一边迅速采取救护措施。

（3）呼救EMSS：拨打120急救电话，讲清事故地点（详细地址、明显地标），伤患状况（人数、病情、年龄），留下联络电话，最后注意不要先挂电话。

2. 心肺复苏程序应遵循 C（Compression，胸部挤压）—A（Airway，开放气道）—B（Breathing，人工呼吸）程序。

第四节　常见外伤及救治

急救四大技术，包括止血、包扎、固定、搬运。

一、止血

1. 包扎止血法

（1）表浅伤口出血：为小血管和毛细血管损伤，出血少。

操作方法：纱布包扎。将纱布覆盖在伤口上，用绷带在一定压力绕肢体缠绕 4~5 层，绷带尾端中心撕开，绕肢体打结。纱布要有足够的厚度，敷盖面积要超过伤口至少 3cm。也可用三角巾、手帕、纸巾、清洁布料等包扎止血。

（2）头部伤口出血：头皮血管丰富，损伤后出血多，不易止血。用纱布压在伤口上，将尼龙头套套在头上。或用绷带、三角巾等包扎。

（3）手指伤口出血：手指有两条小动脉供血，血运丰富。用拇指和示指掐住伤指两侧的指动脉，用一块小纱布压在伤口上，用尼龙指套套在伤口上固定纱布，或用绷带缠绕固定。也可用纸巾、手帕或其他布料代替。

（4）深部伤口出血：伤口较深较大，组织损伤严重，可能损伤中等血管，出血多。用纱布打开，轻轻塞进伤口，将伤口填实，压迫止血。用纱布覆盖伤口。用绷带绕肢体加压包扎。如出血严重可加用止血带。可用三角巾或其他布料代替纱布、绷带。

2. 指压止血法

如图 10-11 所示，即在伤口附近靠近心脏一端的动脉处，用拇指压住出血血管，以阻断血流。此法是用于四肢大出血的暂时性止血措施，在指压止血的同时，应立即寻找材料，准备换用其他止血方法。操作时要注意：准确掌握动脉压迫点；压迫力度要适中；压迫 10~15 分钟。

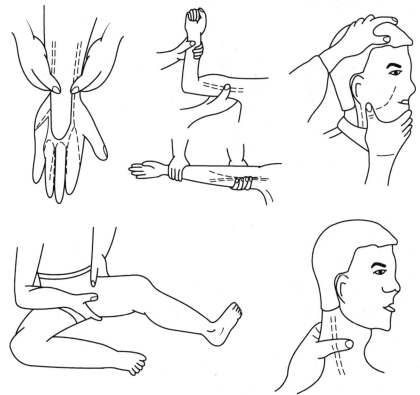

图 10-11　指压止血法

常用指压止血部位有：

（1）颈动脉压迫点：在颈侧面胸锁乳突肌前缘用双拇指向内后压在出血处动脉的上下两端，用于颈动脉损伤。

（2）颞浅动脉压迫点：用于头段部出血，一侧头顶部出血时，在同侧耳前、对准耳屏上前方 1.5cm 处，用拇指压迫颞浅动脉止血。

（3）锁骨下动脉压迫点：在锁骨上缘中点用拇指将锁骨下动脉向下压迫，用于上肢大血管损伤止血。

（4）肱动脉压迫点：肱动脉在上臂位于上臂中段内侧，位置较深，在肘窝位置表浅。前臂及手出血时在肘窝处摸到动脉搏动后用拇指按压可达到良好止血目的。

其他常见指压止血部位

（5）桡、尺动脉压迫点：桡、尺动脉在腕部掌面两侧。腕及手出血时，要同时按桡、尺两条动脉方可止血。

3. 止血带止血法

（1）止血带的使用方法

1）在伤口近心端上方先加垫。

2）急救者左手拿止血带，上端留 5 寸，紧贴加垫处。

3）右手拿止血带长端，拉紧环绕伤肢伤口近心端上方两周，然后将止血带交左手中、示指夹紧。

4）左手中、示指夹止血带，顺着肢体下拉成环。

5）将上端一头插入环中拉紧固定，如图 10-12 所示。

6）在上肢应扎在上臂的上 1/3 处，在下肢应扎在大腿的中下 1/3 处。

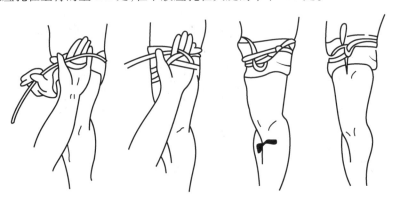

图 10-12　止血带止血法

（2）使用止血带时的注意事项

1）扎止血带前，应先将伤肢抬高，防止肢体远端因淤血而增加失血量。

2）扎止血带时要有衬垫，不能直接扎在皮肤上，以免损伤皮下神经。

3）前臂和小腿不适于扎止血带，因其均有两根平行的骨干。骨间可通血流，所以止血效果差。但在肢体离断后的残端可使用止血带，要尽量扎在靠近残端处。

4）禁止扎在上臂的中段，以免压伤桡神经，引起腕下垂。

5）止血带的压力要适中，即达到阻断血流又不损伤周围组织为度。

6)止血带止血持续时间一般不超过 1 小时,太长可导致肢体坏死,太短会使出血、休克进一步恶化。因此使用止血带的伤员必须配有明显标志,并准确记录开始扎止血带的时间,每 0.5~1 小时缓慢放松一次止血带,放松时间为 1~3 分钟,此时可抬高伤肢压迫局部止血,再扎止血带时应在稍高的平面上绑扎,不可在同一部位反复绑扎。使用止血带以不超过 2 小时为宜,应尽快将伤员送到医院救治。

二、包扎

包扎的目的:保护伤口和创面,减少感染,减轻痛苦。加压包扎有止血作用,用夹板固定骨折的肢体时需要包扎,以减少继发损伤,也便于运送医院。

现场进行创伤包扎可就地取材,用毛巾、手帕、衣服撕成的布条等进行。包扎的方法如下:

1. 布条包扎法

(1)环形包扎法:该法适用于头部、颈部、腕部及胸部、腹部等处。将布条作环行重叠缠绕肢体数圈后即成(图 10-13)。

(2)螺旋包扎法:该法用于前臂、下肢和手指等部位的包扎。先用环形法固定起始端,把布条渐渐地斜旋上缠或下缠,每圈压前圈的一半或 1/3,呈螺旋形,尾部在原位上缠 2 圈后予以固定(图 10-14)。

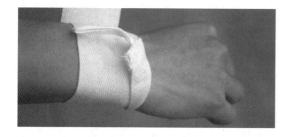

图 10-13 环形包扎法

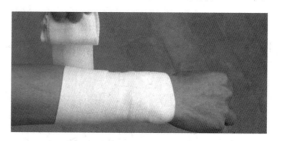

图 10-14 螺旋包扎法

(3)螺旋反折包扎法:该法多用于粗细不等的四肢包扎。开始先做螺旋形包扎,待到渐粗的地方,以一手拇指按住布条上面,另一手将布条自该点反折向下,并遮盖前圈的一半或 1/3。各圈反折须排列整齐,反折头不宜在伤口和骨头突出部分(图 10-15)。

(4)"8"字包扎法:该法多用于关节处的包扎。先在关节中部环形包扎两圈,然后以关节为中心,从中心向两边缠,一圈向上,一圈向下,两圈在关节屈侧交叉,并压住前圈的 1/2(图 10-16)。

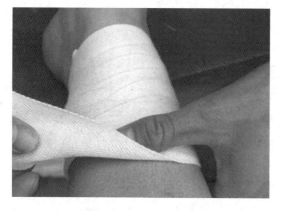

图 10-15 螺旋反折包扎法

图 10-16 "8"字包扎法

2. 三角巾包扎法　对较大创面、固定夹板、手臂悬吊等,需应用三角巾包扎法。

三角巾包扎法

三、固定

骨折固定可减轻伤员的疼痛,防止因骨折端移位而刺伤邻近组织、血管、神经,也是防止创伤休克的有效急救措施。

1. 操作要点

(1)在进行骨折固定时,应使用夹板、绷带、三角巾、棉垫等物品。手边没有时,可就地取材,如板皮、树枝、木板、木棍、硬纸板、塑料板、衣物、毛巾等均可代替。必要时也可将受伤肢体固定于伤员健侧肢体上,如下肢骨折可与健侧绑在一起,伤指可与邻指固定在一起。若骨折断端错位,救护时暂不要复位,即使断端已穿破皮肤露出外面,也不可进行复位,而应按受伤原状包扎固定。

(2)骨折固定应包括上、下两个关节,在肩、肘、腕、股、膝、踝等关节处应垫棉花或衣物,以免压破关节处皮肤,固定应以伤肢不能活动为度,不可过松或过紧。

(3)搬运时要做到轻、快、稳。

2. 固定方法

(1)上臂骨折:于患侧腋窝内垫以棉垫或毛巾,在上臂外侧安放垫衬好的夹板或其他代用物,绑扎后,使肘关节屈曲90°,将患肢捆于胸前,再用毛巾或布条将其悬吊于胸前(图10-17~图10-19)。

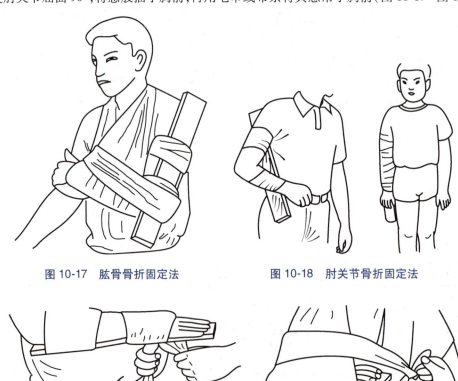

图 10-17　肱骨骨折固定法　　　　　图 10-18　肘关节骨折固定法

①　　　　　　　　　　　②

图 10-19　尺、桡骨骨折固定法

（2）前臂及手部骨折：用衬好的两块夹板或代用物，分别置放在患侧前臂及手的掌侧及背侧，以布带绑好，再以毛巾或布条将前臂吊于胸前（图10-20）。

（3）大腿骨折：用长木板放在患肢及躯干外侧，半髋关节、大腿中段、膝关节、小腿中段、踝关节同时固定。

（4）小腿骨折：用长、宽合适的木夹板2块，自大腿上段至踝关节分别在内外2侧捆绑固定（图10-21）。

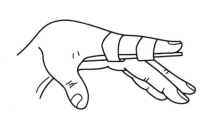

图10-20　手指骨骨折固定法

图10-21　胫骨、腓骨骨折固定法

四、搬运

搬运伤员要尽量做到轻、稳、快。搬运时应做到不增加伤员的痛苦，避免造成新的损伤及并发症，应注意以下事项：

1. 呼吸、心搏骤停及休克昏迷的伤员应先及时复苏后再搬运。若没有懂得复苏技术的人员时，则可为争取抢救的时间而迅速向外搬运，去迎接救护人员进行及时抢救。

2. 对昏迷或有窒息症状的伤员，要把肩部稍垫高，使头部后仰，面部偏向一侧或采用侧卧位和偏卧位，以防胃内呕吐物或舌头后坠堵塞气管而造成窒息，注意随时都要确保呼吸道通畅。

3. 一般伤员可用担架、木板等运送，但脊柱损伤和骨盆骨折的伤员应用硬板担架运送。

4. 对一般伤员均应先行止血、固定、包扎等初步救护后，再进行转运。

5. 一般外伤的伤员，可平卧在担架上，伤肢抬高；胸部外伤的伤员可取半坐位；有开放性气胸者，需封闭包扎后，才可转运。腹腔部内脏损伤的伤员，可平卧、用宽布带将腹腔部捆在担架上，以减轻痛苦及出血。骨盆骨折的伤员可仰卧在硬板担架上，曲髋、屈膝、膝下垫软枕或衣物，用布带将骨盆捆在担架上。

6. 搬运胸、腰椎损伤的伤员时，先把硬板担架放在伤员旁边，由专人照顾患处，另有两三人在保持脊柱伸直位的同时用力轻轻将伤员推滚到担架上，推动时用力大小、快慢要保持一致，要保证伤员脊柱不弯曲。伤员在硬板担架上取仰卧位，受伤部位垫上薄垫或衣物，使脊柱呈过伸位，严禁坐位或肩背式搬运。

7. 对脊柱损伤的伤员，要严禁让其坐起、站立和行走，也不能用一人抬头、一人抱腿或一人背的方法搬运。因为当脊柱损伤后，再弯曲活动时，有可能损伤脊髓而造成伤员截瘫甚至突然死亡，所以在搬运时要十分小心。

在搬运颈椎损伤的伤员时,要专有一人抱持伤员头部,轻轻地向水平方向牵引,并且固定在中立位,不使颈椎弯曲,严禁左右转动。搬运者多人双手分别托住颈肩部、胸腰部、臀部及两下肢。同时用力移上担架,取仰卧位。担架应用硬木板,肩下应垫软枕或衣物,使颈椎呈伸展样(颈下不可垫衣物),头部两侧用衣物固定,防止颈部扭转,切忌抬头。若伤员的头和颈已处于曲歪位置,则需按其自然固有姿势固定,不可勉强纠正,以避免损伤脊髓而造成高位截瘫,甚至突然死亡。

8. 搬运时应让伤员的头部在后面,随行的救护人员要时刻注意伤员的面色、呼吸、脉搏,必要时要及时抢救。随时注意观察伤口是否继续出血、固定是否牢靠,出现问题要及时处理。走上下山时,应尽量保持担架平衡,防止伤员从担架上翻滚下来。

点滴积累　∨

1. 心搏骤停诊断依据,心肺复苏的实施过程。

2. 常用的止血方法有包扎止血法、指压止血法、止血带止血法。

3. 常用的包扎方法有布条包扎法、三角巾包扎法。

第五节　中毒急救

对于急性中毒患者,应脱离中毒环境,快速作出诊断,及时准确判断伤情和中毒原因,针对病因使用特效解毒剂,同时给予对症支持治疗。

一、救治原则

1. **立即终止接触毒物**　尽早撤离环境,脱去污染的衣服,清洗接触部位的皮肤,终止接触毒物。救护人员须做好自身防护工作。

2. **清除未吸收的毒物**　吸入性中毒者应保持气道通畅并给氧;接触性中毒者立即清除毒物,清洗时勿用热水,以免增加毒物的吸收,若毒物遇水发生反应,则先用干布抹去污染物,再用水清洗;口服中毒者可经催吐、洗胃、导泄和灌肠清除;入眼者迅速用水冲洗5~10分钟。

3. **特殊解毒剂的应用**　大多数毒物无特效解毒剂,仅少数毒物能利用相应药物达到解毒作用,常用特异性解毒剂见表10-2。

表 10-2　常用特异性解毒剂

解毒剂	毒物
强心苷抗体	洋地黄
阿托品	有机磷杀虫剂、神经性毒气、锑剂中毒引起的心律失常、含毒蕈碱类食物中毒、氨基甲酸酯农药
解磷定、氯解磷定、双复磷	有机磷杀虫剂、神经性毒气
亚硝酸异戊酯和亚硝酸钠	氰化物
硫代硫酸钠	氰化物、砷、汞、铅、碘及溴
青霉胺	铜、汞、铅

二、救护要点

1. 病情观察　观察患者神志及生命体征(体温、脉搏、呼吸、血压、神志、瞳孔、心率等)的变化；观察呕吐物及排泄物的性状,必要时送检；做好心脏监护,及早发现心脏损害(包括心律失常和心搏骤停),一旦出现心搏骤停,立即进行 CPR。

2. 保持呼吸道通畅　及时清除呼吸道分泌物,给予氧气吸入。

3. 维持水及电解质平衡　急性中毒常剧烈呕吐、腹泻而造成不同原因的缺水,甚至引起代谢性酸中毒和休克。

案例分析

案例

某企业一使用氰化钠车间,王某和李某在放料过程发现放料阀和罐体之间的法兰垫外漏,待放料完毕后,两人携带防护手套、面具和工具对法兰进行换垫维修。在此过程中,王某因去另一岗位送工具暂时离开,李某一人进行检修操作,在拆开罐底阀时,由于罐底阀处空间狭小,不便于检修,于是李某摘掉防毒面具,突然出现呼吸急促的中毒症状并晕倒。王某回来后发现李某晕倒,呼吸急促,随即戴上防毒面具将其背出房间,与杨某将其抬至通风处实施急救,给李某鼻腔吸入三支亚硝酸异戊酯,并为其静脉注射一支硫代硫酸钠,约 2 分钟后李某苏醒,呼吸恢复正常,之后,急救车赶到将其送至医院治疗。

分析

王某对李某的急救处理及时,准确。据国家安全监管总局组织编制的《首批重点监管的危险化学品安全措施和应急处置原则》,氰化钠的解毒剂:亚硝酸异戊酯、亚硝酸钠、硫代硫酸钠、4-二甲基氨基苯酚。

点滴积累　∨

1. 毒物中毒的救治原则包括立即终止接触毒物；清除未吸收的毒物；特殊解毒剂的应用。

2. 中毒救护要点包括病情观察；保持呼吸道通畅；维持水及电解质平衡。

实训项目六　心肺复苏现场救护

【实训目的】

1. 树立急性中毒现场救护的意识和观念,掌握现场救护的原则,具有判断中毒者的病情轻重,并根据具体情况实施不同救护方案的应急能力。

2. 具有正确实施心肺复苏术的能力及一般的急救救护能力。

3. 会使用苏生器等抢救仪器的方法和技巧。

【实训内容】

1. **单人操作**　单人操作的现场心肺复苏术简单易学,容易操作,如果操作熟练、准确,能有效地维持适当的血液循环和氧气供给,操作步骤可按前述"心肺复苏程序"进行。

2. **双人操作**　双人实施心肺复苏法,在抢救过程中,特别需要相互配合,协调默契。其基本步骤与单人心肺复苏大体相同,需要注意以下事项:

(1)先检查意识、呼吸、脉搏情况,然后根据不同情况进行救护。

(2)抢救者分别跪在伤者的两侧,一位做口对口人工呼吸,另一位做胸外心脏按压。

(3)口对口吹气时必须在胸外按压的松弛时间内完成。

(4)为达到配合默契,胸外按压者最好口中数数字,进行操作。这样一是可以避免自己忘记按压的次数,二是提醒口对口吹气实施者做好操作准备。

如果现场同时有两个人,其中一人应立即进行单人心肺复苏法救治,另一人则迅速拨打急救电话,然后返回现场,观察伤病者的胸部起伏,检查颈动脉情况。必要时相互替换,继续实施心肺复苏术。

3. **注意事项**　一旦遇到无呼吸、无脉搏的中毒或窒息者,在没有明显死亡迹象时,抢救者一定要牢记,时间就是生命,要坚持"立即、就地"的救护原则,迅速实施现场心肺复苏的救护行动。

(1)救护者应充满自信心,不要犹豫,不要等待专业人员到场后再进行救护,否则会贻误救护时机,造成不可弥补的损失。

(2)疏通伤者气道时,要将口鼻内痰涕清除干净;要取出义齿,松开衣领、乳罩、腰带等,以免妨碍胸部活动,影响救护效果。

(3)不要把时间浪费在反复检查心跳、呼吸停止的时间上,要迅速进行救护,以免贻误最佳抢救时机。

(4)不要做不必要的全身检查,尽快恢复伤者的呼吸与心跳是最重要的事情。

(5)不要随意搬动伤者,防止因搬动伤者而影响心肺复苏的正常救护。

【实训注意】

在教师的指导下,模拟抢救现场,演练单、双人心肺复苏术。

【实训检测】

1. 查阅资料,拟定心跳呼吸停止伤者的抢救实施方案。

2. 教师与学生通过典型案例,总结实训过程的关键点,树立学生现场急救的正确观念。

3. 总结心肺复苏术的判断标准。

4. 请解释人工呼吸过程中,施救者呼出的二氧化碳为什么能把人救活?

【实训报告】

心肺复苏术实施

一、实训目的

二、实训结果

心肺复苏术操作过程描述。

三、实训讨论

目标检测

一、选择题

（一）单项选择题

1. （　　）是整个应急救援系统的重心,主要负责协调事故应急救援期间各个机构的运作,统筹安排整个应急救援行动,为现场应急救援提供各种信息支持等

   A. 应急指挥部 　　　　　　　　　　　　B. 应急救援专家组

   C. 消防与抢险 　　　　　　　　　　　　D. 信息发布中心

2. 2006 年 2 月 21 日,作为中国安全生产监管体系的重要组成部分之一的国家安全生产应急救援指挥中心在(　　)成立

   A. 北京 　　　　　　B. 上海 　　　　　　C. 天津 　　　　　　D. 南京

3. 应急响应是在事故发生后立即采取的应急与救援行动,其中包括(　　)

   A. 信息收集与应急决策 　　　　　　　　B. 应急队伍的建设

   C. 事故损失评估 　　　　　　　　　　　D. 应急预案的演练

4. 《危险化学品安全管理条例》规定,危险化学品单位应当制定本单位事故应急救援预案,配备应急救援人员和必要的应急救援器材和设备,并(　　)

   A. 实施监督 　　　　　　　　　　　　　B. 制订安全责任制

   C. 定期组织演练 　　　　　　　　　　　D. 进行培训

5. 根据重大事故发生的特点,应急救援的特点是:行动必须做到迅速、(　　)和有效

   A. 准确 　　　　　　B. 及时 　　　　　　C. 按时 　　　　　　D. 突然

6. CPR 中,口对口的人工呼吸为每分钟(　　)

   A. 5~8 次 　　　　　B. 8~12 次 　　　　C. 10~12 次 　　　　D. 16~20 次

7. 心肺复苏程序遵照(　　)次序进行

   A. C—A—B 　　　　B. C—B—A 　　　　C. B—C—A 　　　　D. B—A—C

8. CPR 操作中按压-通气比率为(　　)

   A. 30∶2 　　　　　　B. 15∶2 　　　　　C. 30∶1 　　　　　D. 15∶3

9. 现场判断伤病情要迅速,一个伤病员应在(　　)内完成

   A. 5~10 分钟 　　　B. 5 分钟之内 　　　C. 3~4 分钟 　　　　D. 1~2 分钟

10. 抢救价值最大的一类伤员是(　　)

   A. 极重伤 　　　　　B. 重伤 　　　　　　C. 次重伤 　　　　　D. 轻伤

（二）多项选择题

1. 事故应急救援系统的应急响应程序按过程可分为接警、(　　)和应急结束等几个过程

   A. 响应级别分析 　　　　　B. 响应级别确定 　　　　　C. 应急启动

   D. 救援行动 　　　　　　　E. 应急恢复

2. 心搏骤停的处理原则是(　　)

A. 立即识别心搏骤停并启动急救系统　　　　B. 尽早进行心肺复苏

C. 着重于胸外按压、快速除颤　　　　D. 有效的高级生命支持（ALS）

E. 综合的心搏骤停后治疗

3. 发生危化品泄漏时,可以采取哪些泄漏控制措施(　　　)

A. 关阀制漏法　　　　B. 带压堵漏　　　　C. 倒罐

D. 转移　　　　E. 点燃

4. 现场需要用救护车转送的伤病员是(　　　)

A. 极重伤　　　　B. 重伤　　　　C. 次重伤

D. 轻伤　　　　E. 已死亡人员

二、问答题

1. 简述事故应急救援的作用。

2. 简述常用的止血方法。

3. 简述常用的包扎方法。

4. 简述 CPR 的实施步骤。

5. 简述毒物中毒的救治原则。

（陈　慧）

第十一章

安全分析与评价

导学情景 ∨

情景描述:

1999 年,长江大桥上发生 26t 环氧乙烷泄漏事故。由于没有应急预案,没有统一应急指挥机构,临时组织消防队伍实施救援,消防官兵在没有专业堵漏装备和技术以及缺少化学事故应急救援专业训练的情况下,14 名消防战士先后中毒,仍无法控制事故,导致长江大桥被迫封锁。最后经多方请示,反复协调,决定调用防化部队实施增援,耽误了最佳救援时机。

学前导语:

各地区、部门和各单位都要制订完善的危险化学品安全事故应急预案,并经常进行演练;要建立专业化的危险化学品应急救援机构和队伍,增强事故救援能力;对重大危险源要建立档案,全方位 24 小时监控,把安全隐患消灭在初发阶段。

安全分析与评价是应用安全系统工程的原理和方法,辨识与分析工程、系统和生产经营活动中存在的危险、有害因素,预测发生事故或造成职业危害的可能性及其严重程度,从而提出科学、合理和可行的安全措施建议,指导危险源监控和事故预防,以达到最低事故率、最少损失和最优的安全投资效益,而做出的分析与评价结论的活动。本章包括:重大危险源管理、安全评价概述、安全评价原理和安全评价方法四个方面的内容,旨在使学生形成安全分析与评价的基本技能。

第一节　危险化学品重大危险源管理

一、危险化学品重大危险源的定义

危险化学品重大危险源是指长期地或临时地生产、储存、使用和经营危险化学品,且危险化学品的数量等于或超过临界量的单元。单元是指涉及危险化学品的生产、储存装置、设施或场所,分为生产单元和储存单元。生产单元是指危险化学品的生产、加工及使用等的装置及设施,当装置及设施之间有切断阀时,以切断阀作为分隔界限划分为独立的单元。储存单元是指用于储存危险化学品的储罐或仓库组成的相对独立的区域,储罐区以罐区防火堤为界限划分为独立的单元,仓库以独立库房(独立建筑物)为界限划分为独立的单元。

ER-11-1

重大危险源
的由来

二、危险化学品重大危险源的临界量

危险化学品重大危险源的临界量是指对于某种或某类危险化学品构成重大危险源所规定的最小数量,若单元中危险化学品数量等于或超过该数量,则该单元定为重大危险源。《危险化学品重大危险源辨识》(GB 18218—2018)列出了爆炸品、易燃气体、毒性气体、易燃液体、易于自燃的物质、遇水放出易燃气体的物质、氧化性物质、有机过氧化物、毒性物质名称及临界量,见表11-1、表11-2。

危险化学品临界量的确定方法:①在表11-1范围内的危险化学品,其临界量按表11-1确定;②未在表11-1范围内的危险化学品,依据其危险性,按表11-2确定临界量;若一种危险化学品具有多种危险性,按其中最低的临界量确定。

表 11-1　危险化学品名称及其临界量

序号	危险化学品名称和说明	别名	CAS 号	临界量/t
1	氨	液氨;氨气	7664-41-7	10
2	二氟化氧	一氧化二氟	7783-41-7	1
3	二氧化氮		10102-44-0	1
4	二氧化硫	亚硫酸酐	7446-09-5	20
5	氟		7782-41-4	1
6	碳酰氯	光气	75-44-5	0.3
7	环氧乙烷	氧化乙烯	75-21-8	10
8	甲醛(含量>90%)	蚁醛	50-00-0	5
9	磷化氢	磷化三氢;膦	7803-51-2	1
10	硫化氢		7783-06-4	5
11	氯化氢(无水)		7647-01-0	20
12	氯	液氯;氯气	7782-50-5	5
13	煤气(CO,CO 和 H_2、CH_4的混合物等)			20
14	砷化氢	砷化三氢;胂	7784-42-1	1
15	锑化氢	三氢化锑;锑化三氢;䏲	7803-52-3	1
16	硒化氢		7783-07-5	1
17	溴甲烷	甲基溴	74-83-9	10
18	丙酮氰醇	丙酮合氰化氢;2-羟基异丁腈;氰丙醇	75-86-5	20
19	丙烯醛	烯丙醛;败脂醛	107-02-8	20
20	氟化氢		7664-39-3	1
21	1-氯-2,3-环氧丙烷	环氧氯丙烷(3-氯-1,2-环氧丙烷)	106-89-8	20
22	3-溴-1,2-环氧丙烷	环氧溴丙烷;溴甲基环氧乙烷;表溴醇	3132-64-7	20
23	甲苯二异氰酸酯	二异氰酸甲苯酯;TDI	26471-62-5	100

续表

序号	危险化学品名称和说明	别名	CAS 号	临界量/t
24	一氯化硫	氯化硫	10025-67-9	1
25	氰化氢	无水氢氰酸	74-90-8	1
26	3-氨基丙烯	烯丙胺	107-11-9	20
27	溴	溴素	7726-95-6	20
28	乙撑亚胺	吖丙啶;1-氮杂环丙烷;氮丙啶	151-56-4	20
29	异氰酸甲酯	甲基异氰酸酯	624-83-9	0.75
30	叠氮化钡	叠氮钡	18810-58-7	0.5
31	叠氮化铅		13424-46-9	0.5
32	雷汞	二雷酸汞;雷酸汞	628-86-4	0.5
33	三硝基苯甲醚	三硝基茴香醚	28653-16-9	5
34	2,4,6-三硝基甲苯	梯恩梯;TNT	118-96-7	5
35	硝化甘油	硝化丙三醇;甘油三硝酸酯	55-63-0	1
36	硝化纤维素[干的或含水(或乙醇)<25%]			1
37	硝化纤维素(未改型的,或增塑的,含增塑剂<18%)	硝化棉	9004-70-0	1
38	硝化纤维素(含乙醇≥25%)			10
39	硝化纤维素(含氮≤12.6%)			50
40	硝化纤维素(含水≥25%)			50
41	硝化纤维素溶液(含氮≤12.6%,含硝化纤维素≤55%)	硝化棉溶液	9004-70-0	50
42	硝酸铵(含可燃物>0.2%,包括以碳计算的任何有机物,但不包括任何其他添加剂)		6484-52-2	5
43	硝酸铵(含可燃物≤0.2%)		6484-52-2	50
44	硝酸铵肥料(含可燃物≤0.4%)			200
45	硝酸钾		7757-79-1	1 000
46	1,3-丁二烯	联乙烯	106-99-0	5
47	二甲醚	甲醚	115-10-6	50
48	甲烷,天然气		74-82-8(甲烷) 8006-14-2(天然气)	50
49	氯乙烯	乙烯基氯	75-01-4	50
50	氢	氢气	1333-74-0	5
51	液化石油气(含丙烷、丁烷及其混合物)	石油气(液化的)	68476-85-7 74-98-6(丙烷) 106-97-8(丁烷)	50
52	一甲胺	氨基甲烷;甲胺	74-89-5	5
53	乙炔	电石气	74-86-2	1

续表

序号	危险化学品名称和说明	别名	CAS 号	临界量/t
54	乙烯		74-85-1	50
55	氧(压缩的或液化的)	液氧;氧气	7782-44-7	200
56	苯	纯苯	71-43-2	50
57	苯乙烯	乙烯苯	100-42-5	500
58	丙酮	二甲基酮	67-64-1	500
59	2-丙烯腈	丙烯腈;乙烯基氰;氰基乙烯	107-13-1	50
60	二硫化碳		75-15-0	50
61	环己烷	六氢化苯	110-82-7	500
62	1,2-环氧丙烷	氧化丙烯;甲基环氧乙烷	75-56-9	10
63	甲苯	甲基苯;苯基甲烷	108-88-3	500
64	甲醇	木醇;木精	67-56-1	500
65	汽油(乙醇汽油、甲醇汽油)		86290-81-5(汽油)	200
66	乙醇	酒精	64-17-5	500
67	乙醚	二乙基醚	60-29-7	10
68	乙酸乙酯	醋酸乙酯	141-78-6	500
69	正己烷	己烷	110-54-3	500
70	过乙酸	过醋酸;过氧乙酸;乙酰过氧化氢	79-21-0	10
71	过氧化甲基乙基酮(10%<有效氧含量≤10.7%,含 A 型稀释剂≥48%)		1338-23-4	10
72	白磷	黄磷	12185-10-3	50
73	烷基铝	三烷基铝		1
74	戊硼烷	五硼烷	19624-22-7	1
75	过氧化钾		17014-71-0	20
76	过氧化钠	双氧化钠;二氧化钠	1313-60-6	20
77	氯酸钾		3811-04-9	100
78	氯酸钠		7775-09-9	100
79	发烟硝酸		52583-42-3	20
80	硝酸(发红烟的除外,含硝酸>70%)		7697-37-2	100
81	硝酸胍	硝酸亚氨脲	506-93-4	50
82	碳化钙	电石	75-20-7	100
83	钾	金属钾	7440-09-7	1
84	钠	金属钠	7440-23-5	10

表 11-2　未在表 11-1 中列举的危险化学品类别及其临界量

类别	符号	危险性分类及说明	临界量/t
健康危害	J （健康危害性符号）	—	—
急性毒性	J1	类别 1,所有暴露途径,气体	5
	J2	类别 1,所有暴露途径,固体、液体	50
	J3	类别 2、类别 3,所有暴露途径,气体	50
	J4	类别 2、类别 3,吸入途径,液体(沸点≤35℃)	50
	J5	类别 2,所有暴露途径,液体(除 J4 外)、固体	500
物理危险	W （物理危险性符号）	—	—
爆炸物	W1.1	—不稳定爆炸物 —1.1 项爆炸物	1
	W1.2	1.2、1.3、1.5、1.6 项爆炸物	10
	W1.3	1.4 项爆炸物	50
易燃气体	W2	类别 1 和类别 2	10
气溶胶	W3	类别 1 和类别 2	150(净重)
氧化性气体	W4	类别 1	50
易燃液体	W5.1	—类别 1 —类别 2 和 3,工作温度高于沸点	10
	W5.2	—类别 2 和 3,具有引发重大事故的特殊工艺条件 包括危险化工工艺、爆炸极限范围或附近操作、操 作压力大于 1.6MPa 等	50
	W5.3	—不属于 W5.1 或 W5.2 的其他类别 2	1 000
	W5.4	—不属于 W5.1 或 W5.2 的其他类别 3	5 000
自反应物质和 混合物	W6.1	A 型和 B 型自反应物质和混合物	10
	W6.2	C 型、D 型、E 型自反应物质和混合物	50
有机过氧化物	W7.1	A 型和 B 型有机过氧化物	10
	W7.2	C 型、D 型、E 型、F 型有机过氧化物	50
自燃液体和 自燃固体	W8	类别 1 自燃液体 类别 1 自燃固体	50
氧化性固体和 液体	W9.1	类别 1	50
	W9.2	类别 2、类别 3	200
易燃固体	W10	类别 1 易燃固体	200
遇水放出易燃 气体的物质和 混合物	W11	类别 1 和类别 2	200

注:以上危险化学品类别依据危险化学品分类标准 GB 30000 系列确定。

三、重大危险源的识别与管理

（一）重大危险源的识别

危险化学品重大危险源的辨识依据是危险化学品的危险特性及其数量。单元内存在危险化学品数量等于或超过表 11-1、表 11-2 规定的临界量，即被定为重大危险源。危险化学品重大危险源可分为生产单元危险化学品重大危险源和储存单元危险化学品重大危险源。单元内存在危险化学品的数量根据处理危险化学品种类的多少区分为以下两种情况：一种情况是单元内存在的危险化学品为单一品种，则该危险化学品的数量即为单元内危险化学品的总量，若等于或超过相应的临界量，即定为重大危险源。另一种情况是单元内存在的危险化学品为多品种时，则按式 11-1 计算，若满足式11-1，则定为重大危险源。

$$q_1 / Q_1 + q_2 / Q_2 + \cdots + q_n / Q_n \geq 1 \tag{11-1}$$

式中：$q_1, q_2, \cdots, q_n$ 为每种危险化学品实际存在量，单位为吨（t）；$Q_1, Q_2, \cdots, Q_n$ 为与各种危险品相对应的临界量，单位为吨（t）；n 为单元中危险化学品的种类数。

▶▶ 课堂活动

　　某加油加气站，储存汽油 180t，储存液化石油气 40t，请同学们分组讨论该加油加气站是否构成重大危险源？你们是依据什么得出结论的？

（二）重大危险源的管理

企业应对本单位的安全生产负责。在对重大危险源进行辨识和评价后，应对每一个重大危险源制定出一套严格的安全管理制度，通过技术措施和组织措施对重大危险源进行严格控制和管理。通常情况下，危险化学品重大危险源的管理应符合以下基本要求：

（1）企业制定一套严格的重大危险源管理制度。制度中应具体列出每个重大危险源的管理要求，同时要做好相关的记录工作。

（2）对企业内每个重大危险源应设置重大危险源标志。标志中应简单列出相关的基本安全资料和防护措施。

（3）企业应为每个重大危险源编制应急预案，并应进行定期演练。

（4）按国家规定的时间对企业的重大危险源进行安全评价。确保企业的重大危险源在安全状态下运行。

（5）安全评价报告应当报所在地设区的市级人民政府负责危险化学品安全监督管理综合工作的部门备案。

（6）构成重大危险源的危险化学品必须在专用仓库内单独存放，实行双人收发、双人保管制度。

（7）按照国家法规要求，进行危险化学品登记，并按照登记的要求做好相关的工作。

点滴积累 ⋁ ....

1. 危险化学品重大危险源是指长期地或临时地生产、储存、使用或经营危险化学品，且危险化学品的数量等于或超过临界量的单元。

2. 危险化学品重大危险源的临界量是指对于某种或某类危险化学品构成重大危险源所规定的最小数量，若单元中危险化学品数量等于或超过该数量，则该单元定为重大危险源。

3. 重大危险源的识别方法为若单元内存在的危险化学品为单一品种，则该危险化学品的数量等于或超过相应的临界量，即定为重大危险源。若单元内存在的危险化学品为多品种时，各种危险化学品的量与其临界量之比的总和大于等于 1 时，则定为重大危险源。

第二节　安全评价概述

《中华人民共和国安全生产法》对安全评价的评价范围、时间及承担评价单位的资质条件做出了明确规定，这说明国家对企业的安全评价是非常重视的。

《中华人民共和国安全生产法》中关于安全评价的相关规定

一、安全系统工程的基本概念

安全系统工程是 20 世纪 60 年代产生的一门新兴学科，它是以系统工程的方法研究、解决生产过程中安全问题的工程技术。

安全系统工程是应用系统工程的原理与方法，识别、分析、评价、排除和控制系统中的各种危险，对工艺过程、设备、生产周期和资金等因素进行分析评价和综合处理，使系统可能发生的事故得到控制，并使系统安全性达到最佳状态。

二、安全评价及分类

安全评价是安全系统工程的重要内容之一，其目的是实现系统安全。它是运用系统工程方法对系统存在的危险性进行综合评价和预测，并根据其形成的事故风险大小，采取相应的安全措施，以达到系统安全的过程。

（一）安全评价

安全评价也称危险评价，是对系统存在的危险性进行定性和定量分析，得出系统发生事故的可能性及其后果严重程度的评价，通过评价寻求最低事故率、最少的损失和最优的安全投资效益。也就是说安全评价是评价风险程度并确定其是否在可承受范围的全过程。

安全评价按照定性的事故可能性和严重度的风险水平进行分级。风险由风险事故可能性（频率）与事故严重度的乘积给出（式 11-2）。

$$风险(R) = 频率(F) \times 严重度(C) \tag{11-2}$$

式 11-2 表明，风险随着事故可能性和事故严重度的增加而增大，通过安全评价可以获得定性或定量的风险值。表 11-3 是由定性的事故可能性和严重度得出的定性危险大小的示例。

表 11-3 基于定性的事故可能性和严重度的风险水平分级

严重度 可能性	严重伤害	伤害	轻微伤害
可能	不可承受风险	重大风险	中度风险
不可能	重大风险	中度风险	可承受风险
极不可能	中度风险	可承受风险	可忽视风险

某一类(种)危险,即使事故发生后的严重程度较大,但由于其事故发生的可能性很小,所以得出的风险也较小。对于该类(种)危险,也必须加强防范,制定严格的预防措施和事故应急救援预案。

(二)安全评价的分类

安全评价的分类有多种,如按可能获得的安全评价定性或定量结果可分为定性安全评价、半定量安全评价和定量安全评价;按针对的生产阶段不同可分为安全预评价和安全评价;按评价对象的不同阶段一般可分为安全预评价、安全验收评价、安全现状综合评价、专项安全评价。

点滴积累 ∨

1. 安全评价也称危险评价,是对系统存在的危险性进行定性和定量分析,得出系统发生事故的可能性及其后果严重程度的评价。
2. 安全评价目的是查找、分析和预测系统中存在的危险、有害因素及可能导致的后果和程度,提出合理可行的安全对策措施,指导危险源监控和事故预防,以达到最低事故率、最少损失和最优的安全投资效益。

第三节 安全评价原理

安全评价原理可归纳为以下四个基本原理,即相关性原理,类推原理,惯性原理和量变到质变原理。

一、相关性原理

系统的整体功能和任务是组成系统的各子系统、单元综合发挥作用的结果。因此,不仅系统与子系统、子系统与单元有着密切的关系,而且各子系统之间、各单元之间也存在着密切的相关关系。所以,在评价过程中只有找出各部分相关关系,并建立相关模型,才能正确地对系统的安全性作出评价,这就安全评价的相关性原理。

系统由系统要素(即组成系统的所有元素)、相关关系(即系统各元素之间的所有相关关系)及系统要素和相关关系的分布构成。安全评价的目的就是寻求最佳运行状态下的最佳安全系统。因此,在评价之前要研究与系统安全有关的系统组成要素、要素之间的相关关系以及它们在系统各层次的分布情况。

二、类推原理

"类推"亦称"类比"。类推推理是人们经常使用的一种逻辑思维方法,常用来作为推出一种新知识的方法。它是根据两个或两类对象之间存在着某些相同或相似的属性,从一个已知对象具有某个属性来推出另一个对象具有此种属性的一种推理。它在人们认识世界和改造世界的活动中,有着非常重要的作用,在安全生产、安全评价中同样也有着特殊的意义和重要的作用。

类推评价法的种类及其应用领域取决于评价对象事件与先导事件之间联系的性质。若这种联系可用数字表示,则称为定量类推;如果这种联系关系只能定性处理,则称为定性类推。

三、惯性原理

任何事物在发展过程中,从过去到现在以及延伸至将来,都具有一定的延续性,这种延续性称为惯性。利用惯性可以研究事物或一个评价系统的未来发展趋势。

四、量变到质变原理

任何一个事物在发展变化过程中都存在着从量变到质变的规律。同样,在一个系统中,许多有关安全的因素也都一一存在着量变到质变的规律;在评价一个系统的安全时,也都离不开从量变到质变的原理。在安全评价时,考虑各种危险、有害因素,对人体的危害,以及采用的评价方法进行等级划分等,均需要应用量变到质变的原理。

点滴积累 ∨

安全评价的四个基本原理是相关性原理、类推原理、惯性原理和量变到质变原理。

第四节 常用的安全评价方法

人们经过多年对安全评价的研究和实践,形成了很多安全评价方法。目前常用的安全评价方法有:安全检查表分析、故障假设分析、预先危险分析、故障树分析、危险及可操作性研究等。

一、安全检查表分析

(一)安全检查表

为了系统地识别工厂、车间、工段或装置、设备以及各种操作管理和组织中的不安全因素,事先将要检查的项目,以提问方式编制成表以便进行系统检查和避免遗漏,这种表叫做安全检查表。安全检查表是系统安全工程的一种最基础、最简便、广泛应用的系统危险评价方法。该法按事先编制的有标准要求的检查表逐项检查,然后按规定赋分标准评定安全等级。安全检查表适用于各类系统的评价、验收、运行、管理和事故调查的安全检查,属于定性定量的评价。

（二）安全检查表的内容要求及分类

由于安全检查的目的和对象不同,检查的内容也有所区别,因而应根据需要制定不同的检查表。但不论何种形式的检查表,总体的要求是:第一必须包括所有主要的检查的要点,以避免遗漏主要的潜在危险;第二要重点突出,简明扼要。安全检查表按其使用场合可大致分为以下几种类型。

1. 设计用安全检查表　主要供设计人员进行安全设计时使用,也可以作为审查设计的依据。其主要内容包括:厂址选择、平面布置、工艺流程的安全性、装置的配置、建筑物、安全装置设计、操作的安全性、危险物品的性质、储存与运输和消防设施等。

2. 厂级安全检查表　供全厂安全检查时使用,也可供安全技术监督部门、防火部门进行日常巡回检查时使用。其内容主要包括厂区内各个产品的工艺和装置的危险部位,主要安全装置与设施,危险物品的储存与使用,消防通道与设施,操作管理以及遵章守纪情况等。

3. 车间用安全检查表　供车间进行定期安全检查。其内容主要包括工人安全、设备布置、通道、通风、照明、噪声振动、安全标志、消防设施及操作管理等。

4. 工段及岗位用安全检查表　主要用于自查、互查及安全教育。其内容应根据岗位的工艺与设备的防灾控制要点确定,要求内容具体易行。

5. 专业性安全检查表　由专业机构或职能部门编制和使用。主要用于定期的专业检查或季节性的检查,如对电器、压力容器、特殊装置与设备等专业检查。

（三）安全检查表编制依据

1. 有关标准、规程、规范及规定　为了保证安全生产,国家及有关部门发布了一系列的安全标准及类似的文件,这些是编制安全检查表的一个主要依据。

2. 国内外事故案例　搜集国内外同行业及同类产品行业的事故案例,从中找出不安全因素,作为安全检查的内容。

3. 通过系统分析确定危险部位及防范措施

（四）安全检查表编制步骤

要编制一个符合客观实际、能全面识别、分析系统危险性的安全检查表,首先要建立一个编制小组,其成员应包括熟悉系统各方面的人员,同时还要经过以下几个步骤:

1. 熟悉系统　包括系统的结构、功能、工艺流程、主要设备、操作条件、布置和已有的安全卫生设施。

2. 搜集资料　搜集有关的安全法规、标准、制度及本系统过去发生过事故的资料,作为编制安全检查表的依据。

3. 划分单元　按功能或结构将系统划分成子系统或单元,逐个分析潜在的危险因素。

4. 编制检查表

（五）安全检查表举例

危险化学品仓库安全检查表见表11-4。

表 11-4　危险化学品仓库安全检查表

序号	检查内容	检查结果	备注
1	危险化学品储存企业必须建立健全各项安全生产规章制度		
2	储存危险化学品的仓库必须配备有专业技术人员;仓库工作人员应进行培训,经考核合格后持证上岗		
3	应当制定事故应急处理预案并定期组织演练		
4	储存危险化学品的仓库必须建立健全危险化学品出入库管理制度		
5	储存危险化学品的仓库必须配备可靠的个人安全防护用品		
6	进入危险化学品储存区域的人员、机动车辆和作业车辆,必须采取防火措施		
7	储存的危险化学品应有明显的标志且符合国家标准的规定		
8	危险化学品的性能相互抵触或灭火及防护方法不同的危险化学品不得混合储存		
9	储存危险化学品的建筑物不得有地下室或其他地下建筑		
10	储存危险化学品的建筑物,其耐火等级、层数、占地面积、安全疏散和防火间距,应符合国家规定		

二、故障假设分析

故障假设分析是一种较为简单的定性危险分析方法。这种方法主要依靠直观判断,依靠过去经验的积累,要求人员应对工艺熟悉,对分析对象有充分的了解,通过提出一系列"如果……怎么样?"的问题,来发现可能和潜在的事故隐患从而对系统进行彻底检查的一种方法。它通常用于不太复杂的过程。

(一)分析步骤

具体的分析过程是:对工艺过程或反应的每一步都要提出,如果出现故障(或者程序上的颠倒)会给系统带来什么影响? 有什么危害? 通过这样一种分析,确定出最危险的部位。

分析步骤主要包括:①组成研究小组;②确定研究对象的边界;③收集信息,所需资料见表 11-5;④实施危险分析,参见表 11-6;⑤提交分析结果,分析结果采用表格的形式,见表 11-7。

表 11-5　所需资料一览表

一、工艺流程 1. 生产条件 所用原料及其理化特性 物料平衡及热量平衡 2. 设计说明书 二、平面布置图	三、工艺流程、仪表控制及管路图 1. 控制 连续监测装置 报警系统及功能 2. 仪表 仪表控制图 监测方式	四、操作规定 1. 岗位职责 2. 通信联络方式 3. 操作内容 预防性维修 动火作业规定 容器内作业规定 切断措施 应急措施

表 11-6　"如果……怎么样?"问题汇集表

序号	问题	序号	问题
1.	投料错误(不是磷酸而是其他物料)	5.	氨加料量太大
2.	磷酸浓度不合适	6.	搅拌停止转动
3.	磷酸含有杂质	7.	阀门 C 关闭
4.	阀门 A 关闭或堵塞		

(二) 应用举例

制备磷酸二氢铵的连续生产流程图 11-1 所示,将磷酸和氨混合,如果反应完全,将生成没有危险的产品磷酸二氢铵。如果磷酸的比例减少,反应将不完全,会有氨放出。如果减少氨的加入量,过程将会很安全,但产品却不理想。

按照"如果…怎么样?"的分析过程,首先要对于这个生产过程提出各种问题,即"如果投料错误怎么样?""如果磷酸浓度不合适怎么样?""如果磷酸含有杂质怎么样?""如果……怎么样?"。将这些问题列入表中(表 11-6)。

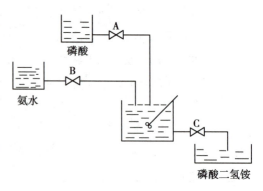

图 11-1　磷酸二氢铵的连续生产流程图

根据表中的问题逐项分析。如对第 1 个问题要考虑是否有其他物料与氨混合会发生危险? 如果有这类物料,下一步就要考虑这类物料会不会被错误地当作磷酸而加入反应器中? 工厂是否有这类物料? 磷酸供应商是否有可能在标志为磷酸的包装容器里装入这类物料? ……按照这种思路分析表 11-6 中的所有问题,并将可能出现的危险及相应的对策记录在表 11-7 中。

表 11-7　"如果……怎么样?"分析表

序号	如果……怎么样?	结果/危险性	建议
1	错误地将其他物料代替磷酸	几乎没有危险	
2	磷酸浓度低	氨未反应完,释放到工作环境中,人员中毒	操作前检验磷酸浓度
3	磷酸混有杂质	几乎没有危险	
4	阀门 A 关闭或堵塞	氨未反应完,大量释放到工作环境中,人员中毒	①酸流量减小时报警;②关闭阀 B(或设置流量比例自动调节)
5	氨加量过大	多余的氨释放,人员中毒	①氨流量大时报警;②氨流量大时关小阀 B(或设置流量比例自动调节)

三、预先危险分析

预先危险分析是一项实现系统安全危害分析的初步或初始的工作,是在方案开发初期阶段或设计阶段之初完成的,可以帮助选择技术路线。它在工程项目预评价中有较多的应用,应用于现有工艺过程及装置,也会收到很好的效果。

通过预先危险分析,力求达到四项基本目标:①大体识别与系统有关的一切主要危害;②鉴别产生危害的原因;③假设危害确实出现,估计和鉴别对系统的影响;④将已经识别的危害分级。危害分级标准如下:

Ⅰ级:可忽略的,不至于造成人员伤害和系统损害。

Ⅱ级:临界的,不会造成人员伤害和主要系统的损坏,并且可能排除和控制。

Ⅲ级:危险的(致命的),会造成人员伤害和主要系统的损坏,为了人员和系统安全,需立即采取措施。

Ⅳ级:破坏性的(灾难性),会造成人员死亡或众多伤残、重伤及系统报废。

(一) 预先危险分析的步骤

1. 参照过去同类及相关产品或系统发生事故的经验教训,查明所开发的系统(工艺、设备)是否会出现同样的问题。

2. 了解所开发系统的任务、目的、基本活动的要求(包括对环境的了解)。

3. 确定能够造成受伤、损失、功能失效或物质损失的初始危险。

4. 确定初始危险的起因事件。

5. 找出消除或控制危险的可能方法。

6. 在危险不能控制的情况下,分析最好的预防损失方法,如隔离、个体防护、救护等。

7. 提出采取并完成纠正措施的责任者。

分析结果通常采用不同形式的表格,表 11-8、表 11-9 为两种表格的表头形式。

表 11-8　预先危险分析表(一)

危害/意外事故	阶段	起因	影响	分类	对策
事故名称	危害发生的阶段,如生产、试验、维修、运行、运输	产生危害原因	对人员设备的影响		消除、减少或控制危害的措施

表 11-9　预先危险分析表(二)

潜在事故	危害因素	触发事件	形成事故的原因	事故后果	危险等级	对策

(二) 基本危害的确定

基本危害的确定是首要的一环,要尽可能周密、详尽,不发生遗漏,否则分析会发生失误。各种系统中可能遇到的一些基本危害有:

1. 火灾。

2. 爆炸。

3. 有毒气体或蒸气不可控溢出。

4. 腐蚀性液体的不可控溢出。

5. 电击伤。

6. 动能意外释放。

7. 位能意外释放。

8. 人员暴露于过热环境中。

9. 人员暴露于超过允许剂量的放射性环境中。

10. 人员暴露于噪声强度过高的环境中。

11. 眼睛暴露于电焊弧光的照射下。

12. 操作者暴露于无防护设施的切削或剪锯的操作过程中。

13. 冷冻液的不可控溢出。

14. 人员从工作台、扶梯、塔架等高处坠落。

15. 金属加工(如铍等)过程中,释放出不可控有毒气体。

16. 有毒物质不加控制地放置。

17. 人员意外地暴露在恶劣气候条件下。

18. 高速旋转的飞轮、转盘等的碎裂。

(三) 应用举例

例:热水器的预先危险分析

热水器用煤气加热,装有温度、煤气开关联动装置,水温超过规定温度时,联动装置将调节煤气阀的开度。如发生故障,导致压力过高时,则由泄压安全阀放出热水,防止发生事故。热水器结构示意图见图11-2,危险分析结果列于表11-10。

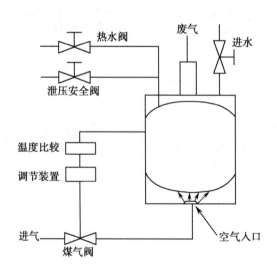

图 11-2　热水器结构示意图

表 11-10　热水器预先危险分析表

危害	阶段	起因	影响	级别	对策
热水器爆炸	使用	加工质量差	伤亡、设备损失	IV	质量检验
热水器爆炸	使用	压力升高,漏压阀失灵	伤亡、设备损失	IV	装防爆膜、定期检查安全阀
煤气爆炸	使用	喷火嘴熄灭,煤气阀未关、火源、通风不良	伤亡、设备损失	IV	火焰度与煤气连锁、定期检查调节器、通风、CO 气体检测、禁止火源
煤气中毒	使用	喷火嘴熄灭,煤气阀未关、通风不良	中毒	III	火焰度与煤气连锁、定期检查调节器、加强通风、使用 CO 气体检测器
烫伤	使用	温度调节器失灵,安全阀失灵	致伤	II	定期检查温度调节器和安全阀

四、故障树分析

(一) 基本概念

故障树分析法是美国贝尔电话实验室于 1962 年开发的,它采用逻辑的方法,形象地进行危险的分析工作,特点是直观、明了,思路清晰,逻辑性强,可以做定性分析;也可以做定量分析。体现了以系统工程方法研究安全问题的系统性、准确性和预测性,它是安全系统工程的主要分析方法之一。一般来讲,安全系统工程的发展也是以故障树分析为主要标志的。

故障树图(或者负分析树)是一种逻辑因果关系图,它根据元部件状态(基本事件)来显示系统的状态(顶事件)。故障树图也是一种图形化设计方法。

(二) 故障树的编制

故障树是由各种事件符号和逻辑门组成的,事件之间的逻辑关系用逻辑门表示。这些符号可分为逻辑符号、事件符号等。

1. 事件符号

(1)矩形符号:代表顶上事件或中间事件,见图 11-3(a)。是通过逻辑门作用的、由一个或多个原因而导致的故障事件。

(2)圆形符号:代表基本事件,见图 11-3(b)。表示不要求进一步展开的基本引发故障事件。

(3)屋形符号:代表正常事件,见图 11-3(c)。即系统在正常情况下发挥正常功能的事件。

(4)菱形符号:代表省略事件,见图 11-3(d)。因该事件影响不大或因情报不足,因而没有进一步展开的故障事件。

(5)椭圆形符号:代表条件事件,见图 11-3(e)。表示施加于任何逻辑门的条件或限制。

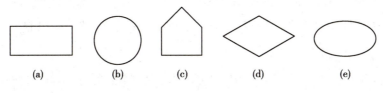

| (a) | (b) | (c) | (d) | (e) |

图 11-3　事件符号

2. 逻辑符号 故障树中表示事件之间逻辑关系的符号称门,主要有以下几种。

(1)或门:代表一个或多个输入事件发生,即发生输出事件的情况。或门符号见图11-4(a)。

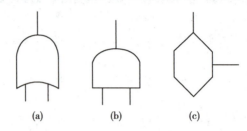

图 11-4 逻辑符号

(2)与门:代表当全部输入事件发生时,输出事件才发生的逻辑关系。表示为逻辑积的关系。与门符号见图11-4(b)。

(3)禁门:是与门的特殊情况。它的输出事件是由单输入事件所引起的。但在输入造成输出之间,必须满足某种特定的条件。禁门符号见图11-4(c)。

3. 建树原则 故障树的树形结构是进行分析的基础。故障树树形结构正确与否,直接影响到故障树的分析及其可靠程度。因此,为了成功地建造故障树,要遵循一套基本规则。

(1)直接原因原理:编制故障树时,首先从顶上事件分析,确定顶上事件的直接、必要和充分原因,应注意不是顶上事件的基本原因。将此直接、必要和充分原因事件作为次顶上事件(即中间事件),再来确定它们的直接、必要和充分原因,这样逐步展开。这时"直接原因"是至关重要的。按照直接原因原理,才能保持故障树的严密逻辑性,对事故的基本原因作详尽的分析。

(2)基本规则 I:事件方框图内填入故障内容,说明什么样的故障,在什么条件下发生。

(3)基本规则 II:对方框内事件提问:"方框内的内容能否由一个元件失效造成?"如果对该问题的回答是肯定的,把事件列为"元件类"故障。如果回答是否定的,把事件列为"系统类"故障。

"元件类"故障下加上或门,找出主因故障、次因故障、指令故障或其他影响。

"系统类"故障下根据具体情况加上或门、与门或禁门等,逐项分析下去。

主因故障为元件在规定的工作条件范围内发生的故障。如:设计压力 P_0 的压力容器在工作压力 $P<P_0$ 时的破坏。

次因故障为元件在超过规定的工作条件范围内发生的故障。如:设计压力 P_0 的压力容器在工作压力 $P>P_0$ 时的破坏。

指令故障为元件的工作是正常的,但时间发生错误或地点发生错误。

其他影响的故障:主要指环境或安装所致的故障,如湿度太大、接头锈死等。

(4)完整门规则:在对某个门的全部输入事件中的任一输入事件作进一步的分析之前,应先对该门的全部输入事件作出完整的定义。

(5)非门门规则:门的输入应当是恰当定义的故障事件,门与门之间不得直接相连,门门连接的出现说明粗心。在定量评定及简化故障树时,门门连接可能是对的,但在建树过程中会导致混乱。

（三）故障树分析的基本步骤

1. 确定所分析的系统　即确定系统所包括的内容及其边界范围。

2. 熟悉所分析的系统　指熟悉系统的整个情况,包括系统性能、运行情况、操作情况及各种重要参数等,必要时要画出工艺流程图及布置图。

3. 调查系统发生的故障　调查分析过去、现在和未来可能发生的故障,同时调查本单位及外单位同类系统曾发生的所有事故。

4. 确定故障树的顶上事件　指确定所要分析的对象事件。将易于发生且后果严重的事故作为顶上事件。

5. 调查与顶上事件有关的所有原因事件

6. 故障树作图　按建树原则,从树顶上事件起,一层一层往下分析各自的直接原因事件,根据彼此间的逻辑关系,用逻辑门连接上下层事件,直到所要求的分析深度,形成一株倒置的逻辑树形图,即故障树图。

7. 故障树定性分析　定性分析是故障树分析的核心内容之一。其目的是分析该类事故的发生规律及特点,通过求取最小割积(最小经集),找出控制事故的可行方案,并从故障树结构上、发生概率上分析各基本事件的重要程度,以便按轻重缓急分别采取对策。

8. 定量分析　定量分析包括:①确定各基本事件的故障率或失误率;②求取顶上事件发生的概率,将计算结果与通过分析统计得出的事故发生概率进行比较。

9. 安全性评价　根据损失率的大小评价该类事故的危险性。这就要从定性和定量分析的结果中找出能够降低顶上事件发生概率的最佳方案。

（四）建树举例

图 11-5 所示为一压力容器装置,配有安全阀及压力自控装置。压力容器爆炸故障树分析图见图 11-6。

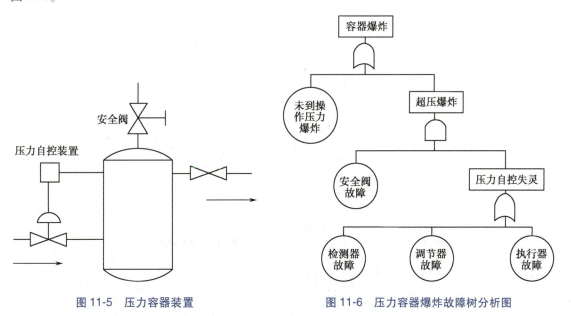

图 11-5　压力容器装置　　　　　图 11-6　压力容器爆炸故障树分析图

五、危险及可操作性研究

(一) 基本概念

危险及可操作性研究也是一种定性危险分析方法,它是一种以系统工程为基础,针对化工装置而开发的一种危险性评价方法。它的基本过程是以关键词为引导,找出过程中工艺状态的变化(即偏差),然后再继续分析造成偏差的原因、后果及可以采取的对策。以前,危险及可操作性研究称作可操作性研究。

通过可操作性研究的分析,能够探明装置及过程存在的危险,根据危险带来的后果明确系统中的主要危害;如果需要,可利用故障树对主要危害继续分析,因此,这又是确定故障树"顶上事件"的一种方法,可以与故障树配合使用。在进行危险及可操作性研究过程中,分析人员对于单元中的工艺过程及设备将会有深入了解,对于单元中的危险及应采取的措施会有透彻的认识,因此,危险及可操作性研究还被认为是对员工进行培训的有效方法。

(二) 适用范围

危险及可操作性研究既适用于设计阶段,又适用于现有的生产装置。对现有生产装置进行分析时,如能吸收有操作经验和管理经验的人员共同参加,会收到很好的效果。

(三) 分析步骤及关键词表

危险及可操作性研究的分析程序如图 11-7 所示。危险及可操作性研究的主要分析步骤是:

1. 充分了解分析对象,准备有关资料。

2. 将分析对象划分为若干单元,在连续过程中单元以管道为主,在间歇过程中单元以设备为主。

3. 按关键词(表 11-11)逐一分析每个单元内工艺条件等可能产生的偏差。

4. 分析发生偏差的原因及后果。

5. 制定对策。

6. 将上述分析结果填入表中。表 11-12 为一种常用的记录表格。

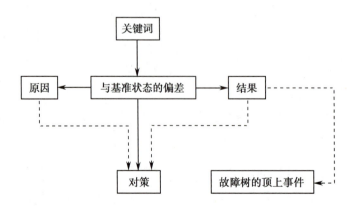

图 11-7　危险及可操作性研究分析程序

表 11-11　关键词表

关键词	意义	说明
空白	设计与操作所要求的事件完全没有发生	没有物料输入,流量为零
过量	与标准时相比,数量增加	流量或压力过大
减量	与标准时相比,数量减少	流量或压力减小
部分	只完成功能的一部分	物料输送过程中,某种成分消失或输送一部分
伴随	在完成预定功能的同时,伴随有多余事件的发生	物料输送过程中,发生组分及相的变化
相逆	出现同设计和操作要求相反的事件	发生反向输送
异常	出现同设计与操作要求不相干的事件	异常事件

表 11-12　危险及可操作性研究分析记录表

单位:	车间/工段: 子系统: 任务:	编号: 页码: 制表: 审核:		年　月　日 年　月　日
关键词:	偏差:	可能原因:	后果:	必要对策:

　　为了保证分析详尽而不发生遗漏,分析时应按照关键词逐一进行,利用关键词是可操作研究方法的一个特点。表 11-11 给出了关键词及其含义。

（四）应用举例

　　借助"如果……怎么样?"中制备磷酸氢二铵的例子进行"危险及可操作性研究"分析。由磷酸和氨水制备磷酸二氢铵的流程示意图(图 11-1),假定磷酸和氨水自高位槽中靠重力流入反应器,反应器为常压操作,因为是一个连续过程,可取磷酸槽出口管路作为对象,分析结果列于表 11-13。

表 11-13　危险及可操作性研究分析表

关键词	偏差	原因	结果	措施
空白	流量为零	阀 A 故障关闭 磷酸供应中断(无料) 管道堵塞或破裂	反应器内有过量的氨,氨散发到操作环境中	磷酸流量减少时自动关闭阀 B
减量	流量减少	阀 A 部分关闭 管道部分堵塞或管道泄漏	反应器内有过量的氨,氨散发到操作环境中,氨散发量与流量有关	磷酸流量减少时自动关闭阀 B
过量	流量增加	阀 A 开启过大	产品质量下降(磷酸过量)	
部分	磷酸浓度降低	厂商发料错误 配制磷肥时发生错误	同"减量"	磷酸罐内加料后增加磷酸浓度检验分析
伴随	磷酸浓度提高	不可能,因采用最高浓度		

续表

关键词	偏差	原因	结果	措施
相逆	倒流	不可能		
异常	磷酸管中有其他物料替代了磷酸	厂商发料错误 厂内仓库发料发生错误	依替代物的性质而有变化,根据现场可能得到的其他物料(如外现、包装相似),分析其潜在后果	往磷酸罐内加料前,对物料进行检验

点滴积累 ∨

1. 目前常用的安全评价方法有安全检查表分析、故障假设分析、预先危险分析、故障树分析、危险及可操作性研究等。
2. 编制安全检查表的四个步骤是熟悉系统、搜集资料、划分单元、编制检查表。

目标检测

一、选择题

（一）单项选择题

1. 危险化学品重大危险源是指长期地或临时地生产、储存、使用和经营危险化学品,且危险化学品的数量等于或超过(　　)的单元
   A. 爆炸上限　　　　B. 爆炸下限　　　　C. 一定量　　　　D. 临界量

2. 单元内存在危险化学品的数量根据处理危险化学品种类的多少区分为几种情况(　　)
   A. 2 种　　　　　B. 3 种　　　　　C. 4 种　　　　　D. 5 种

3. 安全评价也称(　　)评价
   A. 危险　　　　　B. 事故　　　　　C. 定性　　　　　D. 定量

4. 安全评价原理可归纳为(　　)个基本原理
   A. 2　　　　　　B. 3　　　　　　C. 4　　　　　　D. 5

5. 下列属于常用的安全评价方法的是(　　)
   A. 定性评价　　　B. 故障假设分析　　C. 专项分析　　　D. 定量评价

6. 故障树是由各种(　　)和逻辑门组成的
   A. 安全符号　　　B. 事故符号　　　　C. 事件符号　　　D. 运算符号

7. 故障树图中的圆形符号代表(　　)
   A. 顶上事件　　　B. 基本事件　　　　C. 正常事件　　　D. 条件事件

（二）多项选择题

1. 《危险化学品重大危险源辨识》(GB18218—2018)规定了下列哪些物质的临界量(　　)
   A. 爆炸品　　　　　　B. 放射性物质　　　　　C. 易燃气体
   D. 毒性气体　　　　　E. 有机过氧化物

2. 下列属于安全评价原理的是(　　)

A. 归纳原理　　　　　B. 相关性原理　　　　　C. 类推原理

D. 量变到质变原理　　E. 惯性原理

3. 下列属于故障树分析逻辑符号的是(　　　)

A. 与门　　　　　　　B. 方门　　　　　　　C. 禁门

D. 或门　　　　　　　E. 宫门

二、问答题

1. 安全评价原理可归纳为哪四个基本原理？

2. 写出目前常用的安全评价方法中的四种。

3. 编制安全检查表需经过哪四个步骤？

（王睿颖）

第十二章

安全心理学

导学情景 ∨ ···

情景描述：

2007 年 7 月 21 日，某单位副区长跟班检修开关，由于停电检修查出故障比较困难，还会影响其他电气设备的运行，副区长让电工打开开关，带电作业。结果，产生电火花引起了瓦斯爆炸的重大事故。

学前导语：

安全生产中人的心理活动不可忽视，对安全生产的认知起着决定性的作用。首先，该机电工区副区长工作责任心差，重生产、轻安全，对带电检修开关存侥幸心理，违章指挥职工带电作业产生电火花，是造成这次爆炸事故的直接原因。领导是酿成这次事故的根本原因。其次，安全技术培训抓得不紧，职工安全意识差，没有拒绝副区长的违章指挥，是导致事故发生的重要原因。

据统计，生产操作中 80% 以上的事故是由于违章指挥、违章作业和设备隐患没能及时发现和消除等人为因素造成的；美国对 75 000 件伤亡事故的统计表明，由于人的不安全行为所导致的事故占 88%。日本某省对 50 万起工伤事故调查表明，约有 96% 的事故与人的不安全行为相关。造成人的不安全行为的原因是多种多样的，但工作中人的情绪与心理因素是最重要、最直接的影响因素。

第一节　概述

安全生产过程中安全需要、安全意识等心理活动显得尤为重要。人是生产力中最活跃的因素，人的不安全因素是一种很重要的原因。要想搞好安全生产，防止事故发生，必须及时矫正各种影响安全的不良心理和纠正各种违章行为。研究并运用安全心理学，探索人的安全心理，从而减少人的不安全因素，是安全生产的重要保证。

一、安全心理学的概念

心理学是研究人的心理现象及规律的科学。安全心理学是反映人在劳动生产这一特定环境中的心理规律的一门科学，是研究人在劳动过程中伴随生产工具、机器设备、工作环境、作业人员之间关系而产生的安全需要、安全意识及其行动反应等心理活动的一门新科学。该学科是心理学的分支学科,所以它的理论也同心理学一样,是建立在自然科学、社会科学及哲学三大基础之上的。

　　简单地概括起来说,安全心理学是研究如何预防生产事故为目的的心理活动规律的科学。

二、安全心理学的主要研究内容

　　安全心理学揭示人的心理特征,如兴趣、爱好、感觉、认知、记忆、意志、情感、意识、动机、气质、性格和能力等,从而正确把握人在安全生产中第一要素的作用。具体研究内容包括:

　　1. 意外事故中人为因素的分析　如疲劳、情绪波动、注意力分散、判断错误、人事关系等对事故发生的影响。

　　2. 工伤事故肇事者的心理特性研究　如情绪状态、人格及非理智行为的心理等与事故发生率的关系的研究。

　　3. 防止意外事故的心理学对策　如从业人员的选拔(即职业适宜性检查),机器的设计要符合工程心理学要求,开展安全教育和安全宣传,以及培养安全观念和安全意识等。

三、安全心理学在安全生产中的重要作用

　　在安全生产管理活动中,通过研究分析广大生产人员的心理,运用安全心理学分析事故发生前后及过程中操作人员的心理状态,从了解他们在各自岗位上的需求与愿望,预测他们的工作行为及动向。并运用安全心理学控制人的不安全行为和调动员工安全生产的积极性增强企业的凝聚力,最终有针对性地进行心理矫正,使各类事故得到有效的控制。

　　1. 可以为工程技术设计、制造部门提供设计、制造施工机械、施工器具及防护用品的依据。

　　2. 为生产环境的改善提供指导。

　　3. 能够为安全部门制定更加科学合理的法规、条例、制度、办法提供参考依据,有利于制定出切合实际、保护广大员工的安全管理措施和制度,进而提高安全管理水平。

　　4. 可以为安全教育提供理论依据,用更加有效的方法、手段来进行各类教育、培训活动。

　　5. 可以在分析事故时提供深层次的解释,进而找到预防事故的措施和方法。

点滴积累 ╲

　　安全心理学是以生产劳动中的人为对象,从保证生产安全、防止事故、减少人身伤害的角度研究人的心理活动规律的一门科学。

第二节　心理活动与安全生产

　　人的心理活动也称心理现象,其中包括心理过程与人格(个性)两大部分。每一部分的结构与功能的变化都能够对个体所从事的生产活动产生不同程度的影响,尤其对于安全生产的影响尤为重要。

一、心理过程对安全生产的影响

个体的心理过程有三部分:认知过程、情绪与情感过程以及意志过程,我们称为三大心理过程。三大过程中任何一个过程发生改变,都会带来其他心理过程相应的改变,而我们很难发现的心理过程的变化,可以通过对行为的观察来了解和发现。

(一) 认知与生产安全

一个人出生时对世界一无所知,后天则通过感觉、知觉、学习、记忆、注意、想象、联想、思维等一系列活动,积累经验感受来认识世界,这一过程叫认知过程,是人在反映客观事物过程中所表现的一系列心理活动。

1. 感觉　感觉是通过人的感觉器官对客观事物个别属性的反应。最初的认识活动是感觉(如视觉、听觉、嗅觉、味觉和触觉),比如光亮、颜色、气味、硬度等。

人通过感觉器官(眼睛、鼻子、耳朵、嘴巴、皮肤)来感受不同的感觉刺激,其感觉能力受着感觉器官,也叫感觉分析器功能的限制,只能对一定大小的刺激产生感觉。比如,眼睛只能看到 390 ~ 800nm 的光;而声音的刺激达不到一定的声波,就不会被耳朵接收到,超过一定的阈值又会致聋。能被感觉器官感受的刺激强度范围称为感觉阈限。此外,由于个体差异,每个人的感受性和感觉阈限值也不相同。一旦超出或低于适宜的刺激阈值,则会产生错觉。为了保证安全生产,要控制适宜的外界刺激强度,并根据不同目的适当调节和选用刺激方式。

感觉是最简单的心理现象,是认识的开端;感觉是一切心理活动的基础。离开了感觉,有机体将失去和周围世界的平衡,生命难以维持。

感觉的基本特征如下:

(1)人的各种感受器都有一定的感受性和感觉阈限。感受性是指有机体对适宜刺激的感觉能力,它以感觉阈限来度量。所谓感觉阈限是指刚好能引起某种感觉的刺激值。

不同感觉的感受器及其适宜刺激

(2)一种感受器官只能接受一种刺激和识别某一种特征,眼睛只接受光刺激,耳朵只接受声刺激。人的感觉印象80%来自眼睛,14%来自耳朵,6%来自其他器官。如果同时使用视觉和听觉,感觉印象保持的时间较长。

(3)同时有多种视觉信息或多种听觉信息,或视觉与听觉信息同时输入时,人们往往倾向于注意一个而忽视其他;如果同时输入的是两个强度相同的听觉信息,则信息的辨别能力将下降50%,并且只能辨别最先输入的或是强度较大的信息。

(4)感觉器官经过连续刺激一段时间后,敏感性会降低,产生感觉适应现象。例如嗅觉经过连续刺激后,就不再产生兴奋作用。所谓"久居兰室而不闻其香"就是这个原因。

如果生产过程中所产生的刺激,以不同的方式影响到人的感觉器官的感受性,都有可能诱发或产生安全隐患。比如,长期置身于微量的有害气体泄漏的车间,因其嗅觉的适应性,可能很难发现气体泄漏,导致有害气体蓄积后的不良后果;嘈杂的声音掩盖了正常机器的工作声音,使劳动者难以辨别机器发生了异常等等,都有可能引发生产事故。

2. 知觉　知觉是人脑对客观事物整体属性的反应。知觉是在感觉的基础上产生的,是对感觉信息的整合和解释。但它不是个别感觉信息的简单总和。人的知觉一般分为空间知觉,时间知觉,运动知觉与社会知觉等。

以人们对苹果的知觉为例加以说明,见图 12-1。

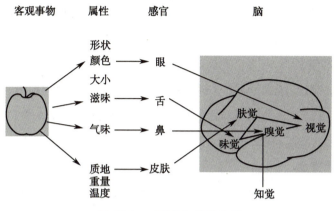

图 12-1　对苹果知觉的分析

人们通过感觉器官对苹果的形状、大小、颜色、气味等有了各种生理感觉,在此基础上形成了一个苹果的知觉。

知觉有如下几个比较明显的特性,它们都与安全有密切的关系。

(1)知觉的整体性:知觉对象一般由许多部分组成,各部分有不同的属性与特征。人们由于具有一定的知识经验,加上某些思维习惯,总是把知觉对象感知为一个统一的整体,而并不是把对象的各部分感知为个别的、孤立的东西。

(2)知觉的理解性:人们往往根据自己过去获得的知识和经验去理解和感知现实的对象。当员工接受安全教育,看到已经发生的事故录像时,往往感到非常震惊,也能体会到安全的重要性。

(3)知觉的恒常性:当知觉的客观条件在一定范围内改变时,知觉印象仍然保持相对的稳定性。知觉恒常性的积极意义在于:它保证人在变化的环境下,仍能感知事物的真实面貌,从而有利于适应环境。例如,当人们观察熟悉的物体时,虽然有时某些东西挡住了视线,人们仍能完整的感受到其他部分。但知觉恒常性也会给人带来错误的判断。当生产中,相关事物的条件发生变化时,人们仍用原来的经验做主观判断,就可能会出事故。

案例分析

案例

　　某厂一临时工,上夜班时想用载物电梯运送原料。私自打开四楼电梯门,直接跨了进去,但是当天电梯故障,没有升至四楼。结果他从四楼跌至一楼,当场死亡。

分析

　　根据知觉的恒常性,该员工想当然地以为电梯会像以往一样存在,所以导致事故发生。

(4)知觉的选择性:人对各种刺激不可能同时全部反应,而总是有选择地把少数刺激物作为知觉的对象,并把他们组成一个整体,对它们的知觉格外清晰,而对同时起作用的其余刺激物的反应则模糊笼统。知觉的这种特性称为知觉的选择性。

在作业环境中,往往由于某些职业性危害的影响,可使人的感知觉机能下降。例如,不良的照明条件可使人产生视觉疲劳从而影响视觉功能。高强噪声环境可使人的听觉功能减退,从而出现误识别,并导致判断错误,引起事故。

高度关注人的感知觉特性,与安全人机工程设计密切关联。例如,利用红色光波在空气中传播距离较远易被人识别的特点,将红色作为安全色中的禁止、危险等信号。利用人能在背景条件下易于分辨知觉对象的特点,有意加大对象与背景的差别,如交警与环卫工人的黄色马甲等,都是为了引起人对色彩感知的注意,以起到警示作用。

(二) 记忆与生产安全

1. 记忆的概念　记忆是过去的经验通过识记、保持、再认和回忆的方式在人脑中的反应。具体地说,记忆是人脑对感知过的事物,思考过的问题或理论,体验过的情绪,做过的动作的反应。从信息论的观点来看,记忆是对输入信息的编码、储存和提取的过程。

记忆对安全生产是十分重要的,人的各种思维建立在准确记忆的基础上。如果记忆出现差错,如:操作程序的记忆混淆、工作数据的记忆错误、实验温度的记忆差错等等,都有可能导致重大责任事故和伤害事故的发生。

2. 记忆的影响因素　心理学实验表明有以下因素可能与记忆关系密切:

(1)动机意图影响记忆:如果有记忆动机,记忆效果则会增强,如果记忆动机缺乏,记忆的效果则会减弱。比如,开会需要的重要数据会很快被记住,比较感兴趣的歌词也会很快记住。这说明符合需要和兴趣的内容比较容易记忆。

(2)理解影响记忆:学习中我们会发现,被理解了的东西比较容易记忆,不理解的东西比较难记忆。

(3)注意的方式影响记忆:注意方式有聚焦注意(一个时间段集中培训的内容便于记忆);持续注意(长时间反复训练某种技能,便于记忆);分割注意(将内容较多、步骤较烦琐的工作分解为阶段性的内容,便于记忆)等。各种注意方式所形成的记忆效果不同。

(4)感官刺激方式影响记忆:我们常说"好记性不如烂笔头",意思是说,背诵十遍不如抄写一遍的记忆效果好。读、听、写结合起来,多种感觉刺激的记忆效果好。

另外还有些影响因素,比如"首因效应""近因效应"使第一次的学习内容与最近一次的学习内容印象深刻。重复次数越多,记忆越好。头脑越清醒,记忆越强。睡眠质量好,记忆较好。心境好坏影响记忆,如果情绪低落、烦恼,则难以专心记忆;环境的恶劣对记忆也会起负面作用。

(三) 情绪、情感与生产安全

1. 情绪与情感　情绪、情感是个体由于客观事物是否符合自己的需要而产生的一种内心体验。情绪是由机体的生理需要是否得到满足而产生的体验,属于任何动物共有;而情感是人对客观事物是否符合其社会性需要而产生的态度的体验,属于人类特有。

2. 情绪对安全生产的影响　在企业安全生产活中,积极的或消极的情绪对人们的安全态度和安全行为有着明显的影响。积极的情绪可以加深人们对安全生产重要性的认识,具有"增力作用",能促发人的安全动机,采取积极的态度,投入企业的安全生产活动中去。而消极的情绪会使人带着厌恶的情感体验去看待企业的安全生产活动,具有"减力作用",采取消极的态度,从而易于导致不安全行为。

某心理学家曾在研究中做过观察,良好的情绪状态下,工人的工作效率提高 0.4%~4.2%;而不良情绪状态下,工作效率则降低 2.5%~4.2%。

案例分析

案例 1

一实验室工作人员,因神情恍惚,没有观察到实验液体已经沸腾,在操作中不慎烫伤。

分析

一周前他的母亲刚刚去世,处于悲痛的情绪中,情绪一直比较低落。

案例 2

国外某企业每周的前几天工作效率特别高。

分析

该企业给员工发薪水,是每周发放的制度。每次发完薪水后,员工的工作效率有明显提高。

在实际工作中表现出来的负性情绪对安全生产具有显著影响:

(1)急躁情绪:干活速度快,但不细致;工作起来找捷径,急于求成,有章不循;上述急躁的情绪状态常常随环境的变化产生。如节日前后、探亲前后、体制变动前后等。

(2)烦躁情绪:坐立不安,心猿意马,精神不集中等烦躁的情绪状态,严重时往往伴随呼吸急促、心悸出汗等躯体症状,导致思维与动作不能很好协调。由烦躁情绪引起人精神不愉快,导致判断和操作错误,是安全生产事故的隐患。

当个体情绪激动水平处于过高或过低状态时,其操作行为的准确度都会下降至 50% 以下,言行上往往会表现出与往日不同的亢奋或者低沉的情绪,因而这样的情绪又都会不同程度地引起人体神经和肾上腺系统的功能紊乱,从而导致人体注意力无法集中,甚至无法控制自己,有句话叫做"激情时刻的智商为零"就是形容的这种情绪之下人的状态。若生产管理者如果能够懂得这一道理,努力创造一个稳定的心理环境,并积极引导人们用理智控制不良情绪,则可以大大减少因情绪水平失调而诱发的不安全行为。

3. 情感对安全生产的影响　情感是在人类社会历史发展过程中形成的高级社会性情感,人类社会性情感可归结为道德感、理智感和美感。

道德感对人们的社会实践活动具有重要影响,它可以帮助人们按照道德准则要求去衡量周围人们的各种思想行为,同时使自己的行为自觉符合社会道德准则。安全生产需要企业建立符合社会发展水平的道德准则,需要员工自觉遵守法律、法规和企业规章制度,对岗位工作具有责任心。员工不仅要保证自身安全,还要不因自己的不安全行为伤害他人,行为符合社会的道德准则。

理智感对人认识活动的深化、思维问题的解决具有重要作用,如抛弃偏见、破除迷信、尊重科学。安全教育和培训中,用系统的、科学的安全知识武装员工头脑,使员工懂得事故发生的规律和原因,掌握并自觉探索本岗位安全操作知识,理智应对生产中存在的不安全因素。避免侥幸、急躁等心理因素的作用,约束自身行为,保证安全生产。

(四) 意志与生产安全

意志过程,指人自觉地根据既定的目的来支配和调节自己的行为,克服困难,进而实现目的的心理过程。意志品质的好坏与坚定程度,决定了生产者的自控能力、克服困难的决心和勇气等等,也会对生产的安全产生一定的影响。

劳动者在遵守劳动纪律、规范化生产操作程序等方面,都需要很好的意志品质。比如,具有自觉性的劳动者能够认真完成劳动任务,严格遵守规章制度、遵守安全生产的规定;自制力强的职工能调动自己的积极心理因素,情绪饱满,注意集中,能很好地控制自己的情绪,不任性;坚韧性强则可以保证在遇到挫折或困难时,咬牙坚持,坚守工作岗位;果断性好可以使劳动者在发生紧急情况时,能够冷静果断做出决策。相反,就有可能因不遵守劳动制度而产生不安全因素,比如,擅离岗位、玩忽职守,钩心斗角、发泄情绪,最终酿成灾祸。

所以说,在安全生产过程中,良好的意志品质对职工的行为起着重要的调节作用。其一,坚强的意志可以促进人们为达到既定的安全生产目标而行动;其二,良好的意志可以阻止和改变人们与企业目标相矛盾的行动。

(五) 注意与生产安全

注意是指人的心理活动或意识对客观对象的指向与集中。

1. 注意的特点 注意的特点有,注意的指向性和集中性。注意的指向性是指人在每一瞬间的心理活动选择了某个事物,而忽略其他事物。注意的集中性是指心理活动能在选择和方向上排除干扰保持并深入下去。

在事故分析中,工作中的认真程度常常与注意力和精力的集中与否紧密相联。

第一,注意是一切心理活动的开端。第二,注意使人的心理活动处于积极状态。第三,注意对意识起约束、组织和指向作用,并提高心理活动的效率和效果。第四,注意能提高人对周围事物和本身状态的感受能力、适应性和应变能力。

2. 注意的品质 注意的品质包括注意的广度、注意的稳定性、注意的分配、注意的转移四种。

(1)注意的广度:是指在同一时间内,能清楚地把握注意对象的数量。注意的广度可以说是知觉的广度,知觉的对象越多,注意的广度越大;知觉的对象越少,注意的广度就越小。作业过程中的人,如果注意的广度不够,有可能导致对作业面观察不细致、漏掉细节等。

(2)注意的稳定性:是指人的心理活动持久地保持在一定事物或活动上的特性。这是注意在时间上的特征。注意集中的持续时间愈长,注意的稳定性愈高。但是,注意往往有较大的起伏,很难保持稳定。

2005 年,湖南省某县的一个矿井发生瓦斯爆炸的事故,造成死亡 20 多人。事故发生后,主管领导千方百计抓安全工作,可是没过多长时间,另一矿井又发生一起瓦斯爆炸事故。这些事故都不能归结为不注意造成的。而是由于注意的起伏、不稳定,不能够长时间、持久的保持注意所致。

(3)注意的分配:是指在同时进行几项活动时,注意分别要指向不同的对象。在日常生活中,经常要求人同时注意多项事物,把注意分配到不同的对象上,所谓"眼观六路""耳听八方"就是注意的分配。谁能够把注意同时分配到较多方面,谁就能把握更多的环境中的事物的变化,顺利地完成复杂的工作。而注意分配能力不好的人,往往在工作中会出现手忙脚乱、顾此失彼。

(4)注意的转移:是指根据新任务的要求,主动及时地把注意从一个对象转移到另一个对象上。注意的转移不是被动发生的,而是主动进行的。注意转移的快慢和难易,首先取决于对原来事物注意的紧张程度。注意力固着于先前注意的事物,注意的紧张性强,注意就难以转移;注意紧张性弱,注意就易于转移。比如,上班之前与家人的争吵萦绕于心,就很难将注意力转移到工作上来。其次,取决于新事物的性质。新事物越能满足个体的需要和兴趣,转移注意就越容易、越迅速,否则注意的转移越困难、缓慢。

注意的转移与注意的分散不同,注意的转移是根据任务的需要有意识地改变注意的对象,注意的分散是在注意稳定时受无关刺激物的干扰,或由于刺激的单调所引起的注意离开注意对象。有些事故的发生可能是因为注意没能及时转移,而另有一些事故则是因为注意的分散所致,比如,开车时看手机引发交通事故。

所以,在防止事故的方法上常常采用提醒作业人员注意安全、小心谨慎,或召开班前会、班后会、事故分析会等提醒作业者注意安全,都是必要的。

二、个性心理对安全生产的影响

(一)需要、动机与生产安全

1. 需要的概念 需要是有机体内部的某种缺乏或不平衡状态的反应,它表现出有机体的生存和发展对于客观条件的欲求。在生活中,需要一般与欲望相联,也经常被表述为需求、欲求等等。需要是个体活动的基本动力,是个体行为动力的源泉。

需要是个体在生活中感到某种欠缺而力求获得满足的一种内心状态,是机体自身或外部条件的要求在脑中的反应。人的需要是受社会历史条件制约的,因此人的一切需要都带有社会性。需要是人的一种主观状态,它具有对象性、紧张性和起伏性等特点。正是由于这些特点,需要成为人们从事各种活动的基本动力。

根据马斯洛的需要层次论,人的需要大致可分为五类,即生理需要、安全需要、社交需要、自尊需要和自我实现需要。人的需要在较低一级的需要基本满足后较高级的需要会逐渐产生和加强。

在马斯洛的需要层次理论中,安全的需要是指生存的安全,属于较低层次的需要,但是在安全生产过程中所讨论的安全,是与人的工作以及自我实现紧密相连的,可以说属于自我实现过程中的重要环节,应当属于高级的需要(图 12-2)。

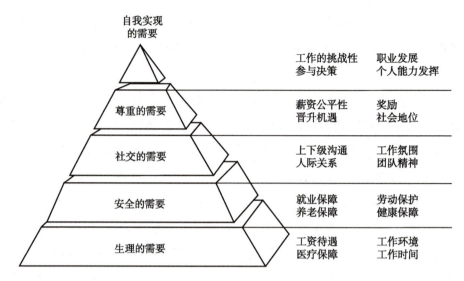

图 12-2　马斯洛的需求层次理论

2. 动机的概念　动机是人们为满足需要、达到目标而产生的内部驱动力,由需要引发的。动机可以是需求、兴趣、意向、情感或思想等。如果将人比作一台机器,动机则是动力的源头。

良好的、积极的动机往往会产生积极的行为后果,而不良的、消极的动机引发的行为后果也是消极的。人们依照自己的意愿,主动行动的动机为有意识的动机;而由于习惯定势所致的行为,则为无意识的动机。工作中如果不假思索,依照惯性、凭经验做事,其结果有可能是错误的。

对安全生产的积极性是一种内在的变量,是内部心理活动过程,通过人的行为表现出来。行为由动机产生,而动机则由需要引发。因此,安全的需要是调动安全生产的原动力。

(二)性格与生产安全

人的个性心理特征中,性格是人们在对待客观事物的态度和社会行为的方式中,区别于他人所表现出的那些比较稳定的心理特征的总和。性格在个性心理特征中起主导作用、占核心地位。

人的性格与安全生产有着极为密切的关系。国外有调查资料表明,对公共汽车驾驶员来说,发生故率最低的并不一定是技术最好的司机。应付复杂交通环境,除要求司机有高超娴熟的驾驶技术外,还要求司机有良好的性格,尤其是良好性格的情绪特征(包括情绪稳定性、持久性、主导心境等方面)。

具有如下性格特征的人容易发生事故:

1. 具有攻击型性格的人,常妄自尊大,骄傲自满,工作中喜欢冒险,喜欢挑衅,喜欢与同事闹无原则纠纷,争强好胜,不接纳别人意见。这类人虽然一般技术都比较好,但也很容易出大事故。

2. 性情孤僻、固执、心胸狭窄、对人冷漠的人,这类人性格多属内向,同事关系不好。

3. 性情不稳定者,易受情绪感染支配,易于冲动,情绪起伏波动很大,受情绪影响长时间不易平静,因而工作中易受情绪影响忽略安全工作。

4. 主导心境抑郁、浮躁不安者,这类人由于长期心境闷闷不乐、精神不振,导致大脑皮层不能建立良好的兴奋灶,干什么事情都引不起兴趣,因此很容易出事故。

5. 马虎、敷衍、粗心,这种性格常是引起事故的重要原因。

6. 在紧急或困难条件下表现出惊慌失措、优柔寡断或轻率决定、胆怯或鲁莽者。这类人在发生异常情况时,常不知所措或鲁莽行事,坐失排除故障、消除事故良机,使一些本来可以避免的事故发生。

7. 感知、思维、运动迟钝、不爱活动、懒惰者,具有这种性格的人,由于在工作中反应迟钝、无所用心,也常会导致事故。

8. 懦弱、胆怯、没有主见者,这类人由于遇事退缩,不敢坚持原则,人云亦云,不辨是非,不负责任,因此,在某些特定情况下很容易发生事故。

案例分析

案例

2003 年的一天,某化肥厂司炉职工余某,平日工作技术娴熟,但近日因工作中受到领导批评,产生不良情绪,加之本人性格不稳定,且具有攻击性,所以与同班作业的同事因琐事发生口角,最后大打出手。打斗持续过程中,锅炉烧干,他本人在紧急处理时因气急败坏,不假思索,误加大量冷水导致锅炉爆炸,死伤数人。

分析

从事故发生原因来看,是司炉工操作不当所致,其实这也是他不良性格特征的暴露。事件过程表明他是一个有性格缺陷的人,遇到挫折时难以控制自己的情绪,发现险情后又不能冷静处理,终于造成不可挽回的错误。

(三)气质类型与生产安全

气质是一个人生来就有的心理活动的动力特征。婴儿一出生,就表现出不同的气质类型。虽然气质特点在后天的教育、影响下会有所改变,但与其他个性特点相比,气质变化缓慢且困难。心理学界公认的气质类型有 4 种,这 4 种气质类型在心理活动上所表现出来的主要特征是:

1. 胆汁质的人情绪产生速度快,表现明显、急躁,不善于控制自己的情绪和行动;行动精力旺盛,动作迅猛;外倾。

2. 多血质的人情绪产生速度快,表现明显,但不稳定,易转变;活泼好动,好与人交际,外倾。

3. 黏液质的人情绪产生速度慢,也表现不明显,情绪的转变也较慢,易于控制自己的情绪变化;动作平稳,安静,内倾。

4. 抑郁质的人情绪产生速度快,易敏感,表现抑郁、情绪转变慢,活动精力不强,比较孤僻,内倾。

不同气质类型的生产者在劳动中所表现出来的工作速度、效率是有区别的。比如,同样的工作,多血质的人往往会边工作边想窍门,试图加快工作速度,但有可能工作热情难以持久;胆汁质的人则大刀阔斧、埋头苦干,但也许会粗枝大叶马虎粗糙;黏液质的人不声不响,认真仔细,但或许速度不快、难以变通;黏液质的人有可能单打独斗、速度较慢、方法死板。

气质类型没有好坏之分,气质对个人的成就不起决定作用,不管何种气质,只要品德高尚,意志力强,都能为社会作贡献,在事业上有所建树。苏联心理学家研究了俄国四位著名作家:普希金、赫尔岑、克雷洛夫、果戈里就是分别属于胆汁质、多血质、黏液质、抑郁质四种不同气质类型。相反,品质低劣、意志薄弱,不管什么气质类型都会一事无成。

为达到安全生产的目的,在劳动组织管理中,要充分考虑不同气质类型的人所拥有的特征,在分配工作时识人善用,扬长避短,发挥劳动者的特长。进行安全教育时,必须注意从人的气质出发,施用不同的教育手段。例如,强烈批评,对于多血质、黏液质人可能生效;而对胆汁质和抑郁质的人往往产生副作用,因而要选择适合的教育形式。

三、几种影响安全生产的不良心理

在长期的生产劳动过程中,生产者因各种因素的影响,往往会产生一些不良的心理,主观地以为凭借自己的经验和判断以及熟练的操作,不会产生什么危险后果,而这样的心理常常是安全的隐患。

(一)侥幸心理

侥幸心理,是指无视事物本身的性质,违背事物发展的本质规律,违反那些为了维护安全生产而制定的规章制度,认为按自己的设想来行事就能取得自己希望的结果。侥幸心理就是妄图通过偶然的原因去取得成功或避免灾害,由侥幸心理导致的事故是很常见的。

产生侥幸的原因,一是错误的经验。例如,自己的违规操作从未发生过或多年未发生过事故,使其心理上的警惕性减弱,因而易产生麻痹心理导致持续违章行为甚至酿成事故。二是在思想方法上错误地运用小概率容错思想。处理生产预测和决策之类的问题,小概率容错是可行的;但对安全问题,小概率容错的思想是绝对不容许的。因为安全工作本身就是要消除小概率规律发生的事故。如果认为概率小,不可能发生,而存侥幸心理,人一旦无法控制自己的对这种侥幸心理的依赖,变会产生一种严重依赖侥幸心理的冲动,使违背常态的事情以更大的加速度无限膨胀,从而导致灾难性的发生。对于不当操作持容忍态度,势必在今后工作中酿成大错。

(二)投机取巧心理

投机取巧心理的原意是指,利用时机钻空子,用不正当的手段谋取个人私利。也指不愿付出辛勤劳动,靠耍小聪明来得到成功。与"循规蹈矩"是反义词,在这里是指在生产过程中不循规蹈矩,为了省时省力而简化操作过程或使用不规范操作的行为。这也是在安全生产上常是造成事故的常见心理因素。有了这种心理,就会出现产生简化作业的行为。如某爆破工在操作时,习惯性的采用牙齿咬雷管接口,导致重伤事故。具有这类心理的人往往对自己所获得信息的准确性以及自己的判断能力都非常自信,这也是他们在长期违规操作中养成的一种心理习惯。

(三)逆反心理

逆反心理,或称逆向心理,是人们在受过去某种事物的刺激所积累起来的经验的影响下,对某种事物产生的一种否定性的心理趋势和行为倾向。尤其当某事物被禁止时,最容易引起人们的好奇和求知欲。逆反心理往往会表现为:一是盲目性,盲目抵制和反对,不听任何劝阻,不顾后果,情绪主宰一切,往往导致不良的结局。二是抵触性,无视和对抗要求的行为规范,带有抵触情绪,易发生触犯法律的行为。三是放纵性,不听忠告,无视劝阻,我行我素。四是极端性,表现为情感和行为的极端性,一味地抱着与他人或外界对着干的心理,来应付一切。

如果某些生产者在上述逆反心理状态下,产生与常态心理相对抗的心理状态,偏偏去做不该做的事情,后果不堪设想。1985 年,某厂一工人出于好奇和无知,用他自己的说法是,"想试试能否点火",用火柴点燃乙炔发生器浮筒上的出气口,结果发生爆炸,自身死亡。

（四）凑兴心理

凑兴心理是指个人在群体压力或群体意识影响下,会导致自我导向功能的削弱或责任感的丧失,产生一些个人单独活动时是不会出现的行为。凑兴心理的外在条件有两个:一是身份的隐匿,二是责任的模糊化。这也是人在社会群体中产生的一种人际关系的心理反应,尤其对于精力旺盛、能量有余而又缺乏经验的青年人,在这种环境下中得到心理上的满足或发泄剩余精力,常易导致不理智行为。如聚众在生产车间打扑克、喝酒,嬉闹玩耍过程中导致事故都属于这种心理造成的危害。

（五）从众心理

从众心理是指人们自觉不自觉的"随大流"的心理状态。这也是人们在适应群体生活中产生的一种反应。由于人们具有从众心理,因此不安全的行为和动作很容易被仿效。如果有一定数量的生产者不遵守安全操作规程而未见事故发生,那么其他人也会随之效仿。

（六）厌倦心理

具有这种心理的人往往由于工作的重复操作产生心理疲劳,久而久之便会形成厌倦心理,从而感觉乏味,精力不集中,造成操作失误,引发事故。

（七）麻痹心理

具有麻痹心理者,会对自己长期未出现事故的工作,习以为常,感觉不到危险和隐患;或没有觉察反常现象,照常操作;也有的则是责任心不强,警惕性下降,沿用习惯方式作业,凭经验行事,最终酿成事故。

点滴积累 ⩔ ⋅⋅

1. 积极的情绪可以加深人们对安全生产重要性的认识,具有"增力作用",能促发人的安全动机,采取积极的态度,投入企业的安全生产活动中去。
2. 从行为追溯到动机,从动机追溯到需要。安全需要是调动安全积极性的原动力,安全需要满足了,调动安全积极性的过程也就完成了。
3. 侥幸心理、投机取巧心理、逆反心理、凑兴心理、从众心理、厌倦心理和麻痹心理等非理智行为的心理因素对安全生产不利。

第三节　心理疲劳与恢复

一、疲劳的性质及表现

疲劳是一种主观不适感觉,但客观上会在同等条件下,失去其完成原来所从事的正常活动或工作能力。疲劳也是一种自然的防护性反应,是一种防止机体身心负荷过载的反应。同时,疲劳也是向人发出需要补充活动能量资源的信号。若不及时进行休息,会造成疲劳的持续与加重,形成过度疲劳,严重影响人的心理活动的正常进行,造成人体生理、心理功能的衰退和紊乱,从而使作业差错增加、缺勤率增加、工伤事故增多。

人在疲劳时会导致以下的生理心理变化:

1. **无力疲乏**　这种心理疲劳的感觉产生后,会使生产者对工作任务力不从心,以至于完成工作困难,尤其对于复杂危险的工作,应对能力下降。

疲劳的医学解释

2. **注意失调**　在疲劳状态下,注意力容易分散,并表现为反应速度下降,懈怠、动力性减小。或者产生相反表现,即精神运动性不安,无意义的小动作增加,游移不定。

3. **感知失调**　在疲劳的情况下,持续工作的感觉器官功能会发生紊乱,导致感知失调,比如视力模糊、触觉迟钝、听力不准确等,会导致触觉和运动觉敏感性的减弱,以至于判断失误出现差错。

4. **记忆与思维故障**　疲劳可以导致记忆与思维方面的偏误。如在过度疲劳的情况下,记忆差错,导致忘记操作规程;思维混乱,以至于找不到解决问题的思路。

5. **意志减退**　疲劳状态下人的决心、耐性和自我控制能力减退,缺乏坚持不懈的精神,自控能力下降导致情绪失控。

6. **睡意**　疲劳能够引起睡意。这种情况下,睡意是保护性抑制反应。工作疲惫不堪,睡眠的要求会变得强烈,以致任何姿势下也能入睡。在实践中我们有时会看到,在连续工作时间太长而疲劳至极时,人会毫无警觉地突然入睡。

二、疲劳产生的原因

引起疲劳的原因很多,有生理因素、环境因素和心理等方面的因素。

1. **生理因素**　在持续紧张工作过程中,人体相关器官以及整个机体处于过度运转的状况,表现为人体功能衰退和周身出现不适感,这就是疲劳。疲劳是由于大脑和肌肉活动过度而产生的,因为一切活动都受大脑皮质管制,长时间的活动会令大脑皮质由兴奋转入抑制;而人的劳动操作由肌肉收缩而来,肌肉收缩需要由血液送来的葡萄糖、氧气等经一系列化学变化产生的能量提供,长时间的活动使葡萄糖和氧气供不应求,而葡萄糖缺氧会产生乳酸,刺激肌肉产生酸痛的感觉,因此人就会感到疲劳不堪。

2. **环境因素**　环境引发疲劳的原因一般有:睡眠不足、工作时间过长、连续多日的加班、作业强度过大、重复或固定的作业姿势、工作单调、环境不利(高温、光照不足、噪声等)、通风不良、有害物质作用、不利的作业条件(如空间狭窄、位置过高、过低等)。

这种情况下产生的疲劳,多半是心理疲劳,虽然人体肌肉工作强度不大,但由于神经系统紧张程度过高或长时间从事单调、无趣的工作而引起的倦怠感。

心理疲劳的个体差异较大,因为心理疲劳与个人情绪有很大关系,而个人情绪又与个性相关。人与人之间个性差异很大,情绪波动大,容易激动,承受能力差,遇事容易紧张者容易产生心理疲劳,而情绪稳定,与人相处平和,有较好的心理素质和心理承受能力者,不容易产生心理疲劳。

3. 社会因素　人在社会环境中生存、工作,而人与人的相处模式也会直接影响到生产者的情绪以及心理状态,影响到他们的工作。

(1)人际关系:良好的人际关系可以使人在工作中感到心情愉悦、工作积极性高。即使出现异常,也能迅速应对。相反,如果人与人之间产生矛盾与冲突,就会影响劳动者的心境以及注意力,严重时会影响心理健康与生产安全。

(2)家庭关系:每一个人的家庭都对其工作动机、动力产生着极大的影响。因此,家庭成员之间关系的好坏,家庭生活的和睦与否,对一个人的工作影响极大。如果一个人的家庭矛盾重重,成员关系出现重大变化,都会直接影响到生产中的安全。

(3)生活事件:美国心理学家通过调查研究发现,每一种生活事件,不论大小均以一定的方式对人产生着一定的影响。在他们研究的调查量表中,列出常见的 43 个生活事件,他们用生活变化单位来反应其对人的心理带来的应激强度。如配偶死亡 100、离婚 73、夫妻分居 65、被监禁 63、结婚 50、被解雇 47、退休 45、节假日 13、性生活不协调 39、家庭添员 39、工作调动 39、经济状况变化 38 等。如果一年中生活变化超出 150 分,便有可能导致疾病或发生意外事故。若超过 300 分,则生病、发生意外事故或工作中发生差错的可能性更大。

知识链接

海因里希事故因果连锁理论

1931 年,美国的海因里希(W.H.Heinrich)在《工业事故预防》(Industrial Accident Prevention)一书中,阐述了根据当时的工业安全实践总结出来的工业安全理论,事故因果连锁理论是其中重要组成部分。

海因里希第一次提出了事故因果连锁理论,阐述导致伤亡事故各种原因因素间及与伤害间的关系,认为伤亡事故的发生不是一个孤立的事件,尽管伤害可能在某瞬间突然发生,却是一系列原因事件相继发生的结果。

海因里希把工业伤害事故的发生发展过程描述为具有一定因果关系的事件的连锁:

1. 人员伤亡的发生是事故的结果。

2. 事故的发生原因是人的不安全行为或物的不安全状态。

3. 人的不安全行为或物的不安全状态是由于人的缺点造成的。

4. 人的缺点是由于不良环境诱发或者是由先天的遗传因素造成的。

三、心理疲劳的改善与消除

心理疲劳无疑对工作的效率和质量都会有相当大的负性影响,要完全消除疲劳是困难的,但适度减轻和调控疲劳程度和由疲劳引起的影响是可以实现的。改善与消除心理疲劳应从以下几个方面着手:

（一）尽可能避免心理负荷过重

1. 决策要求适度 避免操作者在有限的时间内做过多的决策,当必须这样做时,应提供决策支持系统,使操作者对操作的后果有所预测。

2. 任务要求适度 不要求操作者在某一时刻同时执行两个或两个以上的任务,应尽量让操作者按顺序操作。

3. 信息适量 信息不足或信息过量都会增加心理负荷。信息不足将导致操作者在不充分的信息基础上作出决策,信息量将要求操作者从所提供的所有信息中筛选出有关的信息,因此,只向操作者提供完成作业所必需的信息。

4. 信息确切 信息含糊不清,会导致操作者猜测信息而过劳,因此传递或显示给操作者的信息应明确无误。

5. 操作精度要求恰当 精度要求接近或超过人的能力限度,会增加心理负荷。操作者精度要求很高时,应采用自动化装置。

6. 工作记忆负荷恰当 避免要求操作者短时记忆过多。

7. 工作绩效要求适当 有些作业经常有工作绩效的互相依赖。这种对他人的工作绩效的依赖,会增加操作者的心理压力,应尽量弱化两个任务间的直接联系。

8. 容错措施恰当 对重要而又容易出错的操作,应有适当的容错措施。即使操作者发生操作失误,也不导致严重后果;或在执行命令前,提示命令可能产生的结果,并要求操作者确认;或者操作者错误操作后,能及时发现,系统能够恢复。这样,就能大大减轻操作者的心理压力。

（二）改善作业环境

1. 消除噪声、振动、粉尘、异味,保持适宜的温度、湿度,保持通风良好;良好的作业环境有利于作业者保持稳定的情绪和心态。

2. 按照人类工效学原则设计工作台、工作椅以及显示器、控制器,减少操作障碍,会使操作者减少心理紧张。

3. 提供适宜的工作空间,人性化的室内布置,使操作者操作时心情放松,不易感到疲劳。

4. 提供一定的心理空间,减少操作者心理压力。比如可以设置工间操或心理咨询电话;工作间隙可以安排放松的活动等。

（三）关爱生产者

要加强在生产环境之外对生产者的关爱,关爱他们的生活、家庭以及人际关系。为他们提供心理支持,给他们提供丰富多彩的业余生活,培养他们的情操,营造良好的企业文化。并及时解决他们生活中的困难、矛盾,使他们在工作之余能够得到充分的放松和愉悦,以便有更充沛的精力和体力迎接工作中的考验。

点滴积累 ∨

1. 疲劳是向人发出需要补充活动能量资源的信号。 若不及时进行休息, 会造成疲劳的持续与加重, 形成过度疲劳, 严重影响人的心理活动的正常进行, 造成人体生理、心理功能的衰退和紊乱，从而使作业差错增加、缺勤率增加、工伤事故增多。

2. 社会心理因素有人际关系、家庭关系、生活事件等。

3. 改善和消除心理疲劳从以下几个方面着手：尽可能避免心理负荷过重、改善作业环境、关爱生产者。

第四节　安全生产的心理学对策

要保证安全生产，不发生或少发生安全事故，除了管理者要对于生产者加强安全生产教育与培训外，运用心理学的理论去加以指导、合理设计应对策略也是必要的。

一、提高安全生产认知

认知水平决定着人们的情绪状态及行为方式。在安全生产意识的提高方面，对生产安全的认知是核心。

要强化生产者的安全生产理念和岗位责任意识，关注安全，关爱生命。在做好生产技术培训的同时，也要对生产者进行安全心理学基础知识培训，培养员工良好的安全心理素质。要使生产者将认真负责、自觉遵守操作规程与安全生产建立牢固的条件反射，强化和鼓励安全生产以及对事故零容忍的人和事。可以通过安全心理学讲座、谈心、观看安全教育录像片、安全知识竞赛、安全主题演讲会、安全板报、事故预想、危险点分析等各种有效的影响方式，强化员工的安全心理。

二、保持稳定、积极的情绪

积极的情绪状态是安全生产的重要保障。工作的压力和身心的疲劳，都会给生产者带来负性情绪，为事故埋下隐患。因此，关注生产者的情绪状态就显得尤为重要。通过各种渠道减轻生产者的心理压力，为他们提供调节情绪、释放压力的条件，比如，文体活动，尤以放松式运动项目最佳，如太极拳、气功、散步、健身跑、冷水浴等，这些活动促进大脑营养状况的改善，调节其功能，有助于大脑的镇静与放松。再比如，丰富多彩的业余文化生活，陶冶情操、提高生产者的个人修养，学会自我调节精神状态，促进良好情绪的发展，有助于减压和消除心理疲劳。

三、正确运用自我心理调节机制

自我心理调节就是要学会自我控制，而自我控制则源于良好的自我认知，以及良好的意志品质和持之以恒的坚持。对于生产者来说，自我认知非常重要，知道自己的个性特点、性格以及处事方式，根据自身情况监控自己在生产操作中的情绪状态和行为方式。

增强自身应对挫折能力和承受压力的能力，学会使用自我心理防御机制，比如，转移、置换、合理化、利他等等，及时转移和疏泄工作中的不良情绪，调整自己的精神状态，将眼光放远，开阔心胸，不纠结于眼前的冲突。

点滴积累 ∨

要保证安全生产，还需要从提高安全生产认知，保持稳定、积极的情绪和正确运用自我心理调节机制等方面入手解决。

目标检测

一、选择题

（一）单项选择题

1. 安全心理学是心理学的分支学科，所以它的理论也同心理学一样，是建立在自然科学、社会科学及（　　）三大基础之上的

　A. 化学　　　　　　　B. 哲学　　　　　　　C. 心理学　　　　　　　D. 社会学

2. 心理学实验表明有可能与记忆关系密切因素中不包括（　　）

　A. 动机意图　　　　　B. 理解　　　　　　　C. 注意的方式　　　　　D. 色彩

3. 人在疲劳时不会导致以下的（　　）生理心理变化

　A. 心跳加速　　　　　B. 无力疲乏　　　　　C. 注意失调　　　　　　D. 感知失调

4. 引起疲劳的原因不包括（　　）

　A. 生理因素　　　　　B. 心理因素　　　　　C. 人际关系　　　　　　D. 学历因素

5. 工厂里一些危险品、重要开关、报警信号灯等，一般都采用（　　）色作标志

　A. 蓝　　　　　　　　B. 绿　　　　　　　　C. 黄　　　　　　　　　D. 红

（二）多项选择题

1. 知觉具有与安全密切相关的特性，包括（　　）

　A. 整体性　　　　　　　　B. 理解性　　　　　　　　C. 恒常性

　D. 选择性　　　　　　　　E. 个别性

2. 安全生产的心理学对策有（　　）

　A. 提高安全生产认知　　　　　　　B. 加大生产力度

　C. 保持稳定、积极的情绪　　　　　　D. 提高生产环境温度

　E. 正确运用自我心理调节机制

3. 根据马斯洛的需要层次论，人的需要可分为五个层次，包括下列哪些需要（　　）

　A. 生理需要　　　　　　　B. 安全需要　　　　　　　C. 工具的需要

　D. 自尊需要　　　　　　　E. 自我实现需要

4. 下列哪种性格的人容易发生事故（　　）

　A. 攻击型　　　　　　　　B. 性情孤僻　　　　　　　C. 性情不稳定

　D. 马虎　　　　　　　　　E. 懦弱、胆怯

5. 在安全教育中，对（　　）气质的人强烈批评可能生效

　A. 胆汁质　　　　　　　　B. 多血质　　　　　　　　C. 抑郁质

D. 黏液质　　　　　　　E. 黑胆质

二、问答题

1. 消除心理疲劳应从哪几个方面着手？

2. 预防不注意产生差错的措施有哪些？

3. 防止意外事故，从心理学方面可以采用哪些对策？

4. 何谓疲劳？疲劳形成的原因有哪些？

5. 影响安全生产的不良心理有哪些？

（薛灿灿）

第十三章

企业安全生产管理

导学情景 ∨ ···

情景描述:

某化工厂聚氯乙烯车间聚合工段因氯乙烯单体外泄,发生空间爆炸。死亡12人,重伤2人,轻伤3人。

现场勘查发现:3#聚合釜2个冷却水阀门均处于关闭状态(据了解,该车间有这类"习惯性"操作)。虽然当时3#聚合釜已经反应了8个小时,处于聚合反应的中后期(该厂聚合反应一般为11小时左右),但反应还是处于较激烈阶段,关闭冷却水阀门必然使大量反应热不能及时导出,造成釜内超温超压,由于聚合釜入孔垫未按照设计图纸的要求选用,所以入孔垫被冲开,使大量氯乙烯单体外泄,引发爆炸。

同时发现聚合釜防爆片下的阀门全部关死。

学前导语:

操作工关闭冷却水阀门,属于典型的违章操作;聚合釜防爆片下的阀门全部关死也是造成此次事故的直接原因,并且该公司安全制度不健全,压力容器泄压装置设计不符合规范要求,没有按照法律规定要求配备安全管理人员。因此,企业规范、严格的安全生产管理对企业的生产安全起着十分重要的作用。

企业安全生产主要包括企业单位在劳动生产过程中的人身安全、设备和产品安全以及交通运输安全等。搞好安全生产是搞好企业生产经营工作的前提保证,要搞好安全生产最主要的手段就是依靠科学的管理,所以企业安全生产管理是十分重要的。

第一节　企业安全生产管理概述

一、企业安全生产管理概念

安全生产管理是指为了使生产过程在符合安全要求的条件和工作秩序下进行,防止发生人身伤亡和财产损失等生产事故,消除或控制危险和有害因素,保障人身安全与健康、设备设施免遭破坏,形成良好劳动环境与工作秩序而采取的一系列措施和活动,是企业做好生产经营活动的前提和保证。

安全管理学给了安全管理这样一个定义,即:以安全为目的,进行有关决策、计划、组织和控制方面的活动。控制事故的发生是安全管理工作的核心。通过管理和技术手段的结合,消除事故隐患控制不安全行为,保障劳动者的安全,这也是"预防为主"的本质所在。因此,安全管理是利用管理的活动,将事故预防、应急措施与保险补偿三种手段有机结合起来,以达到保障安全的目的。

安全生产管理的目标是:减少和控制危害,减少和控制事故,尽量避免生产过程中由于事故造成的人身伤害、财产损失、环境污染以及其他损失。主要包括:生产安全事故控制指标(事故负伤率及各类安全生产事故发生率)、安全生产隐患治理目标、安全生产、文明施工管理目标。

在长期的安全生产活动中,形成了我国安全生产工作的基本思路与措施:

1. 用"以人为本"的科学发展观统揽安全生产工作全局。

2. 坚持"安全发展"的指导原则。

3. 认真贯彻"安全第一、预防为主、综合治理"的方针。

4. 实施"标本兼治、重在治本"。

5. 努力推进安全生产保障"五要素"到位。这里的"五要素"是指安全文化(安全意识)、安全法制、安全责任、安全科技、安全投入。

我国安全生产原则有三个:管生产必须管安全的原则;谁主管谁负责的原则;安全生产人人有责(安全生产责任制)。

我国安全生产管理格局:政府统一领导、部门依法监管、企业全面负责、社会监督支持。

二、企业安全生产管理理念

安全管理在事故控制中起着极其重要的作用,这主要体现在以下3个方面:

首先,据对事故的追查分析可知,绝大多数事故的发生都是由各种原因引起的,而这些直接和间接的原因中85%左右都与管理紧密相关。换句话说,假如我们改进了安全管理,就可以有效地控制85%左右的事故发生。

其次,虽然国家提出了"安全第一、预防为主、综合治理"的安全工作方针,但有一些企业的管理者认为,对于用效益衡量的企业来说,安全不可能是第一位的。其实安全与效益的关系就像舟与水的关系,即"水能载舟,亦能覆舟"。只有良好的安全管理才能保证高效的工作效率,只有减少事故的发生,才有可能保证经济效益。

最后,从控制事故的效果来讲,安全管理举足轻重。在有限的资金投入及现实的技术条件下,通过加强管理预防事故无疑是最有效的方法。当今,许多生产条件相近的企业事故率却大相径庭,主要问题就在于安全管理。

企业的安全管理水平与其安全理念直接相关。美国杜邦公司的安全训练观察计划(Safety Training Observation Program)中提到的安全理念如下:

1. 经过全体员工的共同努力,事故是可以防止或避免的。

2. 工作场所没有绝对的安全,决定伤害事故是否发生的是作业者的行为。

3. 如果没有工作行为的实质改变,所有的安全活动都是纸上谈兵。

4. 各级领导既要对上级负责,又要对下属员工负责,严守安全原则,千方百计实现安全目标。

5. 人人遵章守纪是实现安全和效益的决定因素。

6. 各级主管必须亲自进行安全检查,各类隐患必须得到及时整改。

7. 一次冒险失败造成的损失远远大于九十九次冒险成功的收益。

8. 违章指挥者停职,违章作业者待岗,严重违反劳动纪律者辞退。

9. 工作内外的安全同等重要。

10. 安全管理必须坚持"以人为本"。

三、企业安全生产管理的主要内容

安全生产管理的主要内容包括安全生产管理机构和安全生产管理人员、安全生产责任制、安全生产管理规章制度、安全生产策划、安全生产培训教育、安全生产档案等。

安全生产管理资料包括文件和记录。

安全文件主要有:安全手册、文件管理、安全法规管理、安全目标与绩效、安全投入管理、设备制度、重大危险源、特种设备、特种作业人员管理、职业防护管理、安全事故报告与处理、安全隐患与整改、安全培训等。

安全记录是上述管理过程产生的记录表,如安全整改报告单,安全责任制、安全会议纪要等。

点滴积累 ＼

1. 企业安全生产管理概念。

2. 企业安全生产管理理念。

3. 安全生产管理的主要内容包括安全生产管理机构和安全生产管理人员、安全生产责任制、安全生产管理规章制度、安全生产策划、安全生产培训教育、安全生产档案等。

第二节　企业安全生产责任制

企业一旦发生火灾、爆炸、泄漏、中毒事故不仅会造成厂毁人亡的严重后果,甚至造成社会灾害性事故,直接影响着社会的安定团结和社会稳定。因此,安全责任重于泰山,所有企业经营者都要把保证员工安全放在重要位置,当好第一责任人;每个公民要从国家法律赋予的权利和义务的角度,维护自身、工作条件和生活环境的安全,承担相应的安全责任。

企业要想搞好安全生产管理工作,首先要落实的就是责任到人,建立健全严格有效的企业安全生产责任制。

岗位是企业中安全责任的主体,岗位是责任的核心。个人服从于岗位,在岗位上履行职务,在岗位上承担责任,在岗位上享受利益。企业成员个人对安全负责,就是指对岗位负责,而不是对某一个人负责。

以下详细介绍一些企业各主要岗位的安全职责,实际应用时还要注意具体情况具体分析。

（一）企业负责人安全职责

1. 企业负责人是企业的第一安全责任人,对本企业安全工作负全面责任。

2. 认真贯彻执行国家安全生产方针、政策、法律、法规,把安全工作列入企业管理的重要议事日程,主持重要的安全生产工作会议。

3. 负责落实各级安全生产责任制,督促检查副经理和下属行政部门正职抓好安全生产。

4. 健全安全管理机构,定期听取安全生产管理部门的工作汇报,及时研究解决或审批有关安全生产中的重大问题。

5. 组织审定并批准企业安全规章制度,安全技术规程和重大的安全技术措施,解决安全技术措施经费。

6. 按规定和事故处理的"四不放过"原则,组织对事故的调查处理。

7. 组织全厂性安全教育与考核工作。

（二）主管安全生产经理安全职责

1. 贯彻"五同时"的原则,在计划、布置、检查、总结、评比生产的同时,计划、布置、检查、总结、评比安全工作;监督检查分管部门对安全生产各项规章制度执行情况,及时纠正失职和违章行为。

2. 组织制定修订分管部门的安全生产规章制度、安全技术规程和编制安全技术措施计划,并认真组织实施。

3. 组织制定并实施本单位的安全检查,落实重大事故隐患的整改。

4. 定期召开分管部门的安全生产工作会议,分析安全生产动态,及时解决安全生产中存在的问题。

5. 组织制订公司级安全事故应急救援预案。

6. 负责分管部门的安全生产教育与考核工作。

（三）车间主任安全生产职责

1. 认真执行企业的生产安全等各项管理制度,核查班组落实情况。

2. 组织制订并实施车间的安全生产管理规定,安全技术操作规程和安全技术措施计划。

3. 组织车间安全检查,落实隐患整改,保证生产设备、安全装备、消防装备、防护器材和爆破物品等处于完好状态,教育职工加强维护,正确使用。

4. 组织对新工人(包括实习、代培人员、临时用工)进行项目安全教育和班组安全教育,对职工进行经常性的安全思想、安全知识和安全技术教育;并定期组织安全技术考核;组织并参加每周一次的车间调度会。

5. 配备合格的安全技术人员,充分发挥安全人员的作用。

6. 关心职工生活,做好安全思想教育工作,保证车间的稳定运行。

（四）车间安全员职责

1. 车间安全员在车间主任的直接领导下开展工作,并接受厂安全部门监督。

2. 参与制定并负责贯彻有关消防安全生产法规、消防安全管理制度、安全作业规程及标准,并监督检查执行情况。

3. 深入现场进行常规消防安全检查,制止违章指挥和违章作业,对不听劝阻者,有权停止其工作,并按车间规章制度进行处罚。

4. 负责对新调入本车间的人员进行车间级安全教育,并对本车间的员工进行经常性的安全教育工作。

5. 对班组消防安全员进行业务指导,协助车间主任搞好员工消防安全思想、消防安全技术教育和考核工作,抓好创建合格安全班组工作。

6. 参与车间新建、改建、扩建工程设计和设备改造以及工艺条件变动方案的审查工作。

7. 协助车间主任做好检修安全工作,负责车间检修、抢修现场各项安全防范措施的落实,办理有关现场安全作业证,并进行检查与监督,保证检修安全。

8. 负责伤亡事故的统计上报,参与事故调查和分析,做好总结和方法措施。

（五）班组长安全职责

1. 贯彻执行公司和车间主任对安全生产的规定和要求,全面负责本班组的安全生产。

2. 组织职工学习并贯彻执行企业、项目工程的安全生产规章制度和安全技术操作规程,教育职工遵纪守法,制止违章行为。

3. 定期组织安全活动,认真执行交接班制度,做到班前讲安全,班中检查安全,班后总结安全。

4. 负责对新工人(包括实习、代培、临时用工)进行岗位安全教育。

5. 严格劳动纪律,不违章指挥,有权制止一切违章作业。

6. 负责本岗位防护器具、安全装置和消防器材的日常管理工作,使之完好。

7. 负责班组安全检查,发现不安全因素及时组织力量消除,按"四不放过"的原则处理隐患,事后报告上级。发生事故立即报告,并组织抢救,保护现场,做好详细记录。

（六）岗位工人安全生产职责

1. 认真学习和严格遵守各项规章制度,不违反劳动纪律,不违章作业,对本岗位的安全生产负直接责任。

2. 精心作业,严格执行安全操作规程和劳动纪律,做好各项记录。

3. 正确使用劳动防护用品。

4. 学习安全生产知识,提高操作技能,及时处理或上报不安全因素,提出合理化建议,改善作业环境和劳动条件。

5. 认真填写交接班记录,有妨害安全的问题尽量本班解决,否则必须交接清楚。

6. 积极参加各种安全竞赛评比活动,争当安全生产先进者。

7. 发生安全事故时,听从安排,积极参加抢救。

8. 有权拒绝违章作业的指令,对他人违章作业加以劝阻和制止。

点滴积累 Ⅴ

岗位的安全责任包括企业负责人安全职责、主管安全生产经理安全职责、车间主任安全生产职责、车间安全员职责、班组长安全职责、岗位工人安全生产职责等。

第三节　企业安全管理制度

企业安全生产要靠科学完善的管理制度来指导和约束,才能得以保证。下面介绍一些具体的企业管理制度,为企业安全从业者提供启示和参考。

（一）消防安全管理制度

1. 企业法人代表是安全第一责任人,要对消防安全工作全面负责,各部门、各岗位负责人要对自己分管业务工作范围内的消防安全工作负责。

2. 实行"预防为主,消防结合"的方针,认真贯彻执行《中华人民共和国消防法》。

3. 做到"五同时",即把消防安全工作与生产经营管理工作结合起来,做到同时计划、同时布置、同时检查、同时总结、同时评比。

4. 制定完善和落实各项消防安全管理制度,经常对员工进行安全防火教育,组织防火安全检查,及时落实整改措施。

5. 根据实际需要,设置消防设施、购置消防器材,并加强管理,使其处于良好备用状态。

6. 定期对消防工作进行检查,发现火险隐患,要及时落实整改措施,做到万无一失。

7. 定期组织消防演练,提高员工的消防应急处理能力。

（二）车间交接班制度

在一些企业中,有些班组交接班时,欺上瞒下,弄虚作假,没检查说作了检查,有隐患也不汇报、不处理,人为造成了事故隐患。更有甚者离下班时间还有一段时间,岗位的人员就准备下班。在交接班时,交班的只一位班长,接班的也只有一位班长。接班过了很长一段时间,员工还在高谈阔论,谈一些与生产无关的事情,注意力也没集中到生产上来。据统计在交接班或开工一两个小时之内这个时段发生的安全事故占事故总数的 30%~40%。

案例分析

案例

第二次世界大战结束后,英国皇家空军统计在战争中飞机失事的原因和地点,其结果令人震惊:夺走生命最多的不是敌人的炮火,而是飞行员的操作失误。 更令人不解的是事故发生最频繁的时段,不是在激烈的交火中,也不是在紧急撤退时,而是在即将着陆的几分钟里。

分析

在高度紧张过后,一旦外界刺激消失,人类心理会产生"几乎不可抑制的放松倾向"。 飞行员在敌人的枪林弹雨里精神高度集中,虽然环境恶劣,但大脑正处于极度兴奋中,反而不容易出纰漏。 在返航途中,飞行员精神越来越放松,当他们看到自己的飞机离跑道越来越近时,顿时有了安全感。 然而恰恰是这一瞬间的放松,酿成大祸。 因此人们管这种状态叫"虚假安全"。

1. 交接班的内容应根据企业实际生产状况来确定　一般包括：

（1）生产进度及状况。

（2）工艺技术指标的执行情况，安全附件及仪表的良好状态。

（3）岗位安全生产情况及设备运行状况，维护保养情况，故障显示或排除情况。

（4）工艺管路阀门开启状态及泄漏情况。

（5）工具齐全完好，消防器材、防护设施的完好情况。

（6）岗位卫生清洁保持情况。

（7）当班生产情况、设备情况等记录，车间各项临时指令。

（8）工厂、部门下达的通知规定及接班人员应注意的特别事项。

2. 交接班双方必须在生产岗位现场当面交接班　严禁口头、电话交接班，接班人不到交班人不得离岗，否则一切后果由交班人负责。

3. 交接班要按时交接　接班人员必须提前15分钟到达接班岗位接班。交班人员必须提前做好交班的准备工作。

4. 交接班必须有交接班记录　交班人员必须将交班事项真实详细地写在交接班记录上，填写内容全面、注明班次及时间和交接责任人。原始记录不全、不齐、不准的不予接班。接班人员到生产现场核实签字认可后，交班人员方可离岗。

5. 落实交接班制度，分清交接班责任

（1）当班发生的生产工艺过程不稳定；工艺参数不达标；设备故障；泄漏物料；安全生产事故；岗位卫生不合格；工具不齐全等问题，未经处理妥当不准交接班。

（2）安全生产事故等发生时，接班人员在车间的指挥下参与事故处理，然后再照制度交接班。

（3）交接班后，一切问题均由接班方负责。但交接班后，双方均未发现问题，由双方共同负责。

6. 重视并严格执行交接班制度　交接班制度是确保生产稳定，防止事故发生的重要措施。关系到生产的安全运行和岗位操作人员的人身安全，必须严格认真执行。

（三）生产设施的使用制度

1. 各类生产设施投入使用前，要组织员工接受培训，由技术人员讲解。

2. 员工应达到"四懂三会"（懂原理、懂性能、懂构造、懂用途，会操作、会维修保养、会排除故障），方可上岗操作。

3. 按设备安全操作规程要求开停车，在设备使用过程中，发现有异常现象，应立即停车，并通知有关人员检修，严禁擅自修理。

4. 对不遵守操作规程或玩忽职守者，应酌情给予经济处罚。

5. 要严格按操作规程操作，准确填写设备运行记录。

6. 为保证生产设施安全、合理的使用，各部门应设兼职设备员，对各类生产设施进行管理。

7. 实行操作者包机管理，做到各类生产设施有专人负责。

（四）安全教育制度

安全教育的主要形式有：新职工进厂时的"三级"安全教育、日常安全教育、特殊工种作业人员的持证上岗教育和复训教育、职工变换工种时的转岗教育、职工休假复工时的安全教育、中层以上干部的安全教育。

1. "三级"(公司级、车间级、班组级)安全教育

(1)公司级安全教育:由人力资源部组织安排,安保部负责讲课。教育时间不少于40学时,教育内容应包括:国家有关安全生产的方针、政策、法律、法规及安全生产的重要意义;公司特点(包括产品种类、性能、危险性)和公司的安全管理制度;一般电气、机械、防火、防爆、防尘、防毒等方面的安全知识;重大事故案例及经验教训等四方面。

(2)车间级安全教育:由车间负责人和安全员负责组织和教育。教育时间不少于36学时,教育内容应包括:车间生产过程中所使用的物料、工艺、机械、电器等特性及注意事项;车间安全规程与制度;车间有哪些危险场所、危险特性及预防办法;车间曾发生过的事故案例及经验教训;各种消防器具和防护用品的正确使用等五方面。

(3)班组级安全教育:由班组长组织教育,教育时间不少于24学时。教育内容应包括:岗位安全技术规程、操作规定、安全职责、工艺流程;岗位的安全装置、工具、个人防护用品的正确使用和维护保养方法;设备性能、物料特性、注意事项、应急措施等三方面。

2. 日常安全教育

在日常工作中,根据生产、设备、气候变化或实际工作需要,灵活地开展多种形式的安全生产教育,如节日放假、设备检修等等,必须事先进行安全教育。日常安全教育由公司或车间、部门组织进行。

3. 特殊工种作业人员的持证上岗教育和复训教育

对从事电、气、锅炉水处理、压力容器、起重、厂内机动车辆驾驶、电气焊等特殊工种的作业人员,必须进行专业安全技术的培训教育和一年一次的复训教育,并经考试合格,取得特殊工种作业证后,方可上岗独立操作。

4. 职工变换工种时的转岗教育

(1)职工因工作需要变换工种,在从事新的工作前,必须进行车间(部门)、班组的两级安全教育,并经考试合格后,方准从事新的工作。

(2)教育由车间主管安全工作的领导、安全员负责组织,车间和班组实施教育。

(3)教育内容同"三级"安全教育的车间、班组两级安全教育。

5. 职工休假复工时安全教育

(1)职工因停工、休假、离岗三个月以上,或工伤痊愈后需复工的,或因违纪违规作业造成事故或未遂事故的人员,必须进行复工安全教育,并经考试合格后,方可重新独立上岗操作。

(2)复工安全教育由车间的领导和安全员具体负责,车间、班组组织实施。具体教育内容同"三级"安全教育的车间、班组两级安全教育。

6. 中层以上干部的安全教育

中层以上干部在任职期间,必须经过资质部门的安全教育和培训,并取得相应的资质证书,做到持证上岗。以后每两年复训一次,取得的资质证书要登记存档。

点滴积累 V ··

1. 企业安全生产要靠科学完善的管理制度来指导和约束，才能得以保证。

2. 企业安全管理制度的内容包括消防安全管理制度、车间交接班制度、生产设施的使用制度、安全教育制度等。

第四节　生产安全检查

生产安全检查是生产经营单位贯彻落实"安全第一、预防为主、综合治理"方针的最有效途径。生产安全检查是事前检查发现不安全因素、消除事故隐患、防止安全事故发生的必要手段。

企业必须建立和健全安全生产检查制度。车间安全生产检查每月一次，班组安全生产检查每周一次。

（一）生产岗位安全检查

主要由员工每日操作前，对自己的岗位或者将要进行的工作进行自检，由班组长确认安全可靠后才可进行操作。内容包括：

1. 岗位工艺设备操作要领、操作规程是否明确。

2. 规定的安全措施是否落实。

3. 所用的设备、工具是否符合安全规定。

4. 作业场地以及物品的堆放是否符合安全规范。

5. 个人防护用品、用具是否准备齐全，是否可靠。

6. 设备的安全状态是否完好，安全防护装置是否有效。

（二）日常安全生产检查

主要由各部门负责人负责，其必须深入生产现场巡视和检查安全生产情况，主要内容是：

1. 生产场所、工艺设备是否符合安全要求。

2. 职工是否遵守安全规章制度，是否遵守安全生产操作规程。

3. 是否有职工反映安全生产存在的问题。

（三）专业性安全生产检查

主要由企业每年组织对以下内容分别进行检查：

1. 检查锅炉、压力容器、各种气瓶、特殊工种及用具等。

2. 检查安全设施、人身安全、劳动保护器具、通风、除尘、噪声等。

3. 检查防爆、防触电、防雷、防静电接地、防雷接地等。

4. 检查防火、防爆、用火管理及消防设施。

5. 检查设备、仪表、安全联锁、报警仪器、安全状况。

6. 检查文明生产、环境卫生，是否有跑、冒、滴、漏等。

7. 专业性安全检查由生产办组织技术人员、安全员和各车间主要领导进行联合大检查，每月检查一次。

（四）节假日安全检查

重要节假日前，为保证节假日期间的安全生产，应进行安全检查。节假日安全检查由生产办组织技术人员、安全员进行自查并做好记录，需认真检查下列情况：

1. 节假日值班人员的安排及落实情况。

2. 易燃易爆物品的存放保管情况。

3. 贮存易燃、可燃易爆物料罐区的防火和安全保卫情况。

4. 假日生产安全措施的安排落实情况。

5. 劳动纪律、操作规程的执行以及节前安全教育情况。

6. 各类设备的安全运行以及隐患整改情况。

（五）季节性安全检查

1. 春季安全检查，以防雷、防静电、防倒塌、防跑冒滴漏及防火为重点检查内容。

2. 夏季安全检查，以防汛、防暑、防爆、防人身伤害为重点检查内容。

3. 秋季安全检查，以防火、防爆、防冻、保温为重点检查内容。

4. 冬季安全检查，以防火、防爆、防冻、防滑、防毒为重点检查内容。

（六）不定期安全检查

新建、改建设备运行检查，设备检修后开车前检查，临时性专业检查，生产出现问题后要随时进行安全检查。

（七）认真做好安全检查记录

1. 对检查出的隐患进行登记，落实整改措施，做到"三定""四不推""五到位"。

知识链接

"三定""四不推""五到位"内容

三定：即定措施、定负责人、定完成日期。

四不推：指查出的事故隐患，个人不推到班组、班组不推到车间、车间不推到公司、公司不推到上级主管部门。

五到位：①安全管理到位；②安全隐患排查治理到位；③安全制度执行落实到位；④安全责任到位；⑤安全培训到位。

---

2. 检查出的隐患必须及时整改。如限于物质或技术条件暂不能解决的，必须采取并落实风险消减措施，然后定出计划，按期解决。

3. 暂时不能整改的项目，除采取有效防范措施外，应分别列入技术措施、安全措施和检修计划限期解决。

4. 对安全隐患，实行《隐患整改通知单》办法，由安全管理人员填写，经安全主管签发，由车间负责人签收并在规定时间内负责处理完毕,《隐患整改通知单》应存档检查。

5. 各类专业性检查、季节性检查和节假日检查,其检查结果和整改情况必须认真保存备案。

6. 凡查出的各类隐患,因没及时整改而造成事故,要追究隐患发生车间安全负责人的责任。

> **点滴积累** ＼
> 1. 企业必须建立和健全安全生产检查制度。 车间安全生产检查每月一次,班组安全生产检查每周一次。
> 2. 企业生产安全检查的内容包括生产岗位安全检查、日常安全生产检查、专业性安全生产检查、节假日安全检查、季节性安全检查、不定期安全检查。

第五节　生产安全事故调查处理

事故调查是在事故发生后,为获取有关事故发生原因的全面资料,找出事故的根本原因,防止类似事故的发生而进行的调查。

一、事故调查的目的与意义

（一）事故调查与安全管理

概括起来,事故调查工作对于安全管理的重要性可归纳为以下几个方面:

1. **是一种最有效的事故预防方法**　通过事故调查的方法,可以发现事故发生的潜在条件,包括事故的直接原因和间接原因,消除事故引发条件,防止类似事故的发生。

2. **为制订安全措施提供依据**　事故的发生是有因果性和规律性的,事故调查是找出这种因果关系和事故规律的最有效的方法,掌握了这种因果关系和规律性,就能有针对性地制订出相应的安全措施,包括技术手段和管理手段,达到最佳的事故控制效果。

3. **揭示新的或未被人注意的危险**　任何系统,特别是具有新设备、新工艺、新产品、新材料、新技术的系统,都在一定程度上存在着某些尚未了解、掌握或被忽视的潜在危险。事故的发生给了人们认识这类危险的机会,事故调查是人们抓住这一机会的最主要的途径,只有充分认识了这类危险,才有可能防止其产生。

4. **可以确认管理系统的缺陷**　事故是管理不善的表现,通过事故调查发现管理系统存在的问题,加以改进后,就可以一举多得,既控制事故,又提高企业管理水平。

5. **是高效的安全管理系统的重要组成部分**　安全管理工作主要是事故预防、应急措施和保险补偿手段的有机结合,且事故预防和应急措施更为重要。事故调查的结果对于事故预防和应急措施有着直接的指导意义。因此,重视事故调查处理是搞好安全管理工作的重中之重。

（二）事故调查的目的

必须首先明确的是,无论什么样的事故,一个科学的事故调查过程的主要目的就是防止事故的再发生。也就是说,根据事故调查的结果提出整改措施,控制事故或消除此类事故。只有通过深入的调查分析,查出导致事故发生的深层次原因,特别是管理系统的缺陷,才有可能达到事故调查的目的。

(三)事故调查的对象

从理论上讲,所有事故,包括无伤害事故和未遂事故都在调查范围之内。但由于各方面条件的限制,特别是经济条件的限制,要达到这一目标不太现实。在企业安全管理中应随着安全管理的层层推进,应从重大事故的事故调查向隐患的调查逐步、逐级递进。事故隐患的排查、调查分析应是班组日常管理最重要的组成部分。因此,具备事故隐患的发现与整改能力是成为班组长的先决条件。

(四)事故调查的原则

对发生事故要按照"四不放过"的原则,即对事故原因分析不清不放过;事故责任者没有得到严肃处理不放过;员工群众没受到教育不放过;没有落实防范措施不放过。

二、生产安全事故调查

为了规范生产安全事故的报告和调查处理,落实生产安全事故责任追究制度,防止和减少生产安全事故,2007 年 3 月 28 日国务院根据《中华人民共和国安全生产法》和有关法律,制定《生产安全事故报告和调查处理条例》,生产经营活动中发生的造成人身伤亡或者直接经济损失的生产安全事故的报告和调查处理要严格按照条例规定执行。

(一)生产安全事故等级划分

从事故统计的角度来讲,把造成损失工作日达到或超过 1 日的人身伤害或急性中毒事故称作为"伤亡事故"。其中,在生产区域中发生的各生产有关的事故称作为"工伤事故"。

根据《生产安全事故报告和调查处理条例》,将安全生产事故分级为:

1. 特别重大事故 是指造成 30 人以上死亡,或者 100 人以上重伤(包括急性工业中毒,下同),或者 1 亿元以上直接经济损失的事故;

2. 重大事故 是指造成 10 人以上 30 人以下死亡,或者 50 人以上 100 人以下重伤,或者 5 000 万元以上 1 亿元以下直接经济损失的事故;

3. 较大事故 是指造成 3 人以上 10 人以下死亡,或者 10 人以上 50 人以下重伤,或者 1 000 万元以上 5 000 万元以下直接经济损失的事故;

4. 一般事故 是指造成 3 人以下死亡,或者 10 人以下重伤,或者 1 000 万元以下直接经济损失的事故。

(二)生产安全事故报告

事故发生后,事故现场有关人员应当立即向本单位负责人报告;单位负责人接到除轻伤事故外的报告后,应当于 1 小时内向当地县级以上人民政府安全生产监督管理部门和负有安全生产监督管理职责的有关部门书面报告事故概况(含事故发生的具体时间、地点、类别、简要经过、伤亡情况、损失程度、初步原因分析)。

情况紧急时,事故现场有关人员可以直接向事故发生地县级以上人民政府安全生产监督管理部门和负有安全生产监督管理职责的有关部门报告。

安全生产监督管理部门和负有安全生产监督管理职责的有关部门逐级上报事故情况,每级上报的时间不得超过 2 小时。

报告事故应当包括下列内容:

1. 事故发生单位概况。

2. 事故发生的时间、地点以及事故现场情况。

3. 事故的简要经过。

4. 事故已经造成或者可能造成的伤亡人数(包括下落不明的人数)和初步估计的直接经济损失。

5. 已经采取的措施。

6. 其他应当报告的情况。

事故发生单位负责人接到事故报告后,应当立即启动事故相应应急预案,或者采取有效措施,组织抢救,防止事故扩大,减少人员伤亡和财产损失。

事故发生后,有关单位和人员应当妥善保护事故现场以及相关证据,任何单位和个人不得破坏事故现场、毁灭相关证据。因抢救人员、防止事故扩大以及疏通交通等原因,需要移动事故现场物件的,应当做出标志,绘制现场简图并做出书面记录,妥善保存现场重要痕迹、物证。

(三) 生产安全事故调查

生产安全事故调查一般比较复杂,对于重大安全事故更是如此。为使生产安全事故的调查有效、准确、严谨,国家出台了《生产安全事故报告和调查处理条例》。因企业或车间发生的轻伤事故较多,所以对此类生产事故的调查与分析发生次数较多。下面简单介绍车间发生安全事故的调查过程。

1. **制订公司级《生产安全事故报告和调查处理程序》,并成立生产安全事故调查组** 调查组是隶属于公司级安全管理部门下的常设机构。一般由设备、安全、电力、仪表、环境、工艺、基建、工会、医疗、人事、采购、管理等人员组成。调查组一般不少于 2 人,其中工艺、安全人员是必备人员,其他人员可以根据具体情况予以适当调整。

调查组成员应由主管安全的副总任命,并由总经理批准。这此人员必须熟悉作业环境与作业流程,了解设备的运行状态,了解当事人的从业背景与工作心态。

2. **生产安全事故调查的时效性** 发生人身伤害事故后,必须及时向公司领导马上汇报,无伤害事故或轻微伤害事故必须马上向车间有关领导汇报。若安全事故发生在夜班时,应由车间或厂级值班领导负责成立临时事故组,及时进行事故的应急与调查工作。调查过程与结果应记录,并存入档案。

3. **生产安全事故的紧急处理与现场营救** 临时事故组的主要工作有两方面,一是尽可能营救作业人员,控制事态不使之扩大,将损失最小化。第二是保护现场,以便进行事故调查。

4. **保护现场** 生产安全事故发生之后,相关作业人员应暂停有关作业,并通知相关岗位调整生产进度,将异常情况及时记录下来,相关责任人应签字。暂停作业时,必须保证安全,不能出现停风、停泵而使毒物浓度增高或料液溢出等情况。

暂停作业时,必须悬挂"禁止入内""禁止通行""禁止靠近""禁止启动"等安全标志,防止无关人员进入事故现场。有必要时,可以设置隔离带,禁止人员出入。

生产设备在没得到指示前,不允许执行启动、放空、清洗、置换等作业。若必须执行以上作业时,应取样并做好标记如贮罐内液位、压力、pH、浓度等。有条件的话,可以照相或画出草图,并测量有关数据如人员的位置、光线的强弱、作业空间内残留气体浓度等。

对于生产安全事故相关人员,尽可能滞留在现场,避免与其他人员的沟通。这是因为一个人,在事故发生时没有任何心理准备,因此对其本人听到、看到、感觉到的东西大多数是模糊的。一旦受到外界的干扰,他都会自觉不自觉地改变原来的模糊印象而使记忆"清晰"起来。而这种"清晰"是我们不想看到的,特别是当事人受到心理暗示后,事故调查就变得更加困难。

5. 事故现场勘查　事故现场的勘查是事故调查工作的中心环节,是在保护现场的基础上,对客观物质进行详细调查、为查明事故原因找到客观事实根据的行动。事故勘查的主要步骤如下:

(1)到场:调查人员到达现场后,确定现场是否有变动,如有变动,应先弄清变动的原因和过程。必要时,可以根据当事人的描述恢复原貌。在勘查前,应巡视现场周围情况,对现场全貌有了概括了解后,再确定现场勘查的范围与顺序。

(2)收集资料:收集资料主要有物证搜集与资料搜集、人员询问等内容。

物证搜集有如下内容:①现场物证包括破损部件、碎片、残留物、致害物的位置等,若有残留液,应取样;如已渗入地下,则应连土取样,以供分析;②在现场搜集到的所有物件均应贴上标签,注明地点、时间、管理者;③所有物件应保持原样,不准冲洗擦拭;④对健康有危害的物品,应采取不损坏原始证据的安全防护措施。

资料搜集有如下内容:①各种记录,如电话记录、生产记录、中间体化验记录、原材料检验记录、设备运行记录、环境监测记录、交接班记录等。必须在第一时间得到有关键参考价值的设备自动记录,如现场监视的录像、设备的温度压力自动记录、行车记录仪等。②现场环境监测情况。如包括照明、湿度、温度、通风、声响、色彩度、道路、工作面状况以及工作环境中的有毒、有害物取样分析记录。③安全设施的维护、使用情况。如灭火器、消防栓、自动报警仪等运行记录。④个人防护用品的使用情况。如防护服、防毒面具、火灾逃生面具等。⑤相关人员个人相关资料。如各种特种作业证、培训经历、学历、职称、家庭关系、身体状况、职业病史等。

人员询问:人员询问在事故调查中非常重要的,大约50%的信息是由人员提供的。因为人员提供信息的复杂性与不确定性,所以要对人员询问过程与得到的信息进行筛选与分析。

1)在问询工作应注意的问题:①问询开始越早,细节越多,价值越大;开始越晚与事实偏差越大;②工人会认为不重要而忘记某些有价值的信息,可通过多问几个人来完善;③问询时,让工人画出草图,并说明自己的位置可以帮助还原事故原貌;④工人不宜多人共同问询,宜单独进行;⑤问询时,不能先入为主来诱导工人,问询应让工人回忆,而不是进行推断与分析。

2)一般问询的提纲:①被调查询问人的自然情况、联系电话要写清楚。②持有本工种或职务所需证件情况;持有本工种或职务证件是在何时何地接受的何种培训和教育?③简单叙述一下事故经过。④出事当天,什么时间开始工作?工作内容、工作量、作业程序、操作时动作(或位置)是什么?⑤事故发生前设备、设施等的性能和质量状况。⑥岗位操作规程是如何规定的?又是如何做的?为什么要这样做?⑦事故发生前有什么预兆?有哪些不正常的情况发生?如果事故发生前查出事故隐患,有没有进行整改?⑧自己与其他人防护措施状况怎么样?有没有人会正确使用?⑨是谁组织的生产?他(她)有没有违章指挥的情况?⑩出事前受害人或事故有关人员的健康状况如何?⑪还有没有和事故有关的其他事项?

6. 事故分析　事故分析与验证是现场勘查结束后,对事故发生的原因、性质、责任等方面进行分析,确定处理意见的必备程序。主要包括以下任务:原因分析;责任分析;事故定性;制订防范措施;落实防范措施并通报情况。

(1)原因分析:原因分析是指通过各种分析方法,准确地找出事故发生的直接原因、间接原因。直接原因有人的不安全行为与物的不安全状态。间接原因一般是指安全生产设计、安全管理缺陷、安全培训评价不到位、安全理念的缺失等较深入的系统原因。间接原因的存在促使了直接原因的发生,间接原因是直接原因的土壤,直接原因滋生了事故隐患,事故隐患在一定条件下发展变化成生产安全事故。

生产安全事故的分析方法有很多种,如检查表法、人因可靠性分析、故障树分析(FTA)、事件树分析(ETA)、变化分析等等,具体分析方法的使用见第十一章安全分析与评价。

(2)责任分析:根据事故直接原因,确定事故直接责任人(领导责任者、主要责任者、重要责任者),指出其违章违规事实,并提出处理建议。

(3)事故定性:分责任事故和非责任事故。除人力不可抗拒因素导致的事故外,具有可预见性、能预防的事故均为责任事故。

(4)制订防范措施:根据分析得出的事故原因,制订有针对性的事故防范措施。

(5)落实防范措施并通报情况:向事故单位(车间)提出事故防范措施,确保有效防止同类事故的再次发生,并向相近的单位(车间)通报相关情况。

(四) 生产安全事故处理

事故发生单位应当认真吸取事故教训,落实防范和整改措施,防止事故再次发生。防范和整改措施的落实情况应当接受工会和职工的监督。安全生产监督管理部门和负有安全生产监督管理职责的有关部门应当对事故发生单位落实防范和整改措施的情况进行监督检查。

点滴积累 ∨

1. 生产安全检查与事故调查处理。 是生产经营单位贯彻落实"安全第一、预防为主、综合治理"方针的最有效途径。

2. 生产安全事故的报告和调查处理要严格按照《生产安全事故报告和调查处理条例》规定执行。

第六节 班组安全生产管理

班组是企业的最基层组织,是组成企业机体的细胞,是企业安全管理的最小载体。企业在安全生产管理过程中,作为行使决策权的核心层,其重要性不言而喻,但是班组这一从事直接生产的操作层更应该是重中之重,是企业安全管理的前沿阵地。班组长是本班组安全的第一负责人,班组长在班组管理中起的重要作用是不可代替的。

一、班组长应具备的素质

班组长要对所管辖班组的安全负全面责任,因此班组长应具有以下素质:

1. 能牢固树立"安全第一"思想,团结班组成员,提高其安全意识,特别是自我保护意识;组织班组全员参与班组安全管理,稳定班组安全生产。

2. 应具有较广的安全知识,掌握与本班组生产安全有关的安全技术知识,即防火、防爆、所辖岗位工艺、设备、电气、仪表、职业病防治等方面的安全技术知识;能辨识所管辖班组岗位存在的危害和危险,落实防范措施,做到预防为主,超前管理,防止事故发生。

3. 熟练掌握所管辖班组岗位的工艺流程和工艺技术指标,机、电、仪等设备性能、作用和主要结构等设备状况,安全操作规程、操作法。

4. 熟知企业、车间(单位)安全管理制度、规程等有关安全规定。

5. 熟练掌握班组、岗位所备防护、消防器材等安全装置和器具的使用方法。

6. 具有组织指挥班组人员抢救、处理班组岗位发生的工艺,设备着火、爆炸、中毒等事故的能力。

7. 敢于管理,善于管理,坚持原则,能制止和纠正违章操作,本人不违章指挥。

8. 具有组织班组全员参与建立和保持制药企业、车间(单位)职业安全健康体系管理活动的能力。

二、班组安全管理工作

班组长是兵头将尾,班组安全管理工作的好坏,全靠班组长带。班组长是其核心人物,那班组长如何发挥核心作用,搞好班组安全管理呢? 应做好以下几方面的工作:

1. **要有真才实学** 才能是决定威信的重要因素,一个能力平平的人,是很难树立自己的威信的。作为班组的带头人,自己首先要认真对有关安全生产方针、政策、法律和规定进行学习和掌握;其次要对生产工艺流程和设备操作规程进行学习,提高理论知识和操作技能;第三要熟练掌握本岗位生产应急预案,做到遇事不慌、处变不惊、应对自如;第四要有"眼观六路、耳听八方"的洞察力,能及时快速处理不安全行为和隐患;第五要有"本能恐慌"意识,把学习和实践当成一项任务、一种责任。

2. **争得领导支持** 争得各级领导的支持,是搞好班组安全管理工作的基本条件。班组长安全意识高,对班组安全管理抓的紧,管得好,效果显著,就会得到领导的支持和重视。相反,班组安全管理不好,三天两头发生各种事故,就不会得到领导的支持。要善于与领导沟通,从领导的角度来反思班组存在的问题,要替领导分忧,争取做到让领导省心、放心、安心。

3. 尊重他人,在工作中要交心　班组长要努力做到以心换心,与组员有心与心的交流、情与情的碰撞,要学会换位思考,多考虑别人,少考虑自己。班组长首先要做到一个"公"字,在任何工作中要做到公平、公正、公开,不能有损公利私的念想,不能搞小团体。要从尊重人、关心人、理解人等观念出发,用温暖的话语,热情的帮助去感动班组成员。平时要注意班组成员的动态,哪些员工今天情绪低落,哪些员工有病请假,都要关心爱护到每个人。要尊重每一个员工的人格和见解,理解每一个员工的心情和存在的实际问题。

4. 以身作则,作遵章守纪的表率　在生产管理中,班组长要树立精益求精的理念。严格要求自己,用自己的一言一行来感染班组成员。企业里有句话"一级做给一级看、一级带着一级干"。监督别人,首先自己业务要精,这是千古不变的真理。自己做不到,就不可能要求别人做到。因此班组长要以自身的榜样作为严格管理,才能要求他人,并认真进行考核(没有考核就没有管理)。

班组长的九条戒律

5. 抓事故隐患　在工作及时进行安全巡查,发现事故隐患后要"小题大做",在"苗头"发生地,开好现场分析会。在分析会召开时,应注意下边4点:

(1)人员尽量齐全,这样教育面广。

(2)着重分析事故原因,而简单地分析事故后果。特别是有关人身安全的事故,过多分析结果,会造成现场职工心理压力而降低劳动效率。

(3)分析"事"而不分析人。

(4)在分析中,应提出改进设想,避免分析会"走过场"。

6. 抓好班组的"6S管理",提升班组管理水平

整理(seiri)——将工作场所的任何物品区分为有必要和没有必要的,除了有必要的留下来,其他的都消除掉。目的:腾出空间,空间活用,防止误用,塑造清爽的工作场所。

整顿(seiton)——把留下来的必要用的物品依规定位置摆放,并放置整齐加以标识。目的:工作场所一目了然,缩短寻找物品的时间,塑造整整齐齐的工作环境,消除过多的积压物品。

清扫(seiso)——将工作场所内看得见与看不见的地方清扫干净,保持工作场所干净、亮丽的环境。目的:稳定品质,减少工业伤害。

清洁(seiketsu)——将整理、整顿、清扫进行到底,并且制度化,经常保持环境处在美观的状态。目的:创造明朗现场,维持上面3S成果。

素养(shitsuke)——每位成员养成良好的习惯,并遵守规则做事,培养积极主动的精神(也称习惯性)。目的:培养有好习惯、遵守规则的员工,营造团队精神。

员工不良情绪的管理

安全(security)——重视成员安全教育,每时每刻都有安全第一观念,防范于未然。目的:建立起安全生产的环境,所有的工作应建立在安全的前提下。

点滴积累 ╲┅┅

  1. 班组长应具备的素质。

  2. 发挥班长的核心作用，搞好班组安全管理。

第七节　安全生产标准化

  开展企业安全生产标准化建设是落实企业安全生产主体责任的必要途径；是强化企业安全生产基础工作的长效制度；是政府实施安全生产分类指导、分级监管的重要依据；是有效防范事故发生的重要手段。为此，要深入开展以岗位达标、专业达标和企业达标为内容的安全生产标准化建设，切实增强推动企业安全生产标准化建设的自觉性和主动性，进一步规范企业安全生产行为，改善安全生产条件，强化安全基础管理，有效防范和坚决遏制重特大事故发生。

  2010 年 7 月 19 日，《国务院关于进一步加强企业安全生产工作的通知》（〔2010〕23 号）第七条要求企业全面开展安全达标，深入开展以岗位达标、专业达标和企业达标为内容的安全生产标准化建设，凡在规定时间内未实现达标的企业要依法暂扣其生产许可证、安全生产许可证，责令停产整顿；对整改逾期未达标的，地方政府要依法予以关闭。

一、安全生产标准化的发展历程

  安全生产标准化的由来：2004 年 1 月 9 日，国发《国务院关于进一步加强安全生产工作的决定》（〔2004〕2 号）第十一条明确规定，制定和颁布重点行业、领域安全生产技术规范和安全生产质量工作标准，在全国所有工矿、商贸、交通运输、建筑施工等企业普遍开展安全质量标准化活动。企业生产流程的各环节、各岗位要建立严格的安全生产质量责任制。生产经营活动和行为，必须符合安全生产有关法律法规和安全生产技术规范的要求，做到规范化和标准化。

  新版《企业安全生产标准化基本规范》（后面简称《基本规范》）（GB/T 33000—2016）于 2017年 4 月 1 日起正式实施。该标准由国家安全生产监督管理总局提出，全国安全生产标准化技术委员会归口，中国安全生产协会负责起草。该标准实施后，原《企业安全生产标准化基本规范》（AQ/T 9006—2010）废止。

▶▶ 课堂活动

  请同学们了解企业推行《企业安全生产标准化基本规范》的相关情况，并加以讨论。

二、安全生产标准化的定义

  1. 安全生产标准化的定义　通过落实安全生产主体责任，全员全过程参与，建立并保持安全生产管理体系，全面管控生产经营活动各环节的安全生产与职业卫生工作，实现安全健康管理系统化、岗位操作行为规范化、设备设施本质安全化、作业环境器具定置化，并持续改进。

2. 安全生产标准化原则　企业开展安全生产标准化工作,应遵循"安全第一、预防为主、综合治理"的方针,落实企业主体责任。以安全风险管理、隐患排查治理、职业病危害防治为基础,以安全生产责任制为核心,建立安全生产标准化管理体系,实现全员参与,全面提升安全生产管理水平,持续改进安全生产工作,不断提升安全生产绩效,预防和减少事故的发生,保障人身安全健康,保证生产经营活动的有序进行。

新版《基本规范》在总结企业安全生产标准化建设工作实践经验的基础上,突出体现了以下三个特点:

一是突出了企业安全管理系统化要求。新版《基本规范》贯彻落实国家法律法规、标准规范的有关要求,进一步规范从业人员的作业行为,提升设备现场本质安全水平,促进风险管理和隐患排查治理工作,有效夯实企业安全基础,提升企业安全管理水平。更加注重安全管理系统的建立、有效运行并持续改进,引导企业自主进行安全管理。

二是调整了企业安全生产标准化管理体系的核心要素。为使一级要素的逻辑结构更具系统性,新版《基本规范》将原13个一级要素梳理为8个:目标职责、制度化管理、教育培训、现场管理、安全风险管控及隐患排查治理、应急管理、事故管理和持续改进。强调了落实企业领导层责任、全员参与、构建双重预防机制等安全管理核心要素,指导企业实现安全健康管理系统化、岗位操作行为规范化、设备设施本质安全化、作业环境器具定置化,并持续改进。

三是提出安全生产与职业健康管理并重的要求。《中共中央国务院关于推进安全生产领域改革发展的意见》中要求,企业对本单位安全生产和职业健康工作负全面责任,要严格履行安全生产法定责任,建立健全自我约束、持续改进的内生机制。建立企业全过程安全生产和职业健康管理制度,坚持管安全生产必须管职业健康。新版《基本规范》将安全生产与职业健康要求一体化,强化企业职业健康主体责任的落实。同时,实行了企业安全生产标准化体系与国际通行的职业健康管理体系的对接。

新版《基本规范》作为企业安全生产管理体系建立的重要依据,以国家标准发布实施,将在企业安全生产标准化实践中发挥积极的推动作用,指导和规范广大企业自主进行安全管理,深化企业安全生产标准化建设成效,引导企业科学发展、安全发展,做到安全不是"投入"而是"投资",实现企业生产质量、效益和安全的有机统一,能够产生广泛而实际的社会效益和经济效益。

三、安全生产标准化的主要内容

新版《基本规范》共分为范围、规范性引用文件、术语和定义、一般要求、核心要求五章。在核心要求这一章,对企业目标职责、制度化管理、教育培训、现场管理、安全风险管控及隐患排查治理、应急管理、事故管理、持续改进等方面的内容作了具体规定。

现把新版《基本规范》部分内容简介如下:

1. **目标职责**　企业应根据自身安全生产实际,制定文件化的总体和年度安全生产与职业卫生目标,并纳入企业总体生产经营目标。

2. **制度化管理**　企业应建立安全生产和职业卫生法律规范、标准规范的管理制度,及时识别和获取适用、有效的法律法规、标准规范,建立安全生产和职业卫生法律法规、标准规范清单和文本数据库。应将适用的安全生产和职业卫生法律法规、标准规范的相关要求及时转化为本单位的规章制度、操作规程,并及时传达给相关从业人员,确保相关要求落实到位。

3. 教育培训 企业应建立健全安全教育培训制度,按照有关规定进行培训。

企业的主要负责人和安全生产管理人员,必须具备与本企业所从事的生产经营活动相适应的安全生产和职业卫生知识与能力。法律法规要求必须对其安全生产知识和管理能力进行考核的,须经考核合格后方可任职。

企业应对从业人员进行安全生产和职业卫生教育培训,保证从业人员具备满足岗位要求的安全生产和职业卫生知识,熟悉有关的安全生产和职业卫生法律法规、规章制度、操作规程,掌握本岗位的安全操作技能和职业危害防护技能、安全风险辨识和管控方法,了解事故现场应急处置措施,并根据实际需要,定期进行复训考核。未经安全教育培训合格的从业人员,不应上岗作业。

4. 现场管理 建设项目的安全设施和职业病防护设施应与建设项目主体工程同时设计、同时施工、同时投入生产和使用。

企业应事先分析和控制生产过程及工艺、物料、设备设施、器材、通道、作业环境等存在的安全风险。

企业应定期对作业场所职业危害进行检测,在检测点设置标识牌予以告知,并将检测结果存入职业健康档案。对可能发生急性职业危害的有毒、有害工作场所,应设置报警装置,制订应急预案,配置现场急救用品、设备,设置应急撤离通道和必要的泄险区。

企业与从业人员订立劳动合同时,应将工作过程中可能产生的职业危害及其后果和防护措施如实告知从业人员,并在劳动合同中写明。企业应采用有效的方式对从业人员及相关方进行宣传,使其了解生产过程中的职业危害、预防和应急处理措施,降低或消除危害后果。

5. 安全风险管控及隐患排查治理 企业应建立安全风险辨识管理制度及安全风险评估管理制度,选择工程技术措施、管理控制措施、个体防护措施等,对安全风险进行控制。

企业应建立重大危险源管理制度,全面辨识重大危险源,对确认的重大危险源制订安全管理技术措施和应急预案,涉及危险化学品的企业应按照 GB 18218 的规定,进行重大危险源辨识和管理。

企业应根据隐患排查的结果,制订隐患治理方案,对隐患及时进行治理。治理完成后,应对治理情况进行验收和效果评估。

企业应根据生产经营状况、安全风险管理及隐患排查治理、事故等情况,运用定量或定性的安全生产预测预警技术,建立体现企业安全生产状况及发展趋势的安全生产预测预警体系。

6. 应急管理 企业应建立与本单位安全生产特点相适应的专兼职应急救援队伍,不单独建立应急救援队伍的,应指定兼职救援人员,并与邻近具备专业资质的应急救援队伍签订服务协议。

企业应在开展安全风险评估和应急资源调查的基础上,建立生产安全事故应急预案体系,制订符合 GB/T 29639 规定的生产安全事故应急预案,针对安全风险较大的重点场所(设施)制订现场处置方案,并编制重点岗位、人员应急处置卡。

应急预案应根据有关规定报当地主管部门备案,并通报有关应急协作单位。企业应组织生产安全事故应急演练,并对演练效果进行评估。根据评估结果,修订、完善应急预案,改进应急管理工作。

7. 事故管理 企业发生事故后,应按规定成立事故调查组,明确其职责与权限,进行事故调查或配合上级部门的事故调查。事故调查应查明事故发生的时间、经过、原因、波及范围、人员伤亡情况及直接经济损失等。事故调查组应根据有关证据、资料,分析事故的直接、间接原因和事故责任,提出应吸取的教训、整改措施和处理建议,编制事故调查报告。

点滴积累

安全生产标准化是通过建立安全生产责任制,制订安全管理制度和操作规程,排查治理隐患和监控重大危险源,建立预防机制,规范生产行为,使各生产环节符合有关安全生产法律法规和标准规范的要求,人、机、物、环处于良好的生产状态,并持续改进,不断加强企业安全生产规范化建设。

目标检测

一、选择题

（一）单项选择题

1. 企业第一安全负责人是（　　）

    A. 企业行政一把手   B. 企业工会主席

    C. 企业安全部门负责人   D. 企业生产设备部门负责人

2. 企业实行全员安全教育执行的安全教育制度是（　　）

    A. 两级安全教育制度   B. 三级安全教育制度

    C. 四级安全教育制度   D. 五级安全教育制度

3. 生产岗位每天操作前的安全检查主要由（　　）负责

    A. 本岗位员工   B. 班组长   C. 安全员   D. 车间主任

4. 为了规范生产安全事故的报告和调查处理,2007 年 3 月 28 日国务院制定了（　　）

    A.《中华人民共和国安全生产法》   B.《中华人民共和国劳动法》

    C.《生产安全事故报告和调查处理条例》   D. 以上都不对

5. 造成 3 人以下死亡,或者 10 人以下重伤,或者 1 000 万元以下直接经济损失的事故属于（　　）

    A. 特别重大事故   B. 重大事故   C. 较大事故   D. 一般事故

6. 搞好班组安全管理的核心和关键人物是（　　）

    A. 操作工人   B. 班组长   C. 工段长   D. 车间主任

（二）多项选择题

1. 我国安全生产原则有（　　）

    A. 管生产必须管安全   B. 谁主管谁负责   C. 三同时

    D. 四不放过   E. 安全生产责任制

2. 安全生产管理资料包括（　　）

    A. 文件   B. 制度   C. 记录

　　　D. 合同　　　　　　　　E. 论文

3. 生产经营管理和安全实行"五同时",即同时进行(　　)。

　　　A. 计划　　　　　　　　B. 布置　　　　　　　C. 检查

　　　D. 总结　　　　　　　　E. 评比

4. 以下属于岗位工人安全生产职责的是(　　)

　　　A. 遵守安全规章制度　　B. 执行安全操作规程　　C. 检查班组安全工作

　　　D. 正确使用劳动防护用品　　E. 学习安全生产知识

5. 以下关于车间交接班制度叙述正确的是(　　)

　　　A. 交接班可有可无　　　B. 必须有交接班记录　　C. 必须按时交接班

　　　D. 交接班必须领导在场　　E. 必须当面交接班

6. 工厂企业"三级检查"制度指的是要做到(　　)

　　　A. 厂季查　　　　　　　B. 厂月查　　　　　　　C. 车间周查

　　　D. 班组日查　　　　　　E. 个人检查

二、问答题

1. 安全生产管理的目标是什么?

2. 什么是安全生产"五同时"?

3. 岗位工人安全生产职责包括哪些内容?

4. 车间交接班的内容包括哪些方面?

5. 生产岗位安全检查由哪些人负责? 包括哪些检查项目?

6. 班组长如何发挥核心作用,搞好班组安全管理?

（高生彬）

参考文献

[1] 杨泗霖. 防火防爆技术. 北京:中国劳动社会保障出版社,2008

[2] 黄郑华,李建华,黄汉京. 化工生产防火防爆安全技术. 北京:中国劳动社会保障出版社,2006

[3] 郎永强. 电气防火防爆防雷方法与技巧. 北京:机械工业出版社,2007

[4] 武文. 危险作业安全技术与管理. 北京:气象出版社,2007

[5] 中国石油化工集团公司环保局. 静电安全教育读本. 北京:中国石化出版社,2007

[6] 李峥嵘. 大学生安全知识读本. 西安:西安交通大学出版社,2007

[7] 魏新利,李惠萍,王自健. 工业生产过程安全评价. 北京:化学工业出版社,2005

[8] 范仲文. 劳动保护知识. 2版. 北京:中国劳动社会保障出版社,2007

[9] 邢娟娟,陈江. 劳动防护用品与应急防护装备实用手册. 北京:航空工业出版社,2007

[10] 狄建华. 火灾爆炸预防. 北京:国防工业出版社,2007

[11] 吴超,吴宗之. 公共安全知识读本. 北京:化学工业出版社,2006

[12] 王清. 有毒有害气体安全防护必读. 北京:中国石化出版社,2007

[13] 赵铁锤. 危险化学品安全评价. 北京:中国石化出版社,2003

[14] 傅梅绮,张良军. 职业卫生. 北京:化学工业出版社,2008

[15] 栗继祖. 安全心理学. 北京:中国劳动社会保障出版社,2007

[16] 苗金明. 事故应急救援与处置. 北京:清华大学出版社,2012

[17] 何光裕,王凯全,黄勇. 危险化学品事故处理与应急预案. 北京:中国石化出版社,2010

目标检测参考答案

第一章　绪　论

一、单项选择题

1. A　　2. D　　3. A　　4. B　　5. C　　6. C　　7. A　　8. D　　9. A

二、问答题

略

第二章　危险化学品

一、选择题

（一）单项选择题

1. C　　2. B　　3. B　　4. D　　5. A　　6. C　　7. A　　8. C

（二）多项选择题

1. ADC　2. ACDE　3. ABC

二、问答题

略

三、实例分析

1. 由于甲醇的闪点小于61℃,所以甲醇是易燃液体,在危险化学品分类中属于第三类;在易燃液体中,-18℃≤甲醇闪点<23℃,属于中闪点易燃液体,即第三类的第2项。

2. 丙酮属于易燃液体,过氧乙酸是有机氧化剂,通过查阅《常用危险化学品储存禁忌物配存表》可知,它们不能配装运输。

第三章　燃烧、爆炸与消防

一、选择题

（一）单项选择题

1. A　　2. B　　3. B　　4. A　　5. D　　6. A　　7. C　　8. B

（二）多项选择题

1. ABCDE　2. ABCDE　3. ABCDE　4. ACD　5. ACDE　6. ABCD

二、问答题

略

第四章　静电的特性及危害

一、选择题

（一）单项选择题

1. C　　2. C　　3. A　　4. B　　5. C　　6. C　　7. B　　8. A　　9. D　　10. B

（二）多项选择题

ABC

二、问答题

略

第五章　工业防毒技术

一、选择题

（一）单项选择题

1. A　　2. A　　3. D　　4. A　　5. B　　6. D　　7. A　　8. C　　9. B

（二）多项选择题

1. ABCD　2. ABCDE　3. ABCDE　4. ABCD　5. ABC　6. ABCDE　7. ABCD　8. ABC　9. ABCD
10. ABCD　11. ABCDE

二、问答题

略

三、案例分析

1. 原因分析

（1）使用的清洁剂和胶水中含苯量高；

（2）车间劳动卫生防护设施未与主体工程同时设计、同时施工、同时投入使用，无卫生防护设施；

（3）生产车间布局不合理，将不同工序的作业安排在一起工作，通风不良，导致苯浓度严重超标。

2. 预防措施

（1）使用正规厂家生产的合格的清洁剂和胶水，杜绝使用不合格的清洁剂和胶水；

（2）使用有毒胶水和溶剂的工序与不使用胶水和溶剂的工序不得安排在同一车间内，避免有毒

有害因素的影响面扩大;

(3)加强对胶水和溶剂的管理,及时加盖,避免有毒有害物质扩散;

(4)做好车间通风工作,使有机溶剂挥发性气体及时排出,防止车间内有机溶剂浓度超标。

第六章　电气安全技术

一、选择题

(一)单项选择题

1. B　　2. A　　3. D　　4. B　　5. B　　6. C

(二)多项选择题

1. ACD　2. ABCD　3. ABC　4. ABC　5. ABC　6. AB

二、问答题

略

第七章　压力容器安全技术

一、单项选择题

1. B　　2. A　　3. C　　4. C　　5. B　　6. C　　7. A　　8. C

二、问答题

略

第八章　制药单元操作安全技术

一、选择题

(一)单项选择题

1. A　　2. A　　3. C　　4. D　　5. A　　6. A　　7. D

(二)多项选择题

1. ABCDE　2. ABCDE　3. BCDE　4. ABCDE　5. ABCE　6. ABD　7. ABCE　8. BCD　9. ABCD

10. ACDE

二、问答题

略

第九章　职业卫生与劳动保护

一、选择题

（一）单项选择题

1. B　　2. A　　3. D　　4. C　　5. D　　6. B　　7. B　　8. B　　9. B　　10. A

11. D　　12. B　　13. D　　14. C

（二）多项选择题

1. ABC　2. ABC　3. AC　4. ABCD　5. ABC　6. ABCDE　7. ABC　8. ABCDE　9. ACD　10. BCD

11. ACE　12. ABD

二、问答题

略

第十章　重大事故应急救援

一、选择题

（一）单项选择题

1. A　　2. A　　3. A　　4. C　　5. A　　6. C　　7. A　　8. A　　9. D　　10. B

（二）多项选择题

1. BCDE　　2. ABCDE　　3. ABCDE　　4. BC

二、问答题

略

第十一章　安全分析与评价

一、选择题

（一）单项选择题

1. D　　2. A　　3. A　　4. C　　5. B　　6. C　　7. B

（二）多项选择题

1. ACDE　　2. BCDE　　3. ACD

二、问答题

1. 相关性原理、类推原理、惯性原理、量变到质变原理。

2. 从"安全检查表分析、故障假设分析、预先危险性分析、故障树分析、危险性与可操作性研究、事故树分析、故障类型和影响分析、作业条件危险性分析、危险指数评价法"中可任四个即可。

3. 熟悉系统、搜集资料、划分单元、编制检查表。

第十二章　安全心理学

一、选择题

（一）单项选择题

1. B　　2. D　　3. A　　4. D　　5. D

（二）多项选择题

1. ABCD　2. ACE　3. ABDE　4. ABCDE　5. BD

二、问答题

略

第十三章　企业安全生产管理

一、选择题

（一）单项选择题

1. A　　2. B　　3. B　　4. C　　5. D　　6. B

（二）多项选择题

1. ABE　2. AC　3. ABCDE　4. ABDE　5. BCE　6. BCD

二、问答题

略

安全生产知识课程标准

（供药物制剂技术、化学制药技术、中药制药技术、生物制药技术、药学专业用）

ER-课程标准

08